Marcel Rosenbach | Holger Stark

Staatsfeind WikiLeaks

Marcel Rosenbach | Holger Stark

Staatsfeind WikiLeaks

Wie eine Gruppe von Netzaktivisten
die mächtigsten Nationen der Welt herausfordert

Deutsche Verlags-Anstalt

Verlagsgruppe Random House FSC-DEU-0100
Das für dieses Buch verwendete FSC®-zertifizierte Papier *EOS*
liefert Salzer, St. Pölten.

1. Auflage
Copyright © 2011 Deutsche Verlags-Anstalt, München,
in der Verlagsgruppe Random House GmbH
und SPIEGEL-Verlag, Hamburg
Alle Rechte vorbehalten
Typografie und Satz: DVA/Brigitte Müller
Gesetzt aus der Swift
Druck und Bindung: GGP Media GmbH, Pößneck
Printed in Germany
ISBN 978-3-421-04518-8

www.dva.de

Inhalt

Vorwort: WikiLeaks und wir   7

1 Staatsfeind WikiLeaks   13

2 Der Zauberer von Oz: Julian Assange   28
Achtundsechziger und Akustikkoppler   28
Politik 1.0 und eine revolutionäre Idee   49

3 Fünf Freunde: Die Anfänge von WikiLeaks   60
Fünf Freunde feiern Silvester   60
Die Welt lernt WikiLeaks kennen   75
Viel Feind, viel Ehr: BND, BNP und Julius Bär   81
Wie politisch ist WikiLeaks?   100

4 Der Showdown beginnt: Das Jahr der Eskalation 2010   111
Ein Bunker auf Island und der erste Scoop   111
Der größte Verrat in der Geschichte der USA   131

5 Krieg an mehreren Fronten   154
Die Afghanistan-Feldberichte   154
Der Schmerz der Falken   172

6 Die Zerreißprobe   186
WikiLeaks in der Krise   186
Der Irakkrieg und die Wiedergeburt
einer Organisation   208

7 Codename »Projekt 8« 225
Die Botschaftsdepeschen 225

8 Das Imperium schlägt zurück 260
Kampf um die Meinungsfreiheit 260

9 Voller Spannung 287
Medien, Politik und WikiLeaks 287

Epilog 309

Danksagung 317
Anmerkungen 321
Register 332

Vorwort
WikiLeaks und wir

Dies ist die Geschichte des derzeit wichtigsten Politaktivisten der Welt. Julian Assange hat mit seiner Organisation WikiLeaks die Regierungen der mächtigsten Nationen herausgefordert, er hat der globalen Öffentlichkeit einen exklusiven Blick hinter die Kulissen der Weltpolitik ermöglicht, indem er schrittweise 251 000 Botschaftsdepeschen aus dem amerikanischen Außenministerium publik macht. Es war WikiLeaks' vierter Coup innerhalb von sieben Monaten, nach den Veröffentlichungen des Videos »Collateral Murder« und der Kriegstagebücher aus Afghanistan und dem Irak. Vergleichbare Nahaufnahmen des militärischen und diplomatischen Innenlebens einer Supermacht hat es nie zuvor gegeben.

Für Assange, aber auch für die amerikanische Regierung, war das Jahr 2010 wie ein Feuerwerk: je länger es dauerte, desto spektakulärer wurden die Enthüllungen, bis zum Finale furioso zum Jahresende, das den Regierenden weltweit den Atem stocken ließ. Wir haben das Glück gehabt, diese Entwicklung aus der Nähe verfolgen zu können.

Das erste Mal haben wir Julian Assange persönlich im Juli 2010 in London getroffen. Er sah blass aus, übernächtigt und unrasiert, er trug seit Tagen dieselben Klamotten und kam auf Socken, ohne Schuhe. Das ist, wie wir bald gelernt haben, bei ihm nichts Besonderes. Ein Rucksack und eine Reisetasche, das ist alles, was er braucht, um ständig in Bewegung zu sein. Schon im Sommer 2010, als er noch durch London laufen konnte, ohne erkannt zu werden, war zu spüren, dass ihn ein

Hauch von Geschichte umweht. Seitdem ist er zu einem Popstar der Politik aufgestiegen, er ziert die Titelbilder der Magazine, es gibt Masken mit seinem Konterfei, Facebook-Fan-Gruppen, Demonstrationen. Assange spaltet und polarisiert, wird geliebt und gehasst, er hat sich radikal einer, seiner Mission verschrieben, kompromisslos, anderen wie sich selbst gegenüber.

Julian Assange ist ein Virtuose am Computer, er kann für Stunden in das Keyboard seines 300-Dollar-Rechners versinken. Er taucht dann ab in eine Welt, in der es darum geht, moderne Informationstechnologie zu nutzen, um das zu befördern, was er »gerechte Reformen« nennt. Es ist seine Welt, sie ist es seit seinen Teenagertagen, als er sich selbst und seine Hackerfreunde »Internationale Subversive« nannte. IRL, in real life, wie es im Computerslang heißt, im wirklichen Leben also, wo die Kommunikation nicht nur aus Nullen und Einsen bestehen, agiert der Naturwissenschaftler weniger umsichtig. Er kann provozierend auftreten, schneidend und verletzend, wenn er das Gefühl hat, mit anderen nicht auf demselben intellektuellen Niveau zu diskutieren, und dieses Gefühl hat er oft: Sein Intelligenzquotient liegt, nach eigenen Angaben, je nach Messweise, zwischen 146 und 180 und damit weit oberhalb des Durchschnitts. Seine Fähigkeit, Menschen an sich zu binden, ist weniger ausgeprägt. Er hinterlässt oft Enttäuschung und Schmerzen; wir halten es für keinen Zufall, dass er, dem Bindungen so schwerfallen, ausgerechnet über Vergewaltigungsvorwürfe von zwei Frauen gestolpert ist. Es wäre seine Privatsache, die er mit sich, den Frauen und im Zweifelsfall einem Richter ausmachen müsste, wenn es nicht Assange selbst wäre, der die Definition zwischen privatem und öffentlichem Interesse in seinem Handeln verwischen würde. Zu seiner Radikalität zählt, dass er den Verlauf von Grenzen anders als andere Menschen definiert, politisch wie persönlich; er geht weiter, als die meisten andere es tun würden – oft zu weit.

Assange hat eine Vision und Charisma, er hat das Talent, Menschen für sich einzunehmen, zu begeistern, zu Anhängern zu machen; diese starke, magnetische Ausstrahlung macht vieles wett. Seine außergewöhnliche Art erinnert an jenen Typus Politiker, der zwiespältig und polarisierend wirkt, und trotzdem die Beobachter fasziniert. Er ist ein PR-Künstler, nicht zuletzt in eigener Sache. Man kann Assange mögen, aber man muss es nicht, um seine Arbeit anzuerkennen.

Wir halten WikiLeaks für beides: Für eine außergewöhnliche Idee – und für eine logische Folge der digitalen Revolution. Das Konzept einer Enthüllungsplattform ist nicht neu, es gibt diverse Vorläufer. Aber niemand hat die Möglichkeiten des Internet für bestmöglichen Quellenschutz so konsequent umgesetzt und international bekannt gemacht wie Assange und seine Mitstreiter. WikiLeaks ist kein Ersatz für den Journalismus, aber es verändert ihn. Die Plattform veröffentlicht Originaldokumente, darin gleicht sie eher einem Archiv. Journalismus, wie wir ihn verstehen, bedeutet, Geschichten zu recherchieren, Hinweisen zu folgen, mit möglichst vielen Beteiligten zu sprechen und den Leserinnen und Lesern Analyse und Kontext zu bieten. Wir sind nicht der Meinung, dass Originaldokumente immer die Wahrheit über ein Ereignis beinhalten. Aber das Material, das die Organisation in den vergangenen Jahren, auch schon vor 2010, publiziert hat, ist ein wertvoller, in Teilen einzigartiger Steinbruch für journalistische Arbeit.

Die Geschichte von WikiLeaks als Organisation verfolgen wir bereits seit Jahren. Dass die Internetseite und ihre Macher ernst zu nehmen sind, ist uns 2008 klar geworden, als bei WikiLeaks die Originalunterlagen des Schweizer Bankhauses Julius Bär auftauchten und die Bank versuchte, das Angebot juristisch zu bekämpfen. 2009 haben wir den Briefwechsel mit dem Präsidenten des deutschen Bundesnachrichtendienstes, Ernst Uhrlau, gelesen: Er war für den BND peinlich, nicht für WikiLeaks. Dabei hatten wir erstmals Kontakt mit Daniel Domscheit-Berg, dem im Spätsommer 2010 ausgestiegenen deutschen WikiLeaks-Sprecher, und diesen Kontakt haben wir seitdem gehalten.

Die Geschichte von WikiLeaks ist auch eine Geschichte von Freundschaft, Enttäuschung und Verrat. Sie spielt in weiten Teilen in der faszinierenden Subkultur der Hacker und Hacktivisten, die ihrer eigenen Freiheitsideologie und Ethik folgen und die das Milieu bilden, aus dem die Visionen des Julian Assange erwachsen sind. Aus dieser Szene kommt auch der Ex-Hacker Adrian Lamo, der den mutmaßlichen WikiLeaks-Informanten Bradley Manning an das FBI verraten hat; wir haben für dieses Buch sowohl mit Lamo als auch mit Mannings Anwalt David Coombs und Mannings Umfeld gesprochen. Wer sich mit Lamo und Manning auseinandersetzt, kann zumindest in Ansätzen verstehen, warum sie handelten, wie sie es getan haben.

Dies ist keine autorisierte Biografie von Julian Assange, aber wer sich mit WikiLeaks beschäftigt, muss sich vor allem mit Assange beschäftigen. Wir haben ihn und einige seiner wichtigsten Wegbegleiter ein halbes Jahr lang beobachtet und mit ihnen diskutiert, persönlich in London und Berlin und regelmäßig dort, wo Assange und Co. quer über Kontinente und Zeitzonen am ehesten anzutreffen sind: online, im Computerchat.

Um Assange zu verstehen, muss man ihn mehr als zwei-, dreimal treffen. Er hat sich eine Fassade zurechtgelegt, die schwer zu durchschauen ist, darin ähnelt er Berufspolitikern; das Bild, das in vielen Porträts von ihm gezeichnet wird, gibt vor allem diese Fassade wieder. Über sein Privatleben wollte er zuerst gar nicht sprechen, das war die Bedingung für die Treffen mit ihm. Am Ende hat er es doch getan, in Teilen zumindest.

Wir haben seine Angaben überprüft, so weit uns das möglich war, in Gesprächen mit Menschen, die Teil seines Lebens waren oder sind. In den Monaten, in denen dieses Buch entstand, konnten wir mit etwa einem Dutzend noch aktiver und früherer Mitarbeiter von WikiLeaks reden, in England, Deutschland, Australien, Island und den USA, die teils positiv, teils negativ über Assange geurteilt haben. Wir haben für den SPIEGEL die Publikation der beiden Kriegstagebücher aus dem Irak und Afghanistan sowie der diplomatischen Depeschen vorbereitet und dafür den Kontakt zu Assange und seinen Leuten sowie dem britischen *Guardian* und der amerikanischen *New York Times* gehalten. In dieser Zeit haben wir viel mit Assange diskutiert und gestritten, weil wir an vielen Punkten unterschiedlicher Ansicht sind. Wir teilen weder seinen verschwörungstheoretischen Ansatz noch seine vernichtende Sicht auf den Journalismus, und wir glauben, dass es WikiLeaks guttäte, sich demokratische Strukturen zu geben. Aber wir haben Julian Assange anders erlebt, als er oft dargestellt wird und zuweilen auftritt: nicht arrogant, nicht unfair, nicht verletzend, sondern als einen außergewöhnlichen und inspirierenden Gesprächspartner.

Staatsfeind WikiLeaks

Julian Assange hat an diesem Nikolausabend 2010 nur noch ein paar Stunden in Freiheit, aber er hat seinen Humor nicht verloren. Wir sind zum Chatten verabredet, er sitzt in England und wartet, während seine Anwälte mit Scotland Yard verhandeln. Es geht um seine Festnahme und Auslieferung nach Schweden.

»Sie weigern sich zu erläutern, worum es im Haftbefehl geht, bis ich festgenommen bin«, schreibt er. »Es ist hochgradig ungewöhnlich.« Er vermutet, dass das nichts Gutes bedeutet, zum Beispiel, »dass sie mich in Einzelhaft stecken wollen oder dass es schlimmstenfalls einen amerikanischen Haftbefehl gibt«.

Assange schickt einen Link, eine Karikatur. Ein Mauszeiger fliegt in zwei Bürotürme, heraus purzeln Tausende von Dokumenten, darüber steht: »WikiLeaks«. Es ist eine Anspielung auf den italienischen Außenminister Franco Frattini, der Assanges jüngsten Coup, die geplante Veröffentlichung von über 251 000 geheimen Depeschen zum »11. September der Diplomatie« ausgerufen hat.

Ein zweiter Link, eine Satire auf eine Sixt-Werbung. Das Plakat zeigt ihn, weißblondes Haar, anthrazitfarbener Anzug, rote Krawatte, dazu der Schriftzug: »Verfolgungswahn? Günstige Fluchtwagen gibt's bei Sixt«. Es ist Assange-Humor: schneidend, konfrontativ, furchtlos.

Einen Fluchtwagen für sich hat er nicht. Am nächsten Morgen stellt sich Julian Assange auf einer Polizeiwache in London und wird festgenommen. Es ist das Finale eines Jahres, wie es spektakulärer kaum sein könnte.

Im Sommer 2010 betritt WikiLeaks mit einem Pauken-
schlag die Bühne der Weltpolitik. In der Nacht vom 26. auf
den 27. Juli veröffentlicht die Gruppe im Internet eine Datenbank mit rund 76 000 geheimen Kriegsberichten der US-Armee
aus dem Afghanistan-Feldzug: Protokolle tödlicher Komman-
doaktionen, Geheimdienst-Bewertungen und düstere interne
Lagebeschreibungen. Die Nachricht über die Enthüllung geht
binnen Minuten als Top-Meldung um die Welt, es ist einer
der seltenen Momente, in denen es scheint, als seien Länder-
grenzen und Zeitzonen aufgehoben, als gebe es eine globale
Agenda und eine globale Sicht auf das, was die internationale
Politik antreibt. Die Enthüllung überrascht die verfeindeten
Parteien am Hindukusch gleichermaßen. Kurz nach der Veröffentlichung tritt der amerikanischen Verteidigungsminister
Robert Gates vor die Kameras und verurteilt sie als »unverantwortlich«. Ein Sprecher der Taliban erklärt, die Organisation
werte die Dokumente bereits auf der Suche nach möglichen
amerikanischen Spionen aus. In allen Berichten über die Veröffentlichung zählt die Frage, wer oder was WikiLeaks eigentlich sei, und wer sich dahinter genau verbirgt, zu den meist
diskutierten.

Die Antwort darauf ist beunruhigend, zumindest aus der
Sicht von Regierungen und Regimen in aller Welt, aber auch
für Konzerne, Sekten und andere abgeschottete Organisationen. Sie macht nachdenklich, zumindest aus Sicht der Medien,
für die WikiLeaks eine Konkurrenz und eine Chance zugleich
darstellt. Und sie macht Hoffnung aus einer basisdemokra-
tischen, partizipativen Perspektive, bei der die Transparenz
politischer Prozesse im Mittelpunkt steht und die Kontrolle
der Verantwortlichen. WikiLeaks ist eine Bereicherung und
Bedrohung zugleich, etwas, das es so noch nie gegeben hat.

Mit WikiLeaks hat ein politischer Akteur die Bühne betreten, der die Machtfrage stellt. Es geht nicht um die Frage, aus
welcher Partei der nächste Präsident in einem Land kommt

oder welches politische System sich durchsetzt. WikiLeaks stellt in Frage, wer die Hoheit über Informationen besitzt. Bislang entschieden Regierungen und Konzerne darüber, was sie wie lange geheim halten. Es gibt Gesetze über Geheimhaltungsfristen. Und es gibt das Informationsfreiheitsgesetz in den Vereinigten Staaten und mittlerweile auch in Deutschland, auf das sich beispielsweise Journalisten berufen können, wenn sie in Dokumente Einblick nehmen wollen, die der Staat unter Verschluss hält. Die Anfragen dauern meist lange und werden oft abschlägig beschieden.

WikiLeaks will den Regierungen dieser Welt nicht die politische Kontrolle entreißen, wohl aber die Kontrolle über ihr Herrschaftswissen. Plötzlich gibt es einen neuen Akteur, der sich das Recht herausnimmt, darüber mit zu entscheiden, was geheim bleibt.

Schon das Wissen darüber, dass potenziell nichts im Verborgenen bleibt, dass alles vor die Augen der Öffentlichkeit gezerrt werden könnte, soll zu einer besseren Welt führen, das ist die Idee. Werden die Mächtigen von ihren Bürgern kontrolliert, dann entsteht daraus im besten Fall eine bessere Politik. Möglich macht dies das Internet, das die Barrieren für eine Teilhabe an politischen Prozessen senkt. Das Konzept hat einige Tücken, aber das Prinzip ist ebenso simpel wie effektiv. Es ist die Idee der Checks and Balances, Version 2.0.

In dem Ansatz finden sich Elemente aus der Epoche der Aufklärung, in der Philosophen wie Immanuel Kant den mündigen, aufgeklärten Bürger und einen dauerhaften Weltfrieden forderten, gepaart mit libertären Zügen aus der Revolte der Studenten um 1968, deren Schlachtruf »Power to the people« durch die Straßen von Paris, Berlin und Berkeley hallte. Einen starken Einfluss auf diese Leitidee übte auch das in den achtziger Jahren entwickelte Hackerethos aus, das den Bürger durch die neuen technischen Möglichkeiten des Internets zu einem mündigen Citoyen ertüchtigt wissen will.

Es ist eine konzeptionelle Mischung aus Gegenmacht und zivilgesellschaftlicher Kontrolle von Herrschaft, die sich bei Julian Assange zu einem geschlossenen Weltbild geformt und die er in eine Art Präambel von WikiLeaks gegossen hat. »Nur, wenn die Menschen die wahren Pläne und Verhaltensweisen ihrer Regierungen kennen, können sie sich auch ernsthaft entscheiden, sie zu unterstützen«, heißt es dort. »Historisch waren die überlebensfähigsten Formen offener Regierungen solche, in denen Veröffentlichungen und Enthüllungen geschützt wurden. Wo es diesen Schutz nicht gibt, wird es unsere Mission sein, ihn herzustellen.«[1] Voller Hybris sagt Assange, WikiLeaks könne »der mächtigste Geheimdienst der Welt werden, ein Geheimdienst des Volkes«.[2]

Der Kampf um Informationen ist seit jeher ein Kampf um Macht. Jeder moderne Staat hütet seine Geheimnisse und schützt diese mit hohem Aufwand. Regierungen betreiben Diplomatie hinter verschlossenen Türen, Armeen verschleiern die eigenen Fähigkeiten vor dem Feind. Staatstheoretiker wie der Berliner Politologe Herfried Münkler halten dies für einen konstitutionellen Ausdruck des modernen institutionellen Flächenstaates: Dessen Erfolg könne man »auch als das Ergebnis seiner erfolgreichen Monopolisierung des politischen Geheimnisses begreifen«[3]. Fast alle Staaten dieser Welt unterhalten dafür einen großzügig ausgestatteten Apparat an Nachrichtendiensten, um einerseits die eigenen Geheimnisse zu schützen und andererseits der Geheimnisse anderer Staaten habhaft zu werden. Nicht von ungefähr gehört der Verrat von Staatsgeheimnissen in fast allen Ländern zu den Delikten, die mit hohen Haftstrafen, in einigen Ländern sogar mit dem Tod sanktioniert werden.

Für kaum ein Land auf dieser Welt gilt das so sehr wie für die Vereinigten Staaten von Amerika. In einer bemerkenswerten Bilanz hat die *Washington Post* die explosionsartige Ausbreitung der Geheimhaltungskultur nach den Anschlägen des 11. September 2001 beschrieben.[4] Die amerikanische Regierung gibt derzeit für ihre Nachrichtendienste jedes Jahr 75 Milliarden Dollar aus, eine Summe, die mehr als der Hälfte des Staatshaushaltes von Österreich entspricht. Derzeit sind nach Recherchen von Dana Priest und William Arkin, den Reportern der *Washington Post*, rund 850 000 Amerikaner als Geheimnisträger der Stufe »top secret« eingruppiert. Verstreut über die USA gibt es etwa 10 000 Orte, an denen die Regierung Geheimnisse bewahrt und bearbeitet. Alleine die Erkenntnisse, die die USA durch Spionage im In- und Ausland gewinnen, fließen jedes Jahr in etwa 50 000 Geheimdienstberichte, die allesamt als vertrauliche oder geheime Verschlusssache eingestuft sind. Die mächtigste Nation der Erde pflegt heute einen kaum zu überblickenden Dschungel der Klandestinität, aus dem ebenso schwer zu kontrollierende Aktivitäten erwachsen.

Für die US-Regierung ist deshalb bereits die Existenz von WikiLeaks eine Bedrohung. Der Diebstahl der geheimen Kriegstagebücher aus Afghanistan und dem Irak trifft Amerika von einer Seite, von der bislang keine Gefahr zu drohen schien. Historisch erwuchsen Bedrohungen, weil der russische Geheimdienst vertrauliche Informationen entwendete oder den Taliban eine Ladung tödlicher Stinger-Raketen in die Hände gefallen waren. Aber ein Insider aus den eigenen Reihen, ein US-Soldat, der sein Wissen einer Internetseite zuleitete, damit diese sie publiziert, sichtbar für jedermann und alle Zeiten? Das ist ein neues Phänomen an einer neuen Front, eine neue asymmetrische Bedrohung, auf die die US-Regierung unvorbereitet war. Das Gegenüber, das für mehr Transparenz sorgen will, braucht nicht mehr als einen USB-Stick oder eine wiederbeschreibbare CD und einen Zugang zum Internet. Aus Sicht von Militärs und Geheimdienstlern ist das ein Albtraumszenario.

Die von WikiLeaks publik gemachten Daten seien »eine Schatzkiste historischen Wissens, die über laufende Operationen Auskunft gibt«, klagt Michael Hayden, einst Direktor der mächtigen National Security Agency (NSA) und später Chef des amerikanischen Auslandsgeheimdienstes CIA. Ihre Veröffentlichung sei »eine Tragödie«.[5]

Und damit bezog sich Hayden nur auf die Dokumente aus Afghanistan, deren Bekanntwerden Amerika mit Furor, aber ohne greifbare Folgen quittierte. In schneller Folge legte WikiLeaks erst 390 000 geheime Kriegsberichte der US-Armee aus dem Irak nach, dann die diplomatischen Depeschen des amerikanischen Außenministeriums. Für Historiker wie Regierungen anderer Länder ist das diplomatische Archiv ein Pharaonengrab unschätzbaren Wertes. Für die so auf Diskretion und Etikette bedachten Diplomaten ist es der größte anzunehmende Unfall.

Militär und Diplomatie, das sind die beiden tragenden Säulen amerikanischer Weltpolitik. Zwei große Kriege, zweimal blamiert, bloßgestellt, verraten: es gibt wohl nur wenige Regierungsinterna, die im patriotisch gesinnten Amerika bis dahin als so heilig galten wie die operativen Berichte der US-Streitkräfte, vor allem wenn sie einen laufenden Krieg betreffen. Dazu kommt die interne Kommunikation des State Department, einsehbar für alle Welt. Aus WikiLeaks, angetreten zur Kontrolle der Mächtigen, ist inzwischen selbst ein machtvolles Werkzeug geworden. Julian Assange und seine Organisation haben die Weltpolitik verändert. Ob zum Besseren oder zum Schlechteren, muss sich weisen.

Die USA haben WikiLeaks inzwischen offiziell zum Staatsfeind erklärt, zur Bedrohung ihrer nationalen Sicherheit. Länder wie China, Nordkorea, Simbabwe, Vietnam oder Thailand haben schon viel früher entschieden, dass Whistleblower-Seiten im Internet für sie eine Bedrohung darstellen, und haben den Webzugang zu WikiLeaks blockiert. Amerika hat mittlerweile in Teilen nachgezogen: Regierungsmitarbeitern ist das Ansteuern der Internetadresse untersagt, selbst die altehrwürdige Kongressbibliothek hat auf Order des Weißen Hauses den Zugang zu WikiLeaks gesperrt. Die USA in Sachen Publikationsfreiheit auf einer ähnlichen Linie mit Regimen wie China – wer hätte sich das vorstellen können?

Wie weit der Hass der amerikanischen Rechten auf das Projekt geht, zeigen die scharfen Reaktionen nach jeder Veröffentlichung. »Die CIA sollte Assange töten«, indem sie ihm eine Kugel in den Kopf jagt, forderte die Diskussionsseite »Right Wing News«, die der Tea-Party-Bewegung nahe steht, und zwar »öffentlich, als eine Warnung«. Sarah Palin, für viele die kommende Präsidentschaftskandidatin der Republikaner, setzt Assange mit Osama Bin Laden gleich; er müsse hart verfolgt werden, als Staatsfeind eben. So sieht es auch Mike Huckabee, Republikaner und Ex-Gouverneur, der die Todesstrafe für die Quelle der Informationen fordert, so sieht es auch Mitch McConnell, Senator und Chef der Republikaner im US-Senat, der über Assange sagt: »Ich finde, der Mann ist ein High-Tech-Terrorist.«

Ein präzises Bekämpfungsszenario hat Marc Thiessen vorgeschlagen, einst Redenschreiber von US-Präsident George W. Bush. WikiLeaks sei »ein kriminelles Unternehmen, dessen Existenzberechtigung darin besteht, eingestufte Informationen von nationaler Sicherheit zu entwenden, um sie anschließend für Amerikas Feinde so weit wie möglich zu verbreiten«, schrieb er in einem Kommentar für die *Washington Post*.[6] WikiLeaks sei eine »eindeutige und akute Gefahr für die nationale Sicherheit der Vereinigten Staaten«.

Thiessen wertet die Veröffentlichung der Kriegsmeldungen als Spionage, möglicherweise auch als Unterstützung des Terrorismus. Die Webseite müsse deshalb »geschlossen und die Veröffentlichung weiterer Dokumente verhindert werden«, die Führungsfiguren müsse man verurteilen. Der US-Regierung stünden dafür mehrere Optionen zur Verfügung. Idealerweise würde die US-Administration mit Regierungen in aller Welt auf dem Rechtsweg zusammenarbeiten, aber wenn eine solche Kooperation nichts bringe, sei es an der Zeit, alleine zu handeln – notfalls auch mit geheimdienstlichen oder militärischen Methoden.

Der einstige Bush-Mann empfiehlt dafür den Einsatz der NSA, des mythenumwobenen größten Geheimdiensts Amerikas, der in Fort Meade an der Ostküste sein Hauptquartier hat und der, in Kombination mit dem Militär, rund um die Uhr das Internet und die weltweite Satellitenkommunikation überwacht. Erst im Mai 2010 hatte US-Präsident Barack Obama ein neues »US CyberCommand« eingerichtet, eine militärische Kommandozentrale für die digitale Kriegsführung im Internet. »Assanges Festnahme wäre ein schwerer Schlag für die Gruppe, aber ihn aus dem Weg zu räumen, ist nicht genug«, argumentiert Thiessen. »Wir müssen auch die geheimen Dokumente wiedererlangen und das System zerstören, das er aufgebaut hat, um illegal vertrauliche Informationen zu entwenden.« Der Kolumnist fordert einen Cyber-Schlag gegen WikiLeaks, und genau das wird wenig später geschehen.

Thiessen und die Anhänger der Tea Party mögen besonders radikale Stimmen sein, aber die Kritik kommt mittlerweile auch aus der Mitte der amerikanischen Gesellschaft. Die demokratische Regierung von Barack Obama reagiert kaum weniger emotional. Die Enthüllungen könnten »dramatische Folgen« haben, sagt Obamas Verteidigungsminister Robert Gates, und sein ranghöchster Offizier Michael Mullen ergänzte, an Julian Assanges Händen könnte bereits das Blut eines jungen amerikanischen Soldaten oder einer afghanischen Familie kleben.[7] Das FBI leitete gleich nach den ersten Enthüllungen im Sommer 2010 eine Untersuchung ein, ob Assange und seine Mitstreiter womöglich nach einem höchst selten hervorgeholten amerikanischen Gesetz verfolgt werden könnten, dessen Anwendung mittlerweile auch die mächtige demokratische Senatorin Dianne Feinstein fordert: dem Espionage Act von 1917.

Das bei Eintritt der USA in den Ersten Weltkrieg unter Präsident Woodrow Wilson verabschiedete Gesetz sollte das Militär an der Heimatfront schützen, indem es die Verbreitung von Informationen unter Strafe stellte, die Operationen der amerikanischen Streitkräften behinderten. Der Paragraf glich einem Maulkorb in Bezug auf militärisch-patriotische Fragen und wurde zur Maßregelung der Opposition angewandt. Eugene Debs, Präsidentschaftskandidat der sozialistischen Partei, musste mehrere Jahre ins Gefängnis, weil er sich öffentlich gegen die Einberufung von Soldaten ausgesprochen hatte. Mehr als 900 Menschen wurden aufgrund des Gesetzes zu bis zu 20 Jahren Haft verurteilt, darunter die bekannte jüdische Anarchistin Emma Goldmann. Auch wenn Präsident Wilson später, unter dem Eindruck ausufernder Verurteilungen, die meisten Haftstrafen reduzierte, blieb das Gesetz an sich bis heute unangetastet. Noch im Zweiten Weltkrieg wurde damit das Magazin *Social Justice* des konservativen Missionars Charles Coughlin verboten.

Eine Publikationsplattform unter Spionageverdacht? In Washington wird WikiLeaks immer weniger als digitale Variante des in den USA angesehenen »Whistleblower«-Modells akzeptiert, bei dem anonyme Insider vor Missbrauch und Korruption warnen, die Aufklärung befördern und letztlich die Demokratie stärken. In den Augen der Washingtoner Politelite ist WikiLeaks vielmehr die moderne Variante eines ausländischen Geheimdienstes, ein gefährlicher Gegner.

Geheime militärische und diplomatische Informationen, wie sie WikiLeaks publik gemacht hat, schienen über Jahrzehnte vor allem von einer Organisation bedroht: dem russischen Geheimdienst. Der KGB galt während des Ost-West-Konflikts als der Hauptgegner im Krieg der Spione. Moskaus Geheimdienstoffiziere versuchten, so viele Staatsgeheimnisse wie möglich in Washington zu erfahren. Das Gleiche versuchte (und versucht bis heute) die von Langley im US-Bundesstaat

Virginia aus operierende CIA in Moskau. Im Zentrum dieser gegenseitigen Spionagebemühungen standen stets jene beiden Felder, die auch WikiLeaks beschäftigen: Militär und Außenpolitik.

Der wohl spektakulärste Fall ist der des Geheimdienstanalysten Aldrich Ames, der 31 Jahre lang für die CIA arbeitete, viele Jahre davon zuständig für die Sowjetunion. Im April 1985 meldete sich Ames unbemerkt bei der sowjetischen Botschaft in Washington und bot seine Dienste an. Bald wurde er zu Moskaus bestem Spion und lieferte geheime Informationen, Namenslisten mutmaßlicher CIA-Zuträger, Pläne geplanter Operationen der CIA, interne Lageeinschätzungen und Angaben über technische Möglichkeiten der amerikanischen Behörden. Ames kommunizierte mit seinen Führungsoffizieren im KGB über tote Briefkästen, in denen er Hunderte von geheim eingestuften Dokumenten deponierte. Der KGB bedankte sich mit Geld und Kassibern mit neuen Beschaffungsaufträgen. Das FBI geht davon aus, dass Ames' Verrat etwa zehn CIA-Informanten das Leben kostete, rund hundert Geheimoperationen sollen durch ihn aufgeflogen sein.

Nachdem CIA und FBI jahrelang nach der undichten Stelle gesucht hatten, fiel Anfang 1993 ein Verdacht auf Ames. Er hatte sich trotz seines überschaubaren Gehalts ein teures Haus in Arlington, Virginia, und einen edlen Sportwagen geleistet. Bei einer Hausdurchsuchung Ende Februar 1994 fanden die Ermittler Beweise, im April 1994 wurde er zu lebenslanger Haft verurteilt. Er sitzt heute seine Strafe in einem Bundesgefängnis in Pennsylvania ab.

Moskaus Auslandsgeheimdienst heißt mittlerweile SWR, und wenn der SWR auch noch immer versucht, neue Spione in Washington zu rekrutieren, so ähnelten die zuletzt bekannt gewordenen Aktivitäten eher einem Slapstick aus Hollywood als Fällen wie Ames. Im Sommer 2010 verhaftete das FBI einen Ring von zwölf mutmaßlichen russischen Agenten um die rothaarige Anna Chapman, die zum Teil seit über zehn Jahren eine getarnte Existenz mit gefälschten Biografien geführt hatten und angesetzt waren, interne Informationen über die amerikanische Außenpolitik zu sammeln. Chapman ist eine attraktive junge Frau, sie hat eine Profilseite auf Facebook, wo sie unbeschwert aus ihrem Leben plaudert. Sie ist zum Gesicht einer modernen Spionin geworden, nur leider keiner besonders erfolgreichen. Wäre es ihr gelungen, geheime Kabel aus dem State Department nach Russland zu schmuggeln, dann wäre sie zu Moskaus Meisterspionin aufgestiegen.

Bradley Manning, der junge amerikanische Soldat, der im Verdacht steht, WikiLeaks die geheimen Kriegsmeldungen und den Schriftverkehr des Außenministeriums zugespielt zu haben, war für die US-Regierung viel gefährlicher, als Anna Chapman und alle ihre Agentenfreunde zusammen. Er ist, wenn er denn verurteilt wird, eher ein neuer Ames. Er hatte Zugang zu dem abgeschotteten Computernetz der US-Regierung, in dem die Militärgeheimnisse aus dem Irak und aus Afghanistan abgelegt werden und auch die diplomatische Depeschen des State Department. Manning musste dafür nicht mal in Washington sitzen. Es reichte, dass er in einem schmucklosen Militärgebäude irgendwo auf der Welt Zugang zu einem Computer hatte, der an das Regierungsnetz angeschlossen war.

Nie war Spionage so einfach wie im Zeitalter des Internets. Heute reicht es, wenn sich ein Regierungsbeamter aus Gewissensgründen bei WikiLeaks meldet und bereit ist, eine Datei mit vertraulichen Daten abzusenden. Dank moderner Netzwerke ist sein Aufenthaltsort dafür nicht mehr entscheidend. Entscheidend ist vielmehr, welchen Zugang er zu welchen Informationen hat. Knapp 2,5 Millionen Personen hatten 2010 Zugang zu vertraulich eingestuften amerikanischen Regierungsdokumenten mittlerer Geheimhaltungsstufe – 2,5 Millionen potenzielle Spione.

Das US-Militär hat die Gefahr, die von dem Phänomen Wiki-Leaks ausgeht, schon früh erahnt, ohne daraus allerdings Konsequenzen zu ziehen. Nachdem WikiLeaks im April 2007 eine Übersicht über die von der US-Armee in Irak und Afghanistan eingesetzte Ausrüstung veröffentlichte, forderte das Hauptquartier eine Analyse beim Counterintelligence Center an, die klären sollte, um was es sich bei WikiLeaks eigentlich handele. Die enthüllte Auflistung sei »so reich an Informationen«, dass die Aufständischen im Irak und ausländische Geheimdienste dadurch die Schwachstellen der amerikanischen Armee erkennen könnten.

Die Relevanz des Auftrages wurde durch eine weitere Veröffentlichung unterstrichen: Im November 2007 publizierte WikiLeaks eine als geheim eingestufte Analyse der Schlacht von Falludscha im April 2004 zwischen irakischen Widerstandsgruppen und der US-Armee, die angeblich ein Soldat mit dem Codenamen »Peryton« eingeschickt hatte. Im März 2008 legte einer der Analysten der Armee namens Michael Horvath ein 32-seitiges Papier vor, in dem er die Frage diskutiert, ob WikiLeaks eine »Referenz für ausländische Geheimdienste, Aufständische oder terroristische Gruppen« darstelle.[8] Die Gruppe sei in mehrerlei Hinsicht eine potenzielle Bedrohung für die amerikanische Armee, warnte Horvath: für den Schutz der Truppe ebenso wie für die Gegenspionage, die Sicherheit von Geheimoperationen und von Informationen. Der Auswerter mochte sich freilich nicht vorstellen, dass es WikiLeaks gelungen sein könnte, einen noch aktiven oder ehemaligen Insider innerhalb des Militärs als Informanten gewonnen zu haben. Derartige Behauptungen seien »hochgradig suspekt«, schrieb Horvath, warnte aber: »Die Möglichkeit, dass sich ein Angestellter oder Maulwurf innerhalb des Verteidigungsministeriums oder sonst wo in den Vereinigten Staaten vertrauliche Informationen an WikiLeaks weiterreicht, kann nicht ausgeschlossen werden.« Prophetische Worte.

Die Analyse des Counterintelligence Center nennt auch eine Schwachstelle von WikiLeaks: Vertrauen. Das Vertrauen, dass WikiLeaks die Anonymität seiner Quellen schützen kann, sei ein zentraler Punkt für die Organisation. Und damit auch ein idealer Angriffspunkt. Die Identifizierung von Informanten inklusive dienst- und strafrechtlicher Konsequenzen könne dieses Vertrauen beschädigen oder zerstören und andere davon abhalten, die Webseite zu nutzen. Horvath erwog sogar, die Computer von WikiLeaks zu infiltrieren.

Es war ein erster Versuch, WikiLeaks zu diskreditieren, doch er führte zu nichts.

Die Analyse verschwand, wie so viele Geheimdokumente, in den Schubladen der Regierung, und hätte nicht der gleiche Informant, der WikiLeaks die Afghanistan- und Irak-Tagebücher vermachte, netterweise auch Horvarths Analyse heruntergeladen, wäre sie wohl längst in Vergessenheit geraten. Für Julian Assange war das Papier eine wunderbare Gelegenheit, die US-Regierung ein weiteres Mal vorzuführen. Genussvoll publizierte er die Analyse im März 2010 auf der Webseite, versehen mit einem kurzen Kommentar: »Nachdem mittlerweile mehr als zwei Jahre vergangen sind, ohne dass eine Quelle von WikiLeaks aufgeflogen ist, scheint dieser Plan nicht sehr effektiv gewesen zu sein.«[9]

Assange ist nicht nur der »Chefredakteur von WikiLeaks«, wie er sich selbst gerne nennt, und derjenige, der am Ende die Entscheidungen trifft. Er ist auch das öffentliche Gesicht des Gegners, auf ihn konzentrieren sich die Reaktionen. Der WikiLeaks-Chef sei aus seiner Sicht schlicht »ein Krimineller, den man zur Strecke bringen und vor Gericht stellen muss für das, was er getan hat«, schäumt Karl Rove, einer der Strategen der Regierung von George W. Bush.[10] Ex-CIA-Chef Hayden diagnostiziert bei Assange einen »pseudoromantischen Bezug auf den absoluten Wert von Transparenz«, gepaart mit dem neurotischen Drang eines Einzelnen, der Selbstbestätigung suche.[11]

Einst war Assange ein Starhacker, der in das Computernetz der Telekommunikationsfirma Nortel einbrach und mit seiner Mutter quer durch Australien zog, zeitweilig aufgewachsen auf einer romantischen Insel vor Australien, fern von Staat, Kirche und sonstigen Autoritäten. Heute ist er selbst eine Berühmtheit, ein Popstar, der in der U-Bahn um Autogramme gebeten wird und der regelmäßig verfolgt, wie viele Treffer sein Name bei Google (169 Millionen Einträge, Tendenz steigend) hervorbringt. Er wird als »Freiheitskämpfer« des Internets gefeiert[12] und mit »Captain Neo« aus der Hollywood-Trilogie »Matrix« verglichen.[13] Assange ist eine Projektionsfläche für das Flair der Rebellion, eine Figur, die je nach Betrachtungsweise dem Filmemacher Michael Moore oder einem digitalen Che Guevara ähnelt, und keinen dieser Vergleiche fände er wohl unangemessen.

Ende September 2010 kürte ihn das britische Magazin *New Statesman* zu einer der »50 wichtigsten Personen der Welt«.[14] Die Zeitschrift listet ihn als Nummer 23, hinter Barack Obama, Angela Merkel und Steve Jobs, aber noch vor Hillary Clinton. Bei der Abstimmung der Leser des amerikanischen Magazins *Time* zum »Mann des Jahres« landete er mit großem Abstand auf Platz 1, weit vor dem späteren Favoriten der Redaktion, Facebook-Chef Mark Zuckerberg, der öffentlich bekannte: »Die WikiLeaks-Story ist faszinierend, und ich glaube, sie ist noch lange nicht zu Ende.«[15]

Der Kreml in Moskau ließ nach der Veröffentlichung der amerikanischen Depeschen lancieren, er könne sich für Assange auch den Friedensnobelpreis vorstellen. Der inzwischen aus dem Amt geschiedene brasilianische Präsident Luis Lula da Silva rief zur »Solidarität« mit Assange auf, Ecuador bot ihm zeitweise Asyl an.

Seine Kritiker, und davon gibt es viele, sehen in ihm einen idealen Bond-Bösewicht. »Gottgleich« geriere er sich, ein

»Datenpirat mit kaltem Intellekt«.[16] Er steigere sich »immer mehr in einen Allmachtswahn hinein«[17] und versuche, seinen »Traum einer umgekehrt orwellianischen Welt zu verwirklichen«.[18] Selbst Sympathisanten wie Frank Rieger vom deutschen Chaos Computer Club kritisieren einen »mittlerweile grotesken Personenkult«.[19]

Assange ist auf Augenhöhe mit den Mächtigen, zumindest für eine Weile. Allein gegen die Mafia, das ist die Rolle, die er sich geschaffen hat. »Ich mag es, den Mächtigen in die Suppe zu spucken«, sagt er mit einem breiten Lächeln, als wir ihn im Sommer 2010 in London treffen, um über sich und seine Vision zu reden. »Diese Arbeit macht mir wirklich Spaß.«[20]

Der Zauberer von Oz: Julian Assange

Achtundsechziger und Akustikkoppler

»Ich habe die Kontrolle übernommen.
Es war schön, mit Ihren Systemen herumzuspielen.«

(Julian Assange zum Systemadministrator der Telefongesellschaft Nortel,
deren Computer er gehackt hatte)

Seine ersten Lebensjahre verbringt Julian Assange in einem tropischen Naturparadies. Die kleine Magnetinsel (»Magnetic Island«) liegt nur wenige Kilometer vom australischen Festland entfernt im Südpazifik, am Rande des Great Barrier Reefs. Wer sich mit der Fähre von Townsville kommend dem nur rund 52 Quadratkilometer großen Eiland nähert, blickt auf die ausgedehnten Eukalyptus- und Mangrovenwälder und auf jene Felsformationen, die für den Namen der Insel verantwortlich sind. Als der britische Seefahrer James Cook auf seiner ersten Südseereise 1770 mit seiner »Endeavour« durch die Gestade vor der Ostküste Australiens segelt, spielen vor der Insel seine Instrumente verrückt. Der Entdecker führt das auf das vermeintlich magnetische Gestein der Insel zurück, die bei den australischen Ureinwohnern Yunbenun heißt. Auch wenn sich Cooks Vermutung später nicht bewahrheiten, Name und Mythos sind geblieben. Die Geschichte des britischen Abenteurers, der auf seiner Weiterreise, die bis heute nach ihm benannte Cook-Passage durch das angrenzende Great Barrier Reef fand, kennt auf der Insel jedes Kind.

Im Herbst des Jahres 1971 besteigt eine junge Mutter samt ihrem Säugling im Hafen von Townsville eine der Fähren, die Reisende in rund zwanzig Minuten auf die Insel bringt. Die junge Frau will sich dort niederlassen, die kurze Überfahrt ist für sie der Aufbruch in ein neues Leben. Sie mietet in Picnic Bay am südlichen Inselende ein Cottage für zwölf australische Dollar die Woche. Das Häuschen hat einen grünen Betonboden und holzverkleidete Wände, es ist klein, aber es ist ein Anfang.

Die junge Mutter heißt Christine Assange. Sie ist eine Künstlernatur, rebellisch, unangepasst – schon als Jugendliche. Einmal reitet sie mit ihrem Pferd vor das Rathaus, um gegen die Schließung von Ponypfaden zu demonstrieren. Mit 17 verbrennt sie ihre Schulbücher, verkauft ihre selbstgemalten Bilder und ersteht mit dem Geld ein Motorrad, auf dem sie aus dem gutbürgerlichen Akademikerhaushalt ihrer Eltern nach Sydney flieht.[1] Dort schlägt sie sich als Malerin durch, und steht anderen Künstlern gegen Gage Modell. Den Vater von Julian lernt sie auf einer Anti-Vietnamkriegs-Demo kennen, er mag Motorräder, sieht gut aus und ist angeblich ebenfalls hochbegabt – aber die Liebe hält nicht lange: er möchte heiraten, sie nicht, das übersteht die Beziehung nicht.

Christine Assange ist eine klasssische Achtundsechzigerin. Auf der Tropeninsel lebt sie ihren Aussteigertraum: Ihr bevorzugtes Kleidungsstück ist der Bikini, sie verbringt ganze Tage an den spektakulären Inselstränden, will im Einklang mit der Natur leben und ihr Kind großziehen. Der alternative Lebensstil des »Going native« ist gerade angesagt und das idyllische Tropenparadies mit seinen Koalas, Wallabys, seltenen Vogelarten und den weltbekannten vorgelagerten Korallenriffen gilt als Geheimtipp unter Hippies, die den Tag am Strand mit Yoga verbringen und aus den porzellanartig schimmernden Kaurimuscheln Ketten und Armreifen basteln.

Als am Weihnachtstag 1971 der tropische Zyklon Althea über die Magnetinsel fegt, hat die junge Familie Glück. Der Sturm zerstört zahlreiche Häuser und sogar Korallenriffe, das Häuschen der Assanges bleibt unversehrt.

Für Julian und seine Mutter, deren Leben bald nomadische Züge annehmen wird, bleibt die Insel einer der wenigen wiederkehrenden Fluchtpunkte. Ihr Junge ist zwei, als Christine einen Theaterschauspieler und Regisseur in Syndey kennenlernt, jetzt fühlt sie sich bereit zu heiraten. Sie ziehen mit seinen Stücken quer durchs Land, den Kleinen im Schlepptau. Christine kümmert sich neben ihrem Sohn um Kostüme, Requisite und Make-up – ein wildes Künstlerleben in den bewegten und politisierten siebziger Jahren.

Als Julian fünf wird, beziehen seine Mutter und ihr Ehemann auf der Magnetinsel eine verlassene Ananasfarm hinter dem größten, hufeisenförmigen Strand der Insel, der Horseshoe-Bay. Mit einer Machete schlägt sich die junge Familie den Weg zum Eingang frei, und immer wieder gibt es dort ungebetene Besucher aus der überreichen Fauna der Insel. Nervige pelzige Beutelsäuger auf dem Dachboden, Possums, aber auch Gefährlichere: Zweimal, so wird sich Christine Assange fast vierzig Jahre später bei einem Inselbesuch erinnern, habe sie Giftschlangen auf dem Grundstück entdeckt und mit dem Gewehr erschossen, eine im Wassertank – und eine auf dem Bett ihres Sohnes.[2] An die frühen Jahre seiner Kindheit und den Theatermann als Stiefvater hat Julian positive Erinnerungen, auch wenn es durch das Tourleben geprägte, turbulente Jahre sind: »Diese Phase meiner Kindheit war wie die von Tom Sawyer«, erinnert er sich. »Ich hatte mein eigenes Pferd, habe ein Floß gebaut, bin Fischen gegangen und durch verlassene Minen und Tunnel gekrochen.«[3] Alte Schulfreunde aus jener Zeit erinnern sich, dass sie in dem unkonventionellen Haushalt der Assanges gern zu Gast waren. Sie beschreiben die Familie als »Hippies«: »Es war aufregend anders dort, und es war immer etwas los.«[4]

Mit einer weiteren Unterkunft in einer anderen Bucht hat die Familie weniger Glück: Das Haus brennt bis auf die Grundmauern nieder, und die Gewehrmunition, die Julians Mutter zur Schlangenbekämpfung im Haus aufbewahrt, geht dabei in die Luft – eine Brandkatastrophe, die aussieht wie ein Feuerwerk. Die Einheimischen laufen herbei und beobachten das muntere Knallen. Die Feuerwehr rufen sie nicht, sie helfen auch nicht. Die Hippiefamilie ist nur geduldet, »sehr willkommen waren wir nicht«, erinnert sich Assange.[5]

Nach einigen Jahren, Julian ist acht, zerbricht die Beziehung seiner Mutter mit dem Theatermann. Sie findet kurz darauf einen neuen Partner, einen Musiker, mit dem sie ein weiteres Kind bekommt. Julian hat jetzt einen Halbbruder, und die zweite, die dunklere Phase seiner Kindheit beginnt.

Es dauert nicht lange, und die Beziehung der Eltern ist vergiftet. Für Julian ist der neue Mann in seinem Leben ein gefährlicher und »brutaler Psychopath« – und ein notorischer Lügner. Er benutzt verschiedene Identitäten und hat dafür auch falsche Ausweispapiere. Als wieder einmal ein Streit eskaliert und klar ist, dass es so nicht weitergehen kann, entsteht ein neuer Konflikt um das Sorgerecht für Julians Halbbruder. Eines Tages hat seine Mutter genug. »Wir müssen jetzt verschwinden«, eröffnet sie ihrem älteren Sohn. Damit beginnt die zweite Odyssee in Julians Kindheit; es ist diesmal keine Theatertournee, sondern eine Flucht, die seine Mutter mit ihren beiden Kindern quer durch den australischen Kontinent führt. Sie leben und reisen teilweise unter falschen Namen, immer in panischer Angst vor dem Musiker.

Einer der Namen, die der Mann benutzt, lautet »Hamilton«. Es gibt eine Sekte in Australien, deren Chefin Anne Hamilton-Byrne heißt, sie nennen sich »The Family« (Die Familie), und Assange hat den Verdacht, dass sein Stiefvater und die Sektenchefin verwandt sind. Anne Hamilton-Byrne hält sich selbst

für die Inkarnation von Jesus Christus, residiert in den Dande-
nongs, einem Nationalpark vor den Toren von Melbourne
und schafft es, Hunderte von Anhängern um sich zu scharen.
Um ihrem Ziel, der perfekten Familie, näherzukommen, sammelt sie mit dubiosen bis kriminellen Methoden mindestens
14 Kinder um sich, die alle ihren Namen annehmen. Manchen
werden die Haare weißblond gefärbt, sie müssen einheitliche
Kleider tragen – und werden selbst für nächtliches Einnässen
drakonisch bestraft. Für ihre Disziplinierungsmaßnahmen wie
Isolation oder Essensentzug setzt die Sekten-Chefin ein Heer
von »Tanten« ein, die sie unter ihren Anhängerinnen rekrutiert. Es ist ein einflussreicher Kult, in dem viele Ärzte und
Akademiker verkehren, und der über die seltenen Behörden-
besuche in den verschiedenen Anwesen der Sekte erstaunlich
gut im Voraus informiert scheint – die Kinder müssen sich
dann in einem zwei mal zwei Meter großen Loch verstecken.
In obskuren Aufnahmeriten wird schon 13-Jährigen die syn-
thetische Droge LSD verabreicht, bis die australische Polizei
dem Spuk 1987 endlich ein Ende macht. In einem Interview
mit der Zeitung *Herald Sun* wird Hamilton-Byrne im Jahr 2009
die Vorwürfe als erlogen zurückweisen.

Die Angst vor der Sekte könnte die Energie erklären, die
Assanges Mutter für ihr unstetes Leben aufbringt, das sich
zwischen Julians elften und 16. Lebensjahr abspielt. Es ist
nicht ganz klar, wie eng die Beziehungen von Assanges Stiefvater zu Anne Hamilton-Byrne ist. Klar ist, dass er Christine
und Julian nachstellt. »Wir wurden regelrecht gejagt«, sagt
Assange.[6]

Offenbar hat Hamilton gute Kontakte zu den Behörden,
denn er kann die Familie mehrere Male aufspüren, obwohl
sie sich umgemeldet haben. Schließlich wechselt seine Mutter
offiziell die Sozialversicherungsnummer und nimmt für eine
Weile einen Decknamen an. Erst als Assange 16 ist, hört die Verfolgung auf. Hamilton hat die Familie wieder einmal gefunden,

in einem Vorort im Osten von Melbourne namens Ferntree Gully. Er steht vor der Tür, Assange öffnet, mittlerweile ein über 1,80 Meter großer Teenager. Es kommt zum Wortgefecht. »Verpiss dich«, sagt Assange, so erzählt er es zumindest heute, und es scheint, als wirke der Auftritt: Hamilton sei tatsächlich für immer verschwunden.[7]

An eine geordnete Schulausbildung war bei diesem Leben auf der Flucht genauso wenig zu denken, wie an bleibende Freundschaften. Assange wird später ausrechnen, er habe insgesamt 37 Schulen besucht; zeitweise nimmt er Fernunterricht, parallel unterrichtet ihn seine Mutter zu Hause, was ihren antiautoritären Erziehungsvorstellungen durchaus entgegenkommt: Sie habe befürchtet, ihren Kindern werde in der Schule ein ungesunder Respekt vor Autoritäten eingeimpft.[8] So gesehen ist sie sehr erfolgreich mit ihrer pädagogischen Linie.

Assanges Biografie trägt romantische Züge, aber wer mit ihm darüber spricht, kann spüren, dass es viele dunkle Momente gab; das damals erlernte Prinzip des Zurücklassens von Orten und von festen sozialen Bindungen prägt sein Verhalten bis heute.

Als Jugendlicher entwickelt Julian eine große Lust am Lesen und verbringt viel Zeit in öffentlichen Bibliotheken – bis er in der zweiten Hälfte der achtziger Jahre in einem Elektronikladen in seiner Straße über eine neue technische Errungenschaft stolpert. Es ist ein unfömiger beigefarbener Kasten mit schwarzgrauer Tastatur, den Spötter nicht umsonst Brotkasten nennen: Der Commodore 64 ist für viele Jugendliche in der Generation der erste »Heimcomputer«, wie die Geräte damals noch heißen. Schätzungen zufolge werden von dem Rechner bis Anfang der Neunziger insgesamt mehr als zwanzig Millionen Stück verkauft. Die meisten nutzen den Kasten, der mit seinen 64 Kilobyte nur über einen Bruchteil des Arbeitsspeichers aktueller Smartphones verfügt, als Spielkonsole: C64-Spieleklassiker wie »Pac Man« oder »Donkey Kong« werden auf den Schulhöfen international zur heißen Tauschware – zunächst auf handelsüblichen Audiokassetten, die über den Datasetten-Player geladen wurden, später dann auf Floppydiscs, einer schwarzen, biegsamen Diskette.

Auch Julian ist sofort begeistert, er verbringt immer mehr Zeit in dem Laden, und bringt sich in kürzester Zeit die Programmiersprache Basic bei, um kleine Programme selbst zu schreiben – und professionelle Software zu knacken. Julian ist 13, als seine Mutter ein Einsehen hat und ihm das Gerät kauft, für 350 Dollar, wie er sich erinnert. Er verkauft dafür sein Pferd »Tilly«, das er geliebt hat und von dem er bis heute eine Erinnerung trägt: Einmal hat »Tilly« ihn mit ihren Hufen getreten und dabei einen Knochen am Arm abgesplittert, die Verletzung spürt er immer noch.

Mit seinem ersten Rechner kann sich der eher schüchterne Teenager jetzt voll seiner neuen Passion widmen, Tag und Nacht hackt er auf die klobigen Tasten und hat bald erste Erfolgserlebnisse. Der Highscore, dem viele Altersgenossen nachjagen, indem sie sich stundenlang durch verschiedene Spiele-Level daddeln, interessiert Julian nicht so sehr; die verborgenen Botschaften, die stolze Spieleprogrammierer als persönliche Duftmarken irgendwo im Programmcode verstecken, schon eher, und vielleicht lässt sich ja eine Programmlücke finden, über die sich der Highscore manipulieren lässt. Das Umgehen des Programmierschutzes, das sogenannte Cracken, wird zum regelrechten Sport in der Szene, in die Julian nun immer tiefer eintaucht. Es ist eine neue, sich gerade erst formierende Subkultur: der Computer-Untergrund.

Zu seinem 16. Geburtstag wünscht sich der Teenager ein Gerät, das ihn und seinen Computer aus der Isolation seines Kinderzimmers befreien und mit der Welt verbinden soll: ein Modem. Im Jahr 1987 gibt es noch kein öffentliches und über Browserprogramme leicht zu navigierendes World Wide Web, wie wir es heute kennen. Die Zahl derjenigen, die anfangen, ihre Heimcomputer zu vernetzen und online miteinander zu kommunizieren, lässt sich weltweit noch in tausenden messen. Was sich heute »surfen« nennt, heißt damals noch Datenfernübertragung und funktioniert über steinzeitlich anmutende Geräte wie den Akustikkoppler: Eine Art Knochen, in den man mit einem schmatzenden Geräusch seinen Telefonhörer versenkt. Die Datenübertragungsraten sind nach heutigen Maßstäben ein Witz. Julian kann quasi jedes hereinkommende Bit per Handschlag begrüßen – wenn die Verbindung sich erst einmal aufgebaut hat. Auch das ist damals noch ein langwieriges Unterfangen, begleitet von einem Pieps- und Fiepkonzert. Doch mit dem neuen Technikspielzeug kann Julian seine bislang einsam erlernten und erprobten Computerkenntnisse schnell ausbauen und perfektionieren. In jenen Jahren entsteht eine florierende Mailboxszene, ein Vorläufer der sozialen Netzwerke von heute.

Eine der angesagten australischen Gruppen dieser frühen Jahre heißt passenderweise »Pacific Island«. Es gibt dort Untergruppen in denen sich die Computer-Affecionados über ihre jeweiligen Rechner, neuen Programme und deren Verwundbarkeiten austauschen.[9] Julian wählt sich ein und ist fasziniert. Fortan verbringt er seine Stunden nicht mehr allein vor dem Rechner, sondern in Gesellschaft.

Für den eher ruhigen Jugendlichen ist diese neue Welt ideal: Sobald er seinen Rechner hochfährt und sein Modem piepsen hört, lässt er seinen Alltag hinter sich. Wie fast alle seine neuen Freunde wählt er für sein digitales Doppelleben ein Pseudonym. Julian nennt sich »Mad Professor«, der verrückte Professor, ein Spitzname, den ihm seine Mitschüler gegeben haben, weil er gerne neunmalklug über die Zukunft doziert.[10] Schon zu Schulzeiten wird deutlich, wie scharf Assanges Verstand ist. Er absolviert regelmäßig Intelligenztests. Die Resultate sind beeindruckend: Der durchschnittliche Intelligenzquotient beträgt

100, Julians Ergebnisse liegen zwischen 146 und 180.[11] Assange sagt heute, die IQ-Tests seien damals zu einer Art »Selbstvergewisserung für Kinder in der Hochbegabtenförderung« geworden, und er stellt ihre Ergebnisse in Frage: »Wenn man ein paar Tests durchlaufen hat, wird man darin geübt, und die Ergebnisse könne irreführend sein.« Die Frage nach dem IQ sei »zu simpel«.[12] Trotzdem spüren seine Mitschüler und Lehrer, dass »Mad Professor« außergewöhnlich begabt ist.

In »Pacific Island« und anderen Foren muss Julian niemandem erklären, wie er wirklich heißt, wo er herkommt, und warum er seine Familiengeschichte nicht vor anderen ausbreiten möchte. Wenn er es nicht will, dann wird hier niemand erfahren, dass er sich gerade aus einer sozialen Einrichtung für Frauen einloggt, in die seine Mutter zu jener Zeit gerade geflüchtet war, immer auf der Suche nach einer neuen, sicheren Bleibe. Die Diskussionsforen werden schnell zu einem Hort der Stabilität in Julians sonst so unstetem Leben. Hier zählt nicht, was der Vater beruflich macht, ob es überhaupt einen Vater gibt und wie viel Geld die Familie hat. Hier wird die soziale Währung Anerkennung für neue Tricks und Kniffe verteilt: Respektiert wird, wer möglichst virtuos mit Computern umgehen kann. Und darin entwickelt Julian alias »Mad Professor« schon nach Monaten erstaunliche Fertigkeiten. Bald hat er auch »Pacific Island« geknackt, aber das reicht ihm nicht, er will mehr – schon nach wenigen Monaten überschreitet der Teenager die Schwelle vom harmlosen »Script-Kiddie« zum Hacker, der sich in gefährlichere Gefilde vorwagt.

Wie einfallsreich er dabei vorgeht, zeigt schon sein erster größerer Hack in ein Rechnersystem namens »Minerva«, das von der damals noch staatlichen australischen Telefongesellschaft in Sydney betrieben wird. Die drei riesigen Zentralrechner sind ein Prestigeziel für jeden, der sich in der Szene einen Namen machen will. In dem 1997 erschienenen Buch »Underground« der australischen Autorin Suelette Dreyfus, an dem Assange intensiv mitgearbeitet hat, ist der erste größere Hack eines gewissen »Mendax« detailliert beschrieben.[13] Dass sich niemand anderes als der Rechercheur des Buches hinter diesem Pseudonym verbirgt, erfahren die Leser allerdings nicht, alle darin beschriebenen Hacker werden nur mit ihren Pseudonymen genannt. Mendax ist eine Anleihe aus der Zeit, als Assange viele Stunden in australischen Bibliotheken verbrachte: In den Oden des römischen Dichters Horaz heißt es »splendide mendax« – »glänzender Lügner«.

Mendax alias Julian benutzt seine damals schon ungewöhnlich tiefe Stimme, um an das Passwort für »Minerva« zu kommen. Auf seinem Kassettenrekorder nimmt er Hintergrundgeräusche auf, die den Büroalltag in einer Telefongesellschaft simulieren sollen: murmelnde Simmen, Tastaturgeklapper. Mit dieser Hintergrundatmosphäre ruft Mendax dann bei Unternehmen an, die Minerva nutzen, gibt sich als Mitarbeiter der Telefongesellschaft aus und erzählt dem geschockten Gegenüber, es gebe leider ein Problem, eine der Minerva-Festplatten sei abgestürzt. Er müsse überprüfen, ob dabei Daten des Unternehmens verloren gegangen seien, sagt der Teenager – und fragt dann nach dem Nutzerpasswort. Nach ein paar erfolglosen Versuchen hat er Glück. Ein argloser Minerva-Nutzer verrät Mendax seinen Zugangscode.[14] Julian hat es geschafft, mit den Daten kann er sich einwählen. Er ist drin – nicht nur in »Minerva«, sondern auch im klandestinen Zirkel der australischen Hackerelite.

Denn »Minerva« ist für Mendax nur ein Sprungbrett, eine Eintrittskarte in noch aufregendere Gefilde. Über die drei Rechner in Sydney hat er Zugang zu einem riesigen Computernetzwerk, an das damals vor allem besonders sensible Großrechenanlagen in aller Welt angeschlossen sind, etwa die von Militärs, Banken und Börsen.

Zusammen mit zwei befreundeten Hackern schmiedet Mendax nun, da es ernst wird, ein Syndikat: die »International Subversives« (Internationalen Subversiven). Assange schreibt ein kleines Hackprogramm namens »Sycophant«, das ihnen die Angriffsarbeit deutlich erleichtert. Die australische Hacker-Gang deponiert »Sycophant« auf unauffälligen Universitätsrechnern und lässt diese dann ein Ziel nach dem anderen angreifen; angeblich erbeutet das Trio damit bis zu 100 000 Zugangsdaten pro Nacht, die Liste ihrer »Opfer« ist beeindruckend und offenbart eine klare Präferenz: Rechner von Einheiten der US-Airforce sind darunter, Computer verschiedener Stützpunkte der US-Marine, aber auch Säulen der amerikanischen Rüstungsindustrie und der einschlägigen Forschungszentren wie Lockheed Martin und das Lawrence Livermoore Institute in Berkeley. Es ist damals schon der amerikanische militärisch-industrielle Komplex, der Assange und seine Hackerkollegen am meisten interessiert.

Sein Meisterstück liefert Mendax 1991, als er nicht nur erfolgreich in das interne Netwerk des amerikanischen Verteidigungsministeriums vordringt, sondern dort sogar einen geheimen Hintereingang für sich installiert: eine sogenannte Backdoor, über die er jederzeit unerkannt und ohne großen Aufwand erneut in eine der weltweit wichtigsten und sensibelsten Großrechenanlagen vordringen kann. In den militärischen Netzwerken stöbert der mittlerweile gerade mal Zwanzigjährige herum wie früher in öffentlichen Bibliotheken.

Assange ist bis heute zurückhaltend, wenn es um Details seiner Hackerbiografie geht. Offiziell will er nicht einmal bestätigen, dass er Mendax ist, obwohl es sich dabei um ein offenes Geheimnis handelt. Alle an dem »Underground«-Buch beteiligten hätten sich gegenseitig versprochen, die Anonymität zu wahren, daran fühle er sich gebunden, antwortet er.[15] Andererseits ist er auf seine erste Karriere im Computer-Untergrund auch stolz. Gegenüber einem australischen Fernsehmagazin brüstete er sich: »Wir hatten eine Hintertür in (…) der höchsten Sicherheitseinrichtung, die den militärischen Teil des amerikanischen Internets kontrolliert. Wir hatten darüber zwei Jahre lang die totale Kontrolle.«[16]

Der spektakulärste Hackercoup in jenen Jahren ist ein Angriff auf die Nasa. Die amerikanische Raumfahrtbehörde will 1989 mit der Raumfähre Atlantis die Sonde Galileo ins All schießen, die unter anderem den Planeten Jupiter erkunden soll. Versorgt wird sie von zwei Generatoren, die je elf Kilogramm nuklearen Materials enthalten: Plutoniumdioxid. Nur drei Jahre zuvor war die Raumfähre Challenger kurz nach dem Start explodiert, es war das bislang schwerste Unglück in der Geschichte der bemannten Raumfahrt, sieben Astronauten starben. Das Risiko einer neuerlichen Spaceshuttle-Explosion über Florida mit dieser Menge radioaktiven Materials an Bord sorgt deshalb schon lange vor dem geplanten Start für Proteste.

Als Nasa-Mitarbeiter zwei Tage vor dem Countdown ihre Rechner starten, wissen sie sofort, dass etwas nicht stimmt. Statt dem gewohnten Willkommensbanner ploppt eine irritierende Botschaft auf: »Wank – Worms against Nuclear Killers – Your Systems has been officially Wanked«, also: Würmer gegen nukleare Killer – Ihr System wurde »gewankt«. Es folgt nur noch ein Satz: »Ihr redet vom Frieden für alle und bereitet euch vor für den Krieg.« Es ist der erste politisch motivierte Computerwurm der Geschichte, und er befällt nach internen Schätzungen mindestens 250 Nasa-Rechner. Die Shuttle-Mission kann pünktlich starten, aber der Absender gibt nicht auf.

Die Galileo-Sonde ist längst ausgekoppelt und auf ihrem Jahre dauernden Weg zum Jupiter, da bricht eine zweite Wurm-Welle über die Nasa herein, mit einer modifizierten, noch perfideren Version, die beispielsweise selbsttätig Passworte verändert und so Mitarbeiter aus ihren eigenen Sys-

temen aussperrt. Die bei der amerikanischen Raumfahrtbehörde für die Netzsicherheit zuständigen Mitarbeiter
beginnen, den neuen Eindringling fieberhaft technisch zu
bekämpfen – und parallel nach möglichen Urhebern zu fahn-
den, zusammen mit Ermittlern der Computer Unit der amerikanischen Bundespolizei FBI.[17] Die Spur führt nach Frankreich, wo die Ermittler einen Rechner finden, auf dem sich
schon zwei Wochen vor der Attacke auf die Nasa Spuren des
Wurms nachweisen lassen. War der »Wank-Wurm« also von
französischen Hackern ausgetüftelt und über den Atlantik
geschickt worden?

Der französische Inlandsgeheimdienst, der mit dem FBI
zusammenarbeitete, kommt nach seiner Analyse des verdächtigen Rechners zu einem anderen Schluss. Der französische
Computer sei eindeutig ferngesteuert worden, so die Geheimen,
es ließen sich für den Angriffszeitraum Netzwerkverbindun-
gen ans andere Ende der Welt nachweisen – nach Australien.[18]
Hätten sich die Nasa-Mitarbeiter für Musik interessiert, hätten
sie auch von alleine darauf kommen können. Der Entwickler
des zweiten Wurms hatte ihm den Namen »Oilz« gegeben. Und
bei der Zeile: »Ihr redet vom Frieden für alle und bereitet euch
vor für den Krieg« handelt es sich um eine Zeile aus dem Song
»Blossoms of Blood« der damals mit Abstand angesagtesten
australischen Band – Midnight Oil.

Die Urheber der Computer-Kampagne gegen den Galileo-
Start, die nach Schätzungen einen Schaden von rund einer
halben Million Dollar angerichtet haben, sind bis heute nicht
bekannt. Fragt man Assange danach, lächelt er und sagt, es
handle sich um Leute aus der Hackerszene von Melbourne.
Auch das von ihm mitrecherchierte Standardwerk zum
australischen Computer-Untergrund hilft bei der Suche nach
den Köpfen hinter dem spektakulärsten und politischsten
Hack jener Zeit nicht weiter, es ist der einzige darin beschrie-
bene Hackerangriff, bei dem die Urheber nicht zumindest

mit ihren Alias-Namen genannt werden. Jedenfalls nicht explizit.

Dafür werden alle Kapitel des Buches mit Midnight-Oil-Songzitaten eingeleitet. Alte Weggefährten aus Melbourner Zeiten bestätigen, es sei lange Assanges Lieblingsgruppe gewesen. Frontmann Peter Garrett war selbst politischer Aktivist und dezidiert US-kritisch, kandidierte einst für eine Partei, die sich der nuklearen Abrüstung verschrieben hatte, bevor er zum Ärger vieler alter Fans als Abgeordneter der Australian Labor Party ins Parlament einzog, viele seiner alten Positionen aufweichte und es schließlich bis zum Minister brachte.

Die Titelzeile der von Assange erstellten elektronischen Ausgabe von »Underground« hat darüber hinaus dieselbe Optik wie der Wank-Schriftzug im Original. Nach Recherchen für dieses Buch war Assange nicht direkt an der digitalen Attacke beteiligt, aber er wusste, wer sich hinter »Wank« verbarg: ein paar Bekannte aus seinem Umfeld. »Wir waren jung und haben das nicht aus krimineller Energie gemacht«, sagt Assange im bislang offensten Interview zu seinen Hackereskapaden mit dem australischen Sender SBS. »Wir taten es aus Neugier, haben es als Herausforderung gesehen und wir waren Aktivisten, Anti-Atom-Aktivisten. Und wir haben nichts zerstört.«[19]

Die Antwort auf die Frage, warum sich auch heute niemand offen zu dem Wurmangriff auf die Shuttle-Mission bekennt, ist wohl vor allem in dem Ende der achtziger Jahre einsetzenden Strafverfolgungsdruck gegen die australische Hackercommunity zu finden, den auch Julian Assange alias Mendax am eigenen Leib zu spüren bekommt. Die Vorstellung des ethischen Hackers, der Sicherheitsschwellen überwindet, aber nichts zerstört, mag romantisch sein; aus Sicht des Staates und vieler Unternehmen werden die Freaks, die von ihren C64-Rechnern längst auf die leistungsstärkeren Amiga 500 umgestiegen sind, zunehmend zur Bedrohung. Bei der australischen Bundespolizei ist Ende der Achtziger bereits eine eigene Einheit für Computerkriminalität im Einsatz, und die wachsenden Aktivitäten in und aus Melbourne sind Sergeant Ken Day und seinen Mitarbeitern nicht entgangen.

Neben verschiedenen Universitätsnetzen ist seinerzeit besonders das Royal Melbourne Institute of Technology ein begehrtes Hackerziel – denn wie »Minerva« ist es eine ideale Plattform, um von dort unauffällig Attacken auf andere Ziele zu lancieren. Die Ermittler drängen die Systemadministratoren des Instituts, ihre Sicherheitslücken nicht sofort zu schließen, um in Zusammenarbeit mit der australischen Telekom verdächtige eingehende Verbindungen zurückverfolgen zu können. Im Oktober 1990 haben sie endlich Glück. Sie erwischen gleich zwei der drei Mitglieder der »International Subversives« auf einen Schlag und verwanzen das Telefon von einem der Hacker. So kommen sie schließlich auch dem dritten auf die Spur: Mendax. Von da an hacken die drei aus Melbourne unter staatlicher Beobachtung – denn die Bundespolizei will noch mehr Beweise sammeln und lässt sich und den Teenagern Zeit, zwölf lange Monate.

Für Julian ist es kein gutes Jahr, auch in seinem Privatleben läuft alles auf eine ernste Krise zu. Er ist mit 17 Hals über Kopf bei seiner Mutter ausgezogen, als er von einer ersten bevorstehenden Hausdurchsuchung vorab Wind bekam – die dann tatsächlich ein paar Tage später stattfand. Zusammen mit seiner Freundin, die er in einem Programm zur Begabtenförderung kennengelernt hat, schließt er sich einer Gruppe von Hausbesetzern an, kurz nach seinem 18. Geburtstag heiratet er sie in einer nicht offiziellen Zeremonie – viel zu früh, viel zu schnell, wie sich bald herausstellte. Julians Braut ist gerade 17, sie bekommen im Jahr nach der Hochzeit einen Jungen und ziehen wieder in die Nähe ihrer Eltern. Die beiden Teenager sind mit der Situation und dem Säugling überfordert. Noch im Herbst desselben Jahres zieht Julians Frau mit dem Sohn aus und hinterlässt ein Chaos – in der

Wohnung und in Julians Seelenleben. Es ist, als ob sich die Geschichte seiner eigenen Kindheit wiederholt, etwas, das Julian auf keinen Fall wollte.

In jener Zeit treibt er sich wieder einmal in den Rechnern des Telekommunikationsanbieters Nortel herum. Als er bemerkt, dass ein Systemadministrator auf ihn aufmerksam geworden ist, lässt er alle Vorsicht fahren und schickt ihm eine Botschaft: »Ich habe die Kontrolle übernommen. Es war schön, mit Ihren Systemen herumzuspielen. Wir haben keinen Schaden angerichtet und sogar ein paar Sachen verbessert. Bitte lassen Sie die Bundespolizei aus dem Spiel.« Für Ken Day und seine Kollegen bringt die Hybris, mit der Mendax und seine beiden Hackerkollegen sich in den Nortel-Rechnern bewegen, das Beweismaterial, das sie noch gebraucht haben.

Julian hat zu dieser Zeit lange braune Haare, die er zu einem Pferdeschwanz bindet, er trägt lange Trenchcoats und Sonnenbrillen, es ist seine Vorstellung von einem angemessenen Hackerlook.

Neben seinem Computer hat er noch ein Hobby: Er züchtet Bienen und gewinnt seinen eigenen Honig. Der Bienenstock ist gleichzeitig sein Safe, darin verwahrt er die Disketten, auf denen er die Beute aus seinen virtuellen Raubzügen abspeichert: Passwörter, Zugangsdaten, die Telefonnummern ungeschützter Modems.

Am 29. Oktober 1991 sitzt Julian in seiner Wohnung, Frau und Kind sind erst seit ein paar Tagen weg, er ist unglücklich, fühlt sich verlassen und liest die Gefängnis-Briefe von George Jackson »Soledad Brother«, die auch besser gelaunte Menschen depressiv machen können. Seine Disketten liegen über den Computertisch zerstreut, auf dem Monitor des laufenden Rechners sind noch die erbeuteten Zugangsdaten seines letzten Fischzuges, als es gegen 23.30 Uhr an seine Tür klopft. Es ist Ken Day von der australischen Bundespolizei, der Mendax mit den Worten begrüßt: »Du hast mich bestimmt erwartet.«[20]

Tatsächlich haben die »International Subversives« bemerkt, dass ihnen die staatlichen Hackerjäger auf der Spur sind. Sie lesen sogar teilweise die Mails der Ermittler mit. »Er hat genau verfolgt, dass wir ihm auf den Fersen waren, und wusste, dass wir ihn irgendwann kriegen würden, aber wir waren ihm einen Schritt voraus«, sagt Ermittler Day.[21] Mit der Telefonfangschaltung rechnet Julian nicht. Der Hausbesuch der Staatsgewalt trifft den strauchelnden 20-Jährigen hart, die Ermittler beschlagnahmen bei der dreieinhalbstündigen Durchsuchung eine Fülle von Beweisen.

Julian weigert sich auszusagen und begibt sich bald nach der Razzia in Behandlung, er lässt sich in eine psychiatrische Klinik einweisen. Das strenge Krankenhausregime ist für den Jugendlichen, der keinen geregelten Tagesablauf kennt und seine Nächte bislang vor dem Computer verbracht hat, eine Zumutung. Als er die Klinik verlassen darf, sucht er Zuflucht bei seiner Mutter, aber auch dort hält er es nur ein paar Tage aus. Er streift tage- und nächtelang durch den Dandenong-Nationalpark in der Umgebung von Melbourne, übernachtet in den ausgedehnten Sherebrooke-Wäldern. 1992 sei das schlimmste Jahr seines Lebens gewesen, wird er später sagen. Ein halbes Jahr fasst er keine Computertastatur an. Es ist wie ein Entzug bei einem Süchtigen.

Nur langsam fängt sich Julian wieder. Was die Situation für ihn nicht leichter macht, ist der schleppende Verlauf des Prozesses. Die Staatsanwaltschaft braucht rund drei Jahre, bis sie Anklage erhebt. Erst 1994 finden Julian und seine beiden Hackerkollegen die formalen Anklageschriften in ihren Briefkästen: Julian Assange alias Mendax werden 29 Computerdelikte vorgeworfen, bis zum Prozessbeginn 1995 kommen noch zwei weitere hinzu.

Bei der ersten Verhandlung am 5. Mai 1995 ist dem Staatsanwalt Geoff Chettle anzumerken, dass ihn die Computerkünste der Teenager durchaus faszinieren. »Wer sich auskennt, kann über das Telefon aus dem eigenen Schlafzimmer auf fremde Rechner zugreifen«, versucht der Staatsanwalt dem Gericht das damals noch recht neue Phänomen zu erklären.[22] Assange hätte sich über ein Modem »illegal Zugang« auf fremde Computer verschafft und mittels eines speziellen Programms »massenhaft« geheime Passwörter gestohlen. Zudem habe er dort Daten verändert und anderen Hackern Tricks verraten. Assange habe sich auf Computersystemen der Australischen Nationaluniversität, dem Royal Melbourne Institute of Technology und der Northern Telecom bewegt wie »Gott der Allmächtige«, sagt Staatsanwalt Chettle.

Während sich seine beiden Hackerfreunde wegen des umfassenden Beweismaterials schuldig bekennen, will sich Assange wehren. Seine Strategie wird allerdings über den Haufen geworfen, als mit James Joseph Carter alias »Prime Suspect« einer seiner beiden Mitangeklagten noch vor Prozessbeginn als Kronzeuge aussagt und dabei auch Assange belastet. Der will das zunächst nicht wahrhaben. Er hat seine Frau verloren, er führt einen erbitterten Sorgerechtsstreit um seinen Sohn, die Polizei hat sein Computerequipment beschlagnahmt, und nun verpfeift ihn einer seiner bis dahin besten Freunde bei der Polizei.

Assange hat schon als Jugendlicher ein ausgeprägtes Gespür für symbolische, spektakuläre Kämpfe. Er will seinen Fall vor das australische Verfassungsgericht bringen, daraus einen Präzedenzfall machen, Geschichte schreiben. Aber die hohen Richter lehnen es ab, sich mit der Hackerproblematik zu befassen. Am 5. Dezbember 1996 fällt der Vorsitzende Richter Ross im Landgericht von Melbourne sein Urteil.

Sowohl Julians Mutter als auch Chefermittler Ken Day sind zur Urteilsverkündung im Gerichtssaal erschienen. Richter Ross spricht den mittlerweile 25-Jährigen in 25 Fällen schuldig und brummt ihm eine Geldstrafe von 2100 australischen Dollar auf. Er bleibt dabei in dem Strafrahmen, den das Gericht

auch über die beiden anderen »International Subversives« ver-
hängt hat. Die beiden vorangegangenen, vergleichsweise mil-
den Urteile waren wohl Assanges Glück – sein Richter deutet
im Gerichtssaal an, er hätte durchaus auch eine Haftstrafe für
angemessen gehalten.

»Es ging Julian Assange und den anderen Hackern vor allem
ums Ego«, glaubt Day heute. »Sie waren in einem ganz neuen
Metier unterwegs und wollten beweisen, dass sie die Besten
waren.«[23] Assange selbst sagt, er sei heute »stolz auf seinen
Teenager-Aktivismus«, seine jugendlichen Hackererfahrungen
seien »Teil seiner geopolitischen Ausbildung gewesen«.[24] Sich
aus dem eigenen Schlafzimmer heraus in die internationale
Politik einmischen zu können, sei eine extrem lehrreiche
Erfahrung für ihn gewesen. »Wir konnten so zumindest ein
paar Kleinigkeiten gegen die Dinge unternehmen, die uns am
meisten aufregten.«[25]

Tatsächlich geht es ihm schon damals nicht darum, aus
seinen Hackerkünsten Kapital zu schlagen, die damals ebenfalls entstehende Kreditkartenbetrugszene, die viele Hacker
der ersten Stunde zu Wirtschaftskriminellen macht, interessiert ihn nicht. Ihn bewegt die Aussicht, hinter die Kulissen
schauen zu können. Informationen, die nicht für unbefugte
Augen bestimmt sind, sind für ihn besondere Trophäen, am
liebsten beschäftigt er sich mit jenen Daten und Dokumenten,
die ausdrücklich als »geheim« ausgewiesen sind: »Darin zeigt
sich, wie die Welt wirklich ist, ohne jede Interpretation. Es ist
wahrhaftiger, wie ein Foto.«[26]

Neben dem Hacker-Prozess hat Julian an einer weiteren Stelle
Streit mit dem Staat. Es geht um seinen Sohn. Julian und
seine Mutter sind überzeugt, dass der Junge bei der Mutter
und deren neuem Lebensgefährten nicht gut aufgehoben und
vielleicht sogar in Gefahr ist. Sie wollen deshalb das alleinige
Sorgerecht für das Kind erstreiten. Als sie mit diesem Wunsch

sowohl bei der Mutter als auch bei den Behörden abblitzen und feststellen, dass es gegen diese Entscheidung keine Einspruchsmöglichkeiten gibt, tun die beiden, was sie besonders gut können: Sie kämpfen für ihre Interessen.

Zusammen mit seiner Mutter und einer weiteren Mitstreiterin gründet Assange die Initiative Picup – eine »Elterninitiative für den Kinderschutz«. In Interviews weist Christine Assange darauf hin, dass sie viele Fälle von Hinweisen auf Kindesmissbrauch kenne, denen die Behörden nicht nachgingen.[27] »Bis auf die Betroffenen konnte sich niemand vorstellen, was in diesem Bereich der Justiz alles schief lief«, sagt Julian Assange.[28] Die beiden scheuen sich nicht, mit Methoden der Kommunikationsguerilla zu operieren: Gespräche mit den zuständigen Stellen werden teils offen, teils heimlich aufgezeichnet. Eine Freundin der Familie wird sich später erinnern, dass Christine und Julian gleich mehrere Quellen in den Ämtern auftaten, die ihnen Interna steckten. Das habe Assange auf die Idee gebracht, daraus ein Prinzip zu machen. Um an Beweise für Amtsmissbrauch zu kommen, gibt die Initiative Flugblätter heraus, in denen Sozialarbeiter aufgefordert werden, Insider-Informationen zu »leaken« – eine Art Vorläufer von WikiLeaks, allerdings für Partikularinteressen.

Julian Assange als einsamer Kämpfer gegen die Ungerechtigkeit des Systems, der mit unkonventionellen Ideen dem Imperium trotzt – das ist die Konstellation beim Kampf um sein Kind, und das ist die Konstellation, die sich Jahre später wiederholen wird, nur dass dann nicht mehr die Jugend- und Sozialgerichte von Melbourne der Gegner sind, sondern die mächtigsten Nationen der Welt.

In Melbourne lernt Assange, wie erfolgreich er sein kann – und dass das Prinzip des Leaken funktioniert. Er bekommt ein wichtiges internes Handbuch zugespielt. Er ist jetzt auf Augenhöhe mit den Beamten, ein gefürchteter Gegner für die Behörden, bei denen die Initiative intern nur »die terroristische Vereinigung« genannt wird. Gut ein Jahrzehnt später wird Assange diese Formulierung wieder hören: diesmal von konservativen Politikern in Washington.

Es dauert bis 1999 und damit mehr als 30 Anhörungen und Anfechtungen lang, bis Julian und die Mutter seines Sohnes sich auf ein geregeltes Umgangsrecht für das Kind einigen können. Christine Assange ist überzeugt, dass dieser Kampf Julian deutlich mehr mitgenommen hat, als sein Hackerprozess. Sie glaubt, er habe ein posttraumatisches Stresssymptom davongetragen, das nie behandelt wurde. Einem Journalisten des *New Yorker* erzählte sie, es sei auch in jener Zeit gewesen, als sich das vormals dunkelbraune Haar ihres Sohnes schlagartig weiß gefärbt habe.[29] Assange selbst berichtet es allerdings anders: Sein plötzliches Ergrauen habe mit 15 begonnen, als Schüler. In der Schule ziehen sie ihn auf, er sehe aus, wie ein 50-Jähriger. Er antwortet: »Das ist sexy.«[30]

Er hält schulische Experimente mit Kathodenstrahlen für eine mögliche Erklärung, er sei dabei einer hohen Strahlenbelastung ausgesetzt gewesen, behauptet er. Außerdem habe er eine leichte Gehirnhautentzündung gehabt, und deshalb sei sein Kopf diverse Male gescannt worden. Aber das ist nicht mehr als eine Vermutung.

Rund um ihn herum ereignet sich in dieser Zeit eine Revolution, die auch viele seiner Wegbegleiter aus der Computer-Avantgarde staunen lässt. Seit Anfang der Neunziger wächst die Gemeinde der Computernutzer, die ihre Rechner vernetzen rasant. Assange sagt, er habe die Macht und Unaufhaltsamkeit dieser Entwicklung früh erkannt und zur Ausbreitung des Internet in Australien beigetragen.[31] Tatsächlich ist er einer der führenden Köpfe hinter dem 1990 gegründeten suburbia.net, das schon seit 1993 online ist. Es ist bis heute der größte freie Netzzugangsanbieter in Australien und seinem »Non-Profit«-Grundgedanken treu geblieben. Assange arbeitet dort in den

Neunzigern ehrenamtlich als Administrator und nennt sich »Proff«, eine Reminiszenz an seinen alten Spitznamen »Mad Professor«. Er betreibt mehrere Mailinglisten und schreibt Beiträge für unzählige weitere, meist geht es darin um Computersicherheit.

Besonders aktiv ist »Proff« in der legendären Liste »Cypherpunks«, die seit 1992 existiert und auf der in ihren Spitzenzeiten von 1996 bis 1999 bis zu 1400 Nutzer aktiv sind; wer sie wie Assange abonniert, bekommt in diesem Zeitraum durchschnittlich bis zu 30 Nachrichten am Tag. Die »Cypherpunks« rekrutieren sich zu einem guten Teil aus der Hackerbewegung und der IT-Sicherheitsbranche und kämpfen aktiv für den Einsatz von Verschlüsselungstechnologien und gegen alle staatlichen Versuche, Kryptografie für Privatnutzer einzuschränken. »Privatsphäre ist für eine offene Gesellschaft im elektronischen Zeitalter unbedingt notwendig«, ist der erste Satz des Cypherpunk-Manifestes von 1993. Assange und seine »Cypherpunk«-Freunde ahnen nicht, wie umstritten dieser Satz bald sein wird – und wie mächtig ihr Gegner ist. Es sind die Vereinigten Staaten von Amerika.

Politik 1.0 und eine revolutionäre Idee

»Let's make a little trouble«

(Aus der Anleitung eines von Assange geschriebenen Verschlüsselungsprogramms)

Der Kampf zwischen dem Hackermilieu und den mächtigsten Nationen der Welt eskaliert in den neunziger Jahren, und wer den Konflikt zwischen WikiLeaks und der US-Regierung verstehen möchte, muss nach Boulder blicken, in eine kleine Universitätsstadt am Fuß der Rocky Mountains, die für ihre Forschung in der Computertechnologie bekannt ist. Mitte der neunziger Jahre lebt dort Phil Zimmermann, ein gemütlicher

Typ mit Vollbart, der eine dicke Brille und ein spießiges Jackett trägt und Besucher in einem fensterlosen Büro empfängt.[32] Zimmermann passt äußerlich nicht in das Bild des übernächtigten Computerfreaks, aber sein Fall bewegt die weltweite Hackerszene. Er ist ein offener, freundlicher Mann, der ein Programm zur Verschlüsselung von E-Mails geschrieben hat, das er »Pretty Good Privacy« (PGP) nennt, und tatsächlich schützt das Programm die Privatsphäre ziemlich gut: Selbst die amerikanische Sicherheitsbehörde NSA kann den Code von PGP offenbar nicht knacken. Das gefällt der amerikanischen Regierung nicht besonders, und so wird die Existenz von PGP zu einem globalen Kräftemessen zwischen der libertären Computerszene, der sich auch Assange zugehörig fühlt, und der amerikanischen Regierung.

Der Administration des damaligen US-Präsidenten Bill Clinton fällt es schwer zu akzeptieren, dass im Cyberspace ein digitaler Raum bestehen soll, aus dem die Regierung ausgesperrt bleiben könnte. Washington erwägt, die Verschlüsselung von E-Mails ganz zu verbieten, wenn der Code dem Staat nicht bekannt ist, und erlässt als erstes ein Exportverbot für Krypto-Software – das soll vor allem PGP treffen. Doch Zimmermann ist clever, und er genießt die weltweite Unterstützung der Hackercommunity. Weil PGP für jedermann nachvollziehbar programmiert ist, eine sogenannte Open-Source-Software, lässt er den Programmcode einfach auf Papier nach Europa schicken und per Hand neu eintippen. Damit fällt PGP nicht unter die Exportrichtlinien, und fortan gibt es neben der amerikanischen auch eine europäische Version. Zimmermann wird zum Helden der Szene, ein Widerstandskämpfer, der es mit dem Imperium aufgenommen und ihm ein Schnippchen geschlagen hat.

Assange hat den Konflikt genau verfolgt, er spricht vom »Krypto-Krieg« und verbringt viel Zeit mit der Unterstützung von Zimmermann. Es empört ihn, dass die US-Regierung Kryptografie wie eine Waffe behandelt und nur schwache Verschlüsselung erlauben möchte, die der Staat jederzeit knacken kann. Andererseits ist er beeindruckt von der Wucht der Auseinandersetzung. Der entscheidende Punkt sei, dass Zimmermann Teile der US-Regierung »ziemlich wütend gemacht hat«, kommentiert er und warnt vor Gegenreaktionen: Die US-Regierung werde sehr genau verfolgen, wie PGP verbreitet werde. Assange empfindet es als Sieg, dass die jahrelangen Ermittlungen gegen Zimmermann schließlich 1996 eingestellt werden. PGP verbreitet sich bald auf der ganzen Welt und ist bis heute der Standard für den Schutz von E-Mails; WikiLeaks wird die Technologie selbst einsetzen. Es ist eine Neuauflage des Sieges von David gegen Goliath. Assange liebt solche Geschichten. Als die australische Rundfunkgesellschaft ABC eine Radiosendung über Verschlüsselung plant, hilft er als eine Art Co-Produzent und bittet seine Cypherpunk-Freunde um Unterstützung; auf diese Weise sammelt er viele kleine Anekdoten rund um den »Krypto-Krieg«.

Die Solidarität mit Zimmermann rührt auch daher, dass Assange sich potenziell selbst betroffen fühlt. Er programmiert ebenfalls, unter anderem eine Software, die er »Rubberhose« (Gummischlauch) nennt und die ebenfalls zum Verschlüsseln von Festplatten und Dateien gedacht ist. Mit einer Handvoll Freunden hat er sich dafür ein paar Autostunden von Melbourne entfernt in einem Haus in der Nähe des Ozeans einquartiert. Morgens gehen die Programmierer schwimmen, dann wird im Schichtbetrieb die Nacht durch gearbeitet. Einmal am Tag, zum Abendessen, findet eine Teambesprechung statt, anschließend arbeitet jeder so lange, wie er will und kann. Zu der Gruppe gehören unter anderem Ralf P. Weinmann und Suelette Dreyfus, die Julian schon aus der Arbeit für das Buch »Underground« kennt. 1997 wird die erste Version von »Rubberhose« veröffentlicht.

Nachdem das Programm in einer Beta-Version verfügbar ist, philosophiert Assange mit ein paar Computerfreaks darüber, ob »Rubberhose« helfen könne, wenn eine Zelle von Aktivisten von der Polizei verfolgt und einer der Aktivisten verhaftet werde. Könne eine sichere Verschlüsselung die anderen Zellenmitglieder vor dem Auffliegen schützen?[33] »Rubberhose« benutzt mehrere Schlüssel und versteckt einen Teil der Daten. Das soll, erläutern die Autoren, bei Folter und brutalen Vernehmungen davor schützen, den tatsächlich relevanten Entschlüsselungscode gestehen zu müssen. Es ist eine Pionierleistung, erst später wird die Technologie weltweit populär.

Die Debatte ist offenbar ernst gemeint. Assange beschäftigt sich nicht nur mit Computersoftware, sondern auch mit Sicherheitssystemen von Türen und Fenstern, Alarmanlagen und Bewegungsmeldern. Es wirkt, als bereite er sich auf etwas neues Subversives vor. Seinem kostenlosen Programm geben Suelette Dreyfus und er ein inhaltliches Motto:»Let's make a little trouble.« Das Entwicklungsteam habe »Rubberhose« geschrieben, »um Aktivisten zu schützen, die ein bisschen Ärger machen wollen. Fühlt euch frei, selbst etwas anzustellen«; damit wollen die Programmierer unter anderem Menschenrechtsaktivisten ansprechen. Für Privatpersonen ist das Programm kostenlos, Unternehmen und staatliche Organisationen müssen eine Lizenz beantragen. Bald meldet sich eine amerikanische Firma, die in der Nähe von Fort Meade im US-Bundesstaat Maryland residiert, dort, wo die NSA ihren Sitz hat. Die australischen Programmierer glauben, dass dahinter der Geheimdienst steckt. Offenbar ist das Programm gut genug, dass sich die US-Behörden dafür interessieren.

Das Motto von »Rubberhose« könnte auch für Assanges eigenes Leben gelten, mit einem Unterschied: Ihm geht es nicht um »little trouble«, sondern um »big trouble«. Etwas Großes. Assange ist in diesen Jahren ein Suchender, aber erst ein knappes Jahrzehnt später wird er gefunden haben, wonach er Ausschau hält: WikiLeaks. Wie früh er das Projekt vor Augen hat, zeigt eine Mail aus dem Jahr 1996, in der er erstmals von einer Idee namens »Leaks« schreibt.[34] Doch 1996 ist es nur ein Vorschlag unter vielen, hinter dem nicht mehr als eine diffuse Ahnung steht, dass daraus etwas Großes werden könnte.

In den Tagen von »Rubberhose« ist er ein klassischer »Hacktivist«: eine Mischung aus politischem Aktivisten und Hacker. Er engagiert sich gegen Scientology und überhöht den Protest in der ihm eigenen wortgewaltigen Sprache: »Der Kampf gegen diese Kirche ist weit mehr als ein Kampf des Netzes gegen einen Haufen Spinner mit zu viel Geld. Es geht um Unterdrückung des Internets und der freien Rede. Es geht um intellektuelles Eigentum und die Großen und Reichen gegen die Kleinen und Sympathischen. Die Maßstäbe, die Scientology heute setzt, werden die Waffen der Tyrannei von morgen sein.« Als in Melbourne eine Demonstration gegen Scientology stattfindet, Treffpunkt Flinders Lane Ecke Russel Street, am 16. März 1996, elf Uhr morgens, gehört Assange zu den Unterstützern, die Flugblätter verteilen, Passanten ansprechen, Interviews geben.

Zu dieser Zeit versucht Scientology, das Internet von kritischen Berichten zu säubern. Es folgt eine Welle von Hausdurchsuchungen und Strafanzeigen. Im Diskussionsforum »alt. religion.scientology« liefern sich Scientologen mit Kritikern erbitterte Wortgefechte, bis die Scientologen die Schließung des Forums erreichen. Der holländische Provider XS4ALL wird ebenso durchsucht wie ein finnischer Anonymisier-Dienst, der die Identität mehrerer User offenlegen soll, die sich gegen Scientology engagiert haben. Der Dienst muss wegen des juristischen Drucks seinen Betrieb einstellen. Die Scientologen wollen auch ein umstrittenes Buch über die Psycho-Organisation vom Markt drängen, und eine Weile lang wirkt es, als könnten sie damit Erfolg haben. Assange macht das Sorgen. Er unterstützt die Diskussion und das Buch, indem er das Skript samt weiteren Infoschriften auf seinen Internet-Server bei »Suburbia« stellt. Scientology droht mit einer Klage, Assange hat auch das Gefühl, dass ihm Privatdetektive folgen.[35]

Scientology verströmt den Geruch des Totalitären, und genau das ist es, das Assange aus tiefstem Herzen ablehnt. Seine E-Mails unterschreibt er mit einem Zitat aus einem Aufsatz des Schrifststeller C. S. Lewis, der unter anderem das Epos »Die Chroniken von Narnia« veröffentlicht hat. Von allen Tyranneien sei diejenige die repressivste, die dies für das vermeintliche Wohl ihrer Opfer tue, schreibt Lewis: »Es ist besser, unter der Herrschaft von Räuberbaronen zu leben, als unter allgegenwärtigen moralischen Wichtigtuern.«

Für den jungen Hacker zählt zu dieser Zeit vor allem eins: das Digitale. Am Osterwochenende 1996 lädt Assange mit seinen Suburbia-Freunden zu einer »elektrisierenden Party« in einem Melbourner Vorort. Aus den Boxen tönt Jazz und Rhythm and Blues, Technomusik und Hardrock sind unerwünscht, die Gäste sollen sich unterhalten können – und hacken. Assange und seine Freunde haben in einem Appartement 15 Computer aufgebaut, die sie per ISDN an das Internet angeschlossen haben. »Wir wollen euch ermutigen, an diesem Abend an nichts als eine Computertastatur zu denken«, heißt es in der Einladung zur Party. Das Essen kostet zehn Dollar, Getränke sind umsonst, im ersten Stock haben sie eine »Gay-Bar« für Schwule eingerichtet.

Feiern ist keine von Assanges Stärken. Es kommt vor, dass er den Silvesterabend vor dem Rechner verbringt, und als in den neunziger Jahren Techno um die Welt geht, kann er damit wenig anfangen. Er hört gerne Klassik und auf elementare Klänge reduzierte Welt-Musik. Wenn seine Freunde, mit denen er am Wochenende gelegentlich in einem kleinen Club in der Innenstadt von Melbourne abhängt, zu Techno oder Hardrock tanzen, stört ihn das. Einmal imitiert er laut einen röhrenden Gothic-Rocker, als sie nachts auf dem Heimweg sind. Alle lachen.

Eine Verhaltensweise zieht sich durch die Jahre: Assanges schneidende Schärfe anderen Leuten gegenüber, die er für weniger intelligent hält als sich selbst – und das sind, bei seinem Intelligenzquotienten, fast alle. Seine Beiträge in den Foren und Newslettern, für die er schreibt, sind meist knapp, gut informiert und häufig gewitzt. Als ihn ein Bekannter 1995 zu einer Geburtstagsparty in seine Wohnung in einem Mehrfamilienhaus einlädt und darauf hinweist, dass die Sause aus Rücksicht auf die Nachbarn nur bis 22 Uhr dauern dürfe, antwortet er mit einem Einzeiler: »Das ist keine Party, sondern ein Tupperware-Get-Together«.

Die Liste derer, über die er abfällig spricht, ist lang. Einen Hacker, der bei einer der Cypherpunk-Diskussionen einen aus seiner Sicht unsachlichen Kommentar abgibt, kanzelt er ab: »Junge, bist du ein Dummkopf.«[36] Als einer der Diskussionsteilnehmer sich bewundernd über ein vermeintlich neues Computerprogramm äußert, korrigiert er ihn, das habe es vorher bereits gegeben: »Ich glaube, du solltest erstmal recherchieren, bevor du deinen Mund aufmachst.«[37] Und in einem Streit um die Ausrichtung der amerikanischen Bürgerrechtsorganisation »Electronic Frontier Foundation« kommentiert er einen Beitrag: »Brauchen wir deine amateurhaften politischen Ansichten wirklich?«[38]

1996 ist für WikiLeaks zumindest indirekt ein wichtiges Jahr: Im Juni geht die Webseite cryptome.org online. Sie wird von einem kauzigen Typen aus New York namens John Young betrieben, einem kahlköpfigen Einzelgänger, der genau das macht, was Assange interessiert: Young veröffentlicht alles, was er in die Finger bekommt – vor allem geheime Dokumente. Aus der Ferne beobachtet Assange fasziniert, wie sich Cryptome entwickelt.

Die USA stehen im Mittelpunkt von Assanges politischer Kritik, nicht nur wegen ihres rigiden Vorgehens gegen Verschlüsselungstechnologie. Als eine öffentliche Debatte über die Kaffeehauskette Starbucks und deren Geschäftspraktiken in der Dritten Welt ausbricht, greift er den Konzern scharf an. Man brauche »keinen Nobelpreis«, um zu wissen, dass das Verhältnis zwischen großen Arbeitgebern und Arbeitnehmern »brutal asymmetrisch« sei. Die globalen Konzerne und Regierungen der Ersten Welt seien in der Dritten Welt daran beteiligt, ein System der Unterdrückung zu etablieren, das »die Versammlungsfreiheit, Redefreiheit und andere politische Grundrechte einschränkt, die wir als gegeben hinnehmen«.[39] Per Mail verschickt er ein Zitat des früheren US-Präsidenten Richard Nixon: »Wer meint, die USA würden stillstehen – wer hat das größte Einkaufszentrum der Welt gebaut?«[40] Es ist eine Mischung aus schlichtem Intellekt und amerikanischem Kulturimperialismus, die sich in Nixons Zitat ausdrückt und die der junge Australier verachtet.

Ein paar von Assanges Freunden, die später teilweise auch bei der Gründung von WikiLeaks eine Rolle spielen werden, engagieren sich in der zweiten Hälfte der neunziger Jahre in Melbourne in einem Stadtteilzentrum. Das große, fünfgeschossige Haus ist mehr als hundert Jahre alt, zentral in Melbournes Finanzdistrikt gelegen und beherbergt rund sechzig soziale und politische Gruppen. Die Idee der Stiftung Ross House Association, die das Haus übernommen hat, ist es, billigen Raum für gemeinnützige Initiativen anzubieten. Assange steuert dazu bei, was er am besten kann: seine Computerkenntnisse. Er wird zum Webmaster für die Internetseiten diverser Politgruppen, die in dem Haus aktiv sind; der Stiftung sichert er die Internetadresse. In den Vorstand des Hauses, in dem Freunde von ihm aktiv sind, möchte er dagegen nicht aufrücken.

In Melbourne gibt es eine rührige Online-Community, die aus ehemaligen Hackern und aktiven Programmierern besteht, Leute, die technisch versiert und politisch interessiert sind. Es ist ein loser Freundeskreis, in dem über die Rolle der Massenmedien diskutiert wird, die, das empfinden fast alle so, ihre Aufgabe der öffentlichen Kontrolle nicht erfüllen. In dieser Runde wird die Idee des Leaken intensiv diskutiert. Der Kreis ist eine Art Resonanzraum für das WikiLeaks-Konzept.

Doch im Oktober 1998 wird Australien zu klein für Assanges Ideen. Es ist, mal wieder, Zeit für einen Aufbruch. Dieser Herbst markiert den Beginn einer neuen Phase seines Nomadentums. Von nun an wird er für längere Zeit überall und nirgends zu Hause sein, heute hier, morgen dort, meist auf einer Couch, bei Freunden, Unterstützern oder auch nur entfernten Bekannten, die er über das Internet kennengelernt hat. Manchmal bleibt Assange nur ein paar Nächte, manchmal aber auch ein halbes Jahr. Später perfektioniert er diese Strategie; bei Couch-Surfer-Seiten nennt er sich »Harry Harrison«, beschreibt sich als »enfant terrible« und gibt an, seine Mission sei es, die Revolution voranzutreiben. Er ist wie der stete Strom der Bits und Bytes, der um die Welt fließt, scheinbar ziellos, am Ende aber immer einem Plan folgend, ein moderner Weltenbummler, dessen wichtigstes Reisemittel nicht der Rucksack von Jack Wolfskin ist, sondern der Laptop. Vor Reisebeginn verschickt er über die Mailingliste der »Cypherpunks« noch eine Appell: wer sich auf ein »Bier, Wodka, ein sibirisches Bärensteak oder einfach einen guten Schnack« mit ihm treffen wolle, solle ihm eine kurze Mail schicken. Die Reise hat neben dem Flair des Abenteuers auch einen praktischen Aspekt. In einigen Ländern schulden ihm Programmierer Geld, weil sie seine Software nutzen, und weil sie nicht zahlen können, will Assange sie besuchen und sich mit Kost und Logis entlohnen lassen.

Er verlässt die »lebenswerteste Stadt auf diesem Planeten«, wie er Melbourne nennt, und fliegt nach San Francisco, wo er eine Woche verbringt. Dort fremdelt er mit der kalifornischen Kultur. Die Netzaktivisten, die er besucht, haben ihr Geld in Aktien aus dem Silicon Valley investiert und zeigen Besuchern stolz ihre Waffensammlung. Einer der Programmierer, die

Assange besucht, ist ein Mitgründer der Internetbrowserfirma Netscape, der sich auszahlen ließ und nun einen Nachtclub betreibt.

Von der Westküste der USA geht es weiter nach London, Frankfurt und Berlin, wo er einige Leute aus dem Umfeld des Chaos Computer Clubs (CCC) kennt. Im Büro des CCC in der Berliner Marienstraße wird er später wochenlang wohnen, ein durchgesessenes Sofa dient als Bett, während nebenan die Hacker die Tastaturen bearbeiten. Um weiterzureisen, braucht er ein Visum für die Russische Föderation, aber in der Russischen Botschaft am Boulevard Unter den Linden findet sich in der Visaabteilung niemand, der seinen Antrag bewilligt. Am Ende schmiert er einen Kontaktmann und fliegt als offizieller Repäsentant einer großen australischen Zuckerfirma mit einem Geschäftsvisum weiter.[41]

Die Weltreise führt ihn Richtung Osten, nach Polen und Slowenien, Finnland, in das neue Russland, nach Sankt Petersburg. In Moskau steigt er für fünf Tage in die Transsibirische Eisenbahn nach Irkutsk und weiter nach Ulan Bator, ehe er, fünf Wochen nach Reisebeginn, Peking erreicht. Wie schon in Russland schließt er auch in China Freundschaften, die ihm später helfen werden.

Zurück in Australien, verändert sich die Welt rasant. Die Anschläge des 11. Septembers 2001 erschüttern den Westen und beeinflussen die Geopolitik; das Internet erfasst alle Bereiche des Lebens. Assange verfügt jetzt über ein globales Netzwerk von neuen Leuten, neue Ideen und viel Energie, aber noch gibt es WikiLeaks nicht. Noch macht er Politik 1.0, klassische Lobbyarbeit, und wieder einmal geht es, zumindest indirekt, um die USA und deren umstrittene Methoden gegen den Terror.

Der damalige australische Verteidigungsminister Robert Hill hatte angesichts eines Malaysia-Besuchs öffentlich »außergewöhnliche Maßnahmen« gerechtfertigt, die im Umgang mit »jenen, die nicht bereit sind, die Normen verantwortlichen

Verhaltens einzuhalten«, nötig seien.[42] Ein erfolgreicher Kampf gegen den Terrorismus, so Hill im Mai 2002, müsse mitunter zu Lasten der Bürgerrechte gehen.

Ähnlich wie die USA hatte Malaysia nach den Anschlägen vom 11. September 2001 Sondergesetze erlassen, die es der Regierung erlaubten, Verdächtige ohne Anklage und ohne Anwalt auf unbestimmte Zeit festzuhalten. 62 angebliche al-Qaida-Anhänger saßen unter Berufung auf die Sonderregelung im Gefängnis. Die malaysische Opposition kritisierte, darunter befänden sich auch Regimekritiker, die nichts mit al-Qaida zu tun hätten; die Regierung missbrauche ihre Sondergesetze. Angesprochen auf die Kritik und die unbefristete Dauer der Haft, erwiderte Hill, es sei nicht seine Aufgabe, Malaysia irgendwelche Ratschläge zu geben. Daraufhin wandte sich die Generalsekretärin der Nationalen Gesellschaft für Menschenrechte in Malaysia an eine Gruppe internationaler Unterstützer und bat um Hilfe. Einer von ihnen: Julian Assange.

Er schreibt einen Brief an diverse australische Senatoren, legt einen Bericht einer Nachrichtenagentur bei und bittet darum, das Thema mit Hill und in der jeweiligen Partei zu besprechen. Hills Aussagen seien »extrem schädlich«. Assange beherrscht die Klaviatur der Konventionen. Er will, dass sein Brief gelesen wird, er ist deshalb sehr höflich verfasst. Er unterschreibt mit »hochachtungsvoll, Julian Assange, Präsident des Australischen Instituts für gemeinschaftliche Recherche«. Diese Phantasiebezeichnung hat er schon früher benutzt, zur Signatur kleinerer Computerprogramme.

Die Bilanz seines Rundbriefs ist frustrierend: seine Intervention ist ohne zählbares Ergebnis geblieben. Diese Art von Politik von unten kann sehr hilflos sein. Assange versteht: Wenn er etwas bewegen will, dann muss er mehr tun, als Briefe zu verschicken.

Fünf Freunde:
Die Anfänge von WikiLeaks

Fünf Freunde feiern Silvester

»WikiLeaks kann der mächtigste Geheimdienst
der Welt werden, ein Geheimdienst des Volkes.«
(Aus der ersten Selbstbeschreibung 2007)

»Wir planen, einen neuen Stern am Firmament der Menschheit
zu platzieren.«[1] Das sagt Julian Assange, er sagt es im Dezember 2006, kurz vor Weihnachten, er spricht wie so häufig in
Superlativen. WikiLeaks ist bereit, Assange ist bereit, und es
scheint, als sei auch die Zeit bereit.

Noch agiert Assange aus der Deckung. Im Oktober 2006
schickt er eine Mail an John Young, den Szene-Veteranen, der
die Webseite »cryptome.org« betreibt, die ein ähnliches Ziel wie
WikiLeaks hat: die Veröffentlichung von vertraulichen Dokumenten. Young kenne ihn »unter einem anderem Namen aus
den Cypherpunk-Tagen«, schreibt Assange.[2] Er arbeite an einem
Projekt, dessen Namen er noch nicht verraten wolle. »Es ist
ein Projekt zum massenhaften Veröffentlichen geleakter Dokumente, das jemanden mit Rückgrat braucht, der die Domain
registriert«, erläutert Assange. »Wir erwarten, dass die Domain
unter den üblichen politischen und rechtlichen Druck gerät.«
Er fragt Young direkt: »Wirst Du diese Person sein?«

Assange hat sich für das Anschreiben die anonyme E-Mail-
Adresse anon1984@fastmail.to eingerichtet. Wie vieles bei ihm
hat auch diese E-Mail-Adresse eine zweite Ebene: »1984« ist

das Jahr, in dem George Orwells Buch über den allmächtigen Überwachungsstaat spielt. Young sagt zu und registriert am 4. Oktober 2006 die Adressen »wikileaks.org«, »wikileaks.cn« und »wikileaks.info«.

Assange hat eine kleine Gruppe um sich geschart, einen ersten Kern von WikiLeaks. Nach außen behauptet er, WikiLeaks bestehe aus »22 Leuten, die direkt in das Projekt eingebunden sind«.[3] Tatsächlich besteht der harte Kern eher aus »fünf Freunden« und diversen Unterstützern. Dazu gehört eine alte Bekannte, die wie er aus Melbourne stammt und mit der er in verschiedenen sozialen Gruppen aktiv war. Ein Politaktivist namens Daniel Mathews aus Australien ist dabei, und schon damals gibt es jemanden aus Berlin, der Starthilfe leistet. Sogar seinen ebenfalls computerversierten Sohn, inzwischen Teenager, fragt Assange, ob er sich einbringen will. Doch der lehnt ab, da er sich nicht vorstellen konnte, dass aus der Sache etwas würde, wie er später in einem Interview sagt.

Die Freunde träumen von einer »weltweiten Bewegung« von Informanten, die die Mächtigen bloßstellen werden, es scheint ihnen die effektivste Möglichkeit zu sein, politischen Einfluss zu erlangen.[4] Bei dem linken Kollektiv riseup.net in Seattle richten sie eine interne Mailingliste ein. Es ist darauf spezialisiert, sicheren Mailverkehr für Aktivisten anzubieten. Die Angst vor Überwachung ist von Anfang an allgegenwärtig. In jeder Rundmail wird darauf hingewiesen, man möge bitte den Namen »WikiLeaks« nicht ausschreiben, sondern nur das Kürzel WL verwenden – damit soll verhindert werden, dass die amerikanischen Überwachungsbehörden die Post automatisiert mitlesen. Es gibt keine Anzeichen dafür, dass WikiLeaks bereits in das Visier der Behörden geraten ist, aber eine Prise Verschwörungstheorie ist von Anfang an Teil des Projekts.

In jenem Winter Ende 2006 formt sich der Charakter der Gruppe, der sich bis heute kaum verändert hat: WikiLeaks ist keine Organisation im herkömmlichen Sinn mit festen Orten und Strukturen, sondern eher ein Netz von Einzelpersonen rund um die Welt, deren Aktivitäten am Computer stattfinden und die sich über Mails und Chaträume absprechen. Persönliche Treffen sind nicht vorgesehen und eher selten. Das erleichtert es Assange, intern wie extern den Eindruck zu vermitteln, dass die Organisation größer ist. Unter anderem operiert er dafür mit verschiedenen Pseudonymen.

Assange sagt heute, die zweite wichtige Figur neben ihm sei Daniel Mathews gewesen. Tatsächlich bringt Mathews etwas mit, das Assange nicht hat: er ist klar im klassischen politischen Spektrum verankert, er ist ein überzeugter Linker.

Wie Assange stammt Mathews aus Melbourne, aber er ist kein Programmierer, sondern Mathematiker, der mehrmals für Australien an der Mathematik-Olympiade teilnahm und heute Assistenzprofessor am Boston College ist. Die beiden kennen sich aus der Universität, von MUMS: der »Mathematischen und Statistischen Gesellschaft der Universität Melbourne«. Mathews ist Präsident, Assange Vize.

Mathews steht nicht für den Nerd-Flügel, sondern für den gesellschaftspolitischen Ansatz bei WikiLeaks, der sich mit Menschenrechten beschäftigt. 2006, in der Gründungsphase von WikiLeaks, studiert er an der Universität in Stanford, in den USA, wo er 2009 seinen Abschluss machen wird.

Als Student ist er politisch aktiv. Er brandmarkt das Gefängnislager in Guantanamo als einen »Hafen für Menschenrechtsverletzungen«[5] und ruft seine Kommilitonen in Stanford bei einer Demonstration auf dem Campus öffentlich auf, sich gegen den Irakkrieg zu engagieren: »Ich bitte euch, nicht passiv zu sein, sondern etwas zu tun – und damit ist nicht gemeint, die Demokraten zu wählen. Arbeitet bei einer Menschenrechtsorganisation mit oder lest die Dokumente auf WikiLeaks!«[6] Mathews träumt von einer besseren Welt, er liest sozialistische und anarchistische Literatur, Michail Bakunin,

Noam Chomsky, Daniel Guerin, und als am 21. April 2006 der damalige US-Präsident George W. Bush nach Stanford kommen will, beteiligt sich Mathews an einer Sitzblockade. Die Knüppel der Polizei gehen auf die Studenten nieder, auch Mathews wird getroffen, aber am Ende gelingt es ihnen, den Auftritt von Bush zu verhindern. Mathews empfindet das als großen Erfolg, und als er gefragt wird, ob er sich bei WikiLeaks beteiligen möchte, sagt er zu.

Während Mathews in Stanford gegen George W. Bush demonstriert, kämpft Assange in Melbourne gegen die indirekte Unterstützung von Kriegen. Es ist eine der Schlachten, die er nicht gewinnen kann.

Die mathematische Fakultät der Universität von Melbourne, an der Assange studiert, hat einen Vertrag mit der US-Armee geschlossen. Es geht um ein Studienprojekt zur mathematischen Erforschung der Verhaltensweisen von Sand. Das Pentagon finanziert verschiedene Studien dazu, offenbar mit dem Ziel, die Performance von Fahrzeugen wie Truppentransportern und Bulldozern zu verbessern, die zum Beispiel auch im Westjordanland gegen Palästinenser eingesetzt werden. Assange nennt das »die Optimierung einer Killer-Maschine«, für die er seine Forschungsergebnisse nicht zur Verfügung stellen möchte.

Der Konflikt geht so weit, dass er sich exmatrikuliert. »Wir brauchen nicht mehr Wissenschaft, schon gar nicht, um Bulldozer effektiver für den Kriegseinsatz zu machen«, sagt er. »Wir müssen die Wissenschaft nur besser anwenden. Der Welt fehlt nicht das theoretische Wissen, sondern das Wissen darüber, wie das politische Geschäft in der Praxis funktioniert.«[7] Es ist das Ende seiner akademischen Karriere, und wieder einmal ist die Politik der USA ein Teil dieser Entscheidung.

Anfang September 2006 trifft Assange auf dem Melbourner Schriftsteller-Festival einen Mann, für den er große Sympathien hegt: Andrew Wilkie, einen ehemaligen Mitarbeiter des australischen Geheimdienstes. Wilkie ist für die Kriegsgegner in Australien ein Held, weil er im März 2003, zu Beginn des Irakkriegs, in einem Aufsehen erregenden Schritt mit Dokumenten an die Öffentlichkeit getreten ist und die angeblichen Beweise für Massenvernichtungswaffen im Irak als falsch entlarvt hat. Er ist ein klassischer Whistleblower und hat mit seiner Tat, über die er auch ein Buch geschrieben hat, Assange inspiriert, WikiLeaks aufzubauen: »Ich glaube, wir brauchen ein Projekt, um Whistleblower zu schützen«, sagt Assange nach der Wilkie-Affäre zu Freunden.[8] Bei dem Schriftsteller-Festival spricht Assange Wilkie an und erklärt ihm seine Vision, aber Wilkie bleibt reserviert.

Zwei Arten von »Leaks« stellen sich die Gründer vor: den Standardweg, bei dem jemand über die Internetseite und das verschlüsselte digitale »Tunnelsystem« Dokumente ablegen kann. Und eine noch sichere Variante, bei der es keine später beweisbare Verbindung zwischen Absender und Inhalt gibt. Bei dieser hoch konspirativen Variante soll der Maulwurf eine verschlüsselte CD per herkömmlicher Post einschicken und erst in einem zweiten Schritt online das Passwort dazu. »Deniable« nennt Assange diesen Weg: jederzeit abstreitbar. Dafür sucht die Gruppe Postfächer in Kalifornien, Washington, Seattle und New York.

Bald kursieren auch erste Entwürfe für ein Logo der Organisation: Auf einer stilisierten Mauer aus Backsteinen erheben sich drei düstere, schemenhafte Gestalten. Von unten wird die Mauer von einem Maulwurf durchbrochen, der wie ein Seehund aussieht, eine Sonnebrille trägt und lächelt. Intern heißt der Maulwurf »Mr. Mole«, und er soll für den Aufklärer stehen, der die Verschwörung dunkler Mächte durchkreuzt. Eine Polin, die in Australien Physik studiert, hat das Logo entworfen. Eine deutsche Unterstützerin protestiert: Der Entwurf wirke wie die Berliner Mauer, das könne man nicht machen. Zumindest grafisch befindet sich WikiLeaks noch auf dem Niveau einer

Schülerzeitung. Als Alternative hat die Polin ein einigermaßen professionelles Logo entworfen: die Sanduhr mit einer dunklen Seite der Macht, aus der Informationen tropfen. Dieses Bild steht bis heute für WikiLeaks.

Im Knüpfen von Kontakten ist Assange unübertroffen. Er spricht nicht nur Andrew Wilkie an, sondern schreibt seitenlange Mails, in denen er für seine Idee wirbt, unter anderem an die Stiftung des Milliardärs George Soros, an Steven Aftergood von der Vereinigung Amerikanischer Wissenschaftler und an John Gilmore, einen Veteranen der digitalen Bürgerrechtsbewegung in den USA, der die Organisation »Electronic Frontier Foundation« (EFF) mitgegründet hat und zur Cypherpunk-Bewegung zählt. Auch Daniel Ellsberg erhält Ende 2006 Post von Julian Assange.[9] Zusammen mit »Deep Throat« Mark Felt, der den Watergate-Skandal ins Rollen brachte, ist Ellsberg der bekannteste und einflussreichste Whistleblower der Vereinigten Staaten. Mit Hilfe seiner Kinder hat Ellsberg Anfang der siebziger Jahre rund 7000 streng geheime Seiten mit Analysen zum Vietnamkrieg kopiert und verschiedenen US-Zeitungen zugeleitet. Diese sogenannten Pentagon-Papiere läuteten das Ende der Präsidentschaft von Richard Nixon ein. Kaum jemand wäre so geeignet, das junge, aufstrebende Projekt mit seinem Namen zu adeln, wie Ellsberg. Assange schreibt ihm, WikiLeaks arbeite an einer »unzensierbaren Abteilung von Wikipedia für zugespielte Dokumente und die zivilgesellschaftlichen Institutionen und gesellschaftliche Wahrnehmung, die notwendig ist, um ein solches Projekt zu verteidigen und zu promoten«. Die Anlehnung an Wikipedia ist bewusst gewählt. Anfangs hat Assange sogar die Vorstellung, die beiden Webseiten eng miteinander zu verzahnen. WikiLeaks soll die vertraulichen Dokumente veröffentlichen, Wikipedia die inhaltliche Debatte darum abbilden, das ist die Idee.[10]

Doch daraus wird nichts. Jimmy Wales, der Erfinder von Wikipedia, reagiert mit einer Mischung aus Zurückhaltung und Sabotage. Jemand hat sofort nach dem ersten Bericht über das neue Projekt die Adresse »wikileaks.net« auf den Namen von Wales' Firma »Wikia Inc.« registriert. Assange empfindet das als feindlichen Akt, und so ist es wohl auch gemeint. Die beiden agieren wie Konkurrenten, die sich ein Wettrennen liefern, noch Jahre danach. So zählt Assange zum Beispiel regelmäßig die Erwähnungen bei Google. Wikipedia habe 120 Millionen Treffer, bilanziert er im Herbst 2010, WikiLeaks immerhin schon 20 Millionen – »und wir holen weiter auf«.[11]

Wales teilt im Gegenzug öffentlich gegen die vermeintliche Konkurrenz aus. WikiLeaks handele »unverantwortlich«[12], wenn es sämtliche Informationen etwa der Afghanistan-Dokumente publiziere, sagt er im September 2010 auf einer Konferenz in Kuala Lumpur. Die Bezeichnung »Wiki« sei »unglücklich« gewählt und habe im Name der Organisation nichts zu suchen, die beiden Projekte hätten nicht das Geringste miteinander zu tun. Wales geht so weit, Assange indirekt vorzuwerfen, ohne den Namensteil »Wiki« hätte es WikiLeaks niemals zu dieser Bekanntheit gebracht. »Ich distanziere mich von WikiLeaks und ich wünschte, sie würden diesen Namen nicht benutzen. Sie sind kein Wiki.«[13]

Die Reaktion von Jimmy Wales ist ein weiteres Beispiel für Assanges Gabe zu polarisieren. Menschen reagieren auf ihn entweder voller Begeisterung oder mit Ablehnung. Das zeigt sich bei WikiLeaks, noch bevor das junge Projekt im Dezember 2006 öffentlich sichtbar wird. Während Wales zu den Skeptikern gehört, reagiert Ellsberg positiv.

Wie sehr Assange Ellsberg verehrt, wird aus einer Passage seines Anschreibens deutlich. »Sie haben mehr als jeder andere, den wir kennen, über das Veröffentlichen geheimer Papiere nachgedacht«, schreibt Assange. »Deshalb hätten wir Sie gerne in unserem Beratergremium.« Außerdem wolle WikiLeaks einen Preis ausschreiben, den »Ellsberg-Preis für mutiges Handeln« für die zwei wichtigsten veröffentlichten Dokumente des Jahres.

Ellsberg ist beeindruckt von der Idee und Assanges Energie. »Euer Konzept sieht wunderbar aus und ich wünsche euch viel Erfolg damit«, antwortet er. »Ich fühle mich geehrt, von euch angesprochen zu werden.«[14] Dem Beratergremium tritt er trotzdem nicht bei, aber Ellsberg ist WikiLeaks bis heute freundschaftlich verbunden. John Gilmore und Steven Aftergood bleiben dagegen von Anfang an auf Distanz. Gilmore bietet immerhin intern Unterstützung durch EFF an, WikiLeaks könne »jede Art von Hilfe gebrauchen«.[15] Aftergood ist deutlich kritischer. Er begründet seine Absage damit, er könne die unbearbeitete Veröffentlichung von Dokumenten, wie sie WikiLeaks plane, nicht gutheißen.[16]

In dem Schreiben an Ellsberg spricht Assange einen Punkt an, der zu den dunklen Flecken der WikiLeaks-Geschichte gehört. »Wir haben bis heute über eine Million Dokumente aus 13 Ländern erhalten, ohne bislang ein einziges publiziert zu haben!« Assange nutzt diese Zahl, um für sein Projekt zu werben. Sie ist eine Währung für den Erfolg von WikiLeaks, ein Zeugnis der Relevanz. Wer mehr als eine Million Dokumente erhalten hat, das ist die Logik dahinter, der muss erfolgreich, etabliert und wichtig sein. Er will Ellsberg beeindrucken, deshalb hat Assange die Zahl erwähnt.

Der Brief belegt, dass die Dokumente nicht wie suggeriert Einsendungen empörter Informanten sein können, die sich mit den Zuständen in ihrer Regierung oder ihrem Unternehmen nicht abfinden mögen. Der Großteil der Dokumente, auf die sich der Mythos um WikiLeaks bis heute stützt, existierte schon, bevor die Webseite auch nur einen Tag online war. Aber woher stammen sie dann?

Assange weigert sich heute, diese Frage zu beantworten, aber ehemalige und noch aktive WikiLeaks-Mitarbeiter kennen eine Erklärung. Demnach stammen die Unterlagen aus einem Fischzug von WikiLeaks-Unterstützern, die in den Tiefen des Internets Hunderttausende von Dateien kopiert hatten – Daten, die pikanterweise kurz zuvor von chinesischen Hackern gestohlen worden waren.

Dafür hatten die Chinesen das Tor-Netzwerk genutzt, das dafür gedacht ist, eigene Spuren im Internet zu verschleiern, indem eine Anfrage über eine große Zahl an Servern geleitet wird. Die Abkürzung Tor steht für »The Onion Router«, weil das Netzwerk wie eine Zwiebel aufgebaut ist: Jeder der Tor-Server kennt nur die Identität seines direkten Nachbarn, der Datenaustausch zwischen den Rechnern findet verschlüsselt statt. Spätestens ab dem dritten Server ist nicht mehr klar, woher eine Anfrage ursprünglich stammt und an wen sie gerichtet ist. Der Systemadministrator eines Tor-Servers kann nicht den Urheber und nicht den Adressaten einer Datenmenge identifizieren. Aber wenn es ein Rechner ist, der die letzte Schale dieser Zwiebel ist, der Ausgangsrechner des Netzwerkes, dann werden dort die Daten entschlüsselt, und der Betreiber des Servers kann die Daten selbst lesen. Genau das geschieht. Einer der Betreiber eines Tor-Rechners beobachtet, was die Chinesen tun.

Am Ende der ersten Januarwoche 2007 meldet sich einer der WikiLeaks-Leute voller Euphorie: »Wir haben sie am Arsch«, schreibt er.[17] »Hacker überwachen den chinesischen und andere Geheimdienste, und während die ihre Ziele attackieren, wenn sie Daten absaugen, tun wir das auch.« Es gebe einen unerschöpflichen Vorrat an Material, »fast 100 000 Dokumente/Mails pro Tag. Wir sind dabei, die Welt zu knacken und lassen das in etwas Neues einfließen«. Das abgesaugte Material betreffe die Niederlande, die amerikanische Forschungseinrichtung Freedom House, die Situation in Afghanistan bis zum Jahr 2005. Über die indische Regierung gebe es »fast alles«, dazu ein halbes Dutzend ausländische Ministerien und Konsulate, Material von politischen Parteien, der Weltbank, Teilen der Vereinten Nationen, der chinesischen Falun-Dafa-Bewegung und sogar der russischen Mafia, die sich auf den Diebstahl von Kontodaten spezialisiert hat. WikiLeaks-Mitarbeiter, die damals mit dem Material gearbeitet haben, sagen, dass unter den Dokumenten fast die gesamte Kommunikation des pakistanischen Außenministeriums sei. Die Sammlung, die intern das »chinesische Paket« genannt wird, sei »überwältigend«, schwärmt einer der WikiLeaks-Leute. Es ist ein unfassbares Datenpaket, das scheinbar herrenlos durch den Cyberspace geistert. »Wir kennen nicht einmal ein Zehntel dessen, was wir haben oder auch nur, wem das Material gehört. Wir haben bei einem Terabyte mit dem Speichern aufgehört.«[18]

Diebe haben die Daten gestohlen und sind nun selbst zum Opfer eines Diebstahls geworden. Hacker aus dem Umfeld von WikiLeaks haben staatliche Hacker überwacht, deren Spur sich zumindest bis in die Nähe von Peking und in die Region um Guangzhou zurückverfolgen lässt, wo die chinesische Regierung semioffiziell hacken lässt.[19] Es ist eine ebenso dreiste wie erfolgreiche Operation, die zeigt, was im Zeitalter des Internets alles möglich ist.

Der Erfolg von WikiLeaks ist demnach auch ein Ergebnis erfolgreicher Hackeraktivitäten. Angesichts der Biografie von Assange, aber auch anderer WikiLeaks-Leute, ist das nicht wirklich überraschend. Aber es lässt die Geschichte des Projekts in einem anderen Licht erscheinen. Von den Dokumenten, die WikiLeaks publiziert hat und deren sich Assange rühmt, stammt nur ein Teil von klassischen Whistleblowern.

Das Geheimnis wird intern gehütet. Mitarbeiter, die später dazustoßen oder nicht zur Kerngruppe um Assange gehören, erfahren nichts. Die Fäden laufen bei Assange zusammen. Das hat mehrere Gründe. Zum einen wäre es für WikiLeaks schädlich, wenn die Episode bekannt würde. Zum anderen haben die Hacker, die das Material abgesaugt haben, darum gebeten, damit sehr zurückhaltend umzugehen. Der Fischzug soll nicht

zum Politikum werden. Deshalb wird Assange nur eine Handvoll an Dokumenten aus dem »chinesischen Paket« verwenden.
Der Rest ist bis heute unter Verschluss.

Als die Zeitschrift *New Yorker* erstmals im Juni 2010 über
diese Gerüchte berichtet,[20] bricht bei WikiLeaks intern ein
Sturm der Entrüstung los. Die Operation gefährde die Zukunft
des Tor-Netzwerkes, kritisieren vor allem deutsche Aktivisten,
die dem Projekt freundschaftlich verbunden sind. Denn Tor
ist das einzige Projekt, das einigermaßen sicheres Surfen im
Internet erlaubt, sein Wegfall würde eine große Lücke reißen.
Dazu kommt, dass Jacob Appelbaum, einer der WikiLeaks-
Helfer, hauptberuflich für Tor arbeitet. Appelbaum reiste
jahrelang um die halbe Welt, um das Netzwerk bekannt zu
machen, selbst in Ländern wie Iran. Nun soll seine gesamte
Arbeit wegen einer Hackerstory aus den Gründertagen von
WikiLeaks auf dem Spiel stehen? Viele der Aktivisten ärgert
das, und sie beschweren sich.

Eines der Dokumente, das WikiLeaks neben dem »chinesischen
Paket« erhält, stammt aus Somalia, und Assange entscheidet,
dass daraus ihr erster Auftritt entstehen soll. Das Dokument,
so heißt es in den internen Mails, sei Mitte Oktober 2006 von
Mitarbeitern der somalischen Regierung an die chinesische
Regierung übergeben und dann an WikiLeaks weitergereicht
worden.[21] Angeblich gibt es zwei Quellen dafür. Es soll ein
internes Papier somalischer Islamisten sein, verfasst von
Scheich Hassan Dahir Aweys, einem der Führer der radikalen
»Islamic Courts Union« (ICU). In dem Schreiben ist von einer
»Islamischen Republik Somalia« die Rede. Geht es um einen
Staatsstreich der Islamisten, die nun das ganze Land überneh-
men wollen?

Weihnachten naht, aber das kleine WikiLeaks-Team arbeitet über die Feiertage durch. Die Webseite soll möglichst bald
online gehen, die Welt endlich Notiz von der Idee nehmen.

Innerhalb von WikiLeaks gibt es zwei Fraktionen. Die einen sind begeistert von der Aussicht auf den ersten »Scoop« der noch unbekannten Webseite und plädieren für eine möglichst baldige Veröffentlichung. Die anderen sind skeptisch: WikiLeaks könne es sich nicht leisten, seine Arbeit mit einem Dokument zu beginnen, das womöglich gefälscht sei. Vor allem John Young von Cryptome ist skeptisch.

Desinformation und die Fälschung solcher Dokumente sei das »tägliche Brot der Geheimdienste«, argumentiert Young. Die Papiere würden dann gezielt lanciert. Je größer die Reputation eines zu diskreditierenden Ziels, desto höher die Wahrscheinlichkeit einer Fälschung. Gleich die erste Veröffentlichung stellt WikiLeaks vor große Probleme.

Es sind strukturelle Probleme, die im Laufe der Jahre immer wieder auftauchen. Wie will eine kleine Organisation, die vor allem aus technisch versierten Polit- und Netzaktivisten besteht, Inhalte aus der ganzen Welt veri- oder falsifizieren? WikiLeaks beschäftigt keine klassische Redaktion, die mit den Mitteln des traditionellen Journalismus Hinweisen nachgeht, bis daraus eine Geschichte wird. Andererseits ist die Verantwortung der Seite groß. Und eine Reihe von gefälschten Dokumenten würde nicht nur die Glaubwürdigkeit der Webseite diskreditieren, sondern auch die davon betroffenen Organisationen oder Leute in Gefahr bringen.

Assange und Daniel Mathews googeln, was der Prozessor hergibt, lesen sich ein in die schwer zu durchdringende Geschichte von Punt- und Somaliland, recherchieren den Einfluss der äthiopischen Regierung und die Ambitionen der ICU, ihren Einfluss über Mogadischu hinaus auszudehnen. Sie überpüfen die Dateiinformationen. Danach ist das Dokument von einem »Capitain Weli«, »Islamische Republik Somalia«, verfasst worden, mit Microsoft Word, Version 8. Einige der Aspekte des Papiers seien »falsifizierbar, aber nicht überprüfbar«, eiern die WikiLeaks-Leute rum: »Es gibt gute Argumente in beide Richtungen«.[22] Daniel Mathews schreibt diese erste Analyse in der Geschichte von WikiLeaks, und er ist heillos überfordert. In den letzten Tagen des Jahres 2006 erscheint das Dokument trotz aller Bedenken auf wikileaks.org, mit einem einordnenden Begleittext, der deutlich macht, dass WikiLeaks nicht abschließend klären konnte, ob das Schreiben echt ist.

Silvester 2006/2007 wird ein kurzes Fest für Assange und Co. Es gibt jetzt eine Webseite und die erste Veröffentlichung, aber noch keine Möglichkeit, Dokumente einzusenden. Die ersten Medien und Blogs sind auf WikiLeaks aufmerksam geworden, Anfragen und Interview-Wünsche häufen sich. Darauf ist die Crew nicht vorbereitet. Wer soll für das Projekt sprechen? Und was soll er oder sie sagen? Und wann wird die Software funktionieren, deren Entwicklung nicht vorankommt angesichts all der Anfragen?

WikiLeaks hat ein temporäres Hauptquartier in dieser Zeit: ein altes, baufälliges Wohnhaus gegenüber der Universität von Melbourne, im Stadtteil Carlton, das aussieht wie eine Villa aus einem Pippi-Langstrumpf-Film. Früher war in dem zweigeschossigen Haus eine Arztklinik untergebracht, Studenten hatten das Obergeschoss in den neunziger Jahren ausgebaut und daraus eine Art Wohnheim gemacht. Entsprechend improvisiert ist die Einrichtung.

In dem Haus wohnen über Wochen acht, zeitweilig zehn Leute, Programmierer, Übersetzer, Webdesigner. Assange nennt sich Projektmanager und leitet die Arbeiten, er hat Diagramme gezeichnet und eine Architektur der WikiLeaks-Webseite an die Wand gehängt. Zur Gruppe gehören ein Südafrikaner, ein Freiwilliger aus Deutschland, eine alte Freundin von Assange aus Melbourne und Daniel Mathews, der allerdings bei seinen Eltern wohnt und nur zum Arbeiten vorbeischaut. Sie haben extra mehrere Betten und ein Sofa in das Haus geschafft, das das Flair einer Jugendherberge am Vorabend eines großen Kongresses verströmt.

Unterstützung erhält die Gruppe von einem Mann, der eine Legende in der Computerwelt ist: Ben Laurie. Der Brite hat die Software Apache mit entwickelt, die auf den meisten Internetservern eingesetzt wird, sitzt in diversen Aufsichtsräten und hat die Weiterführung der Verschlüsselungssoftware PGP unterstützt. Assange und er kennen sich schon lange, und Laurie ist gerne bereit zu helfen, als Assange ihn fragt. Er gibt Ratschläge, wie WikiLeaks am effektivsten arbeiten kann, hilft bei der Programmierung der Software und sagt zu, als Assange ihn bittet, offiziell Mitglied des WikiLeaks-Boards zu werden. Er habe »einen Blick auf die Gesamtkonstruktion geworfen«, sagt Laurie heute, sei aber »nie in die operativen Abläufe eingebunden gewesen«.[23] Laurie teilt mit Assange die Verachtung für Journalisten, die »nur das zitieren, womit sie gefüttert werden«. Nachrichten, kritisiert er, würden »von Leuten gemacht, die alles glauben, was sie hören«.[24] Er boykottiert die Massenmedien, und WikiLeaks scheint ihm eine gute Gelegenheit, dieser Form von vermeintlich schlechtem Journalismus eins auszuwischen. Er unterstützt die Idee von WikiLeaks bis heute.

Auch wenn Assange die architektonischen Arbeiten fieberhaft vorantreibt, ist die Webseite Ende 2006 nur teilweise fertig. Intern wird abgewogen: die Aufmerksamkeit und Sympathie der Öffentlichkeit gegen mögliche Repressionen der Sicherheitsbehörden und selbst gemachten Erwartungsdruck. In der Stellungnahme, die WikiLeaks schließlich im Januar 2007 veröffentlichen wird, heißt es, das Projekt sei von »chinesischen Dissidenten, Mathematikern und jungen Technologiebegeisterten aus Start-ups« gegründet worden. Im Board von Beratern säßen neben Ben Laurie auch tibetische Dissidenten wie Tashi Namgyal, die chinesischen Menschenrechtsaktivisten Wang Dan und Xiao Qiang, der brasilianische Rechtsanwalt

Chico Whitaker, der Thailänder CJ Hinke oder der australische Filmemacher Phillip Adams. Das klingt imposant, aber viel passiert nicht. Adams sagt, er sei nie zu einem Treffen eingeladen oder um Rat gebeten worden, stehe aber zur Verfügung.[25] Xiao Qiang behauptet, er sei zwar per Mail angefragt worden, habe aber nie zugestimmt.[26] CJ Hinke gibt an, es habe gelegentlich informelle Sitzungen des Beratergremiums gegeben, und er habe WikiLeaks nach Kräften unterstützt.[27] Mit dieser Pressemeldung malt WikiLeaks auch ein Bild von sich, das nicht der Wirklichkeit entspricht: Im Kern ist es ein Projekt von digitalen Politaktivisten aus westlichen Demokratien.

Einem der Reporter, der sich für WikiLeaks interessiert, antwortet Assange im Januar 2007 per Mail auf seine Fragen – und macht dabei einen folgenreichen Fehler. Er schreibt, dass die Gruppe »mit weniger als 50 000 Dollar pro Jahr« überleben könne, »aber unser Ziel ist es, bis Juli 5 Millionen Dollar Spenden einzusammeln«.[28] Das ist eine große Zahl, und als sie zirkuliert, kommt es zum Eklat.

Das lasse WikiLeaks aussehen, »wie der Abschaum von der Wall Street«, antwortet John Young.[29] Er möchte WikiLeaks in kleinen Schritten entwickeln und warnt vor Größenwahn. Als er merkt, dass er sich damit nicht durchsetzen kann, steigt er aus: für ihn sei die Ankündigung der Millionenkollekte »der Wendepunkt« gewesen. Young wird von einem Freund zum Feind. WikiLeaks sei nur »ein Schwindel«, das eine »Desinformationskampagne gegen aufrechte Dissidenten« fahre, greift er seinen ehemaligen Mitstreiter an. Die Organisation sei »der gleiche Müll wie immer, ihr arbeitet für den Gegner«.[30] Ab sofort macht sich Young einen Spaß daraus, auf seiner Internetadresse cryptome.org alles Mögliche über WikiLeaks zu publizieren, vor allem Negatives.[31] Er bleibt dem Projekt auch Jahre danach in herzlicher Abneigung verbunden.

Der Rückzug trifft WikiLeaks, aber de facto hat Young neben seinem Namen nur Ratschläge gegeben. Für die praktische

Arbeit ist sein Ausstieg nicht entscheidend. Und Assange richtet seinen Blick ohnehin in die Zukunft, er hat eine neue Idee. Er registriert sich beim bevorstehenden Weltsozialforum in Nairobi, Kenia, »um WikiLeaks zu präsentieren«. Per Rundmail fragt er: »Hat irgendjemand Lust mitzukommen?«[32]

Die Welt lernt WikiLeaks kennen

»Die Ereignisse von Nairobi sind ein Musterbeispiel dafür, wie wir unsere Arbeit machen müssen, um die Politik zu beeinflussen.«
(Julian Assange)

Im Januar 2007 findet in Nairobi, der Hauptstadt von Kenia, ein Treffen statt, das Julian Assange sarkastisch als »die größte Beachparty der Welt für Nichtregierungsorganisationen« beschreibt. Das ist nicht ganz richtig. Es ist die größte Beachparty der Welt für linke Aktivisten. Und Assange ist mittendrin. In Nairobi lernt die Welt WikiLeaks kennen. In jenen Tagen kommen neue Linke und alte Trotzkisten, Ökoaktivisten, Feministinnen, Freunde der mexikanischen Zapatisten und andere versprengte Teile der antikapitalistischen Linken zusammen, sieben Tage lang wird gestritten, gefeiert, getrunken. Es ist ein großes Happening, das sich »Weltsozialforum« nennt und der Bewegung von Globalisierungskritikern ein Gesicht gibt.

Die Bewegung ist selbstbewusst in das neue Jahrtausend gestartet. Sie empfindet sich als ein Gegengewicht von unten zur Politik der Regierungen und Großkonzerne, die die Globalisierung unbarmherzig vorantreiben. Weltweit werden die Globalisierungskritiker erstmals 1999 massiv wahrgenommen bei den Protesten gegen das Jahrestreffen der Welthandelsorganisation in Seattle. Im Washington State Convention and Trade Center von Seattle hatten sich Ende November 1999 Wirtschaftsminister aus 135 Ländern und ihre Ökonomen getroffen, geschützt von Tausenden Polizisten. Ihnen gegenüber standen mehr als 40 000 Protestler, sie trugen Transparente, Gasmasken und Tücher vor dem Gesicht und schleuderten den Staatschefs ihre Wut entgegen. Es dauerte nicht lange, und aus einer Demonstration entwickelte sich eine Straßenschlacht, deren Wucht alle Teilnehmer überraschte. Fensterscheiben zerbarsten, Steine flogen, die Polizisten feuerten mit Tränengas und Pfefferspray, Barrikaden brannten. Innerhalb von Minuten sah die Innenstadt Seattles aus wie ein Trümmerfeld. Ein Foto von jenem Wochenende ging um die Welt, es zeigt eine junge Frau, die vom Tränengas weinen muss, sie hält sich ein Tuch vors Gesicht, aber will nicht vor den Polizisten weichen, sie reckt den Arm in die Luft und spreizt die Finger zum V. Victory, Sieg, die letzte Schlacht gewinnen wir, bedeutet dieses Zeichen. Wo auch immer ihr euch trefft: Wir sind auch da. Der Protest wird als »The Battle of Seattle«, die Schlacht von Seattle, in die Geschichte eingehen.

Seattle verschafft den Globalisierungskritikern viel Aufmerksamkeit. Sie haben Rückenwind. Im Mittelpunkt ihrer Kritik stehen die G8, die großen acht Industrienationen der Erde: die USA, Japan, Frankreich, Großbritannien, Deutschland, Kanada, Russland und Italien. Es ist ein merkwürdiger, exklusiver Club, nicht nur weil ihm jedwede demokratische Legitimation fehlt. Auch die Zusammensetzung spiegelt wider, dass es nicht um eine faire Partizipation an politischen Prozessen geht. Während wirtschaftlich wichtige Länder wie China oder Indien fehlen, sitzt Italien mit am Tisch, das politisch wie ökonomisch allenfalls aus dem Ruhm vergangener Tage zehren kann. Die G8, das bemängeln die Globalisierungskritiker, sind ein elitärer Club des Westens plus Russland, dem es um Machterhalt und Wirtschaftsvorteile zu Lasten des Rests der Welt geht.

Nach der »Battle of Seattle« beschließen die Globalisierungskritiker, ebenso wie die G8 und die Welthandelsorganisation ein jährliches Treffen abzuhalten, einen Gegengipfel. Er soll den Protest gegen die »neoliberale, imperialistische Politik« sichtbar machen. Das Treffen wird, in Anlehnung an die Welthandelsorganisation, Weltsozialforum genannt. Es findet erstmals 2001 in Porto Alegre, Brasilien statt, und das Motto bündelt die Hoffnungen der so bunten wie unterschiedlichen Gruppen: »Eine andere Welt ist möglich.«

Die Charta, die sich das Weltsozialforum gegeben hat, ist eine diffuse, blumige Beschreibung der Agenda, für die die linken Aktivistinnen und Aktivisten eintreten. Es gehe, heißt es in der Grundsatzerklärung, um »freien Austausch von Erfahrungen und das Vernetzen effektiver Aktionen von Gruppen und Bewegungen der Zivilgesellschaft, die sich dem Neoliberalismus und der Weltherrschaft durch das Kapital oder irgendeine andere Form des Imperialismus widersetzen«. Jahr für Jahr nehmen am Weltsozialforum mehrere Zehntausend Menschen teil.

Im Jahr 2006 hatte das Forum dezentral stattgefunden, an mehreren Orten über die Welt verteilt. Das hatte die Schlagkraft und die Schlagzeilen gemindert. 2007 gibt es deshalb wieder einen zentralen Ort: Nairobi. Zwischen 50 000 und 60 000 Aktivisten sind nach Afrika gekommen, einer von ihnen ist Julian Assange.

Für Assange ist es eine Gelegenheit, nicht mehr. Er kommt ohne Illusionen, was den Widerstand gegen die Globalisierung betrifft. Er war nicht in Seattle, hat keine Steine geschmissen, sucht nicht nach einer neuen sozialen Bewegung. Vielmehr sucht er nach einer Bühne, um seine Idee präsentieren zu können. WikiLeaks, davon ist Assange überzeugt, ist die beste Idee, um eine andere Welt zu ermöglichen, besser, als jede brennende Barrikade. Dafür kommt ihm Nairobi gerade recht.

Er ist zusammen mit einem weiteren WikiLeaks-Aktivisten nach Nairobi geflogen, einem Freund aus Australien. Dreimal spricht er auf dem Weltsozialforum. Sein Vortrag steht unter dem Titel »Offenes Regieren durch massenhaftes Durchsickern von Dokumenten«. Beim ersten Auftritt wird er Opfer der schlechten Organisation. Die Reihenfolge der Vorträge ist alphabetisch geordnet, WikiLeaks kommt also spät an die Reihe. Als Assange spricht, sind die meisten Leute schon gegangen, er sitzt mit neun Dolmetschern zusammen, und das Ganze hat den Charakter eines Kaffeeklatsches. Die beiden folgenden Vorträge dagegen sind gut besucht.

Assange empfindet die Atmosphäre als »persönlich erfüllend« und spricht von »exzellenten Ergebnissen«, die sich durch neue Kontakte ergeben hätten. Dennoch sind die Auftritte nur drei von vielen. In Nairobi finden 1300 Veranstaltungen statt, Assange und sein Anliegen gehen in der Masse unter. Es wird noch drei Jahre dauern, bis die Bühne für Assange bereit ist – für einen Auftritt von weltpolitischer Bedeutung.

Nach dem Ende des Weltsozialforums reisen die Aktivisten wieder ab, Assange aber bleibt. Erst einige Monate später verlässt er Kenia Richtung Tansania, kehrt noch einmal nach Nairobi zurück und fliegt von dort weiter nach Ägypten und Paris. Er ist ein Polit-Globetrotter, der überall Kontakte knüpft und so ein Netz von Anlaufstellen und Unterstützern aufbaut, die irgendwann nützlich werden können. Vorerst wird er nicht nach Australien zurückkehren, er leitet die Organisation aus der Ferne, was kein Problem ist, weil es weder ein offizielles Büro noch feste Strukturen von WikiLeaks gibt. Für eine Weile wird Afrika zu Assanges Basis, und der erste Erfolg von WikiLeaks wird auch ein kenianischer sein.

Er hat während des Weltsozialforums viele Leute kennengelernt, er mag das Land, auch wenn die Arbeitsmöglichkeiten schwierig sind. Einer seiner Bekannten heißt John Shipton, ein australischer Politaktivist, der inzwischen in Kenia lebt. Nach dem plötzlichen Ausstieg von John Young braucht Assange jemanden, der die Adresse »wikileaks.org« verwaltet und dafür seinen Namen hergibt. Shipton sagt zu. Er ahnt zu diesem

Zeitpunkt nicht, dass ihn das genau ein Jahr später in ernste Schwierigkeiten bringen wird.

Die Versorgung mit Internetanschlüssen in Kenia ist Anfang 2007 schlecht, die Verbindungskosten sind exorbitant. Assange nutzt hauptsächlich Skype, so kann er die Aktivitäten koordinieren, ohne vom kenianischen Telekommunikationskonzern abhängig zu sein. Die kenianische Infrastruktur wird von einem Angehörigen der Regierung kontrolliert, und es ist nicht klar, wie flächendeckend die Überwachung der Gespräche ist. Wer sich in Kenia mit den Herrschenden anlegt, hat es mit mächtigen Gegnern zu tun, das stellt Assange bald fest.

In Nairobi wird WikiLeaks Ende 2007 ein brisantes Papier zugespielt, erstellt von der Detektei Kroll im Auftrag der neuen Regierung von Präsident Mwai Kibaki. Für Assange ist es der »heilige Gral des kenianischen Journalismus«.[33] Kibaki hatte bei seiner Wahl Ende 2002 versprochen, dass die »Ära des Alles-ist-Möglich nun für immer vorüber ist«. Ein Schritt in diese Richtung sollte eine Untersuchung der Missstände aus der Amtszeit seines Vorgängers Daniel arap Moi sein. Die Kroll-Detektive haben zusammengetragen, wie sich der Clan des früheren kenianischen Präsidenten, der das Land 24 lange Jahre regiert hatte, während seiner Amtszeit bereicherte. Der Befund ist erschütternd. Von Machtmissbrauch und Korruptionsanfälligkeit ist die Rede und von Hunderten von Millionen Dollar, die aus dem Staatsvermögen verschwunden sein sollen. Moi und zwei seiner Söhne, die angeblich in Grundstücke in New York und London sowie eine Bank in Belgien und eine Ranch in Australien investiert hätten, werden damit in Verbindung gebracht.

Das Papier stammt aus dem Jahr 2004, ist aber bis dahin nicht veröffentlicht worden. Die politische Lage in Kenia hat sich seitdem gewandelt. Moi und sein Nachfolger Kibaki haben sich verbündet, sie sind jetzt keine Feinde mehr. Ist das der Grund, warum Kibaki plötzlich kein Interesse mehr daran hat, dass der Kroll-Report an die Öffentlichkeit kommt? Hält die

Regierung das Papier also gezielt zurück, um Moi zu schützen? So erklärt es sich Assange. Ein Sprecher der Kibaki-Regierung nennt den Bericht dagegen »unvollständig, ungenau und mit vielen Quellen vom Hörensagen«, deshalb habe die Regierung auf eine Publikation verzichtet.

Tatsache ist, dass der Bericht Ende Dezember 2007 plötzlich im Internet steht, auf wikileaks.org. Tatsache ist auch, dass nun in Kenia ein Sturm losbricht. Der britische *Guardian* hatte Auszüge des Reports zwar bereits im Sommer auf die Titelseite gehoben, doch erst jetzt berichten die kenianischen Medien wochenlang über das Thema. Kurz darauf, am 27. Dezember 2007, wählen die Kenianer einen neuen Präsidenten. Kibaki siegt gegen seinen Herausforderer Raila Odinga, aber nur hauchdünn, mit rund 230 000 Stimmen Vorsprung. Assange ist bis heute davon überzeugt, dass die Veröffentlichung des Korruptionsreports die Wahlen beeinflusst hat.[34] Bis zu zehn Prozent der Wählerstimmen habe Kibaki durch die Bericht-erstattung verloren, glaubt er. Auch wenn Kibaki am Ende Präsident bleibt: Assange und seine Freund bei WikiLeaks erleben erstmals, dass das, wovon sie in ihren Internet-Chats geträumt haben, Wirklichkeit werden kann. WikiLeaks kann die Politik verändern. Es kann ein mächtiges Instrument sein. »Die Ereignisse von Nairobi sind ein Beispiel dafür, wie wir unsere Arbeit machen müssen, um die Politik zu beeinflussen«, sagt Assange.[35]

Er spürt allerdings mit leichter Verzögerung auch, wie gefähr-lich es sein kann, sich mit den Herrschenden anzulegen und welche Verantwortung die Arbeit mit sich bringt. Die Kenia-ner Paul Oulu und Oscar Kingara sitzen am 5. März 2009 in einer weißen Mercedes C-Klasse, als Bewaffnete den Wagen stoppen und das Feuer eröffnen.[36] Oulu und Kingara haben keine Chance. Kingara ist Präsident einer Stiftung, Oulu sein Programmdirektor. Beide sind bekannte Menschenrechtsaktivisten und engagieren sich gegen Korruption. Sie sind verhasst bei den Herrschenden. Nur Stunden vor dem Attentat hat die Regierung sie öffentlich beschuldigt, die Stiftung diene nur als Fassade für eine kriminelle Vereinigung.

Kingara und Oulu sind Bekannte von Assange, »äußerst mutige Aktivisten«, wie er sagt, die WikiLeaks »offen mit Material versorgt« hätten. Ihr Tod erschüttert ihn. »Sie wurden ermordet, weil sie Morde aufgedeckt haben, die die Polizei begangen hat.«[37] Auch einem Gesandten der Vereinten Nationen haben die beiden Menschenrechtsanwälte ein Dossier mit Beweisen überreicht. Unter dem Titel »Der Schrei des Bluts – extralegale Morde und Entführungen« veröffentlichte WikiLeaks die Dokumentation am 1. November 2008. Für das Dossier wird WikiLeaks später einen Preis von Amnesty International erhalten, Kategorie »Neue Medien«. Assange nimmt ihn im Juni 2009 in London entgegen. Kingara und Oulu, die beiden Menschrechtsaktivisten, erfahren davon nichts mehr. Sie sterben in ihrem weißen Mercedes nur gut einen Kilometer entfernt vom kenianischen Parlament. Die Wahrheit, das ist die Lehre dieses Tages Anfang März 2009, kann tödlich sein.

Viel Feind, viel Ehr: BND, BNP und Julius Bär

»Die Ironie an diesem Fall ist, dass ausgerechnet eine Schweizer Bank behauptet, sie sei schockiert, dass WikiLeaks seinen Quellen Anonymität garantiere.«
(Daniel Mathews vor Gericht über das Bankhaus Julius Bär)

Auf dem Campus der Universität von Melbourne, im Gebäude der Fakultät für Architektur, befindet sich ein Büro der australischen Post. Es gehört nicht zur Universität, aber viele Studenten und Organisationen unterhalten hier ein Postfach. WikiLeaks ist eine dieser Organisationen.

Die Gruppe ist ein Kind des digitalen Zeitalters, aber zur Ironie ihrer Geschichte gehört, dass sie bis heute viele ihrer Einsendungen auf herkömmlichem Weg erhält, per Postbote, von der Internetgemeinde abschätzig »Snailmail« genannt: Schneckenpost. »Die gute alte Post ist immer noch ein relativ sicheres Verfahren«, sagt Assange. »Natürlich empfehlen wir allen Einsendern, keine gültige Absenderadresse anzugeben.«[38]

Die Päckchen sind in der Regel phantasievoll adressiert: an das »Department of Dance«, die »Kamelmilchabteilung« oder, in Anspielung auf Assanges Haupthaar, das »Büro für Männer mit weißem Haar«. Alle ein bis zwei Monate kommt so ein Wäschekorb voller Briefe und Päckchen zusammen.

Hin und wieder geschieht es, dass der Zoll oder die Gesundheitsbehörde eine Sendung öffnen, sie auf Verstöße gegen die Vorschriften prüfen und anschließend ordnungsgemäß weiterleiten. Der Inhalt interessiert sie nicht. So ist der Staat: die linke Hand weiß oft nicht, was die rechte tut. Während die Geheimdienste möglichst viel über WikiLeaks zusammentragen, öffnet der Zoll die Einsendungen, um sie auf gesundheitliche Risiken zu überprüfen.

Es gibt keine Statistiken, die eine verlässliche Aussage über die Qualität des eingeschickten Materials erlauben, aber glaubt man den Angaben ehemaliger und noch aktiver WikiLeaks-Leute, dann sind maximal zehn Prozent des Materials wertvoll. Der Rest ist unbrauchbar. Und interessanterweise kommen relativ wenige Dokumente von klassischen Whistleblowern, die sich online an WikiLeaks wenden, den Einsende-Knopf auf der Webseite drücken und ihre Geheimnisse damit digital übermitteln.

Wer in der Anfangszeit von WikiLeaks die Internetadresse der Organisation ansteuert, findet dort vor allem den »Einsende«-Knopf (»Submission«). Technisch gesehen ist WikiLeaks ein besonders gut gesicherter elektronischer Briefkasten.

Assange und Co. gehen offen damit um, dass sie von ihren Nutzern eigentlich nicht mehr wollen, als deren geheime Dokumente. Auf die häufig gestellte Frage, ob die WikiLeaks-Dokumente auch bearbeitet werden können, heißt es auf der Webseite: »Nein. Die Dokumente der Quellen bleiben unverfälscht.« Auch die Frage, wer die erläuternden Kommentare zu den Dokumenten verfasst, fällt die Antwort eindeutig aus. »WikiLeaks-Mitarbeiter, manchmal in Zusammenarbeit mit dem Einsender.« Immerhin ist die Organisation ehrlich: »In der Vergangenheit hat Julian Assange die meisten Zusammenfassungen geschrieben.«

Auf das anonymisierte Einsendeverfahren sind die WikiLeaks-Leute besonders stolz, es ist über die Jahre durch verschiedene Versionen verfeinert worden. Der Prozess, der abläuft, sobald ein Informant den Einsendeknopf auf der Webseite anklickt, ist komplex. Die Einsendungen werden verschlüsselt über zahllose Computer quer durch die ganze Welt geleitet, zum Teil mit der Tor-Technologie. Ihre Spur verliert sich im virtuellen Krypto-Gestrüpp des Systems. Um Gegner zu verwirren, Geheimdienste etwa, die an der Eingangstür der Webseite lauern und zu beobachten versuchen, was alles eingeschickt wird, sendet das System selbstständig Dummies durch die Leitungen. Diese falschen Einsendungen, sagt der ehemalige deutsche WikiLeaks-Aktivist Daniel Domscheit-Berg, seien für Außenstehende kaum von echten Einsendungen zu unterscheiden. So entsteht ein künstliches »Grundrauschen«, das es schwer macht, den Datenverkehr zu analysieren. Knapp 50 Server hat WikiLeaks nach Angaben von Domscheit-Berg Mitte 2010 hintereinander geschaltet, in diversen Ländern rund um die Welt, vor allem dort, wo die Pressefreiheit durch starke Gesetze abgesichert ist. Die Hauptserver befinden sich seit 2008 in Schweden, wo der Quellenschutz verfassungsrechtlich geschützt ist, lange standen sie in einem Untergeschoss eines Bürogebäudes im Stockholmer Vorort Solna bei der Firma PRQ.[39] Deren Chef

Mikael Viborg hegte Sympathien für WikiLeaks, er sagt, Meinungsfreiheit und Transparenz seien »in einer demokratischen Gesellschaft nötig«. Deshalb sei WikiLeaks »wichtig«.[40]

Aber wie sicher ist das System? Der Londoner Journalismusdozent Gavin McFadyen hat es 2007 ausprobiert. Er habe viel über WikiLeaks gelesen und sei skeptisch gewesen, ob das Versprechen der sicheren Einsendung wirklich stimme. Deshalb habe er eine auf Sicherheit spezialisierte Computerfirma beauftragt, in das System einzudringen. »Zwei Wochen später haben sich die Experten bei mir gemeldet und aufgegeben«, erinnert sich McFadyen. »Sie hatten nicht einmal den ersten verschlüsselten Zugang knacken können.« McFadyen ist seitdem von der Technik überzeugt.[41]

Normalerweise wenden sich viele Einsender zunächst in dem ebenfalls verschlüsselten Chat anonym an die WikiLeaks-Freiwilligen, die fast immer für die Kontaktaufnahme zur Verfügung stehen. Eine der am häufigsten gestellten Fragen lautet: Wann wird mein Dokument veröffentlicht? Einerseits verspricht WikiLeaks, unverfälschte Originaldokumente zu veröffentlichen. Andererseits soll jedes einzelne Dokument einen inhaltlichen und technischen Prüfprozess durchlaufen. Zunächst geht es um die Grundfragen, die auch den Einsendern gestellt werden: Warum halten sie ihr Material unter ethischen, politischen, diplomatischen oder historischen Aspekten für wichtig? Anschließend folgen ausführliche forensische, also technische Tests. Dabei suchen WikiLeaks-Mitarbeiter nach Hinweisen, ob das Material verändert worden ist, beispielsweise in dem Bildbearbeitungsprogramm Photoshop, suchen nach verräterischen Metadaten, die Rückschlüsse auf die Quelle zulassen.[42] In vielen Microsoft-Anwendungen wie dem Textverarbeitungsprogramm Word lässt sich häufig aus Dokumenten nicht nur der Urheber ablesen, sondern auch, wer das Dokument wann inhaltlich bearbeitet hat und was geändert wurde. Ein weiterer Schritt ist die sogenannte

Kontextprüfung: Ist die Existenz eines solchen Dokumentes bekannt, stimmen die Eckdaten mit öffentlich zugänglichen Informationen überein?

Nicht alles kann der harte Kern um Assange selbst erledigen, dafür sind die eingehenden Materialien viel zu heterogen. Wirtschaft, Wissenschaft, Rüstung, Geheimdienste, Klimaschutz, venezolanische Innenpolitik – diese Themenpalette kann niemand überblicken und mit dem notwendigen Expertenwissen sicher beurteilen; hinzu kommt häufig das Problem der Sprachbarriere. Assange kann deshalb laut eigenen Aussagen auf ein »Netzwerk von Experten« zurückgreifen, die er manchmal auch einfach »people who do things« nennt – »Menschen, die für uns etwas erledigen«.[43] Es handelt sich um einen losen Verbund von Wissenschaftlern, Anwälten, Journalisten, Leuten aus der IT-Branche und vielen Aktivisten aus der Internetcommunity, die die Grundidee von WikiLeaks mögen und ihre Hilfe anbieten. Die Zahl dieser »Unterstützer« beziffert Assange mal auf 800, mal auf 1000, aber letztlich ist es eine politische Zahl, die wenig aussagt über die Qualität der Arbeit, sondern die vor allem eines dokumentiert: den amorphen, wenig strukturierten Charakter der Organisation. Man kann es auch anders formulieren: Assange sammelt Kontakte wie andere Leute Briefmarken, und er erinnert sich ihrer, wenn er Hilfe braucht. Allerdings, erinnert sich Daniel Mathews, stößt das Prinzip schon früh an seine Grenzen. Die Schwarmintelligenz der Internet-Gemeinde bringt oft keine überzeugenden Resultate hervor. Ohne Journalisten scheint es nicht zu gehen.

In den Anfangsmonaten scheint es, als stehe WikiLeaks vor einer Enthüllung, die weltweit Schlagzeilen machen werde. Assange hat Informationen über fast alle Waffensysteme erhalten, die die US-Armee im Irakkrieg einsetzt. Die Veröffentlichung ist ihm eine Herzensangelegenheit, wegen der indirekten Unterstützung des Irakkrieges und des US-Militärs durch die Universität Melbourne hat er schließlich sein Studium geschmissen. In die Dokumentensammlung investiert er deshalb viel Zeit und programmiert eine aufwendige Datenbank. Doch das Material zündet nicht. Nur eine Nachrichtenagentur widmet ihm einen Text – einen Absatz in einem allgemeinen Artikel über WikiLeaks. Assange ist frustriert und wütend zugleich, er hält alle Journalisten für Idioten, die nicht wissen, was sie tun.

Die Einzigen, die reagieren, sind die US-Generäle. Das Pentagon hat verstanden, was die Veröffentlichung solch sensibler Daten bedeuten kann und beauftragt einen seiner Analysten mit einer Recherche über WikiLeaks; das Ergebnis wird jener Geheimbericht sein, der im Frühjahr 2010 auf der WikiLeaks-Homepage erscheint. Die Irak-Datenbank ist ein Vorgeschmack dessen, was drei Jahre später folgen wird – der Showdown mit der US-Regierung.

Nicht einmal das Pentagon streitet allerdings ab, dass die dokumentierten Informationen korrekt sind – eine Behauptung, auf die die WikiLeaks-Leute großen Wert legen. »Soweit wir wissen, hat WikiLeaks noch niemals ein falsch zugeordnetes Dokument veröffentlicht«, heißt es auf ihrer Webseite, man habe inzwischen »eine einzigartige Expertise in der Verifikation von Leaks«.[44] Das ist nur bedingt richtig, wie der 15. Januar 2009 zeigt.

An diesem Tag dokumentiert WikiLeaks einen Bericht, der das Zeug dazu hat, an der Börse Milliarden zu bewegen: einen angeblichen positiven HIV-Test von Steve Jobs. Kaum ein Unternehmen ist derart auf eine Führungsfigur zugeschnitten wie die Firma Apple auf Steve Jobs. Jobs ist Apple, er hat mit iPod, iPad und iPhone herausragende Geräte auf den Markt gebracht und Apple zu einem der profitabelsten Computerunternehmen der Gegenwart gemacht. Ein positiver HIV-Test würde Zweifel an der Zukunft der Firma wecken, der Wert ihrer Aktien würde fallen, der Markt in Bewegung geraten. Das Problem ist nur: der HIV-Test ist wahrscheinlich gefälscht. Er kursiert seit einiger Zeit im Internet und liegt nun im elektronischen Briefkasten der Organisation.

Der kommentierende Bericht, den WikiLeaks mit zwei angeblichen Aufnahmen des Unternehmens SxCheck ins Internet stellt, zeigt die Schwierigkeiten mit dieser Art von Publikation. Eine journalistische Redaktion, der ein solches Dokument zugespielt wird, müsste mit langwierigen Recherchen beginnen, um am Ende möglichst sicherzugehen, dass der Befund echt ist. Die journalistische Sorgfaltspflicht würde unter anderem vorsehen, mit dem Unternehmen und den Ärzten Kontakt aufzunehmen, die den Test durchgeführt haben. Auch offizielle Gespräche mit Apple würden dazu gehören, sowie der Versuch, inoffizielle Zugänge zu Jobs' Umfeld aufzutun. Veröffentlicht würde eine Geschichte über Jobs nach professionellen Kriterien nur dann, wenn die Recherche ergeben hätte, dass der Befund authentisch ist, inklusive der Stellungnahmen der Betroffenen. WikiLeaks ist keine klassische Redaktion und arbeitet nicht nach journalistischen Standards, und das birgt Gefahren, wie das Beispiel von Jobs deutlich macht.

Das erste Bild, das WikiLeaks veröffentlicht, zeigt die Ergebnisse von drei angeblichen Testreihen eines »Steven Paul Jobs«. Zwei der Tests seien »negativ« ausgefallen, aber im Feld »HIV-1« ist notiert: »positiv«. Testdatum: der 1. September 2004. Das zweite Foto ist das vermeintliche Faksimile einer Überweisung an das »California Pacific Medical Center« von einem Doktor namens William F. Owen Jr. an einen Assad A. Hassoun wegen einer angeblichen Nierenkrebsbehandlung. In der Analyse der Krankenakte spekuliert WikiLeaks über die mögliche Krebserkrankung in Folge der HIV-Infektion, und erörtert die persönlichen Angaben auf den Bildern. Die Angabe »Geboren« in dem Feld »Geburtsdatum« sei »unüblich, aber nicht an sich ein Zeichen für eine Fälschung«. Andererseits weise die angegebene Sozialversicherungsnummer eine typische Struktur auf und sei in Kalifornien ausgestellt – auch wenn WikiLeaks nicht sagen könne, ob es sich damit wirklich um Jobs' Versicherungsnummer handele. Wegen der »widersprüchlichen Daten, möglicher Hinweise auf eine Fälschung und starker Motive dafür«, sollten den Bildern »nicht unwidersprochen geglaubt werden«.

Das ist, angesichts der Brisanz des veröffentlichten Materials, eine dünne Erklärung – und entsprechend empört sind selbst viele WikiLeaks-Anhänger. »Ich habe Eure Arbeit immer bewundert«, heißt es in einer Stellungnahme, »aber WikiLeaks ist ein Celebrity-Magazin geworden«. WikiLeaks möge Jobs' Privatsphäre respektieren und sich wieder auf die eigentliche Arbeit konzentrieren. Die Tatsache, dass die Informationen wahrscheinlich gefälscht seien, sei Grund genug, sie nicht zu publizieren, argumentiert ein anderer Anhänger der Organisation. Die Kritiker monieren vor allem zwei Punkte: Sie stellen in Frage, ob WikiLeaks mit der Veröffentlichung einer vermeintlichen Krankenakte die Grenze der Privatsphäre überschritten habe. Und sie äußern Zweifel an der Qualität der Verifikation.

Assange hält die Veröffentlichung bis heute für richtig, aber man kann das Beispiel Steve Jobs auch anders sehen.[45] Der von Assange gerne betonten Verpflichtung gegenüber den anonymen Quellen, mit den Dokumenten an die Öffentlichkeit zu gehen, steht eine Verpflichtung gegenüber, im Zweifel nicht zu publizieren. Jedenfalls nicht, wenn forensische und sonstige Möglichkeiten nicht ausreichen und die journalistische Expertise nicht groß genug ist, zusätzlich zu recherchieren. Hätte die britische Boulevardpresse einen solchen Report mit vielen Fragezeichen publiziert, hätte Assange das zu Recht als Schmierenjournalismus kritisiert.

Grenzüberschreitende Publikationen wie bei Steve Jobs bleiben allerdings die Ausnahme. Die Palette von Themen, die Wiki-Leaks bearbeitet, ist beeindruckend, sie würde die Redaktion einer mittelgroßen Tageszeitung schmücken. Im Laufe der Zeit veröffentlicht WikiLeaks die deutschen Toll-Collect-Verträge, in denen die milliardenschweren Zahlungen der deutschen Regierung an ein privates Konsortium geregelt sind und deren Veröffentlichung die Bundesregierung unter Hinweis auf den Schutz von Betriebsgeheimnissen verweigert hatte. Publik wird auch ein Handbuch aus dem US-Gefangenenlager Guantanamo, werden interne Audio- und Videoaufzeichnungen von Scientology und mehr als eine halbe Million Pager-Textnachrichten vom 11. September 2001, die die US-Regierung zurückgehalten hatte. Mal sind die Quellen offenkundig Mitarbeiter von Parlamentariern oder Journalisten, die das Originalmaterial publiziert sehen möchten, mal sind es Informanten, die nicht wissen, wem sie ihre Perlen sonst vermachen sollen.

Doch im Februar 2008 scheint es, als gebe es eine Achillesferse der Organisation: die legale, auf John Shipton eingetragene Webseite. Sie ist plötzlich aus dem Netz verschwunden.

WikiLeaks hatte Kundendaten des Bankhauses Julius Bär publiziert, einen Teil des sogenannten »Elmer-Dossiers«. Die Daten stammen von Rudolf Elmer, einem ehemaligen Manager der Schweizer Privatbank. Seine Sammlung betrifft Kunden, die ihr Geld an einem höchst verschwiegenen Platz geparkt haben: auf den Cayman Islands, einer etwa 300 Kilometer südlich von Kuba gelegenen Gruppe von drei Karibikinseln, deren Hauptstadt George Town mittlerweile zu den größten Finanzstandorten der Welt zählt. Elmer ist ein Mann Mitte 50 mit schütterem Haar, der Birkenstockschuhe trägt und eine randlose Brille. Er behauptet: »Ich will, dass die Schweizer Finanzwelt ehrlicher, moralischer und ethischer wird.«[46]

1994 wurde Elmer zum Chefbuchhalter für den Julius-Bär-Ableger auf den Cayman-Inseln befördert. Von seinem Büro aus konnte er auf das azurblaue Karibikwasser schauen, selbst im Winter war es über 20 Grad warm. Doch in der Filiale schwelte ein Streit, der Druck wuchs, der überforderte Buchhalter bekam chronische Schmerzen in Hüfte und Rücken. Als diverse Akten verschwanden, unterzog die Konzernspitze ihn und andere Mitarbeiter Ende 2002 einem Test mit dem Lügendetektor. Voll gepumpt mit Medikamenten, brach Elmer den Test nach der Hälfte ab. Die Zentrale kündigte ihm – in seinen Augen gesetzeswidrig, weil er krank war.

Er war damals auch Hurrikan-Beauftragter der Bank, und zu seinen Aufgaben hatte es gehört, bei einem drohenden Sturm die sensiblen Bankdaten in Sicherheit zu bringen. Elmer verließ deshalb die Caymans stets mit einer Sicherheitskopie des Bankservers, wenn der Wetterdienst gewarnt hatte. »Darum war ich auch bei meiner Entlassung im Besitz einer Kopie«, sagt er.

Und dann taucht ein Teil dieser Daten auf wikileaks.org auf, eine Mischung aus echten und offenbar veränderten Datensätzen. Wer sie eingesandt hat, ist unklar, aber klar ist, dass es Elmer hilft und Julius Bär unter Druck setzt. Das Bankhaus klagt. Aber warum in Kalifornien, wo es um einen Konflikt einer Schweizer Bank und ihres Ablegers auf den Caymans mit einer in Kenia registrierten transnationalen Organisation wie WikiLeaks geht? Die Justiz in Kenia scheint den Schweizern unkalkulierbar, deswegen stützen sie ihre Klage in Kalifornien auf eine bemerkenswerte Argumentation. Zum einen hat Dynadot, das Unternehmen, bei dem die Internetadresse von WikiLeaks damals registriert ist, im kalifornischen San Mateo seinen Sitz. Zum anderen hat Julius Bär bei Facebook nachgeschaut und dort ein WikiLeaks-Forum gefunden, das von Daniel Mathews moderiert wird, Assanges Freund aus gemeinsamen Uni-Zeiten in Melbourne. Mathews ist zwar Australier, studiert aber in Stanford, und Stanford ist in Kalifornien, und Mathews ist außer Shipton der einzig greifbare Name.

Zunächst folgt Jeffrey White, der Vorsitzende Richter am District Court für Nordkalifornien, der Sicht von Julius Bär. Am 15. Februar 2008 verfügt er die Abschaltung von »wikileaks.org«. Dynadot müsse »sofort alle DNS-Einträge für die Seite wikileaks.org löschen und sicherstellen, dass unter dieser Adresse ab sofort nur noch eine leere Seite erscheint«, so White.[47] Noch am gleichen Tag ist WikiLeaks offline.

Zwei Wochen bleibt die Webseite nicht erreichbar, dann wird der Fall zu einem Politikum. Menschenrechtsorganisationen wie die Amerikanische Gesellschaft für Bürgerrechte veröffentlichen Eingaben an das Gericht, ebenso die EFF und mehrere Organisationen, die das in der Verfassung garantierte Recht auf Meinungsfreiheit in Gefahr sehen. WikiLeaks ist in den USA jetzt ein Präzedenzfall, es geht um Zensur und digitale Grundrechte.

Julius Bär wehrt sich, man wolle nicht die Meinungsfreiheit beschneiden, sondern nur private Daten sichern, die illegal auf der Webseite veröffentlicht worden seien. Im Übrigen sei das Dossier nicht authentisch, argumentiert das Bankhaus in einer Mitteilung.[48] Mathews kontert, er stehe zu Unrecht vor Gericht, weil er nicht an der Publikation beteiligt gewesen sei. »Die Ironie an diesem Fall ist, dass ausgerechnet eine Schweizer Bank behauptet, sie sei schockiert, dass WikiLeaks seinen Quellen Anonymität garantiere«, antwortet Mathews in einem Schreiben an das Gericht.[49] Für WikiLeaks hat die Klage intern gravierende Auswirkungen. Daniel Mathews verteidigt zwar tapfer nach außen die Gründungsidee der Organisation, aber die Wucht des Verfahrens hat ihn beeindruckt. Kurz nach dem Prozess wird er WikiLeaks verlassen.

Nach zwei Wochen kapitulieren erst der Richter Jeffrey White und dann Julius Bär vor der Wucht der öffentlichen Empörung. White begründet seinen Meinungswandel mit einer denkwürdigen Mischung von Argumenten: Es sei angesichts der australischen Nationalität von Shipton und Mathews nicht klar, ob die Klage überhaupt greife, zudem gelte der erste Zusatzartikel der amerikanischen Verfassung, der die Meinungsfreiheit schützt, und überhaupt sei die weltweite Berichterstattung, die der Fall ausgelöst habe, schädlich.[50] Die Webseite darf ihren Betrieb wieder aufnehmen.

Am 5. März 2008 zieht Julius Bär seine Klage zurück, ohne Begründung oder ein Wort des Bedauerns.[51] Der Wert der Aktien ist während des juristischen Streits um 4,8 Prozent gefallen, der Ausgang des Verfahrens in Kalifornien hat dazu einiges beigetragen. Die Bär-Dokumente bei WikiLeaks sind erst durch die Klage weltbekannt geworden, es ist ein Paradebeispiel für den sogenannten Streisand-Effekt, bei dem durch das Bemühen, eine Information zu unterdrücken, genau das Gegenteil eintritt.[52] Der Versuch, sich mit WikiLeaks anzulegen, hat für Julius Bär mit einem Debakel geendet. Damit steht die Schweizer Bank allerdings nicht allein da, wie der Fall des deutschen Bundesnachrichtendienstes (BND) beweist.

Im November 2008 erscheint auf der Homepage von WikiLeaks ein Bericht des BND. Darin werden die Verstrickungen der Kosovo-Albaner und der kosovarischen Befreiungsarmee UÇK in mafiöse Aktivitäten beschrieben, bis hoch in Regierungskreise reichen Korruption und Organisierte Kriminalität demnach. Der Bericht vom 22. Februar 2005 trägt den Stempel »VS – Vertraulich«.

Der Report ist kein klassisches Beispiel für Whistleblowing. Schon vor der Veröffentlichung bei WikiLeaks kursiert er unter Insidern und ist bereits in einigen Medien zitiert worden; vieles spricht dafür, dass WikiLeaks ihn aus diesem Umfeld erhalten hat, und nicht von einem frustrierten Beamten aus Pullach. Aber nun ist der Bericht im Internet öffentlich abrufbar für jedermann – das ist eine neue Qualität. Für einen Dienst, der das Wort »geheim« für sich in Anspruch nimmt, ist das ausge-sprochen peinlich.

Noch peinlicher ist freilich, wie der BND damit umgeht. Es ist ein Zeugnis dafür, wie schwer einer Regierungsorganisation wie dem 6000 Personen starken deutschen Auslandsgeheim-dienst das Verständnis für die Veränderungen in der Welt der Informationsbeschaffung fällt.

Denn eine Woche vor Weihnachten, am 18. Dezember 2008, meldet sich BND-Präsident Ernst Uhrlau mit einem offiziellen Schreiben bei WikiLeaks. Uhrlaus Leitungsstab schickt sie an zwei Mail-Adressen bei »sunshinepress.org«, dem von Assange gegründeten Unternehmen, das formal WikiLeaks betreibt. WikiLeaks ermögliche »den Download eines VS-eingestuften Berichts« des BND, bemängelt Uhrlau im Tonfall eines deut-schen Oberstudienrates. »Ich fordere Sie hiermit auf, diese Möglichkeit unverzüglich zu sperren.« Und damit die Wiki-Leaks-Leute auch hinreichend beeindruckt sind, ergänzt er: »Ich habe bereits die Prüfung strafrechtlicher Konsequenzen veranlasst.«

Assange und Co. sind beeindruckt – von der offenkundigen Ahnungslosigkeit des BND-Chefs. Haben Uhrlaus Leute nicht mitbekommen, wie erfolglos die Klage von Julius Bär verlaufen ist? Oder haben sie sich schlicht nicht vorzustellen vermocht, dass die Autorität eines BND-Präsidenten im digitalen Zeitalter allein nicht ausreichen mag, um per Dekret ein Dokument löschen zu lassen, das ein australischer Ex-Hacker auf einem schwedischen Server publiziert hat?

Jedenfalls machen sich Assange und die WikiLeaks-Leute noch am gleichen Tag einen Spaß daraus, Uhrlau vorzuführen. »Lieber Herr Uhrlau«, heißt es in einer E-Mail, die von einem gewissen Jay Lim unterzeichnet ist, aber offenbar von Assange formuliert wurde, »wir haben mehrere Berichte, die den BND betreffen. Könnten Sie präziser werden?« Der BND braucht einen Arbeitstag, um zu reagieren. Uhrlau benennt den Link, unter dem das Kosovo-Dossier abrufbar ist, und droht: »Wir fordern Sie erneut auf, die Datei und alle anderen Dateien, die mit dem BND zu tun haben, unverzüglich zu löschen. Ansonsten werden wir auf die Einleitung strafrechtlicher Maßnahmen drängen.« Für WikiLeaks ist das eine Einladung. »Danke für die Präzisierung«, schreibt Herr Lim zurück. »Bitte teilen Sie uns mit, gegen welche rechtliche Regelung die Veröffentlichung dieses Dokuments verstoßen haben soll: a) in Deutschland b) in Schweden«.

Und so endet die Kommunikation zwischen Ernst Uhrlau, Präsident des BND, und WikiLeaks mit einer Blamage für Uhrlau, denn WikiLeaks lässt es sich nicht nehmen, den Mailverkehr prompt zu veröffentlichen. Immerhin weiß die Welt nun, dass der Report authentisch ist. Er wird noch Jahre danach auf den Servern abrufbar sein. Von Ernst Uhrlau ist überliefert, dass er seitdem sehr reserviert reagiert, wenn das Gespräch auf das Thema WikiLeaks kommt.

Dass die Organisation den deutschen Auslandsnachrichtendienst desavouiert, ist kein Zufall. Deutschland ist eine Bastion für WikiLeaks. Hier erfährt die Gruppe wichtige ideelle und personelle Unterstützung von Hackern, hier lebt und arbeitet einer der wichtigsten Programmierer, den sie intern »den Architekten« nennen – und aus Deutschland kommen vergleichsweise viele Material-Einsendungen. Nach den Vereinigten Staaten rangiere Deutschland zusammen mit Großbritannien und Island in der Spitzengruppe der Einsender, verrät Assange.[53] Er hat in Berlin mit Daniel Domscheit-Berg einen seiner wichtigsten Mitstreiter. Die Öffentlichkeit kennt ihn allerdings unter dem Pseudonym »Daniel Schmitt«. Für den Aliasnamen hat dieser nicht lange nachgedacht: Er nimmt den Namen seiner Katze.

Daniel Domscheit-Berg ist Anfang 30, ein Schlaks mit dunklem Vollbart, kurzen Haaren und schwarzer Hornbrille, der sich ausschließlich schwarz kleidet und selten ohne Rucksack durch Berlin-Mitte streift, wo er auch wohnt. Er hat in Mannheim Informatik studiert und danach in Frankfurt als IT-Sicherheitsexperte Unternehmen beraten, der Dialekt seiner alten hessischen Heimat ist noch durchzuhören. »Hör uff«, sagt er gerne, statt »was du nicht sagst«.

Domscheit-Berg hat die Geschichte von WikiLeaks seit Ende November 2007 intensiv verfolgt und war schnell davon überzeugt, dass es sich um eine geniale Idee handelte: »Ich bin schon immer aktivistisch veranlagt gewesen«, sagt er, und er habe sofort den Eindruck gehabt, dass WikiLeaks »ein wichtiges Instrument für die Gesellschaft« werden könnte.[54] Assange kennt er aus einem Chatraum, sie haben sich über einen Film aus dem Jahr 2004 unterhalten, »What the Bleep do we (k)now?« (»Ich weiß, dass ich nichts weiß«), in dem es um Quantenphysik, Spirituelles und Mystik geht.

Auf dem jährlichen Kongress des Chaos Computer Clubs Ende 2007 in Berlin treffen sich Assange und Domscheit-Berg das erste Mal. Die beiden verstehen sich auf Anhieb, es entwickelt sich ein Vertrauensverhältnis, ja eine Freundschaft, wie Domscheit-Berg meint. Anfangs versucht der Berliner seine neue Passion, die Arbeit an dem aufregenden Projekt, neben seiner eigentlichen Arbeit zu erledigen. Aber die Ansprüche sind zu hoch und die Liste der offenen Aufgaben zu lang. Bald hat er nach eigenen Worten das Gefühl, in seinem bezahlten Brotjob »mein Talent und meine Zeit zu verschwenden«[55] – er sehnt den Feierabend herbei, damit er sich seinen ersten Aufgaben bei der Enthüllungsplattform widmen kann.

Im Januar 2009 gibt Domscheit-Berg seinen Job auf, zieht nach Berlin und widmet sich fortan nur noch der Arbeit an WikiLeaks. Unter anderem firmiert er unter seinem Pseudonym auch als zweiter Sprecher für das Projekt. Schon deshalb wird er in der öffentlichen Wahrnehmung bald als die Nummer zwei von WikiLeaks gesehen, ein Eindruck, der sich

durch gemeinsame Konferenzauftritte der beiden unglei-
chen Projektpartner noch verstärkt – etwa beim Chaos Com-
munication Kongress 26C3 Ende Dezember 2009 in Berlin,
wo Assange dem deutschen Repräsentanten weitgehend die
Bühne überlässt.

Es gibt ein Schwarzweißfoto aus dem Jahr 2009, dass
Assange und Domscheit-Berg jeweils mit verschränkten Armen
auf einem Sofa sitzend zeigt, sie blicken beide direkt in die
Kamera, sie wirken wie zwei vertraute Partner. Tatsächlich ist
das Vertrauensverhältnis so eng, dass Assange mehrere Monate
bei Domscheit-Berg wohnt. Der Australier und sein deutscher
Kompagnon haben einiges gemeinsam: die Leidenschaft etwa,
mit der sie für das Projekt kämpfen, und einen ungesunden
Hang zur selbstausbeuterischen Nachtarbeit. Sie stecken nach
eigenen Angaben beide auch eigenes Geld in das Projekt. Domscheit-Berg sagt sogar, er habe seine Ersparnisse in WikiLeaks
investiert.[56]

So soll es aber nicht bleiben, auch darin stimmen Assange
und Domscheit-Berg überein. Ihr erklärtes Ziel, das Domscheit-
Berg auch öffentlich formuliert, ist, dass sie sich als Vollzeit-
kräfte für ihre Arbeit Gehälter auszahlen können. Beide bezif-
fern die laufenden Kosten für den Betrieb der technischen
Infrastruktur und aller weiterer unmittelbaren Kosten auf
rund 200 000 Dollar im Jahr. Wenn sie auch nur ihren Voll-
zeitkräften reguläre Gehälter auszahlen wollten, würden es
rund 600 000 Dollar werden.

Geld war schon immer ein Thema bei WikiLeaks. Meist weil
zu wenig oder gar keines da war. Immer wieder gab es Versuche, eine tragfähige und kalkulierbare Finanzierung auf
die Beine zu stellen. Eine Idee war, mit etablierten Medien
zusammenzuarbeiten – und diese für die exklusive Auswertung von WikiLeaks-Materialien bezahlen zu lassen, etwa in
Form eines Abonnentenmodells. Ein anderer Ansatz, den Wiki-
Leaks im August 2008 ausprobierte, folgte eher dem Modell

eBay, also einer Auktion. Die Organisation wollte Tausende E-Mails eines ehemaligen Redenschreibers des venezolanischen Präsidenten Hugo Chavez zur exklusiven Vorabauswertung an den höchsten Bieter verkaufen; das Geld sollte, so hieß es damals, einem Fond zur Verteidigung von Quellen zugute kommen, außerdem hätte WikiLeaks das Material nach Erscheinen der Exklusivquelle online stellen können. Die Auktion sei ein »logistischer Albtraum« gewesen, sagt Assange. WikiLeaks veröffentlicht die Mails schließlich, wie üblich, selbst.[57]

Die Organisation lebt weiter vor allem von Spenden. Laut Assange sind alle Unterstützer Privatpersonen. »Wir akzeptieren kein Geld von Regierungen oder Unternehmen.« Zu einem großen Teil werden die Spendenfinanzen seit Oktober 2009 über die deutsche Wau Holland Stiftung aus dem Umfeld des Chaos Computer Clubs abgewickelt, die nach der deutschen Hacker-Legende Herwart »Wau« Holland-Moritz benannt ist. Das hat aus der Sicht der WikiLeaks-Macher den Vorteil, dass die Namen der Spender nach dem deutschen Stiftungsrecht geschützt sind. Daneben konnten Unterstützer der Idee bis Ende 2010 Internetzahlungsdienste wie Moneybookers, PayPal oder Flattr nutzen. Anfang des Jahres 2010 sagt Assange, nur etwa zehn Prozent der Spenden kämen über diese Online-Wege. Manche Unterstützer wählen auch den guten alten Postweg – und schicken Bargeld an den WikiLeaks-Briefkasten in der Postfiliale auf dem Campus der Universität von Melbourne. Die australischen Spenden werden einer der Streitpunkte zwischen Assange und Domscheit-Berg. Der Deutsche misstraut Assange, weil ihm nicht klar ist, was mit dem Geld passiert.

Die meisten eingehenden Spenden bewegen sich zwischen 20 und 100 Euro, nach einer spektakulären Publikation gehen von einem deutschen Unterstützer 10 000 Euro ein. Allein in der Woche nach Veröffentlichung des »Collateral Murder«-Videos am 5. April 2010 gehen WikiLeaks zufolge indes 150 000

Dollar an Spenden ein; in den ruhigeren Monaten des Jahres waren es dann aber teilweise nur 2000 Euro im Monat – zumindest über die Wau Holland Stiftung.[58]

Bislang tauchten nur einmal Spendernamen in der Öffentlichkeit auf, im Februar 2009 – durch einen Anfängerfehler. WikiLeaks hatte damals einen Bittbrief an bisherige Geldgeber geschrieben: Obwohl die Organisation so erfolgreich sei wie nie zuvor, habe man seit vier Monaten keine Mittel mehr zur Verfügung, heißt es darin. »Seither haben unsere Mitglieder und Anwälte die gesamte Organisation aus ihren eigenen Ersparnissen finanziert.« Mehr als 50 Namen bisheriger Geldgeber setzten die WikiLeaks-Absender in das CC-Feld der E-Mail, sodass alle Empfänger die Namen der anderen Spender einsehen konnten. Offenbar war ein Spaßvogel darunter. Er schickte die Liste durch das anonyme Einsendesystem von WikiLeaks zurück, wohl um auszutesten, ob die Organisation in ihren Publikationskriterien so unparteiisch ist wie behauptet. Tatsächlich ging die Liste online, sie enthält viele anonyme Mailadressen, aber auch einige Klarnamen.

Assange und Domscheit-Berg sind zu diesem Zeitpunkt die einzigen beiden WikiLeaks-Leute, die bei der Wau Holland Stiftung Mittel für das Projekt abrufen. Sie können dort die mit ihrer Arbeit für WikiLeaks verbundenen Unkosten einreichen und abrechnen – wenn sie Quittungen vorlegen. Über die Verwendung von Geldern haben die beiden Männer Meinungsverschiedenheiten. Der Deutsche will größere Summen in den Ausbau der technischen Infrastruktur investieren, für die er eigene Ideen hat. Domscheit-Berg hält es für einen Geburtsfehler von WikiLeaks, dass die Veröffentlichungs-Webseite und das Einreichungssystem unter einer Netzadresse laufen. Das bündele die Last und das Risiko zentral. Außerdem erwarten viele Einsender, dass ihre Lieferungen sofort unter dieser Adresse online gestellt werden. Für ein kleineres Start-up wie WikiLeaks in den Anfangsjahren ist das nach Ansicht von Dom-

scheit-Berg ein gangbarer Weg. Doch nun droht WikiLeaks
zum Opfer des eigenen Erfolgs zu werden, droht die Webseite
an Einsendungen und Nachfragen zu ersticken. Er arbeitet deshalb 2009 an einem dezentralen Einreichungssystem für Dokumente, das er sich wie folgt vorstellt: WikiLeaks soll eine Art
»WikiLeaks-Button« für andere Anbieter entwickeln, Medien,
Gewerkschaften, Journalistenschulen und Nichtregierungsorganisationen könnten den Einsendeknopf auf ihren Webseiten
integrieren. Die Organisation würde die darüber eingehenden
Materialien über ihre sicheren und erprobten Kanäle in Emp-
fang nehmen und damit die Anonymität gewährleisten. Die
beteiligten Medien oder Organisationen würden das Material
erhalten und eine Frist, in der sie es exklusiv auswerten können. Später würden die eingesandten Originalunterlagen dann
auch auf wikileaks.org veröffentlicht. Es ist eine interessante
Idee, die Daniel Domscheit-Berg auch öffentlich vorstellt, beispielsweise bei der Blogger-Konferenz re:publica im April 2010
in Berlin, wo er für seinen Vortrag lauten Beifall erhält. Inzwischen hat er sie zu einer Grundlage für sein eigenes Projekt
openleaks.org gemacht.

Die Idee, die Last auf mehrere Schultern zu verteilen, ist
auch deshalb clever, weil WikiLeaks nach seinen Veröffentlichungen immer öfter kritisiert, ja angefeindet wird. In Großbritannien bricht im Jahr 2009 beispielsweise eine Debatte aus,
als die Mitgliederlisten der rechtsextremen British National
Party (BNP) auf der Webseite erscheinen. Nach Angaben von
Jim Taylor, einem BNP-Aktivisten, handelt es sich bei den Daten
um eine Mitgliederliste, Stand Dezember 2007, die in Teilen
fortgeschrieben wurde; etwa 1700 Datensätze umfasst die
Aufstellung. Gefährdet das Leib und Leben der Ultrarechten?
Überschreitet WikiLeaks damit eine Grenze auch dann, wenn
man Rechtsextremismus politisch ablehnt? Und wer ist verantwortlich, wenn einem der BNP-Sympathisanten aufgrund der
Veröffentlichung etwas zustößt?

Assange beantwortet solche Fragen puristisch. Er hält sich nur für die Veröffentlichung der Information verantwortlich, nicht für ihre Folgen. Das ist eine Aussage aus der Abteilung Verschleierung, denn natürlich möchte er mehr. Natürlich möchte er politischen Einfluss.[59] Und natürlich hat WikiLeaks eine politische Agenda, auch wenn Assange betont, er selbst wie auch die Organisation seien »unparteiisch«, was die Veröffentlichungspolitik angehe.

Zur Rechtfertigung der umstrittenen Veröffentlichung greift Assange ausgerechnet auf die Totalitarismustheorie zurück: Kurz nach den BNP-Listen findet sich im Mai 2009 auf der Webseite eine Datei mit 2174 E-Mail-Adressen der britischen Antifa-Gruppe »Gemeinsam gegen Faschismus« (Unite Against Fascism, UAF). Sowohl die BNP als auch die UAF würden die sozial Benachteiligten für einen »Pseudo-Krieg« einspannen, heißt es in der Begründung für die Veröffentlichung. Man könnte beide Gruppen komplett ignorieren, wenn nicht die Geschichte gezeigt habe, wohin der finanzielle Zusammenbruch eines Landes politisch führen könne. Ist für Assange also rechts gleich links? Und wo steht er selbst?

Wie politisch ist WikiLeaks?

»Seine Sympathie für Staaten und Hierarchien ist nicht sehr ausgeprägt.«

(Gavin McFadyen über Julian Assange)

Wenn Julian Assange in Deutschland ist, führt ihn der Weg nach Berlin-Mitte, in einen sandgelb sanierten Gründerzeitbau im Regierungsviertel. Er hat hier Bekannte, es ist eine Art temporäre deutsche IP-Adresse. Diesmal ist er für ein paar Tage hier, weil er Geld von der Wau Holland Stiftung braucht. Auf dem Hof steht eine ausgeweidete gelbe Telefonzelle aus den Tagen der alten Post, links führt der Eingang in einen Alt-Berliner Querflügel aus Klinkersteinen. Ein ausrangierter Geldautomat steht im Treppenhaus, eine Sitzreihe aus einem Flugzeug, nur die Anschnallgurte fehlen, 200 Euro haben die Sitze gekostet, ersteigert auf eBay.

Assange sitzt im Schneidersitz in einer weiteren Reihe aus Flugzeugsitzen, er trägt einen hellbraunen Rollkragenpullover und eine dunkelbraune Lederjacke. Die Haare sind gefleckt wie das Fell eines Straßenhundes, er hat die weißen Haare braun gefärbt, aber an den Ansätzen wächst das Helle bereits nach. Vor ihm steht ein Karton mit einer Pizza Mozzarella und eine Cola light, er schiebt sich ein Stück Pizza in den Mund, kaut und sagt: »Eigentlich müssten die Geheimdienstleute uns doch mögen. Wir sammeln wie sie Informationen und analysieren sie, wir tragen keine Waffen, wir sind keine Terroristen.«

Natürlich ist das nicht ganz ernst gemeint. Geheimdienste halten ihre Informationen geheim, zumindest versuchen sie das. WikiLeaks will seine Informationen veröffentlichen, zumindest versuchen sie es. Es ist ein natürliches Spannungsverhältnis.

Der Name von WikiLeaks ist inzwischen weltweit bekannt, aber es ist nicht bekannt, wofür die Gruppe eigentlich steht, abgesehen von dem diffusen Begriff der Transparenz. Er wisse schlicht nicht, »was ich von dieser Organisation erwarten soll«, bekannte der Sprecher des Pentagon, Geoff Morell, im Sommer 2010 nach der Veröffentlichung der Afghanistan-Dokumente.[60] »Wir haben so viele verschiedene Sachen von so vielen verschiedenen Personen gehört, die angeblich zu WikiLeaks gehören, dass ich einfach nicht weiß, was stimmt.«

Die Unschärfe ist gewollt. Assange hält Abstand, er will sich nicht fassen, nicht vereinnahmen lassen, auch nicht von den Linken. Ist er ein Linker?

»Das würde ich schon deshalb nicht beantworten, weil es nichts hilft«, sagt Assange, lächelt und lehnt sich gemütlich zurück.[61] Er hat zum Nachtisch eine Blechbüchse mit arabischem Gebäck auf den Tisch gestellt, klebriger Süßstoff mit Pistazien und Kardamon, umhüllt von staubigem Mehl. Er nimmt ein Stück, das Mehl verteilt sich auf der Lederjacke. Das Gebäck gibt ihm einen Moment Zeit zum Nachdenken. Er ist klug genug zu wissen, wie das Geschäft in Amerika funktioniert. Er will nicht den Fehler machen und sich weiter stigmatisieren. Wer sich in den USA als Linker outet, muss nicht nur mit einem mächtigen Gegner rechnen, der rechtskonservativen, christlich-fundamentalistischen Wählerschaft, die sich derzeit rund um die Tea-Party-Bewegung formiert, zu der Radiomoderatoren und Abtreibungsgegner und ein paar der reichsten Männer Amerikas zählen. Er muss auch damit rechnen, dass ihr Einfluss ausreicht, es allen anderen unmöglich zu machen, sich mit einem Projekt wie WikiLeaks zu solidarisieren. Assange will deshalb nicht als Linker wahrgenommen werden. Er will, dass Geoff Morell nicht genau weiß, was er von seinem Gegenüber zu erwarten hat.

Dann redet Assange doch, nach einem Moment des Nachdenkens. Das Projekt ist zu politisch, um es mit einem Anstrich des Unpolitischen zu versehen. Und er selbst ist zu politisch, um zu schweigen. »Wenn man alle meine Überzeugungen auf einen Tisch legen würde«, sagt Assange, »und wenn man sie nur in die Kategorien rechts und links sortieren dürfte, dann wäre ich sicherlich ein Linker.«[62]

Nach dem Weltsozialforum in Nairobi im Januar 2007 gab es unter den WikiLeaks-Unterstützern eine intensive Diskussion. Die Gruppe wollte sich beim amerikanischen Sozialforum präsentieren, einem nationalen Treffen der Globalisierungskritiker, das an das Happening in Nairobi anknüpfen und vom 27. Juni bis zum 1. Juli 2007 in Atlanta stattfinden sollte. Zur Debatte stand die Frage, wie sehr sich die Gruppe mit den globalisierungskritischen Bewegungen aus dem Sozialforum verbünden müsse. Sollte WikiLeaks eher eine Art Attac oder eine Art Amnesty International für Informationen werden?

Assange gehörte zu denen, die für eine Äquidistanz zu unterschiedlichen politischen Bewegungen plädierten. In mehreren E-Mails, die über die interne Mailingliste für Unterstützer verbreitet wurden, kanzelte er all jene ab, die für mehr Verankerung im linken Lager votiert hatten: »Ihr müsst eure eigene Agenda als Progressive/Kommies/Sozialisten und die entsprechende Rhetorik für euch behalten, oder es wird euch sehr, sehr schnell ins Aus führen.«[63] Alle WikiLeaks-Unterstützer müssten »realisieren, dass die Prämissen für WikiLeaks, ähnlich die der Demokratie, an sich größer sind, als ihr oder eure Partikularambitionen, so nobel sie auch sein mögen.« Es gehe für WikiLeaks um »Akzeptanz und Schutz als eine etablierte Institution«, die für Whistleblower aller Couleur offen sein müsse, »inklusive der, oh, Konservativen und Religiösen«; nur dann werde man mehr und besseres Material erhalten. »WikiLeaks sollte als jedermanns Freund gesehen werden, weil wir versuchen werden, jedem Einzelnen unser Wissen zur Verfügung zu stellen, mit dem er einen Weg finden wird, den es vorher nicht gab«, fasste Assange am Ende des Briefs die generelle Linie zusammen. »Lasst den Inhalt für sich selbst sprechen und überlasst die Prüfung und Analyse für jedermann offen.« Der Brief endet mit: »Sieg, Freiheit, Wahrheit«.

Wer erwartet hatte, aus WikiLeaks werde ein linkes Medienprojekt, wusste jetzt, woran er war. Es blieben diejenigen, die mit dieser Linie einverstanden waren. »Eine Plattform für Whistleblower ist eine neutrale Instanz und muss sich selbst als reine Dienstleistung begreifen«, sagt Domscheit-Berg.[64]

Nach der Veröffentlichung der Afghanistan-Protokolle im Juli 2010 ist den Machern von WikiLeaks vorgeworfen worden, sie seien antiamerikanisch eingestellt. Penibel rechnete das Online-Magazin *Daily Tech* vor, WikiLeaks habe »insgesamt nur 215 chinesische Dokumente veröffentlicht, gegenüber fast

100 000 amerikanischen Dokumenten.«[65] Die Gruppe befinde sich auf einem »Kreuzzug gegen die Vereinigten Staaten«, nun werde sich zeigen, ob sie mit der neuen Macht, die sie habe, auch einen Kreuzzug gegen Ungerechtigkeit mache.

Die Vorwürfe mögen aus amerikanischer Sicht verständlich sein, aber sie treffen nicht zu. Im Gegenteil: In seiner Anfangszeit hatte WikiLeaks ganz andere Staaten im Blick. »Unser erstes Ziel sind hochgradig unterdrückerische Regime in China, Russland und Zentralasien«, heißt es in einer internen Mail aus der Gründungsphase.[66] Allerdings galt auch: »Wir treten an für maximalen politischen Einfluss.«[67] Erfolgreiches »Leaken« von Geheimnissen werde diverse Regierungen stürzen, die sich auf die Verschleierung der Realität stützen. Dazu gehöre auch die US-Regierung.[68]

Assange führt keinen Feldzug gegen die USA, er führt einen Feldzug gegen eine bestimmte Form der Politik, und die Weltmacht USA ist dafür der denkbar größte Gegner. »Die USA sind der wichtigste Waffenproduzent der Welt, ihr Militärbudget ist größer, als das aller anderen Staaten zusammen, und sie führen parallel zwei Kriege«, sagt Assange, als wir uns in Berlin treffen. Er ist jetzt im Talkshow-Modus, die Sätze kommen fließend und voller Überzeugung, sein Zeigefinger unterstreicht die Botschaft. »Natürlich kommt deshalb der größte Teil unserer eingestuften Dokumente aus den USA.« Anfangs, sagt er, sei WikiLeaks außerhalb der USA als eine Gruppe wahrgenommen worden, die als CIA-nah gelte und Positionen der amerikanischen Außenpolitik vertrete; er selbst sei dafür angegriffen worden. Er sieht es so, dass er am Ende nicht gegen, sondern für die USA arbeite, weil er das »First Amendment« stärke, den ersten Zusatzartikel der amerikanischen Verfassung, der das Recht auf freie Meinungsäußerung schützt. »Wir exportieren den ersten Zusatzartikel in die ganze Welt«, sagt Assange und lacht. »Egal, ob das jemand mag oder nicht.«

Es entwickelt sich eine Diskussion um Krieg und Frieden. Kristinn Hrafnsson ist mit in Berlin, ein eisgrauer, strenger Isländer, ein erfahrener investigativer Journalist, der lange für das öffentliche isländische Fernsehen RUV gearbeitet hat und Anfang 2010 zu WikiLeaks gestoßen ist. Assange sagt, er sei kein Pazifist, aber er sei gegen den Krieg. Hrafnsson fragt, ob es einen gerechten Krieg überhaupt geben kann. Die deutschen Grünen hätten davon gesprochen, als sie 1999 in den Kosovo-Krieg gezogen seien. Joschka Fischer, der damalige grüne Außenminister, hatte den Feldzug mit der deutschen Erinnerung an Auschwitz begründet: Die Politik dürfe nach den Erfahrungen mit dem Nationalsozialismus nicht ein weiteres Mal zusehen, wenn in Europa ein systematischer Massenmord organisiert werde. »Wahrscheinlich rettest du viel mehr Menschenleben, wenn du gar nicht erst in den Krieg ziehst, als wenn du einen vermeintlich gerechten Krieg beginnst«, antwortet Assange. Hrafnsson nickt.

Assange hat das Staatsverachtende eines Anarchisten und die Unerbittlichkeit eines Stalinisten, aber er ist kein klassischer Linker. Er ist ein Kind der Neuen Linken und der Achtundsechziger-Bewegung, er ist antiautoritär erzogen worden und hat den Geist jener Generation geatmet, die mit Begriffen wie Freiheit, Selbstverwirklichung und Autonomie hantierte und die gegen Krieg und Imperialismus auf die Straße ging. Aber er selbst ist nicht mehr in der Hochzeit einer politischen Bewegung groß geworden. Die achtziger Jahre, die den Rahmen für die politische Sozialisation seiner Generation bildeten, waren Schauplatz von Kämpfen um Atomkraft und nukleare Aufrüstung, in Europa ebenso, wie in Australien. Aber sie hatten keinen überwölbenden, politisierenden Einfluss auf eine ganze Generation. Der libertäre Geist der Achtundsechziger ist in der Generation danach einer pragmatischen Weltsicht gewichen, weniger ideologisch, weniger allgegenwärtig. Die achtziger Jahre konnten ihm keine

politische Heimat bieten, aber wie bei vielen Achtundsechzi-
ger-Kindern gibt es bei ihm ein tiefes Misstrauen gegenüber
Hierarchien und dem Staat, genährt aus einer antiautoritären Einstellung seiner Eltern. Das macht den einen Teil von
Julian Assanges Politisierung aus.

Der zweite Teil ist geprägt von einer anderen Bewegung,
allerdings keiner, die sich auf Demonstrationen zeigt. Es ist
eine Bewegung, die sich ihren eigenen Raum genommen hat,
einen Raum, der lange Zeit nicht normiert und vergeben war.
Es ist der sogenannte Cyberspace und das entstehende Internet. In ihm formierte sich eine neue Generation der Hackerbewegung, und wer dabei war, hatte die einmalige Gelegenheit,
ein Pionier zu sein, weil es um unvermessenes, unerschlosse-
nes Terrain ging. Die Generation von Assanges Eltern hatte
sich politisches und soziales Gelände in jahrelangen Kämpfen
ertrotzt, es sind Wege, die für ihre Kinder ausgetreten sind.
Aber im Cyberspace, in der digitalen Welt, gab es Ende der
achtziger Jahre, Anfang der neunziger noch keine Gesetze und
Regeln, alles war im Fluss, und wer mochte, konnte dort ein
Held werden und Geschichte schreiben.

Der Journalist Steven Levy hat dieser Bewegung ein Manifest
vermacht, es heißt »Hackers: Helden der Computer-Revolution«
und ist 1984 erschienen. Darin beschreibt Levy die Ursprünge
der Hacker-Szene rund um das Bostoner Massachussets Institute for Technology (MIT), wo schon in den fünfziger und
sechziger Jahren eine politisch-soziale Kultur rund um die
damaligen Großrechner entstand. Es ging um einen »neuen
Lebensstil, mit einer eigenen Philosophie, ethischen Grundsät-
zen und einem Traum«. Ein Kernelement dieser Weltsicht ist
die Forderung, Software möge frei und offen zugänglich für
jedermann sein, damit die Gemeinschaft sie weiterentwickeln
und verbessern könne. Levy proklamiert in seinem Manifest
fünf zentrale Forderungen. Der Zugang zu Computern und
allem, was einem zeigen kann, wie diese Welt funktioniert,

sollte unbegrenzt und vollständig sein. Alle Informationen müssen frei sein. Hacker sollten Autoritäten misstrauen und Dezentralisierung fördern. Sie sollten einen Hacker nach dem beurteilen, was er tut und nicht nach Kriterien wie Aussehen, Alter, Rasse, Geschlecht oder gesellschaftlicher Stellung. Man könne mit einem Computer Kunst und Schönheit schaffen. Und Computer könnten das menschliche Leben zum Besseren verändern.

Wau Holland, der Vordenker der deutschen Hackerszene und Mitgründer des Chaos Computer Clubs, hat Levy durch zwei weitere Punkte ergänzt: Mülle nicht in den Daten anderer Leute. Und nütze öffentliche Daten, aber schütze private Daten. Vor allem der letzte Punkt ist wichtig. Er benennt einen wichtigen Unterschied zwischen Levy und den deutschen Hackern: den Schutz der Privatsphäre. Holland möchte sie schützen, Levy hält sie für kein besonders schützenswertes Gut.

Bei Julian Assange mischt sich die Sicht der Hacker mit der analogen Politisierung eines Achtundsechziger-Kindes an einem entscheidenden Punkt: der kritischen Betrachtung des Staates. Beide, die Achtundsechziger und die Hackerbewegung misstrauen dem Staat zutiefst, sie halten ihn grundsätzliche fähig zu fast jedem Schurkenstück.

Anfang der neunziger Jahre formen sich in den Diskussionen der Hacker-Bewegung die Konturen eines klaren ideologischen Überbaus, und Assange ist mittendrin. Einer der Gründer der Cypherpunks-Liste ist der Ingenieur und Erfinder Tim May. Er skizziert ein dichotomisches Gegenüber von Staat und Bürgern, das er am Umgang mit Informationen festmacht. Während der Staat möglichst viele Informationen über seine Bürger sammeln möchte, wollten die Bürger diese möglichst geheim halten. Eine der entscheidenden Veränderungen durch die digitale Revolution sieht May in der Kryptografie: sie ist für ihn eine Art Waffe und ertüchtige den Citoyen, sich gegen den Staat zu schützen, indem er Informationen dank kryptografischer Programme verschlüsseln könne. Je mehr Bürger sich daran beteiligten, umso weiter werde der Staat zurückgedrängt, er müsse sich in seinem Streben nach Allmacht beschränken. Das habe »weitreichende Auswirkungen für die herkömmliche Androhung von Macht durch die Regierung«, glaubt May. Es sei nicht abschließend klar, was daraus folge, »aber ich denke, es wird eine Form von anarchokapitalistischem Marktsystem sein«. May nennt das Crypto-Anarchismus.

Im März 1993 erscheint das »Cypherpunk-Manifest«, geschrieben von Eric Hughes. »Geschützte Privatsphäre ist für eine offene Gesellschaft im elektronischen Zeitalter notwendig«, heißt der erste Satz seines Manifestes. »Wir können von Regierungen, Unternehmen oder anderen großen, gesichtlosen Organisationen nicht erwarten, dass sie uns freiwillig eine geschützte Privatsphäre überlassen.« Es ist also Sache des Einzelnen, sich mit den Mitteln der Kryptografie gegen die Überwachung des Staates zu wehren, und je mehr mündige Bürger zusammen kommen, umso effektiver wird der Widerstand. Dies ist der ideologische Humus, auf dem Julian Assanges Weltsicht heranreift.

Wer Assange als klassischen Anarchisten und Linksradikalen begreift, hat ihn nicht verstanden. Viele Facetten der Neuen Linken sind ihm suspekt, vor allem jene, die mit Dogmen operieren. »Es gibt große Teile der Linken, die mich ankotzen«, sagt er; Feministinnen sind damit ebenso gemeint wie traditionelle Kommunisten. Am Anarchismus, sagt er, fehle ihm »der disziplinierte, strategische Anspruch«. In den Anfangstagen von WikiLeaks hat er darüber viel und lange mit Daniel Mathews diskutiert, der sich als klassischer Linker versteht. Assange kämpft nicht gegen die Marktwirtschaft und für die Emanzipation der Geschlechter, wie es tradierte Linke tun. Er ist nicht gegen Wahlen und Parlamente, im Gegenteil: Seine

Weltsicht nimmt ebenso Anleihen im radikalen Liberalismus eines Milton Friedman wie in der klassischen anarchistischen Theorie.

Assange kämpft gegen den Staat als Sammelbecken einer vermeintlich korrupten Elite, er folgt einer Konzeption, die Medien, Ökonomie und politische Elite als Teilmengen eines größeren Problems betrachtet, korrumpiert von der Macht, eine Verschwörung gegen die Bürger. »Julian hat eine große Sympathie für Syndikalismus«, sagt Gavin McFadyen, der Londoner Uni-Professor, der nächtelang mit Assange über Politik diskutierte. »Seine Sympathie für Staaten und Hierarchien ist nicht sehr ausgeprägt.« In diesem Sinn hat Assange ein geschlossenes Weltbild, das eher analog und zweidimensional ist: er teilt die Akteure in gut und böse auf, im Großen wie im Kleinen, korrumpiert oder integer, für oder gegen das Volk, für ihn oder gegen ihn. So ist es zu verstehen, wenn Assange sagt: »Leaken ist grundsätzlich ein anarchistischer Akt.«

Einen eigenen programmatischen Ausdruck formuliert er im November und Dezember 2006. Er nennt seinen Text erst »Staatliche und terroristische Verschwörungen«, wandelt dann aber den Titel um in »Verschwörung als Regierungsform«. »Um ein Regime radikal zu verändern, müssen wir klar und verwegen denken«, schreibt Assange. »Wenn wir etwas gelernt haben, dann das: Regime wollen sich nicht verändern.« In jenen Fällen, in denen man mehr über das Innenleben von autoritären Regimen habe erfahren können, sei sichtbar geworden, dass die Verschwörung das zentrale Element der Herrschaftssicherung gewesen sei, argumentiert Assange. Und er entwirft ein Modell, mit dem er die Verschwörung erfassen und zugleich analysieren will, mit der Information als Treibstoff des verschwörerischen Systems.

Man hämmere mehrere Nägel zufällig in ein Brett. Das sind die Verschwörer. Man nehme einen Faden und führe ihn ohne Unterbrechung von Nagel zu Nagel. Das ist die Kommunikation. Sie fließt zwischen den Nägeln, nicht alle Verschwörer trauen einander, nicht alle Verschwörer kommunizieren miteinander, aber sie sind indirekt miteinander verbunden. Gelinge es, sämtliche Verbindungen zwischen den Verschwörern zu kappen, sei die Verschwörung gestoppt. Die Frage ist, wie viele der Fäden durchtrennt werden müssen, um eine kritische Masse zu erreichen, ab der eine Verschwörung nicht mehr erfolgreich funktioniere.

Neue Technologien bieten für Assange die Ansatzpunkte dazu, sie könnten »kraftvollen Widerstand leisten« und Anreize »für humanere Formen des Regierens« bilden. Es gibt in dem Manifest einen Satz, der viel erklärt und Auskunft darüber gibt, warum sich WikiLeaks nicht nur auf repressive Staaten konzentriert. »Ein Mann in Ketten weiß, dass er früher hätte handeln sollen«, schreibt Assange. »Um uns gegen machtvolle Verschwörungen zur Wehr zu setzen, müssen wir vorausdenken und den Prozess stoppen, der zu ihr führt.«

Dafür hat er WikiLeaks erschaffen.

Der Showdown beginnt:
Das Jahr der Eskalation 2010

Ein Bunker auf Island und der erste Scoop

»Schau' dir die toten Bastarde an.« – »Nice.«

(Zitat der US-Piloten aus dem Video »Collateral Murder«)

Anfang Januar 2010 erreicht die rund 140 000 Nutzer des Kurz-nachrichtendienstes Twitter, die den Verlautbarungskanal von WikiLeaks abonniert haben, ein Hilferuf. »Wir haben verschlüsselte Videos von US-Bombenangriffen auf Zivilisten«, heißt es darin, und: »Wir brauchen Supercomputer-Zeit.«[1]

Eingeweihte wissen, was das bedeutet: Es gibt verschiedene Methoden, um Verschlüsselungen oder Passwörter zu knacken. Der direkte Ansatz nennt sich »Brute Force«: rohe Gewalt. Dahinter verbirgt sich nichts anderes als der Versuch, alle denkbaren Lösungsmöglichkeiten auszuprobieren. Angesichts der heute verbreiteten Verschlüsselungsstandards und Passwortstärken bedarf es dazu allerdings enormer Rechenkapazitäten. Eben einen »Supercomputer«, der Leistungen von mehreren Hundert Teraflops erbringt, was vielen Hundert Billionen Rechenoperationen pro Sekunde entspricht.

Aufmerksame Abonnenten des WikiLeaks-Nachrichtenkanals konnten also schon im Januar 2010 ahnen, dass die Enthüller an etwas Großem arbeiten – und für viele kommt die Ankündigung überraschend. Denn seit Herbst 2009 erwartet Besucher der wikileaks.org-Seite nur noch ein Spendenaufruf, das Archiv ist nicht mehr zugänglich. »Wir beschützen die Welt – aber wirst du uns beschützen?«, heißt es auf der Seite. Sofort gibt es die ersten Stimmen, die unken, damit sei WikiLeaks am Ende – wie so viele Projekte, Ideen und Start-ups der Internetgründerszene, auf deren Webseiten irgendwann nur noch die Fehlermeldung »Error 404« erscheint, Seite nicht gefunden.

Julian Assange hält sich Ende 2009 in Berlin auf, wo er auf dem jährlichen Kongress des Chaos Computer Clubs zusammen mit dem deutschen WikiLeaks-Mann Daniel Domscheit-Berg auftritt, der sich damals noch »Daniel Schmitt« nennt. Die deutsche Hackergemeinde feiert den Vortrag der beiden mit Ovationen, und Assange verbringt auch Silvester in Berlin. Von einer Krise des Projektes ist nichts zu spüren, ganz im Gegenteil – die beiden begeistern, verbreiten Aufbruchstimmung und kündigen eine Reihe Neuerungen an. Für die temporäre Auszeit findet Assange ein Bild aus der alten, analogen Arbeitswelt: er spricht in Berlin von einem »Streik«. Gewerkschaften würden durch Streiks den Arbeitgebern und der Gesellschaft den Wert der Arbeit ihrer Mitglieder verdeutlichen. Dies sei auch das Ziel der WikiLeaks-Macher. »Indem wir unser Angebot zeitweise komplett herunterfahren, beginnen die Leute wieder, den Wert dessen wahrzunehmen, was wir tun.«[2] Die Auszeit und die Spenden-Rally habe aber auch mit geplanten neuen Veröffentlichungen zu tun, sagt Assange: »Wir planen einige bedeutsame Leaks, bedeutsam in Bezug auf Serverleistung, aber auch in Bezug auf die Arbeit, die damit verbunden ist und das juristische Nachspiel, das zu erwarten ist. Deswegen müssen wir in einer stärkeren Position sein, bevor wir das Material veröffentlichen.«

Die Aktivisten sind um den Jahreswechsel 2009 auf dem Höhepunkt ihrer bisherigen Arbeit. Sie hatten wichtige Veröffentlichungen wie die Akten des Bankhauses Julius Bär oder die Text-Botschaften des 11. September 2001. Doch nun gibt es diese Quelle im amerikanischen Militär, die offenbar Zugang zu Material hat, das alles bisher auf der Plattform Erschienene in den Schatten stellt. Assange und seine Mitarbeiter fragen sich, wie sie mit den brisanten Dateien umgehen sollen. Bislang hatte WikiLeaks eine klare Politik, die für alle Einsendungen gleichermaßen galt. Wenn das Dokument die eher vagen selbst auferlegten Qualitätskriterien erfüllt – dann raus damit, so schnell wie möglich.

Doch in diesem Fall werden die WikiLeaks-Macher mit diesem Prinzip brechen, und deshalb wird das Jahr 2010, neben der Konfrontation mit der Supermacht USA, auch für WikiLeaks selbst ein Jahr der Veränderung sein. Die Aktivisten entscheiden sich für eine Salamitaktik, wollen das Material scheibchenweise in die Öffentlichkeit bringen, ein »Release« nach dem anderen. Zu viel auf einmal könnte die Aufmerksamkeit vom Inhalt des Materials ablenken, fürchtet er, die Wirkung könnte verpuffen. Er will sein Pulver nicht auf einmal verschießen.

Bei den internen Debatten über diese Strategie gibt es allerdings auch Gegenstimmen. Sie argumentieren, das Material sei zu brisant, um es lange unter Verschluss zu halten. Die Vereinigten Staaten würden schon nach dem ersten »Leak« alles daransetzen, weitere Veröffentlichungen zu verhindern. Doch Assange setzt sich mit seiner Vorstellung durch, denn er hat ein weiteres Argument auf seiner Seite: Die neu eingehenden Dateien müssen bearbeitet werden. Technisch, da sie von allen digitalen Wasserzeichen befreit werden müssen, die später Hinweise auf die Quelle geben könnten. Assange wünscht sich aber auch eine inhaltliche Auseinandersetzung, er will einen möglichst spektakulären und breiten medialen Aufschlag für das Videomaterial. Perlen vor die Säue, so hat er es bislang oft empfunden, wenn die mediale Resonanz auf WikiLeaks-Veröffentlichungen geringer ausfiel, als von ihm erwartet – was fast immer der Fall war.

Das soll mit dem frischen Material nicht passieren, Assange fühlt sich seiner Quelle, die bei der Beschaffung des Videomaterials hohe Risiken eingegangen ist, verpflichtet und will sicherstellen, dass darüber breit berichtet wird. Weltweit. Dafür werden Assange und seine Mitstreiter sogar mit einem zweiten bisherigen Grundprinzip brechen – nämlich nur Dokumente in ihrer Urfassung zu veröffentlichen, unbearbeitete Originale.

Doch zuerst braucht der WikiLeaks-Wanderzirkus für die Vorbereitung eine Basis, einen Rückzugsort. Die Aktivisten entscheiden sich für eine Vulkaninsel im Nordatlantik, die beste Voraussetzung dafür bietet.

An Island hat Julian Assange beste Erinnerungen. Der Inselstaat ist von der globalen Finanzkrise besonders heftig durchgeschüttelt worden. Island hat viele Milliarden Euro Schulden, der Wert der isländischen Krone hat sich gegenüber dem Euro in der Krise mehr als halbiert, der Internationale Währungsfonds muss das Land mit Kreditzusagen vor dem Kollaps retten. Auf Island habe sich »eine Mini-Revolution abgespielt«, sagt Assange, dem das reformfreudige Klima gefällt und der in dem Beinahe-Zusammenbruch vor allem eine Chance sieht. Schon im Sommer 2009 hat WikiLeaks hier einen Riesenaufruhr verursacht, als die Plattform das streng geheime Kreditbuch der Kaupthing-Bank veröffentlicht hat. Die Bank setzte per einstweiliger Verfügung durch, dass der wichtigste Fernsehsender RUV nicht über die Enthüllung berichten durfte. Die TV-Journalisten zeigten stattdessen minutenlang die Webseite, nannten die WikiLeaks-Adresse, und forderten ihre Zuschauer auf, im Netz selbst nachzulesen. So etwas ist auf der Insel noch nie vorgekommen. Über Nacht war WikiLeaks den meisten der 330 000 Einwohnern ein Begriff.

Assange nimmt die Einladung von zwei isländischen Aktivisten deshalb gerne an. Auch Daniel Domscheit-Berg kommt in den ersten Januartagen 2010 aus Berlin in den Norden. Schon im vorangegangenen November waren sie dort in einer viel beachteten Fernsehtalkshow aufgetreten, in der sie von ihrer Idee erzählten, Island zu einer »Schweiz der Bytes« zu machen. Die Finanzkrise habe gezeigt, wohin überbordende Geheimniskrämerei führen könne. Island brauche jetzt ein modernes, weltweit führendes Medienfreiheitsgesetz. Am nächsten Tag, erinnern sich die Aktivisten, habe ihr Telefon nicht stillgestanden.

An die daraus entstandenen Kontakten knüpfen sie jetzt an. Aus den Gedankenspielen entsteht die »Icelandic Modern Media Initiative« (Immi). So wie andere Länder als sichere Steueroasen gelten, soll Island zukünftig als »sicherer Hafen« für investigativen Journalismus fungieren, beschreibt die Abgeordnete Birgitta Jonsdottir von der Partei »The Movement« das Projekt, das sie maßgeblich mit vorantreiben wird.[3]

Birgitta Jonsdottir ist von der Krise in die Politik gespült worden, ihre »Bewegung der Bürger« ist zu den Wahlen 2009 erstmals angetreten. Es ist eine unerwartete Karriere. Die heute 43-Jährige ist dreifache Mutter, hat lange dunkle Haare, trägt T-Shirts mit Totenköpfen. Sie ist eine unorthodoxe, anarchisch angehauchte Künstlernatur, die sich in Selbstbeschreibungen als Poetin bezeichnet und die sich für die Verbreitung des Internets auf Island engagiert. »Ich hatte nie das Ziel, Politikerin zu werden«, sagt sie über sich. Bevor sie ins Parlament einzog, war sie arbeitslos gemeldet.[4] Sie hat selbst eine Weile in Australien gelebt, findet WikiLeaks und seine Macher faszinierend – und ist ein gutes Beispiel dafür, wie das Projekt funktioniert: Jonsdottir stößt zum Kern um Assange dazu, als sie über die Arbeit an dem isländischen Mediengesetz in engen Kontakt zur WikiLeaks-Gruppe kommt. Assange verschickt in jener Zeit E-Mails, in denen er sie als Ansprechpartnerin empfiehlt. Nach einer Weile jedoch, im Spätsommer 2010, wird sie ihre aktive Mitarbeit einstellen – und öffentlich Kritik an WikiLeaks üben.

Julian Assange und Daniel Domscheit-Berg widmen sich Anfang 2010 zunächst ganz der Arbeit an Immi. Domscheit-

Berg spricht mit Internetprovidern und Kabelfirmen und trifft Vertreter der isländischen Regulierungsbehörde. Er macht klassische politische Lobbyarbeit für das neue Mediengesetz, das unter anderem einen kompromisslosen Informanten- und Quellenschutz vorsieht, von dem nicht zuletzt auch ein Projekt wie WikiLeaks profitieren würde.

Sie sind jetzt ein halbes Dutzend Leute, und haben sich ein Appartement in einem Hotel in Reykjavik gemietet, das zeitweise zu einer regelrechten WikiLeaks-Wohngemeinschaft wird. Gemeinsam schreiben sie hier an einem Gesetzesvorschlag. Es ist eine positive, eine energiegeladene Zeit. Der Einfluss der Aktivisten reicht auf Island bereits bis ins Parlament. Die bunte Truppe hat zudem eine Art »Büro«. Es handelt sich um einen Couchtisch und zwei Sofas im »Haus der Ideen« in Reykjavik, das bis vor zwei Jahren ein Möbelgeschäft war.

Zeitweise stößt Jacob Appelbaum zu ihnen, der für den Internet-Anonymisierungsdienst Tor arbeitet und zum engeren WikiLeaks-Kreis gehört. Er selbst bezeichnet sich als »freiwilligen Helfer«. Es läuft dann irgendwann nicht anders als unter Studenten: Es ist eng, es ist chaotisch, und es kommt zu einem heftigen Streit zwischen Assange und Domscheit-Berg – ein klassischer Lagerkoller.

Neben der offiziellen »Immi«-Mission treibt die WikiLeaks-Macher vor allem das um, was Julian Assange geheimnisvoll »Projekt B« getauft hat, weil es die zweite Veröffentlichung aus dem reichen Fundus der neuen Quelle sein wird. Daniel Domscheit-Berg verlässt Island Anfang Februar wieder, doch die meisten Aktivisten bleiben und wenden sich einer neuen Aufgabe zu. Sie arbeiten an einer neuen WikiLeaks-Enthüllung, der bisher größten, einem internationalen Scoop.

Den ersten Vorgeschmack auf das, was noch kommen könnte, deponieren die WikiLeaks-Macher bereits im März auf ihrer Webseite. Es handelt sich um einen als »geheim – nicht für Ausländer« eingestuften Armeebericht der Vereinigten Staaten über WikiLeaks selbst. Es ist die Antwort der US-Armee auf Assanges Datenbank-Veröffentlichung über die im Irakkrieg eingesetzten Waffensysteme, die öffentlich kaum wahrgenommen worden war. Das »Army Counterintelligence Center« schätzt WikiLeaks als ernstzunehmendes Problem ein und schlägt eine Bekämpfungsstrategie vor: Die Identifizierung und Strafverfolgung von Quellen würde WikiLeaks »beschädigen und möglicherweise zerstören« und könnte andere von ähnlichen Handlungen abschrecken.[5] Für Julian Assange ist das Papier eine Genugtuung. Er hat nun schriftlich, dass die mächtigste Armee der Welt ihn und sein Projekt ernstnimmt. Und er kann es der Welt beweisen und das US-Militär blamieren – ganz einfach indem er den Bericht publiziert.

Bei der Vorbereitung auf »Projekt B« gibt es nach sechs Wochen den Durchbruch, den WikiLeaks über »Twitter« vermeldet. »Wir haben endlich die Verschlüsselung des US-Videos geknackt, in dem unter anderem Journalisten erschossen werden.«[6] Intern kursiert eine andere Version. Danach wird WikiLeaks das Passwort für die Entschlüsselung zugespielt; die Rechnerkapazitäten braucht die Gruppe vor allem, um die Auflösung des Videos hochzurechnen. Die eigentliche Arbeit an dem Video beginnt damit aber erst. Dabei übernimmt Birgitta Jonsdottir eine wichtige Rolle. Sie wirbt in ihrem Bekanntenkreis um ehrenamtliche Helfer für ein »Produktionsteam«, und sie hilft dabei, das Video zu analysieren, Standbild für Standbild. Sie habe geweint, als sie es in einem Straßencafé zum ersten Mal gesehen habe, sagt sie, es sei das schwierigste und belastendste Projekt gewesen, an dem sie bislang beteiligt gewesen sei.[7] Die isländische Abgeordnete wird später auch einen Teil der begleitenden Analysen und des Textskriptes zu dem Video schreiben. Assange und Jonsdottir verstehen sich gut, die beiden haben viel gemeinsam und sind ein gutes Team. Assange selbst bezeichnet sie als »Koproduzentin« des Videos. Auch sie selbst bekennt sich zu einer aktiven Rolle in der Organisation neben Assange: »WikiLeaks ist mehr als diese eine Person«, und: »Wir teilen die Verantwortung.«[8]

Zu dem Team, das aus dem 39-minütigen Rohmaterial in Island ein sendefertiges knapp 18-minütiges Video machen wird, stößt auch Rop Gonggrijp. Der Niederländer ist eine weitere einflussreiche Figur aus der internationalen Hacker- und Computer-Aktivistenszene, die sich Assange und dem Projekt WikiLeaks besonders verbunden fühlt. Die beiden hatten sich 2009 auf einer Konferenz in Malaysia getroffen und reisten danach mehrere Wochen durch Asien. Wie Assange war auch Gonggrijp schon als Teenager ein versierter Hacker, und wie der Australier hat er früh die Potenziale des Internets erkannt und mit XS4All (»Zugang für alle«) einen populären Internetzugangsanbieter mit aufgebaut. Genau wie Assanges suburbia.net hatte auch XS4All Mitte der Neunziger diverse Schlachten mit Scientology auszufechten.

Am Ende wird der Kern der Produktionsmannschaft zu einem Team aus rund einem Dutzend WikiLeaks-Leuten und Freiwilligen anwachsen. Sie arbeiten in Hinterzimmern von Restaurants und mieten in der heißen Phase Ende März ein kleines weißes Haus in der Grettisgata mitten in Reykjavik. Dem Vermieter erzählen sie, sie seien Journalisten, die über den Ausbruch des Vulkans Eyjafjallajökull berichten – eine glaubwürdige Story, denn die Aschewolke und ihre Auswirkungen auf den Flugverkehr beschäftigt in jenen Wochen ganz Europa.

Assange drängt darauf, möglichst viele Informationen zu den Hintergründen des Angriffs vom 12. Juli 2007 in New Bagdad zu recherchieren, der auf dem Video zu sehen ist. Dass diese Veröffentlichung sein bis dato größter internationaler Coup werden wird, ist ihm bewusst. Immerhin versucht die Nachrichtenagentur Reuters bereits seit August 2007 und mit Hilfe des amerikanischen »Freedom of Information Act« in seinen Besitz zu kommen, erfolglos. Reuters hat ein besonderes

Interesse an dem Material: Der Reuters-Fotograf Namir Noor-Eldeen, 22, und sein Fahrer Saeed Chmagh, 40, sind bei dem Angriff ums Leben gekommen.

Assange besorgt sich die offiziellen Stellungnahmen des US-Militärs zu dem Vorfall und vergleicht sie mit den Bildern aus einem der beiden amerikanischen Apache-Kampfhubschrauber mit dem Rufnamen »Crazyhorse«. Er erkennt eklatante Widersprüche. So hatte ein Sprecher der US-Armee nach dem Angriff erklärt, Koalitionstruppen seien »eindeutig in Kampfhandlungen mit feindlichen Kräften« verwickelt worden.[9] Auf dem Video ist davon nichts zu sehen. Die Männer auf dem Boden schlendern zunächst entspannt eine Straße entlang und stehen dann, von einer Mauer geschützt, in einer Gruppe zusammen. Die Recherchen ergeben, dass etwa eine halbe Stunde vor dem Helikoptereinsatz ein Feuergefecht mit Kleinkaliberwaffen in der betreffenden Gegend gemeldet worden war, die zu jener Zeit besonders hart umkämpft und unsicher war. Aus den Gesprächen im Cockpit des Kampfhubschraubers geht hervor, dass die Besatzung die Fotokameras, die sowohl Namir als auch Saeed umgeschnallt auf dem Rücken tragen, fälschlicherweise für Waffen halten.

Die Kommentare der US-Soldaten sind mindestens so belastend und entlarvend, wie die Bilder der Bordkamera. Nach der ersten Feuersalve mit der 30 Millimeter-Munition, als zwölf Menschen bereits tot im Bagdader Straßenstaub liegen, sagt ein Apache-Besatzungsmitglied: »Schau dir die toten Bastarde an«, der andere antwortet: »Nice.«[10]

Einer der beiden Reuters-Mitarbeiter, auch das war bislang nicht bekannt, hat den ersten Angriff überlebt und schleppt sich schwer verletzt an den Bordstein. Die Helikopter-Crew sagt: »Alles was du tun musst, ist eine Waffe aufheben« – denn dann könnte sie nach ihren Einsatzregeln erneut das Feuer auf ihn eröffnen. Stattdessen braust ein blauer Mini-Van heran, zwei Männer versuchen, den Verletzten in den Wagen zu hieven. Über Funk erbittet die Apache-Besatzung mehrfach die Genehmigung, erneut das Feuer eröffnen zu können – die ihnen schließlich auch erteilt wird. »Das Fahrzeug sieht ausgeschaltet aus«, meldet »Crazyhorse« nach einer erneuten Feuerrunde, bei der neben Saeed Chmagh auch der Fahrer des Mini-Vans getötet und seine zwei Kinder im Fond des Wagens schwer verletzt werden. Als die in Bradley-Panzern herbeieilenden US-Bodentruppen am Ort des Geschehens die verletzten Kinder entdecken und deren Evakuation besprechen, sagt ein Apache-Crewmitglied: »Nun, es ist ihre Schuld, dass sie ihre Kinder mit in den Kampf bringen. Antwort: »Das stimmt.«

Die Langfassung des Videos zeigt einen weiteren Angriff in der unmittelbaren Umgebung rund zwanzig Minuten später. Als eine Gruppe von Männern in ein Gebäude flüchtet, bittet die Apache-Crew erneut um Feuererlaubnis und schießt dann drei Hellfire-Raketen auf das Haus ab.

Aus diesem Rohmaterial entsteht unter der Anleitung von Assange in dem Haus in der Grettisgata ein Beitrag, der den Angriff in »New Bagdad« bis ins Detail erklärt. Die Helfer erstellen aus den Funksprüchen Untertitel in verschiedenen Sprachen. Die Reuters-Mitarbeiter werden mit Pfeilen kenntlich gemacht, ihre Namen eingeblendet: »Saeed w/ Camera«. Zwischen den einzelnen Sequenzen gibt es erklärende Texteinblendungen, die auch die offizielle Darstellung des US-Militärs enthalten. Der Beitrag ist nicht objektiv, und er soll es nach dem Willen von Assange auch nicht sein. Das zeigt schon die Diskussion um den Titel des Videos. Assange, der sich schon seit Jahren mit der Sprache des Krieges und den Euphemismen des Militärs beschäftigt, plädiert für »Collateral Murder« – also »Kollateral-Mord« – um den verbreiteten Begriff »Kollateralschaden« zu diskreditieren. Aus Assanges Sicht dokumentiert das Video ein Kriegsverbrechen. Auch den Begriff Mord hält er für gerechtfertigt, zumindest für den zweiten Angriff auf den schwer verletzten Fahrer Saeed, der versucht, sich von der

Straße zu schleppen. So wie bei vielen seiner Projekte stellt er dem Beitrag noch ein Zitat von George Orwell voran: »Die Sprache der Politik dient dazu, dass Lügen wahrhaftig klingen und Mord respektabel und um dem reinen Wind den Anschein von Solidität zu geben.« Es gibt sogar einen Abspann, der neben Birgitta Jonsdottir und Rop Gonggrijp auch einige der lokalen Freiwilligen auflistet sowie »Daniel Schmitt« alias Domscheit-Berg für »Publicity«, weil der Deutsche sich inhaltlich nur wenig beteiligt hat.

Zu Assanges Widersprüchlichkeiten gehört, dass er einerseits über die Massenmedien schimpft und andererseits immer wieder die Unterstützung von professionellen Journalisten sucht. In Island findet er sie in dem TV-Journalisten Kristinn Hrafnsson und dessen Kameramann Ingi Ragnar Ingason. Die beiden haben zunächst Probleme, die notwendigen Visa zu bekommen, doch dann können sie im März doch nach Bagdad fliegen, um vor Ort nach Überlebenden und Augenzeugen des Vorfalls zu suchen – als »Fact Checker«, wie Birgitta Jonsdottir die Mission der beiden Journalisten beschreibt.[11]

Assange steht in dieser heißen Produktionsphase unter enormem Stress, er arbeitet praktisch rund um die Uhr, schläft wenig und isst kaum. Jonsdottir bringt ihm frische Wäsche mit in den Bunker, wie Assange das Haus nennt, und er bittet sie einmal, ihm seine Haare zu schneiden, während er arbeitet.[12] Der Druck bleibt nicht ohne Wirkung auf den Australier. Er ist nervös und hat das Gefühl, er selbst und seine Organisation würden in Island überwacht. Rund zwei Wochen vor dem geplanten Veröffentlichungstermin jagt er deshalb eine ganze Reihe Twitter-Meldungen in die Welt, mit denen er für den 5. April die Aufdeckung »vertuschter Pentagon-Morde« ankündigt und dann Andeutungen macht, die viele Sympathisanten des Projekts aufschrecken lässt: »WikiLeaks ist derzeit Ziel einer aggressiven Überwachungsoperation der USA und Islands«, raunt er. »Unsere geheimen Produktionstreffen wurden insgeheim fotografiert, und wir wurden zu dem Luftangriff befragt.« Und: »Wenn uns irgendetwas zustößt, dann wisst ihr, warum: Es geht um unseren Film am 5. April.«[13]

Kurz darauf schickt Assange an ausgewählte Adressaten auch noch eine E-Mail mit dem an Shakespeares Hamlet angelehnten Titel »Es ist etwas faul im Staate Island«, in der er seine Vorwürfe genauer ausführt. WikiLeaks habe sich »an Interesse von Sicherheitsbehörden an uns gewöhnt«, schreibt er darin, aber »die Eskalation von Überwachungsmaßnahmen« im letzten Monat erfordere einen Kommentar. So sei ein 17-jähriger Helfer des Projekts in Island insgesamt 21 Stunden festgehalten worden. Man habe ihm Fotos von Assange vorgelegt, die ihn außerhalb eines Restaurants in Reykjavik zeigten, dessen Hinterzimmer WikiLeaks für Treffen des Produktionsteams genutzt habe. Zudem sei er, Assange, am 18. März auf einem Flug von der isländischen Hauptstadt nach Norwegen, wo er auf einer Konferenz vor investigativen Journalisten sprach, von zwei Vertretern des US-Außenministeriums »verfolgt« worden, die innerhalb von drei Minuten nacheinander eingecheckt hätten und ohne Gepäck gereist seien. WikiLeaks habe sich sowohl an die amerikanischen als auch an die isländischen Behörden gewandt und eine Erklärung verlangt, so Assange in seiner Mail.[14]

Isländische Journalisten, die den Vorwürfen nachgehen, melden an den angeblichen Überwachungsszenarien schnell Zweifel an. Besonders die Geschichte des jungen »Freiwilligen« stellt sich anders dar. Danach ist er bei dem Versuch erwischt worden, in die Firma einzubrechen, bei der sein Vater beschäftigt ist. Der Erziehungsberechtigte habe ihn auch zur Polizei begleitet, so wie es das isländische Gesetz für Minderjährige vorsieht. Dort soll es nach Angaben der isländischen Behörden dann der 17-Jährige selbst gewesen sein, der das Gespräch auf WikiLeaks gelenkt habe – indem er behauptete, der von ihm benutzte Laptop gehöre der Organisation. Die mit dem Fall beschäftigten Polizisten hätten dem Jungen keine Fragen zu WikiLeaks gestellt. Auch das isländische Justizministerium bestreitet, in Sachen WikiLeaks zu ermitteln.[15] Assange ist sich der Sache offenbar auch nicht mehr so sicher. Zwei Tage nach seiner Mail twittert er: »Es gibt eine Debatte darüber, was während der Befragung in Island geschah. Wir versuchen, das aufzuklären.«[16]

Die Arbeit an »Projekt B« läuft derweil weiter. Assange hat sich entschieden, das Video nicht einfach ins Internet hochzuladen, so wie es WikiLeaks bisher mit seinen Veröffentlichungen getan hat. Er will es auf einer Pressekonferenz vorstellen – und zwar im National Press Club, einer gut hundert Jahre alten Institution im Herzen des politischen Washington. Allein die Vorstellung freut ihn diebisch: WikiLeaks inmitten einer Domäne des alten, des etablierten Journalismus, auf Augenhöhe mit den Großen der Branche wie *Washington Post* und *New York Times* – und nur ein paar Meilen entfernt vom Pentagon, das den betroffenen Familien, Reuters und dem Rest der Welt dieses Video vorenthalten wollte. Auch das Datum hat Assange mit Bedacht gewählt: Der 5. April ist der Ostermontag, in aller Regel ein ruhiger, nachrichtenarmer Feiertag – ideal, um international für Aufsehen und Schlagzeilen zu sorgen.

Doch am Sonnabend vorher melden sich plötzlich Kristinn Hrafnsson und Ingi Ragnar Ingason mit einer E-Mail aus Bagdad. Sie haben die Familie der beiden schwer verletzten Kinder gefunden – und deren Mutter Ahlam Abdelhussain erzählt eine bewegende Geschichte. Danach wollte ihr Mann Saleh seine Kinder an jenem Juli-Morgen in Bagdad mit dem blauen Mini-Van zum Unterricht fahren. Unterwegs sieht er den schwer verletzten Reuters-Fahrer und hält an, um sich um den Mann zu kümmern. »Er wollte dem Journalisten helfen, war mit den Kindern unterwegs. Sie haben niemandem etwas getan. Was war sein Verbrechen?«, fragt die verzweifelte Irakerin.

Ihr Mann Saleh wurde 43 Jahre alt. Ihr Sohn Sayad, 10, und seine kleine Schwester Doaha, 5, werden schwer verletzt, der Junge überlebt seine Bauchverletzung nur mit Glück. Die Kinder zeigen dem isländischen Kamerateam ihre Narben, die sich quer über ihren Leib ziehen, die Mutter legt die medizinischen Bulletins der behandelnden Ärzte vor. Ihre Kinder seien immer noch schwer traumatisiert und bräuchten teure Medikamente, klagt Ahlam Abdelhussain. Die Familie habe aus ihrem gemieteten Haus ausziehen und zu ihrem Schwiegervater ziehen müssen, der sie auch finanziell unterstütze. Von den Amerikanern habe sie bislang keinerlei Hilfe bekommen.[17]

Die beiden Isländer haben auch den Inhaber des Hauses ausfindig gemacht, das die Amerikaner kurze Zeit später mit den Hellfire-Raketen angegriffen hatten. Es gehört einem pensionierten Englischlehrer, der sagt, er habe bei dem Angriff Frau und Tochter verloren. Insgesamt hätten in dem Gebäude drei Familien gelebt, von denen sieben Menschen umgekommen seien.

Assange und seine Mitstreiter überlegen, ob sie die neuen Bilder aus Bagdad mit den Aussagen der Betroffenen noch in ihr Video einbauen sollen, entscheiden sich dann aber dagegen – sie wollen das Material in der Hinterhand behalten. Wenn das US-Militär sich, wie zu erwarten, damit rechtfertigt, man habe den Vorgang untersucht und dabei festgestellt, das die Einsatzregeln nicht verletzt wurden, dann hätte man mit den frischen Bildern aus Bagdad eindruckvolles Material, um nachlegen zu können.

Am Ostersonntag packen Assange und Rop Gonggrijp ihre Sachen zusammen, räumen das gemietete Haus in Reykjavik auf und nehmen einen Flug nach Washington. Bei der Einreise in die USA gibt es keinerlei Probleme; auch das ist ein Indiz, dass die Überwachung von WikiLeaks zu diesem Zeitpunkt nicht so intensiv gewesen sein kann, wie von Assange gedacht.

Am nächsten Morgen steht Assange pünktlich um neun am Rednerpult des National Press Club. Er trägt ein dunkles Sakko, ein schwarzes Hemd und eine rote Krawatte. Rund 40 Journalisten sind gekommen. Sie erleben einen konzentrierten, ruhigen Mann und nach einleitenden Worten die Welturaufführung von »Collateral Murder«. Assange unterbricht das Video mehrfach, um die Bilder zu erläutern. Parallel zur laufenden Pressekonferenz schalten WikiLeaks-Mitarbeiter die eigens eingerichtete Webseite collateralmurder.org frei, auch auf populären Videoseiten wie YouTube ist der Film nun abrufbar.

Die erste Welle der Reaktionen verläuft aus Sicht von Assange wie erwartet positiv. Nach der Pressekonferenz verbringt er mehrere Stunden im nahe gelegenen Studio von al-Dschasira, wo er ein Interview nach dem anderen gibt. Der Sender macht aus der WikiLeaks-Veröffentlichung eine »Topmeldung«, Assange kann das Video in einem ausführlichen Beitrag noch einmal einer weltweiten Fernsehgemeinde vorstellen. In den Interviews sagt Assange, das Dokument zeige ein Kriegsverbrechen, und wenn derartiges von den Einsatzregeln des US-Militärs gedeckt werde, sei bewiesen, dass damit etwas nicht stimmen könne.[18] Im Interview mit der britischen BBC spricht er über die Atmosphäre an Bord des Helikopters, die ihn an Videospiele erinnere.

Die WikiLeaks-Macher sind an jenem Abend erschöpft, aber zufrieden. Er sei stolz, Teil dieses außergewöhnlichen Teams gewesen zu sein, schreibt Rop Gonggrijp in seinem Blog. Es seien hoch emotionale und sehr intensive Wochen gewesen – nun bitte er alle, die Nachricht und das Video weiterzuverbreiten.[19]

Die Echtheit des Materials wird zu keinem Zeitpunkt in Frage gestellt. Reuters und Associated Press zitieren anonyme hochrangige Mitarbeiter des US-Verteidigungsministeriums, die die Authentizität der Bilder bestätigen. Der Chefredakteur von Reuters, David Schlesinger, sagt: »Ich würde eine neue Untersuchung des Vorfalls begrüßen.« Eine Forderung, der sich auch Amnesty International anschließt. Andere Medien wie CNN berichten zwar ebenfalls, zeigen aber »aus Respekt vor den Familien der Reuters-Mitarbeiter« nicht den eigentlichen Angriff.

Die kritischen Stimmen sind anfangs nur leise zu vernehmen, doch sie kommen alsbald. Das Weiße Haus äußert sich zunächst nicht. Zwei Tage später gibt sich der Sprecher von Präsident Barack Obama auf Nachfrage eines Journalisten im täglichen Pressebriefing des Weißen Hauses betont vorsichtig und zurückhaltend. Es seien »sehr drastische Bilder«, sagt Robert Gibbs, ob der Präsident selbst sie gesehen habe, wisse er nicht. Weitere Fragen könne er zu der Sache nicht beantworten – die Journalisten mögen sich dafür an das zuständige Verteidigungsministerium wenden. Dessen Chef, Verteidigungsminister Robert Gates, kommentiert die Veröffentlichung zunächst nur knapp. Er geht interessanterweise zuerst auf WikiLeaks ein, nicht auf den Inhalt des Videos.

»Diese Leute können alles herausbringen was sie wollen und können nicht zur Rechenschaft gezogen werden«, sagt Gates. Das Video zeige den Krieg »wie durch einen Strohhalm, es gebe kein Davor und kein Danach«. Sein Ministerium sieht sich immerhin zu einem Schritt gezwungen, der wohl den Willen zur Transparenz zeigen soll. Es veröffentlicht den internen Untersuchungsbericht zu dem Vorfall, der rund eine Woche nach dem Angriff zu dem Schluss gekommen war, die beteiligten Besatzungen hätten die Einsatzregeln befolgt und sich nichts zuschulden kommen lassen.

In einer Fernsehtalkshow wird Robert Gates zumindest einräumen, die Bilder seien »nicht hilfreich«, »schmerzhaft« und das darauf festgehaltene Geschehen »unglücklich«. Er bleibe aber dabei: »Das Video zeigt nicht, dass auf die amerikanischen Truppen geschossen wurde, dieser breitere Kontext fehlt.«[20]

Dieser Punkt wird zum Haupttenor der anschwellenden Kritik aus konservativen und traditionell militärfreundlichen Kreisen. Es ist vor allem Fox News, der umstrittene, aber erfolgreiche Nachrichtenkanal von Assanges australischem Landsmann Rupert Murdoch, der WikiLeaks vorwirft, absichtsvoll »nur die Hälfte der Geschichte« zu präsentieren. So werde in »Collateral Murder« nicht darauf hingewiesen, dass zwei der Männer am Boden Waffen trügen – ein Sturmgewehr und eine Panzerabwehrrakete. Assange räumt im Interview mit dem Sender ein, dass man in einer früheren Fassung des Videos auf die vermeintlichen Waffen hingewiesen habe, aber aufgrund des Bildmaterials schlicht zu unsicher gewesen sei. Es hätte sich nach dem Dafürhalten des Produktionsteams auch um Kamerastative handeln können. Im Übrigen sei das Tragen von Waffen in jenem Viertel Bagdads im Kriegsgeschehen nichts Ungewöhnliches gewesen. Die Männer können auch nur ihren Stadtteil geschützt haben, spekuliert Assange im Interview mit Fox News. Der Vorwurf, WikiLeaks habe damit etwas aus dem Kontext gerissen, sei »einfach nur lächerlich«.[21]

Die Diskussion verläuft entlang zweier Lager. Die renommierte Zeitschrift *The Atlantic* spricht von der »verheerendsten Dokumentation von Missbrauch seit den Bildern aus Abu Ghuraib«. Andere Medien wie *The Weekly Standard* weisen darauf hin, dass die Straßen bis auf die Gruppe auffallend leer sind, was für laufende Kämpfe in der Nachbarschaft spreche. Verschiedentlich wird den beiden getöteten Reuters-Mitarbeitern auch vorgeworfen, sie hätten niemanden über ihren Einsatz an jenem Morgen informiert und keine Schutzwesten getragen. Es ist bemerkenswert, wie lange sich manche Medien weigern anzuerkennen, dass WikiLeaks mit dem Video eine Enthüllung gelungen ist, die im besten Sinn journalistische Aufklärung ist und mit der sich die meisten Medien schmücken würden, wenn es ihre eigene Recherche wäre.

Irgendwann erreicht diese Debatte einen Punkt, an dem es Julian Assange reicht. Er bedient sich wieder seines bevorzugten Kommunikationsmittels Twitter, um eine Salve gegen den Pentagon-Chef Gates abzufeuern und ihn als »Lügner« zu beschimpfen. Die Medien fordert er auf: »Stop spinning« – also: Hört auf, der Geschichte diesen Dreh zu verpassen.

Die Kritik kommt aber nicht nur von der erwartbaren, patriotischen Heimatfront in den Vereinigten Staaten. Auch manche WikiLeaks-Sympathisanten sind mit der geschnittenen Version des Materials und dem wertenden Titel des Videos nicht einverstanden, sie halten die Abkehr von der reinen Lehre, nur Originaldokumente zu veröffentlichen, für einen Fehler. WikiLeaks ist ihnen diesmal zu journalistisch.

Es ist ein erstes, noch verhaltenes Murren innerhalb der Organisation über die alleinige Entscheiderrolle von Assange. Seine internen Kritiker kann der Australier aber zu diesem Zeitpunkt noch leicht mit dem Hinweis befrieden, man habe ja parallel auch das ungeschnittene Originalmaterial online gestellt.

Öffentlich rechtfertigt sich Assange eine Woche nach der Veröffentlichung in der beliebten satirischen Nachrichtenshow »The Colbert Report« im US-Fernsehsender Comedy Central. Gastgeber Stephen Colbert wirft dem WikiLeaks-Mann vor, »Collateral Murder« habe mit einem »Leak« nichts mehr zu tun. »Das ist ein reines Meinungsstück!« Assange kontert mit dem Hinweis, WikiLeaks verspreche seinen Quellen nicht nur, sie mit allen Mitteln zu schützen, sondern auch »politisch das maximal Mögliche aus dem Material herauszuholen, das sie uns geben«. »Also geht es bei ›Collateral Murder‹ um politischen Einfluss?«, fragt Colbert dazwischen. »Ja, absolut«, antwortet Assange. Er bewundere diese »emotionale Manipulation«, sagt Colbert. Die Leute würden schon durch den Titel beeinflusst und sich die »objektive« Langfassung wahrscheinlich ohnehin nicht anschauen. Assange lacht und sagt: »Bisher hat tatsächlich nur einer von zehn Besuchern der Seite die längere Fassung angeschaut«.[22]

Er ist sich sicher, dass auch die meisten Journalisten sich mit »Collateral Murder« begnügen und sieht sich in seiner Strategie, eine möglichst leicht verständliche und sendefertige Version des Videos vorzubereiten, durch die mediale Resonanz bestätigt. Wie er spitz bemerkt, konzentriert sich die Berichterstattung fast ausschließlich auf die beiden in der Kurzfassung gezeigten und erklärten Angriffe. Über die nur in der längeren Version enthaltene dritte Attacke mit den Hellfire-Raketen habe kaum jemand berichtet, obwohl der Raketenangriff auf ein Gebäude, in dem sich Menschen aufhalten und aus dem es keine erkennbaren Angriffe gab, juristisch für das US-Militär besonders heikel sein könnte. Kaum ein Journalist habe sich die Mühe gemacht, die offizielle Argumentation des US-Militärs, die Einsatzregeln seien nicht verletzt worden, kritisch zu hinterfragen. Und das, obwohl WikiLeaks die fraglichen Einsatzregeln ebenfalls auf collateralmurder.org online gestellt habe.[23]

Mitten in der Debatte kommt es zu einer Wortmeldung, mit der niemand gerechnet hat. Am 15. April stellen zwei zum fraglichen Zeitpunkt in Bagdad stationierte US-Soldaten einen offenen Brief im Zeichen von »Versöhnung und der Verantwortung« an das irakische Volk ins Internet. Ethan McCord und Josh Stieber dienten bei der Einheit, die in das Geschehen vom 12. Juli 2007 im Osten Bagdads verwickelt gewesen war. McCord gehörte zu den Bodentruppen, die in ihren Bradley-Panzern nach dem erfolgten Angriff als Erste an den Ort des Geschehens kamen. Er half, die schwer verwundeten Kinder aus dem Mini-Van zu bergen. In ihrem Brief schreiben die beiden ehemaligen Soldaten, dass ihnen bewusst sei, dass ihre Worte und Taten die Verluste nicht wiedergutmachen könnten. Das WikiLeaks-Video zeige einen Vorfall, wie er im Irakkrieg »täglich« habe vorkommen können.

Er sei charakteristisch für die Art und Weise, wie die von den USA geführten Kriege in dieser Region abliefen. An die Mutter der Kinder gewandt schreiben sie: »Der Soldat im Video sagt, ihr Mann hätte die Kinder nicht in die Schlacht bringen dürfen, aber wir nehmen unseren Teil der Verantwortung an, diese Schlacht in Ihre Nachbarschaft getragen zu haben.« Und sie schließen mit der Bitte an die betroffenen Iraker, ihre Entschuldigung zu akzeptieren.[24]

Für WikiLeaks und Assange ändern die Veröffentlichung und die anschließende Kontroverse um »Collateral Murder« alles. Erstmals stoßen die Server der Organisation an ihre Kapazitätsgrenzen. Allein bei YouTube, das den »offiziellen« Clip mit einer Altersbegrenzung »ab 18« belegt, wird er bis Ende 2010 fast zehn Millionen Mal abgerufen.

In den Tagen nach der Veröffentlichung wird »WikiLeaks« zu einem der häufigsten Suchbegriffe bei Google, wie die Statistikseite »Google Insight« belegt. Und der australische Ex-Hacker Julian Assange wird immer mehr Menschen ein Begriff. Noch in den USA, wird er zum ersten Mal in seinem Leben von Fremden auf der Straße erkannt und angesprochen. Die Anfragen von Medien, die nicht über »Collateral Murder«, sondern über WikiLeaks und seine enigmatische Führungsfigur berichten wollen, häufen sich.

Assange kann mit »Projekt B« zufrieden sein. Alles scheint nach seinem Plan zu laufen – den außer ihm nur wenige Eingeweihte kennen. Doch es kommt etwas dazwischen. Nur gut einen Monat später geschieht eine Katastrophe, die ein zentrales Versprechen von WikiLeaks in Frage stellt: »Noch nie ist eine unserer Quellen enttarnt worden.«

Der größte Verrat in der Geschichte der USA

»Hillary Clinton und ein paar Tausend Diplomaten rund
um die Welt werden einen Herzinfarkt bekommen, wenn
sie eines Morgens aufwachen und ein ganzes Archiv ihrer
geheimen Außenpolitik öffentlich zugänglich ist.«
(Bradley Manning über die von WikiLeaks veröffentlichten geheimen Depeschen
des State Departement)

Das Städtchen Crescent in Oklahoma hat rund 1300 Einwohner und liegt mitten im amerikanischen »Bible Belt«. Die Menschen hier sind zu 88 Prozent weiß, gottesfürchtig und kon-
servativ. Als sie sich 2008 zwischen John McCain und Barack
Obama entscheiden müssen, überrascht das Ergebnis niemanden: 65,6 Prozent stimmen für den weißen Vietnam-Veteranen,
der für die Republikaner kandidiert.

Bislang war das beschauliche Örtchen überregional nur selten in den Schlagzeilen, der spektakulärste Vorfall ereignete
sich in den siebziger Jahren rund um die nahe gelegene Firma
Cimarron, eine Tochter des Energieunternehmens Kerr-McGee.
In der Produktionsstätte werden unter anderem Plutonium-
Brennstäbe für amerikanische Kernkraftwerke wiederaufbe-
reitet.

Im November 1974 zeigen die Messgeräte bei der Cimarron-
Mitarbeiterin Karen Silkwood plötzlich eine starke radioak-
tive Belastung an. Bei weiteren Kontrollen werden auch in
ihrem Privathaus hohe Strahlenwerte festgestellt. Silkwood
ist Gewerkschaftsaktivistin und davon überzeugt, dass ihre
Verstrahlung mit schlampigen Sicherheitsvorkehrungen des
Unternehmens zusammenhängt. Sie verabredet sich im nahen
Oklahoma City mit Journalisten der *New York Times*, um ihnen
von ihrem Fall zu erzählen. Doch noch am selben Abend
kommt sie mit ihrem Wagen von der Straße ab und stirbt. Die
Polizei geht von Eigenverschulden aus und vermutet, die Frau

sei hinter dem Steuer eingeschlafen, aber an dieser Version kommen schnell Zweifel auf.

Weil sich an ihrem bis dahin unbeschädigten Honda Civic auch am hinteren Wagenende Unfallspuren finden, vermuten viele, sie sei von einem anderen Fahrzeug von der Straße gedrängt worden. Über die möglichen Hintermänner ranken sich wilde Verschwörungstheorien – vom Unternehmen bis hin zu einem Geheimdienstplot. Der mysteriöse Tod der Whistleblowerin von Crescent wird zum Gegenstand mehrerer Bücher und Grundlage des Hollywoodfilms »Silkwood«, in dem Meryl Streep 1983 die Hauptrolle spielt.

Der Film ist in den Schulen von Crescent bis heute fester Bestandteil des Unterrichts, und in den neunziger Jahren sieht ihn auch ein kleiner schmächtiger Schuljunge, der mit seinen Eltern und seiner Schwester in einem schlichten zweistöckigen Einfamilienhaus am nördlichen Rand des Ortes lebt: Bradley Manning. Ob ihn die Geschichte von Karen Silkwood inspiriert hat, wird man ihn auf absehbare Zeit wohl nicht fragen können. Er ist seit Mai 2010 im Gewahrsam des US-Militärs, das ihm Geheimnisverrat vorwirft, den wohl größten in der Geschichte der Vereinigten Staaten. Er soll das Helikopter-Video an WikiLeaks lanciert haben – und noch viel mehr.

In Crescent, wo Bradley Manning 1987 geboren wird, kann sich das kaum jemand vorstellen, auch wenn der Junge schon früh auffällt. Er ist stets kleiner als seine Altersgenossen und ein Fliegengewicht, dafür ist er intellektuell weiter als die meisten Mitschüler. Vor allem hat er aber für die örtlichen Verhältnisse ungewöhnliche Ansichten, für die er offen und selbstbewusst eintritt. So ist er davon überzeugt, dass Menschen und Affen gemeinsame Vorfahren haben und Darwins Evolutionstheorie zutrifft, gegenüber Schulfreunden bezeichnet er sich als Atheisten.[25] Er weigert sich, Hausaufgaben zu machen, für die er in der Bibel nachlesen müsste, ja er weigert sich sogar, den in den USA an öffentlichen Schulen üblichen

Treueschwur »Pledge of Allegiance« auf die Nation und die amerikanische Fahne mitzusprechen – zumindest den erst in Zeiten der amerikanischen Kommunistenhatz hinzugefügten Halbsatz »One Nation under God«. Später wird er über sich sagen, er sei katholisch erzogen worden, habe seinen religiösen Erziehern aber nie ein Wort geglaubt; stattdessen glaube er an humanistische Werte. In Crescent, wo es »mehr Kirchenbänke als Leute« gebe, sei er der einzige nicht religiöse Einwohner der ganzen Stadt gewesen. Manning ist jedenfalls ein Außenseiter, und dass er sich gegenüber guten Freunden schon mit 13 als schwul outet, macht die Sache für ihn nicht einfacher.

Seine Eltern haben sich in Wales kennengelernt, wo seine Mutter geboren und aufgewachsen ist und sein amerikanischer Vater als Soldat bei der US Navy in den Cawdor Barracks in Brawdy diente. 1979 ziehen sie zusammen in die USA und bekommen eine Tochter. Dann kommt Bradley auf die Welt. Er selbst beschreibt seine Jugend als hart, er empfindet es so, dass ihn seine elf Jahre ältere Schwester erzieht, weil seine Eltern zu sehr mit sich beschäftigt seien.[26] Nachbarn beschreiben seine Mutter anfangs als fürsorglich und darum bemüht, ihrem Sohn auf Schulausflügen ausreichend Geld und Verpflegung mitzugeben. Das Verhältnis zum eher autoritären Vater ist schwieriger, aber der ist durch seinen Job beim US-Militär ohnehin häufig unterwegs.

Alkohol und die Abwesenheit des Vaters, so nimmt es Manning wahr, belasten die Ehe, die 2001 mit einem hässlichen Scheidungskrieg auseinandergeht.[27] Überstürzt zieht die Mutter mit Bradley, der damals in die achte Klasse geht, zuerst in ein kleines Mietshaus in der Nähe der Baptistenkirche von Crescent und dann zurück nach Wales, in ihre Heimatstadt Haverfordwest. Die walisische Stadt mag größer, lebendiger und toleranter sein, als das Nest in Oklahoma, aber für einen 13-Jährigen in der beginnenden Pubertät ist der Neustart keine Befreiung. Bradley leidet unter der Trennung der Eltern und bleibt auch in seiner neuen Schule Tasker Milward, wo alle einen grünen Pulli mit V-Ausschnitt als Schuluniform tragen müssen, einsam und isoliert. Er wird von den Mitschülern nicht nur für sein Desinteresse an Mädchen gehänselt, sondern auch für seinen amerikanischen Akzent und seine Vorliebe für die zuckersüße Limonade »Dr Pepper«.[28]

Wie bei Assange wird auch bei Manning der Computer zu einem Fluchtort, zu einem Refugium, wo er sich frei, sicher und ohne Hänseleien bewegen kann. Schon in Crescent verbringt er Stunden im Obergeschoss des Elternhauses, wo er mit seinen Freunden aus der Nachbarschaft am Rechner Super Mario und Donkey Kong spielt.[29]

Als er nach Wales kommt, kann er bereits virtuos mit dem Rechner umgehen und ist in der Schule als »Nerd« bekannt, der mehr Zeit vor dem Monitor verbringt als mit irgendetwas anderem. Manning taucht tief in die virtuellen Spielewelten ein, besonders gern schlüpft er dabei in die Rolle von James Bond, sagt ein Freund aus jener Zeit. Filme wie »Golden Eye« habe sich Manning immer wieder angeschaut. Er bringt sich auch einige Hackertricks bei.

Manning habe einen ausgeprägten Gerechtigkeitssinn und einen klaren moralischen Kompass gehabt und sei für seine Überzeugungen eingestanden, erinnert sich sein Mitschüler Tom Dyer.[30] In der britischen Schule ist der blonde Junge wie schon zuvor in Crescent zumindest von den Noten her ein eher durchschnittlicher Schüler, auch wenn viele Klassenkameraden herausstellen, dass er sich stärker für Politik interessiere, als andere Jugendliche und überdurchschnittlich intelligent sei. Das stimmt: ein Test ergibt einen ungewöhnlich hohen IQ von 123.[31] Die Intelligenz habe ihn »zum Außenseiter gemacht«, sagt Jordan Davis, einer von Mannings besten Freunden.[32]

2005 schickt Mannings Mutter ihn zurück in die Vereinigten Staaten zum Vater und zu seiner älteren Schwester. Doch auch diese Familienkonstellation geht nicht lange gut. Mannings Vater hat neu geheiratet. Seine Stiefmutter, erinnert sich Manning, habe nichts mit ihm zu tun haben wollen.[33]

Aufgrund seiner Computerkenntnisse bekommt er einen Job bei einer Software-Firma in Oklahoma City, deren Chef ihn ebenfalls als »hoch intelligent«, aber auch als aufbrausenden Charakter beschreibt, der sich häufig wie der berühmte Elefant im Porzellanladen benehme.[34] Als sein Vater Wind von den sexuellen Präferenzen seines Sohnes bekommt, wirft er ihn aus dem Haus. Manning zieht ins rund hundert Meilen entfernte Tulsa, wohnt dort bei einem Freund und heuert unter anderem bei einer Pizzeria an, in der er für 6,50 Dollar die Stunde die Gäste begrüßt, zeitweise arbeitet er auch in einem Gitarrenladen.

Manning selbst berichtet, er sei 2006 in seinem alten, zerbeulten roten Transporter quer durch das Land gedriftet, habe im Auto geschlafen und sei praktisch obdachlos gewesen, bevor er nach einer Zwischenstation in Chicago schließlich bei seiner Tante in Potomac gelandet sei, die ihn bei sich aufgenommen habe. Dort arbeitet er zeitweise bei der Modekette »Abercrombie & Fitch« und verdient genug Geld, um zu einem Musikfestival nach Chicago fahren zu können.

Im Spätsommer 2007 wagt er den Schritt, den auch sein Vater einst ging – er bewirbt sich bei der Armee. Erschöpft sei er damals gewesen und habe »verzweifelt versucht, im Leben etwas zu erreichen«.[35] Mit seiner Tante spricht er über seine Pläne, und erwähnt, dass er vorhat, mit dem bei der Armee verdienten Geld ein College zu besuchen, wenn die vier Jahre, auf die er sich verpflichtet hat, im Oktober 2011 abgeleistet seien. Seine alten Freunde und auch viele Familienangehörige sind überrascht, als sie von der Berufswahl erfahren. Schon aufgrund seiner schmächtigen Konstitution hätten sie ihm einen Job beim Militär nicht zugetraut.

Doch Bradley besteht alle Aufnahmeprozeduren und erhält auch die Unbedenklichkeitsbescheinigung, die notwendig ist,

um später in besonders sicherheitsrelevanten Bereichen eingesetzt werden zu können. Seine Basisausbildung absolviert
er in Fort Leonard Wood, Missouri.

Dass er es bei der Armee als Homosexueller nicht einfach
haben würde, ist ihm schon vor der Bewerbung klar – und wird
ihm während der harten Grundausbildung noch bewusster.
Die Armee ist für Homosexuelle ein repressiver Arbeitgeber,
und dass sich das amerikanische Militär eher aus den sozial
schwächeren Milieus speist, macht die Sache nicht einfacher.
Hätte Manning offen zu seiner Homosexualität gestanden,
hätte er gar nicht erst den amerikanischen Streitkräften beitreten können. Ein (inzwischen für verfassungswidrig erklärtes und geändertes) Bundesgesetz untersagte damals der US-
Armee, homosexuelle Bewerber aufzunehmen, wenn sie sich
zu erkennen geben – wegen des angeblich »nicht akzeptablen
Risikos für die hohen moralischen Standards« in der Truppe.
Wer es wie Manning geschafft hat, dem verbot dasselbe Gesetz
während der Armeezeit, über seine sexuelle Orientierung zu
sprechen; den Vorgesetzten untersagte es, diesbezügliche Nach-
forschungen über ihre Untergebenen anzustellen. »Don't ask,
don't tell«, hieß diese Regel im allgemeinen Sprachgebrauch
der US-Armee.

Es sind vor allem seine Computerkenntnisse, die über
die militärische Verwendung von Manning den Ausschlag
geben. Er wird nach Arizona verlegt, um in Fort Huachuca
eine 16-wöchige Ausbildung zum Nachrichtenanalysten zu
durchlaufen. Die Rekruten lernen den Umgang mit Wetter-
informationen, die Auswertung von Landkarten, den Umgang
mit militärischen Datenbanken. Später im Einsatz werden sie
unter anderem dafür verantwortlich sein, für ihre Kommandeure aus verschiedenen Informationsquellen »Intelligence
Reports« zusammenzustellen, also Berichte über Feindbewe-
gungen, mögliche Angriffsszenarien, Ausrüstung und bei
Kampfhandlungen entstandene Schäden.

Rund zwei Wochen vor Abschluss des Trainings wird Manning innerhalb der US-Armee zum ersten Mal auffällig, als mehrere seiner Kameraden ihn gemeinsam anschwärzen. Sein angebliches Vergehen: Er hat aus seinem Zwei-Mann-Zimmer kurze Videos auf die Internetplattform YouTube geladen, in denen er für Freunde und Verwandte seinen Ausbildungsalltag beschreibt. Er verrät in den kurzen Clips zwar keinerlei Inhalte; offenbar spricht er aber über die besonders gesicherten Räumlichkeiten des »Nachrichten-Exzellenzcenters« in Fort Huachuca, in denen mit »geheim« eingestuften Materialen gearbeitet wird. Die Basis in Arizona wird den Vorfall später bestätigen, ohne auf Details einzugehen: Manning sei bestraft worden, sagt eine Sprecherin, es habe aber kein juristisches Verfahren gegeben.[36]

Der junge Soldat, nun fertig ausgebildeter »Intelligence Analyst«, erhält die Zulassung für die Geheimhaltungsstufe »Top Secret« und wird nach Fort Drum im Bundesstaat New York verlegt. Es soll nur eine Zwischenstation sein auf dem Weg zu seinem ersten richtigen Einsatz im Irak. Doch ausgerechnet hier und ausgerechnet jetzt trifft er einen jungen Kanadier mit einem schillernden Lebensstil, in den er sich Hals über Kopf verliebt. Der junge Mann hat einen blonden Lockenkopf, studiert an der Brandeis-Universität und spielt Bass sowie klassische Instrumente wie Oboe und Klarinette. Dass er offen mit seinem Schwulsein umgeht, sieht jeder der seine Facebook-Seite besucht oder einen Blick auf seinen Kanal im Kurznachrichtendienst Twitter wirft. Dort nennt er sich »canadianboi«.

Mannings neuer Freund, den der junge Soldat so oft es geht in Waltham in der Nähe von Boston besucht, ist gegen den Krieg, er vertritt kritische Positionen zum US-Militär und der amerikanischen Außenpolitik, und er hat einen großen Bekanntenkreis. Durch ihn lernt Manning auch Studenten des Massachusetts Institute of Technology (MIT) kennen, die seine

Passion für den kreativen Umgang mit Computern teilen und mit denen er sich über seine Hackererfahrungen austauschen kann. Bradley Manning, der wegen der strengen Armeegesetze in seiner neuen Beziehung eigentlich auf der Hut sein muss, fühlt sich in dieser liberalen Ostküsten-Studentenszene offenbar wohl, akzeptiert und endlich angekommen. Es gibt ein Foto der beiden jungen Männer, auf dem Manning einen raspelkurzen Armeehaarschnitt trägt. Sein Freund umarmt ihn, der Soldat lächelt und hält seinen Partner an beiden Armen fest.

Auf Facebook postet Manning in dieser Zeit Botschaften, die ihm unter der scharfen »Don't ask, don't tell«-Regel durchaus gefährlich werden könnten: »Bradley Manning ist in der Kaserne, alleine«, schreibt er einmal, und: »Ich vermisse dich, Tyler«. Offen tritt Manning dort sogar gegen die sogenannte »Proposition 8« ein, die in Kalifornien gleichgeschlechtliche Ehen wieder verbieten wollte. Er gibt dazu einem lokalen Web-Nachrichtenangebot sogar ein anonymes Interview, in dem er sagt, »don't ask, don't tell« sei für ihn das Schlimmste am Militärleben: »Ich führe ein Doppelleben.«[37]

Die Ausflüge ins wilde Studenten- und Künstlermilieu, sein von Hierarchien, Befehlen und Disziplinerwartung geprägter Armeealltag – die Widersprüche könnten kaum größer sein. Aber es bleibt ihm nicht viel Zeit, sein privates Glück zu genießen, Ende Oktober 2009 wird der Nachrichtenauswerter Bradley Manning einen Militärtransporter besteigen und in den Irak fliegen, wo er im Militärstützpunkt »Hammer« stationiert wird, den die US-Armee mitten in der Wüste errichtet hat, 65 Kilometer östlich von Bagdad und rund 110 Kilometer von der iranischen Grenze entfernt.

Auf der Basis gibt es Kaffeebars, Fernsehzimmer und Freizeiträume, in denen Billardtische und Videospielgeräte stehen, es gibt auch diverse Sportangebote; doch Manning, der mit dem Machogehabe vieler Kameraden wenig anfangen kann, wird den Großteil des folgenden Jahres vor dem Computer verbringen – bei der Arbeit, wo er mit seiner Sicherheitseinstufung Zugriff auf mehrere geheime Netzwerke hat. Und auch privat, wo er nach dem Dienst über E-Mails und Chats der Einsamkeit der irakischen Wüste zu entfliehen versucht.

Manning muss schnell gemerkt haben, dass er mit seiner Rolle im Irak nicht glücklich werden konnte. In seinen Chats macht er aus seiner Verzweiflung keinen Hehl. »Ich bin ein Wrack«, wird er später sagen. Auch seine Facebook-Seite füttert er mit eindeutig-zweideutigen Statusanzeigen. »Bradley Manning is not a Piece of Equipment«, schreibt er dort, er sei kein »Ausrüstungsgegenstand«. Ein anderes Mal scherzt er, »Military Intelligence« sei ein Widerspruch in sich.[38]

Wenn Manning Dienst hat, geht er durch Sicherheitsschleusen zu seinem Arbeitsplatz, setzt Kopfhörer auf und loggt sich in das SIPRNet ein. Das ist ein besonders geschütztes Netzwerk, über das Rechner des Pentagons und des amerikanischen Außenministeriums in aller Welt miteinander verknüpft sind, eine abgeschirmte Version des Internet. Das SIPRNet hat sich vor allem bei den US-Militärs zum Standard-Kommunikationsmittel entwickelt, viele Kommandeure schicken ihre taktischen und operativen Befehle nicht mehr über geschützte Telefonleitungen, sondern über das Netz, über das auch sichere E-Mails versandt werden können.

Über das SIPRNet hat Manning Zugang zu einer scheinbar endlosen Menge an geheimen Dokumenten, Fotos und Videos des Pentagon und des amerikanischen Außenministeriums, bis zur Einstufung »Secret – Noforn«, also »geheim – nicht an Ausländer weitergeben«. Der unglückliche junge Soldat, der lieber bei seinen Freunden an der Ostküste wäre, surft täglich durch ein elektronisches Meer von Staatsgeheimnissen. Es ist der Traum eines jeden Hackers.

Am 22. Mai 2010, gegen Mitternacht, ist Manning wie meist in seiner Freizeit online. »Hypothetische Frage«, tippt er in sein

Keyboard. Er befindet sich in einem Computerchat mit einem Menschen, den er noch nie persönlich getroffen hat. »Wenn du über mehr als acht Monate an sieben Tagen die Woche jeweils 14 Stunden Zugang zu eingestuften Netzwerken hättest, was würdest du tun?«[39]

Es gibt in diesen Monaten in der irakischen Wüste einen Moment, in dem der junge Soldat diese Frage für sich eindeutig beantwortet und beschließt, gezielt nach besonders interessanten Informationen zu suchen, die nichts mit seinen alltäglichen Pflichten im Militärstützpunkt »Hammer« zu tun haben. Er selbst nennt es einen Vorfall, der für ihn »alles verändert habe«.

Sein Vorgesetzter habe ihm den Auftrag gegeben, die Verhaftung von 15 Irakern durch die lokale Polizei zu untersuchen. Der Vorwurf der irakischen Sicherheitskräfte lautete, die Männer hätten »antiirakische Schriften« verbreitet. Manning ging die Texte mit Hilfe eines Übersetzers durch und stellte fest, dass es sich um plausible und offenbar von Insiderkenntnissen geprägte Darstellungen der um sich greifenden Korruption im Kabinett von Premierminister Maliki handelte. »Ich rannte zu (meinem) Offizier, um ihm zu erklären, was da vor sich ging, aber er wollte nichts davon hören«, schreibt Manning. Stattdessen habe er ihn aufgefordert, den Mund zu halten und Vorschläge zu machen, wie man der irakischen Polizei dabei helfen könne, noch mehr Gefangene zu machen. »Danach habe ich begonnen, die Dinge anders zu sehen.« Er habe zwar schon zuvor viel hinterfragt, aber in diesem Moment sei ihm klar gewesen, dass er »aktiver Teil von etwas geworden war, dass ich komplett ablehne«. Manning begründet sein Handeln also ausdrücklich politisch, was interessant ist, denn in weiten Teilen der Öffentlichkeit wird später ein anderes Bild von ihm vermittelt: das eines Liebeskranken, Verzweifelten.

Auch was er danach tut, hat Manning in Chats detailliert beschrieben. Der Wahrheitsgehalt ist nicht unabhängig zu überprüfen, die Protokolle stammen von einem Ex-Hacker mit zweifelhafter Glaubwürdigkeit, der ihn später beim FBI verraten wird und sie sind bislang nur in Auszügen veröffentlicht.[40] Aber die nachprüfbaren Fakten stimmen, und die Schilderungen sind in sich stimmig und plausibel.

Ausführlich beschreibt Manning in den Chats etwa, wie er auf das Video gestoßen ist, das den Angriff des amerikanischen Apache-Helikopters in Bagdad zeigt. Er habe sich das Video ein paar Mal angesehen, dann im Internet nach dem Vorfall gesucht und einen Beitrag in der *New York Times* gefunden.[41] Der Soldat beschreibt in der Internet-Unterhaltung auch, dass er kurz zuvor auf WikiLeaks aufmerksam geworden ist. Die Gruppe hatte am 25. November 2009 die 570 000 Pager-Nachrichten vom 11. September 2001 veröffentlicht. Manning war fasziniert, denn dank seiner Ausbildung erkannte er sofort, dass die Kurzbotschaften jener dramatischen Stunden aus einer geheimen Datenbank der NSA stammen müssen. »Da habe ich mich sicher genug gefühlt, um auch etwas beizutragen.«

Den Plan zu haben, geheime Informationen aus einer speziell gesicherten Netzwerkumgebung zu stehlen, ist eine Sache – ihn dann auch umsetzen zu können, eine andere. Natürlich trifft das US-Militär Vorkehrungen, um derlei Datenabflüsse zu verhindern. So können die Soldaten im Militärstützpunkt »Hammer« etwa keine USB-Sticks an ihre Computer anschließen; die kleinen Speicher lassen sich zu leicht schmuggeln. Außerdem sind die Rechner, auf denen Manning und seine Kollegen auf das geheime Militärnetzwerk zugreifen, nicht an das normale öffentliche Internet angeschlossen. Aber es gibt eine gravierende Sicherheitslücke, wie der computerversierte Manning schnell bemerkt. Die Workstations haben ein CD- und DVD-Laufwerk, über das man Daten nicht nur lesen, sondern auch abspeichern kann. Jeder habe sich CDs mit Videos, Filmen und Musik mitgebracht.

So sei er einfach mit einer wieder beschreibbaren Musik-CD zum Dienst erschienen, die er zuvor mit »Lady Gaga« beschriftet hatte, habe den Inhalt gelöscht und mit den Daten aus dem Netzwerk überschrieben. »Ich habe zu Lady Gagas Song ›Telephone‹ die Lippen bewegt, während ich den wahrscheinlich größten Datendiebstahl in der amerikanischen Geschichte begangen habe«, schreibt er. So einfach, so profan sei es gewesen.

Niemand habe Verdacht geschöpft, er habe nicht einmal etwas verstecken müssen.

Doch wie sollte er die erbeuteten Daten möglichst unauffällig aus dem Militärlager in der Wüste hinausschaffen? Auch dafür findet Manning eine Lösung, und auch sie plaudert er in dem Computerchat, den er noch vom Irak aus führt, aus – mitsamt dem Adressaten für die Daten.

Rund sechs Wochen, nachdem er das Video aus dem sicheren Netzwerk auf eine CD speicherte, habe es über das Internet verschickt, maximal verschleiert. Unter anderem nutzt er nach seiner eigenen Darstellung dafür das Anonymisierungsnetzwerk Tor, um so das »Einsendesystem von »wl.org« zu erreichen, wie es in dem Chat heißt. Gemeint ist offenkundig wikileaks.org, denn Manning schreibt an anderer Stelle von dem »weißhaarigen Aussie«, mit dem er in Kontakt gewesen sei: Assange.

Manning wird die CDs später löschen, um die Spuren zu verwischen. Er hat sich mit Kryptografie beschäftigt, und lässt im Umgang mit den Daten Vorsicht walten. Die Suche nach ihm hätte Monate, vielleicht Jahre dauern können, und möglicherweise wäre die Quelle für das Video nie entdeckt worden – so wie der Watergate-Whistleblower und ehemalige FBI Vizechef Mark Felt, der sich erst 33 Jahre nach der Affäre selbst enttarnte und dazu bekannte, der legendäre »Deep Throat« der *Washington Post* gewesen zu sein. Aber in sozialen Fragen ist Manning nicht annähernd so bewandert, wie in technischen.

Da ist dieser Chat, in dem Manning alles andere als vorsichtig ist. Und da ist der Chat-Partner, den er zwar nie persönlich getroffen hat, aber der jetzt mehr über ihn, sein Seelenleben und sein Geheimnis weiß, als irgendwer sonst auf der Welt.

Adrian Lamo ist ein schmaler Mann von 29 Jahren, er lebt in Kalifornien, und sein Name löst bis zum Mai 2010 allenfalls in Hackerzirkeln vage Reaktionen aus. Der bis dato größte »Scoop« im Leben des jungen, dunkelhaarigen Kaliforniers geht ins Jahr 2002 zurück, als er das interne Netzwerk der *New York Times* knackte, sich selbst in die interne Datenbank für Kontakte und Autoren eintrug und Telefonnummern, wie die des Schauspielers Warren Beatty, abzweigte. Im Jahr zuvor hatte er bereits eine Sicherheitslücke beim Internetdienst Yahoo genutzt, um eine dort erschienene Meldung um frei erfundene Zitate zu ergänzen. Medienberichte aus jenen Tagen bezeichnen ihn wegen seines unsteten Lebensstils wahlweise als den »weltweit brillantesten obdachlosen Hacker« oder »Scharlatan« mit überschaubaren Fähigkeiten, aber deutlichem Drang ins Rampenlicht. Trotz seiner eher harmlosen Streiche ermittelte das FBI gegen ihn, und 2004 verurteilte ihn ein Gericht in New York zu sechs Monaten Hausarrest und zwei Jahren Bewährung.[42]

Seither ist Lamo im Internet und auf einschlägigen Konferenzen mit dem Beinamen »Ex-Hacker« unterwegs, ein Attribut, das er mit Julian Assange genauso gemeinsam hat, wie die ersten Computer-Gehversuche mit einem Commodore 64 und Reisejahre ohne festen Wohnsitz – womit die Ähnlichkeiten auch enden. Lamo hat sich praktisch ausschließlich für kommerzielle Ziele interessiert, in einigen Fällen arbeitete er mit den Unternehmen daran, die von ihm entdeckten Sicherheitslücken wieder zu schließen.

Vor einer breiteren Öffentlichkeit taucht er nach seiner Verurteilung kaum mehr auf, er versucht sich als Journalist und kämpft mit Depressionen, wegen deren er dauerhaft in

Behandlung ist und starke Medikamente nimmt. Von Wiki-Leaks hat Lamo gehört, er spendet dem Projekt in dessen Anfängen sogar eine kleine Summe.[43]

Erst im Frühjahr 2010 tritt Lamo wieder öffentlich in Erscheinung. Am 20. Mai erscheint ein Porträt auf der Webseite des Magazins *Wired*. Die Geschichte handelt davon, dass Lamo gegen seinen Willen neun Tage lang in eine geschlossene psychiatrische Klinik eingewiesen worden sei. Dort habe man das Asperger-Syndrom bei ihm diagnostiziert, eine milde Form des Autismus, die mit Depressionen einhergehen kann – und an der viele Computer-Nerds leiden. Autor der Story ist Lamos langjähriger Bekannter Kevin Poulsen, ebenfalls ein ehemaliger Hacker, der für seine Aktivitäten 1994 zu mehren Jahren Haft verurteilt worden war. Lamo ist nach dem unfreiwilligen Klinikaufenthalt wieder ins Haus seiner Eltern am Ende einer Sackgasse im kalifornischen Carmichael gezogen; einen anderen Zufluchtsort hat er nicht, seine noch junge Ehe ist zu diesem Zeitpunkt schon wieder gescheitert.

Noch an dem Tag, an dem die *Wired*-Geschichte über ihn erscheint, und er in seinem alten Kinderzimmer neugierig auf die Reaktionen von Bekannten und Freunden wartet, trudeln in seinem Postfach eine Reihe verschlüsselter E-Mails von einem ihm bis dahin unbekannten Absender ein – jedenfalls wird er es später so berichten. Er habe diese Mails allerdings nicht lesen können, weil der Absender einen alten, nicht mehr gültigen PGP-Schlüssel verwendet habe.[44] Er, Lamo, habe dem Unbekannten deshalb vorgeschlagen, die Konversation auf den populären »AOL Instant Messenger«-Nachrichtendienst AIM zu verlagern. Dem Unbekannten gibt er dafür seinen dortigen Kontaktnamen preis.

Schon am nächsten Tag kommt es zu einer ersten Computer-Unterhaltung mit dem Absender der Mails, der sich im Chat nun »bradass87« nennt – Brad wie Bradley, 87 für das Geburtsjahr. Schnell ist klar, dass sich »bradass87« mit ihm nicht über die *Wired*-Geschichte unterhalten will. Lamo wird später sogar sagen, Bradley Manning habe ihn gar nicht über den Artikel vom selben Tag gefunden, sondern über den Kurznachrichtendienst Twitter, auf dem er, Lamo, eine Nachricht verfasst habe, in der das Stichwort »WikiLeaks« vorgekommen sei.

Es entwickelt sich eine Unterhaltung zwischen zwei jungen Männern, die ein paar Tausend Meilen voneinander entfernt sind und sich in einer schwierigen Lebensphase befinden. Beide kennen den Hackerslang und dessen für Außenstehende oft kryptische Andeutungen, sie verstehen sich. Und doch ist es unglaublich, wie schnell Manning, der in der irakischen Wüste vor seinem Rechner sitzt, Vertrauen zu Lamo fasst. Mit jeder Zeile, die er in das Keyboard seines Rechners hackt, verrät er mehr – über sich, sein Leben und seine Rolle. Bereits in der ersten Unterhaltung am 21. Mai nennt »bradass87« seinen ungefähren Standort »östlich von Bagdad«, seine Tätigkeit im US-Militär, »Intelligence Analyst«, ja er erzählt Lamo sogar, dass er gerade im Rang herabgestuft wurde. Tatsächlich ist Bradley Manning vom Spezialist zum Private degradiert worden, weil er einen Kameraden geschlagen hat. Statt im sensiblen Geheimdienst-Bereich ist er jetzt in der Versorgungseinheit eingesetzt.

Adrian Lamo tut allerdings auch viel dafür, um sein Gegenüber in Sicherheit zu wiegen und zum Sprechen zu verleiten. Gleich zu Anfang, als klar ist, dass Manning etwas loswerden will, versichert ihm der Kalifornier, er sei Journalist und ihre Konversation deshalb vom kalifornischen Pressegesetz geschützt. Zudem sei er ordinierter Prediger, damit falle alles zusätzlich unter das Beichtgeheimnis. Beides ist in den bislang veröffentlichten Teilen der Unterhaltung nicht enthalten, doch Lamo hat es gegenüber dem SPIEGEL bestätigt.[45]

Bradley Manning hat, rund einen Monat nach der Veröffentlichung »seines« Videos, offenbar das dringende Bedürfnis, über seine Rolle in dem Scoop zu reden, der weltweit Schlagzeilen machte. Er hat vorher sogar schon bei seinem kanadischen Freund Tyler Watkins nachgefragt, welche Wellen das Video in den Medien schlage und ob es Einfluss auf die öffentliche Meinung habe. »Er wollte, dass die Verantwortlichen zur Rechenschaft gezogen werden und so etwas nie wieder passiert«, sagt Watkins. Schon bei einem Heimatbesuch in den USA im Januar 2010 habe sein Freund ihm gestanden, dass er geheime Informationen in Händen halte und darüber nachdenke, sie weiterzugeben: »Das war etwas, mit dem er ganz offensichtlich gekämpft hat.«[46]

Auch gegenüber Lamo schildert Manning seine Entscheidung als Prozess, in dem die langsame Entfremdung von der Armee eine Rolle gespielt habe.

»Ich war so lange isoliert«, tippt Manning, und fast in Echtzeit werden seine Zeilen nach Kalifornien übertragen, »ich wollte einfach nur nett sein, und ein normales Leben leben, schlau genug, um mitzubekommen was läuft, aber hilflos, etwas dagegen zu tun.« Er sei von seinem Vorgesetzten nur wahrgenommen worden, wenn er etwas »ganz Außergewöhnliches« herausgefunden habe, danach habe es sofort wieder geheißen: »Bring mir Kaffee, wisch den Boden.«

Schon am zweiten Tag der Unterhaltungen, die sich teils über Stunden hinziehen, verliert der Soldat gegenüber Lamo jede Scheu, er redet offen über die Inhalte, die er aus den geheimen Netzwerken kopiert hat, es ist jetzt keine unschuldige Unterhaltung mehr, es wirkt wie ein Geständnis. Manning selbst hält eine Sekunde inne und schreibt: »Ich kann gar nicht glauben, was ich dir alles beichte.«

Lamo fragt gezielt nach, was sein Gegenüber an WikiLeaks weitergegeben habe.

bradass87: »Oh, Guantanamo-Akten ... die hat Assange auch.«

Lamo: »Hat er sonst irgendwas anderes Interessantes auf dem Tisch, immerhin habe ich früher selbst interessante Infos aus dem .com-Bereich gesammelt?«

bradass87: »Ich weiß nicht … ich weiß nur, was ich ihm gebe.«

Lamo: »Was hältst du für die Highlights?«

bradass87: »Das Video vom Luftangriff auf Gharani, das Kriegstagebuch aus dem Irak, die »Gitmo«-Papiere (Gitmo steht für Guantanamo, d.A.) und die Datenbank voller Drahtberichte aus dem Außenministerium.«

Lamo: »Nicht sooo übel.«

bradass87: »Und das bin nur ich. Über alles andere weiß ich nichts. Hoffentlich hat er noch mehr.«

Besonders bei den Drahtberichten der Diplomaten hakt Lamo ein, sie interessieren ihn. »Ich bin wirklich neugierig auf Details«, schreibt er. Manning lässt durchblicken, es handle sich um rund 260 000 Berichte aus US-Botschaften in der ganzen Welt, es sei unmöglich, sie ganz zu durchforsten, und er verweist Lamo auf ein Beispiel, das WikiLeaks schon veröffentlicht habe.

Tatsächlich haben Assange und Co. bereits drei Monate zuvor, am 18. Februar 2010, einen als geheim eingestuften Drahtbericht der US-Botschaft in Reykjavik online gestellt. Der damalige US-Gesandte in Island, Sam Watson, beschreibt darin ein zu diesem Zeitpunkt gerade einmal gut vier Wochen zurückliegendes Treffen mit Vertretern der isländischen Regierung, bei dem es vor allem um die diplomatischen Verwicklungen rund um den Zusammenbruch der isländischen Bank »Icesave« im Zuge der Finanzkrise ging. Großbritannien und die Niederlande forderten von Island Entschädigungen von über fünf Milliarden Euro. In dem Report fasst der US-Botschafter die Gespräche mit den isländischen Politikern zusammen und gibt deren Einschätzung an das US-Außenministerium weiter, dass eine Volksabstimmung über diese Frage mit ziemlicher Sicherheit scheitern werde.

»Das war ein Test«, schreibt Manning. Er macht sich im Mai Gedanken darüber, was die Veröffentlichung aller Drahtberichte auslösen könnte. US-Außenministerin »Hillary Clinton und ein paar Tausend Diplomaten rund um die Welt werden einen Herzinfarkt bekommen wenn sie eines Morgens aufwachen und ein ganzes Archiv ihrer geheimen Außenpolitik öffentlich zugänglich ist, in einem für jeden durchsuchbaren Format«, schreibt er. Das Material enthalte Hinweise auf Skandale, »Hunderte«. Und dann platzt der Hackerstolz aus ihm heraus: Das Material sei »weltweite Anarchie im CSV-Format (ein Dateiformat, in dem sich Daten, besonders Tabellen, zwischen unterschiedlichen Computerprogrammen gut austauschen lassen, d. A.), es ist wie ein globales Klimagate – es ist herrlich, es ist erschreckend.«

Lamo ist längst angefixt, will mehr wissen, er drängelt, er fragt nach konkreten Inhalten. »Es ist verrückt«, schreibt Manning, »fast kriminelle politische Deals hinter den Kulissen ... die ungeschminkte Version der Weltereignisse und Krisen.« Er hat das Material offenbar in seiner Freizeit analysiert, teilweise jedenfalls, und er hat auch schon durchdacht, wie er sein Vorgehen rechtfertigen kann, vor sich und vor anderen. »Die Drahtberichte sind öffentliche Daten, sie gehören nicht in einen dunklen Server-Raum in Washington«, schreibt er. »Ich will, dass die Leute die Wahrheit erfahren, egal, wer sie sind, denn ohne Informationen kann die Öffentlichkeit nicht die richtigen Entscheidungen treffen.« Er erhoffe sich »weltweite Diskussionen, Debatten und Reformen«, wenn die Berichte erst einmal veröffentlicht würden, denn es seien ja potenziell alle Länder betroffen, in denen es eine US-Vertretung gebe. »Es ist einfach wichtig, dass das alles rauskommt, es könnte tatsächlich etwas verändern.«

Auch mit WikiLeaks muss sich Manning zum Zeitpunkt der Computerunterhaltung im Mai 2010 schon ausgiebig befasst haben. Seine Begründungen entsprechen fast wörtlich den Grundideen der Enthüllungsplattform, wie sie Julian Assange in vielen Vorträgen und Interviews beschreibt. Lamo, der das

Projekt ja kennt, fragt Manning deshalb an einer Stelle direkt nach seiner Rolle darin: Er würde sich nicht als Freiwilliger sehen, antwortet der, eher als Quelle.

Manning denkt sogar schon darüber nach, wie die Nachwelt ihn beurteilen könnte, für den Fall, dass er eines Tages auffliegen sollte. »Ich bin nicht sicher, als was ich durchgehen würde, als ›hacker‹, ›cracker‹, ›hacktivist‹, ›leaker‹ oder was…«.

Oder als Spion, schreibt Lamo zurück.

»Spione pusten das, was sie haben, nicht in alle Öffentlichkeit,« schreibt »bradass87« zurück. Für ihn besteht da ein erheblicher Unterschied: »Wäre ich ein schlechterer Charakter, hätte ich das alles an die Russen oder die Chinesen verkaufen und Kasse machen können.«

Warum er es nicht getan habe, fragt Lamo.

»Weil es öffentliche Daten sind«, antwortet Manning.

Einmal in der Unterhaltung denkt der Soldat über die möglichen Konsequenzen für sich nach. Er wolle auf keinen Fall mit der Veröffentlichung in Verbindung gebracht werden, »es geht mir nicht so sehr darum, dass ich vielleicht den Rest meines Lebens im Gefängnis verbringen müsste, oder hingerichtet würde«. Was ihn wirklich abschrecke, sei die Vorstellung, »das Fotos von mir in der gesamten Weltpresse abgedruckt werden könnten«. Es dauert nur noch Tage, bis genau das passiert.

Adrian Lamo hat gebannt auf das Fenster des »AOL Instant Messenger« auf seinem Monitor gestarrt. Es melden sich immer wieder Hacker bei ihm, die mit ihm über ihre Erfahrungen reden wollen, oder seinen Rat suchen. Wenn es aufregende Geschichten seien, lasse er sich darauf ein, sagt Lamo, manchmal empfehle er einen Anwalt, der sich in der Materie auskennt.[47] Aber dieser Fall ist anders als alles, was er bisher erlebt hat.

Er hat sein Gegenüber in Sicherheit gewogen, ihm Vertraulichkeit versprochen. Er hat dazu sein Recht als Journalist angeführt, Quellen zu schützen, und sich sogar auf das Beichtgeheimnis berufen. Und doch entscheidet sich der gerade aus einem Psychiatrie-Aufenthalt zurückgekehrte Ex-Hacker schon früh in der Konversation, die unglaublichen Geständnisse aus der irakischen Wüste nicht für sich zu behalten – offenbar bereits am zweiten Tag. Er vertraut sich seinem Vater an und telefoniert auf dessen Rat hin mit mindestens zwei Bekannten, die beide über enge Regierungskontakte verfügen. Beide bittet er um Ratschläge, wie er sich verhalten soll.

Eine der Nummern, die der aufgewühlte Lamo wählt, ist die von Chet Uber, einem bulligen Berater, der seit Jahren in der amerikanischen IT-Sicherheitsbranche unterwegs ist. Unter anderem ist er nach eigenen Angaben ein Mitgründer von »InfraGard«, einer Organisation zum Schutz von »kritischen Infrastrukturen« wie dem Internet, die eng mit dem FBI zusammenarbeitet. Außerdem firmiert er als Direktor eines ominösen Projekts namens »Vigilant«, in dessen Rahmen Freiwillige nach eigenen Angaben das Internet überwachen und auffällige Nutzer an US-Behörden melden.[48]

»Ich war derjenige, der die US-Regierung alarmiert hat«, wird Uber auf der Hackerkonferenz Defcon in Las Vegas im Sommer 2010 behaupten. Adrian Lamo habe ihn angerufen und nicht gewusst, wie er sich verhalten solle. Er habe Lamo beruhigt, ihm zugeredet und dann ein Treffen zwischen Lamo und den »Three-Letter-Agencies« arrangiert, den Behörden mit den drei Buchstaben, das FBI zum Beispiel oder die NSA.[49]

Die andere Nummer, die Lamo in jenen Tagen wählt, gehört seinem alten Bekannten Timothy Webster. Lamo kennt den 30-Jährigen aus seinen frühen Hackertagen, als beide sich noch auf AOL herumtrieben. Zwischenzeitlich hatte Webster seine Computerkenntnisse beim US-Militär eingebracht und für eine Einheit der Spionageabwehr der US-Armee gearbeitet. Webster berichtet, Lamo habe ihn zunächst mit der hypothetischen Frage konfrontiert, was er tun würde, wenn ein Soldat ihm gegenüber zugäbe, dass er geheim eingestuftes Material an

Unbefugte weitergegeben habe. Er habe sofort gemerkt, dass es sich um ein »ziemlich heißes Thema« handle, sagt Webster, und Lamo angeboten, ihn mit seinen ehemaligen Kollegen beim Militär zusammenzubringen.[50]

Das Treffen zwischen dem Ex-Hacker und amerikanischen Sicherheitsbehörden findet vier Tage nach seinem ersten Chat-Kontakt mit »bradass87« statt, am 25. Mai. Lamo verabredet sich mit den Agenten in einem Starbucks-Café im kalifornischen Carmichael, nicht weit vom Haus seiner Eltern entfernt. Bevor er zu dem Treffen aufbricht, ruft er noch seinen Freund Kevin Poulsen von *Wired* an, den er in groben Zügen darüber informiert, als Absicherung für den Fall, dass er, Lamo, selbst verhaftet werde.

Es ist eine große Runde, die in dem Café zusammenkommt. Lamo trifft auf insgesamt fünf Behördenvertreter, die sich als Mitarbeiter der Army Counterintelligence und als FBI-Agenten vorstellen. Die große Runde scheint Lamo einzuschüchtern, jedenfalls verlässt er das Meeting, um noch einmal mit Chet Uber zu telefonieren. Uber sagt, Lamo habe gezweifelt und Angst vor den Reaktionen aus der Hackercommunity gehabt. »Ich habe ihm gesagt, die werden dich nicht ins Gefängnis werfen, gib ihnen alles, was du hast«, so Uber.

Das tut Lamo nach eigenen Angaben dann auch. Er händigt den Behördenvertretern sowohl die ersten verschlüsselten Mails aus, die er selbst angeblich nie lesen konnte, als auch Kopien seiner bisherigen Unterhaltungen mit »bradass87«. Damit haben die Ermittler mehr als genug Material, um sich auf die Suche nach dem bislang größten Informationsleck in der amerikanischen Militärgeschichte zu machen.

Adrian Lamo wählt die Vorwärtsverteidigung und steht zu seiner Entscheidung, die ihn in Hackerkreisen zur Hassfigur macht – und seinen Namen weltweit bekannt. Er wagt sich zur Überraschung vieler sogar weiter auf die wichtigsten Hacker-konferenzen. Bei der »Next Hope«-Konferenz in New York, auf der Jacob Appelbaum für WikiLeaks einen viel beklatschten Vortrag hält und die Organisatoren Bradley Manning als »nationalen Helden« feiern, bekommt er spontan die Gelegenheit, sich zu verteidigen.

Es ist ein sichtlich müder, erschöpfter Adrian Lamo, der das Wort ergreift. Er habe nur drei Stunden geschlafen, sagt er mit seiner charakteristischen schleppenden Stimme, die bei vielen Zuhörern den Verdacht erweckt, er habe getrunken, tatsächlich wohl aber, genauso wie seine seltsam anmutende Mimik, auf die schweren Medikamente zurückzuführen ist, die er wegen seiner psychischen Probleme einnimmt.[51]

Inhaltlich spricht Lamo klar und rhetorisch geschliffen über seine Motive. Vor allem Mannings Ausführungen über die Drahtberichte hätten ihn letztendlich dazu bewogen die Behörden zu informieren, sagt er unter Buhrufen und Pfiffen, er habe sich dazu »geradezu gezwungen gesehen«. Eine Veröffentlichung dieser Daten, das betont er immer wieder, würde »amerikanische Leben« gefährden. Schlüssige Belege für diese Behauptung liefert er nicht, obwohl Zwischenrufer sie immer wieder einfordern. Am Ende bekommt Lamo sogar Applaus.

»Ich konnte einfach nicht nichts tun«, sagt er an anderer Stelle, »ich wusste, es geht um Menschenleben.« Das Vorhaben, die Daten zu veröffentlichen, bezeichnet Lamo als »Russisches Roulette«.[52] Er sagt auch, er habe Manning vor sich selbst und vor Schlimmerem bewahren wollen. Er habe einen Fall im Kopf gehabt, bei dem ein »Leaker« aus dem US-Militär mit einem halben Jahr Freiheitsstrafe belangt worden sei, und hoffe, dass es Manning so gehe, wie ihm einst selbst nach seiner Verurteilung: dass er eine Chance auf ein neues Leben bekomme. Wenn Adrian Lamo wirklich von einer vergleichbaren Strafandrohung für seinen Gesprächspartner ausgegangen sein sollte, wird er damit falsch liegen. Er verschätzt sich um ein paar Jahrzehnte.

Nach Lamos ersten »Starbucks«-Treffen mit den Behörden geht
es schnell. Bradley Manning bekommt auf seiner Militärbasis
unerwarteten Besuch vom Sicherheitsdienst. Er wird unverzüglich in das US-Militärgefängnis Camp Arifjan in Kuwait aus-
geflogen, die persönlichen Dinge des Soldaten, sein privater
Rechner, alle Datenträger beschlagnahmt. Auch sein dienstlich
genutzter Rechner im Geheimschutzraum wird von Spezialis-
ten forensisch untersucht.

Noch von Kuwait aus tut Manning etwas, das schwer nachzu-
vollziehen ist und ihn, so wie seine Chat-Geständnisse, schwer
belasten wird. Er ruft seine Tante in Potomac an, bei der er
vor seinem Eintritt in die Armee untergekommen war, gibt
ihr sein Facebook-Passwort und bittet sie, dort in die Status-
anzeige einen kurzen Text einzugeben. Er lautet: »Einige von
euch haben vielleicht gehört, dass ich wegen der Herausgabe
geheim eingestufter Informationen an Unbefugte verhaftet
worden bin. Schaut euch collateralmurder.com an.«[53]

5
Krieg an mehreren Fronten

Die Afghanistan-Feldberichte

»Die Information, dass die Task Force 373 einen Raketenangriff unternommen hat, muss geschützt werden.«
(Aus den Afghanistan-Berichten)

Für WikiLeaks ist mit der Veröffentlichung des »Collateral
Murder«-Videos ein neues Zeitalter angebrochen. Die Organisation ist jetzt ein »global player«, und nach der Pressekonferenz
im National Press Club hat sie auch ein weltweit bekanntes
Gesicht: Julian Assange. Der Australier verzichtet für ein paar
Wochen auf sein Versteckspiel und gibt ein Interview nach
dem anderen. Widerwillig, wie er behauptet, aber es bleibe
ihm keine Wahl. Das ist höchstens die halbe Wahrheit. Er
genießt die Kameras.

Seinen bis dato glamourösesten Auftritt hat er Ende April
2010 in Norwegen. Er ist zum »Oslo Freedom Forum« eingeladen, als einer der Vortragenden. »Ich war noch nie in einem
Raum mit so vielen Menschen, die ich respektiere und deren
Werte ich teile«, schwärmt Assange bei der Menschenrechts-
konferenz, zu der auch Lech Walesa und Garri Kasparow angereist sind. Assange beginnt seine Rede mit einer Anekdote. Er
erzählt dem Auditorium, dass er im Jahr zuvor in Malaysia
gewesen sei und dort unter anderem auch Anwar Ibrahim
getroffen habe, der jetzt in Oslo in der ersten Reihe sitzt. Ibrahim war einst Vizepremierminister von Malaysia, inzwischen

ist er eine der führenden Figuren der Opposition. Noch in derselben Nacht, in der er Ibrahim in Malaysia getroffen habe, sei er von der malaysischen Geheimpolizei verhaftet und befragt worden, erzählt Assange in Oslo. »Sie sollten sich also gut überlegen, ob Sie sich mit ihm unterhalten.«[1]

Von Norwegen reist Assange nach Schweden, immer begleitet vom australischen Fernsehsender SBS, dessen »Dateline«-Magazin ein längeres Fernsehporträt über ihn und seine Arbeit vorbereitet – so viel zu Assanges angeblicher Scheu vor den Medien. Er spricht mit dem Reporter über seine Jugend in Melbourne und demonstriert ihm seinen vagabundierenden Lebensstil, sie reisen zusammen per Bahn und Bus durch Nordeuropa. Assange trägt sein Hab und Gut wie üblich in einem Nylon-Rucksack und einer Reisetasche bei sich. Das sei alles, was er brauche, scherzt er, sein »portable me«: sein »tragbares Ich«.

Als Assange Mitte Mai nach Australien fliegt, kommt es bei der Einreise zu einem Zwischenfall. Die Einreisebehörde zieht seinen Pass ein. Nach 15 Minuten habe er ihn zurückbekommen, erzählt Assange, allerdings kündigte die Behörde an, dass sie das Dokument wohl bald permanent einziehen müsse, wegen seines miserablen Zustands. Das offizielle Papier sei schwer mitgenommen und fast nicht mehr lesbar. Der Vorfall sorgt in der Sympathisantenszene der Organisation für große Aufregung. Haben die USA die australischen Behörden darum gebeten? Droht Assange im heimatlichen Australien womöglich noch Schlimmeres?

Tatsächlich kann es sich auch um eine Standardmaßnahme der Einreisebehörde gehandelt haben, wie diverse australische Medien berichten. Assanges Status in der offiziellen australischen Einreise-Datenbank ist jedenfalls »normal«. Die Behörde teilt ihm mit, er stehe ihm frei zu reisen. Assange selbst wird später einräumen, sein Reisepass sei ein wenig mitgenommen; er habe bei einer Reise durch Tasmanien im Dezember 2006 damit einen Fluss durchschwommen.[2] So ist es häufiger bei ihm: Fakten mischen sich mit Verschwörungstheorien, auf den zweiten Blick sehen die Dinge oft anders, weniger dramatisch aus. Und doch wird sich in jenen Wochen das Bild eines »Mannes auf der Flucht« formen, was auch mit einem sonnigen Tag Ende Mai 2010 zu tun hat.

An diesem Tag klingelt bei einem WikiLeaks-Aktivisten in Melbourne das Handy, es ist ein sicheres Gerät, das die Organisation nur unter bestimmten Vorsichtsmaßnahmen benutzt. Am Telefon ist Assange.

»Es ist etwas Schlimmes passiert«, sagt er.

»Wie schlimm?«, fragt sein Gegenüber.

»Ungefähr das Schlimmste, was passieren konnte«, antwortet Assange. »Die angebliche Quelle für ›Collateral Murder‹ ist verhaftet worden.«

Assange ist gerade in Melbourne. Mannings Festnahme schockiert ihn. Er beschließt abzutauchen, für mehr als vier Wochen verschwindet er vollständig von der Bildfläche. Jeder öffentliche Auftritt, jedes öffentliche Wort will nun genau abgewogen werden. Es geht nicht mehr nur um ein paar zu allem entschlossenen Hacktivisten. Es geht jetzt um einen damals 22-Jährigen in militärischer Einzelhaft, gegen den zu diesem Zeitpunkt noch keine öffentlichen Vorwürfe erhoben worden sind – aber dem, so viel ist sicher, viele Jahre Gefängnis drohen. In Melbourne werden von nun an mehrere der bekannten Wiki-Leaks-Aktivisten von den Sicherheitsbehörden observiert.

Eben noch stand die Organisation auf dem Zenit ihrer bisherigen Entwicklung, und nun ist das Schlimmste passiert, was ihr widerfahren kann. Eine Quelle ist aufgeflogen. Niemand in der Debatte gibt WikiLeaks dafür die Schuld, wie auch, der junge Soldat hat sich offenbar selbst verraten. Doch das macht die Situation nicht besser. Assange will alles vermeiden, was Manning zusätzlich schaden könnte. Er denkt auch darüber nach, wie man dem Soldaten juristisch beistehen könnte, ohne dass dies zugleich als Eingeständnis dafür gewertet werden könne, dass Manning tatsächlich die Quelle unter anderem für das Irak-Video gewesen sei.

Der Australier findet dafür eine Sprachregelung, die er später konsequent anwenden wird. WikiLeaks könne schon aus technischen Gründen nicht sagen, von wem genau das eingehende Material stamme. Und als Organisation, deren Gründungsgedanke es sei, Quellen und Informanten zu schützen, sei man verpflichtet, auch in diesem Fall zu helfen.

Assange erkundigt sich aber auch, was die Festnahme von Manning für ihn persönlich bedeuten kann. Sollte es Spuren geben, dass er Manning zu dem Datendienstahl ermuntert hat, könnte ihn die amerikanische Justiz als Mitverschwörer verfolgen. Seine Vertrauten, darunter auch einige Anwälte und australische Offizielle, empfehlen ihm dringend, in nächster Zeit auf Reisen in die USA zu verzichten. Es gibt im amerikanischen Rechtssystem die Figur des »Material Witness«, danach können auch Zeugen, die wichtige Aussagen zu laufenden Ermittlungen gegen andere machen könnten, gegen ihren Willen festgehalten und befragt werden. Dies, so meinen Assanges Berater, sei das Mindeste, womit er bei einer USA-Reise rechnen müsse.

Für Assange ist das bitter, denn er hat eine Einladung nach New York, wo er mit Daniel Ellsberg diskutieren soll. Es wäre für ihn die erste Gelegenheit, den Mann persönlich kennenzulernen, den er so gern für das WikiLeaks-Beratergremium gewonnen hätte und mit dem er bislang nur Mails ausgetauscht hat. Assange bleibt also in Australien und lässt sich via Skype zuschalten. Ellsberg arbeitet inzwischen für die Denkfabrik Rand Corporation, er ist ein soignierter älterer Herr mit weißen Haaren, und er lobt Assange und Wiki-Leaks. »Ich bewundere Ihre Arbeit total«, sagt Ellsberg, der sogar eine Parallele zu seinem »Leak« aus dem Geburtsjahr von Assange zieht. Er habe damals für sich erkannt, dass der

Vietnamkrieg zu einem bewussten absichtlichen Abschlachten des Gegners geworden sei, dieses Morden zu beenden, sei seine Motivation gewesen. Auch was er im »Collateral Murder«-Video gesehen habe, rechtfertige seiner Ansicht nach den Begriff Mord und damit auch den von Assange gewählten kontroversen Titel.[3]

Das Internet biete heute ganz neue Möglichkeiten, schwärmt Ellsberg. Die Zeitungen hätten damals auch wegen der harschen juristischen Gegenreaktionen der Nixon-Regierung 20 Monate gebraucht, bis sie die Dokumente in Auszügen druckten. Deshalb würde er es heute genauso machen wie WikiLeaks: »Ich würde einen Scanner kaufen und die Unterlagen im Internet veröffentlichen.« Ellsberg empfiehlt Assange, vorsichtig zu sein: »Ich bin nicht sicher, ob er in den USA physisch sicher wäre.« Assange solle sich deshalb fernhalten, aber inhaltlich weiterarbeiten: »Er leistet damit einen wertvollen Beitrag für unsere Demokratie.«

Assange hat nichts anderes vor – denn er plant gerade den nächsten Scoop, größer als alles andere, was WikiLeaks bislang publiziert hat: die Veröffentlichung der Feldtagebücher aus dem Afghanistan-Krieg.

Es ist ein rund hundert Megabyte schweres Konvolut, das die Organisation besitzt. Über 90 000 Datensätze im Dateiformat ».csv«, voller militärischer Fachausdrücke und Abkürzungen. Die Veröffentlichung werde schon durch ihre schiere Größe Geschichte machen, glaubt Assange. Aber die Größe ist auch ein Problem. Wie schon beim Video wünscht er sich dafür einen maximalen Aufschlag. WikiLeaks alleine wäre völlig überfordert, das Material zu sichten, aufzubereiten und zu analysieren. In den vorangegangenen Wochen hat Assange schon mit Helfern an einer Datenbank gebaut, um die Tagebücher im Netz abrufbar zu machen. Sie haben verschiedene Funktionen ausprobiert, einige laufen bereits. So kann man sich für jeden einzelnen Eintrag über »Google Earth« anzeigen lassen, wo genau in Afghanistan er stattgefunden hat. Doch für die Veröffentlichung braucht WikiLeaks Partner.

Einen Anwärter trifft Assange Ende Juni in Brüssel. Der britische Journalist Nick Davies, der vor allem für den *Guardian* arbeitet, ist durch die Verhaftung von Bradley Manning hellhörig geworden. Als er sieht, dass der Australier demnächst in Brüssel auftritt, um dort vor liberalen Abgeordneten des Europäischen Parlaments zu sprechen, schickt Davies einen Brüsseler *Guardian*-Kollegen vor, um ein Treffen zu vereinbaren. Am 22. Juni begegnet Davies Assange schließlich in einem Brüsseler Hotel, und der Australier gibt schnell zu erkennen, dass er auf einem riesigen Datenschatz sitzt – und dass er Bedenken habe, er könne in seiner Wirkung verpuffen. Das Treffen dauert nach Davies Erinnerung sechs Stunden, danach ist der *Guardian* Teil einer neuartigen Form der Kooperation: WikiLeaks gewährt der Zeitung vorab Einblick in die Daten, sie könnte daraus nach ihren eigenen Kriterien Geschichten filtern. WikiLeaks will zeitgleich das Originalmaterial publizieren. Assange macht allerdings schon bei diesem Treffen klar, dass es nicht beim *Guardian* allein bleiben könne. So wie WikiLeaks auch deshalb so international aufgestellt ist, um Klagen gegen die Organisation zu erschweren, will er auch für das Afghanistan-Projekt mehr als nur ein internationales Medium ins Boot holen, schon aus Sicherheitsgründen. Denn gerade die Presse in Großbritannien ist besonders anfällig für richterliche Zensuranordnungen, das weiß Assange nur zu genau. Er hat den europäischen Abgeordneten am Vortag ausführlich darüber berichtet – ausgerechnet am Beispiel des *Guardian*. Assange schwebt als weiterer Kooperationspartner die *New York Times* vor, die einflussreichste Zeitung Nordamerikas. Partner Nummer drei soll der SPIEGEL sein.

Wir sind früh auf WikiLeaks aufmerksam geworden, 2008 durch den Briefwechsel der Organisation mit dem BND und durch die Auseinandersetzung um die Julius-Bär-Bankdaten. Seit Monaten gibt es einen engen Draht zum deutschen Repräsentanten Daniel Domscheit-Berg. Einen Tag nach dem Treffen in Brüssel bittet Domscheit-Berg um einen dringenden Termin im Berliner SPIEGEL-Büro.[4] »Würde der SPIEGEL sich an einem solchen Unterfangen beteiligen«, fragt er?

Die Entscheidung ist problematischer, als es auf den ersten Blick scheint. Es geht um grundsätzliche Fragen. Wie unabhängig ist Journalismus noch, wenn eine Organisation wie WikiLeaks mit Material an eine Zeitung herantritt und die Konditionen bestimmen möchte? Wie lässt sich die Authentizität des Materials überprüfen, wenn es keinen bekannten Informanten gibt? Und wie lassen sich die Interessen von drei Zeitungen auf zwei Kontinenten und einer Gruppe wie WikiLeaks zusammenführen? Es ist ein Modell ohne Vorbild, ein Feldversuch, Ausgang offen.

In einer Telefonkonferenz entscheiden die Chefredakteure der drei Blätter, den Versuch zu wagen. Für alle Zeitungen gibt es eine Bedingung: der Inhalt der Berichterstattung wird ausschließlich von den jeweiligen Redaktionen bestimmt; für den SPIEGEL ist zudem klar, dass kein Geld für die Dokumente fließen wird. Die Gespräche mit WikiLeaks sollen vor allem um die organisatorischen Rahmenbedingungen gehen. Im SPIEGEL betrachten wir das Material wie Dokumente, die anonym in der Post liegen. Bei ihnen muss die Sorgfalt besonders hoch sein.

Die Kommunikation ist nicht einfach, weil die beteiligten Medien den WikiLeaks-Leuten zugesagt haben, maximale Vertraulichkeit zu wahren. Das Projekt läuft deshalb intern unter dem Codenamen »Kabul Recovery«.

Das Hauptquartier für die gemeinsamen Vorbereitungen wird ein rund 20 Quadratmeter großer Raum im vierten Stock der modernen Londoner *Guardian*-Zentrale nahe dem Bahnhof King's Cross. Es gibt darin sechs Apple-Rechner, die Wand zum großen Licht-Innenhof des Gebäudes ist voll verglast, ein Fenster nach außen existiert nicht. Der Leiter der *Guardian*-Investigativ-Abteilung David Leigh bezeichnet das Büro, das er in den nächsten Wochen nur zum Schlafen verlassen wird, als »Bunker«.

Die Arbeit beginnt mit erheblichen technischen Problemen. Der Datensatz ist zu groß, um ihn mit Standardsoftware intelligent und schnell durchsuchen zu können. Ein *Guardian*-Mann bastelt deshalb in Nachtsitzungen eine provisorische Datenbank. Am letzten Mittwoch im Juni stößt Assange zu dem kleinen Reporterteam, das erste Suchdurchläufe macht. Assange ist froh, es nach London geschafft zu haben; nach seiner Ankunft auf dem Flughafen Heathrow schlägt er auf der Straße ein Rad.

In den folgenden knapp vier Wochen wird Assange für seine Verhältnisse ein geregeltes Leben führen und London nur selten verlassen. Er zieht innerhalb der britischen Hauptstadt allerdings mehrere Male um. Zuerst wohnt er in einem Mittelklassehotel, in dem er unter falschem Namen eincheckt, danach schlüpft er wie üblich in den Wohnungen und Häusern verschiedener Unterstützern unter.

Im »Bunker«, in den er mit seinen federnden, ausladenden Schritten stürmt, zieht Assange zuerst seinen kleinen schwarzen Eee-PC aus seinem Rucksack, einen 300-Euro-Rechner, auf dessen Klappe abgeschabte Aufkleber verschiedener Netzorganisationen wie dem Tor-Projekt und dem französischen »La Quadrature du Net« kleben. In wenigen Minuten ist der Minicomputer arbeitsfähig, und Assange fängt an, das kleine Keyboard zu bearbeiten. So werden wir und die *Guardian*-Kollegen ihn in den folgenden Wochen meist erleben, wenn er vorbeischaut: hoch konzentriert, fast schon autistisch – und dann wieder freundlich und hilfsbereit.

Stolz führt Assange die Datenbank vor, die WikiLeaks passwortgeschützt im Internet geparkt hat, auf einem Server, den Suchmaschinen nicht finden können. Dort lassen sich die einzelnen Militärberichte nach Datum und Ort sortieren, aber Assange will weitere Funktionen. Er will die Brutalität der Ereignisse verdeutlichen, den künftigen Besuchern der Seite klarmachen, was sich hinter dem militärisch-technischen Jargon der einzelnen Berichte tatsächlich verbirgt.

Er arbeitet wie besessen an dieser Datenbank, die den Afghanistan-Krieg greifbar machen soll. Er trägt eine seltsame Kombination aus einem knittrigen Jackett, einem T-Shirt, das er aus Norwegen mitgebracht hat, und Cargohosen, seine Füße stecken in ausgelatschten Turnschuhen, er ist unrasiert und wahnsinnig blass. Zusammen mit seinen weißen Haaren verleiht ihm das etwas Ätherisch-Wächsernes.

Wer den Raum verlässt und ein paar Tage später wiederkommt, hat den Eindruck, es habe sich nichts verändert. Assange trägt das gleiche Outfit und sitzt in derselben gebeugten Haltung vor seinem Rechner. Leute aus seinem Umfeld, die es gut mit ihm meinen, sagen in jenen Tagen, er brauche dringend ein paar Wochen Urlaub.

Assange sieht das anders, seine Finger fliegen über die Tastatur, ab und zu hält er kurz inne. »Wir brauchen eine Funktion, die das Gewicht der Vorfälle einordnet«, sagt er in seiner tiefen, sonoren Stimme. Bald darauf hat er einen Filter eingebaut, mit dem die Nutzer der Seite Tausende Einzelfälle nach ihrer Signifikanz durchsuchen können. Als Kriterium hat Assange vor allem die Zahl der zivilen Toten ausgewählt.

Viel Zeit nimmt er sich für die grafische Aufbereitung des Materials. Er will aus dem Datenmonstrum auch optisch herauskitzeln, was möglich ist: ein Krieg als Multimediapräsentation.

Er ist überzeugt, dass die Veröffentlichung dieses beispiellosen Kriegsarchivs erhebliche Auswirkungen haben wird –

zumal sie ja erfolgen soll, während der Einsatz noch läuft. Auch das ist noch nie da gewesen. Wenn die Berichte über die vielen bislang unbekannten Opfer ans Licht kommen, sagt Assange, werde sich nicht nur die öffentliche Meinung über den Krieg verändern, sondern »auch die von Menschen mit politischem und diplomatischem Einfluss«. Das Material werfe »ein Schlaglicht auf die alltägliche Brutalität und das Elend des Krieges« und werde »nicht nur unseren Blick auf diesen Krieg verändern, sondern auf alle modernen Kriege«.

Er taucht tief in die Tagebücher ein, sucht nach besonders gravierenden und bislang unbekannten Vorfällen und nach möglichen Kriegsverbrechen, die sich hinter dem technokratischen Slang verbergen können. Die Militärs haben ein besonderes Faible für seltsame und kryptische Drei-Buchstaben-Kombinationen wie »KIA« und »WIA«, was für »Killed in Action« und »Wounded in Action« steht. Wie schon beim Video aus Bagdad, als er mit dem Begriff »Kollateralschaden« eine der Schönfärbervokabeln des Kriegsalltags aufs Korn nahm, durchsucht er auch das Afghanistan-Material nach Euphemismen, mit denen Militärs die Realität auf dem Schlachtfeld umschreiben. »Ha«, ruft er plötzlich, »unglaublich.« Er hat ein neues groteskes Beispiel gefunden: »Vital Signs Absent«, Vitalfunktionen abwesend. Also tot.

Für Assange ist der Ausflug in einen normalen Büroalltag beim *Guardian* eine Grenzerfahrung. Er ist seit seinen Teenager-Hackertagen ein Nachtarbeiter geblieben. Meist kommt er spät am Vormittag, selten vor elf, macht keine Mittagspause und kennt offenbar auch keinen Hunger. Mittags isst er mal ein paar Melonenstücke, eher aber nichts. Und abends, in einem spanisch-marokkanischen Restaurant ganz in der Nähe, kann es passieren, dass Assange nichts weiter als zwei Kugeln Kardamom-Eis bestellt. Begründung: »Mein Magen ist nicht in Ordnung.«[5] Ein andermal schäkert er einen ganzen Abend mit dem

Kellner, weil der Tintenfisch, den er als Vorspeise bestellen will, gerade aus ist. Es sind nicht seine einzigen exzentrischen Anwandlungen: So kämpft er im *Guardian*-Gebäude gegen die Aufzugtüren, hindert sie am Öffnen, bis der schrille Warnton ertönt: »Hatte schon stärkere Gegner«, sagt er und schaut auf den Hersteller: Die deutsche Firma Schindler. »Ahh«, sagt Assange zu uns. »Schindlers Lift.«

Assange steckt voller Anekdoten, er kann selbst einen Tisch voller Journalisten, die sich für gewöhnlich häufig selbst gerne reden hören, spielend mehrere Abende lang unterhalten, ohne dass es langweilig würde. Sein Repertoire ist breit: Einmal erzählt er von überteuerten homöopathischen Präparaten in seiner Heimat Australien, deren Inhalte er analysiert habe. »Es war unglaublich, völlig unwirksames Zeug, reiner Betrug«, sagt er, und dass er seine Ergebnisse bei der Gesundheitsbehörde gemeldet habe. »Die haben mir gesagt, das sei schon in Ordnung, die australischen Gesetze ließen das zu.«

Das Projekt kommt gut voran, die beteiligten Medien haben kleine Teams zusammengestellt, die das Material analysieren. Auch innerhalb der Redaktionen herrscht strengste Verschwiegenheit. Das geht so weit, dass ein unbeteiligter *Guardian*-Reporter sich eine Geschichte über WikiLeaks vornimmt und sich verzweifelt auf die Suche nach Assange macht – während der im selben Gebäude ein Stockwerk über ihm an der Afghanistan-Datenbank arbeitet.

Ähnlich klandestin laufen die Vorarbeiten bei der *New York Times*. Die Treffen der beteiligten Redakteure finden in der Zentrale des Blattes an der New Yorker Eighth Avenue nicht im großen Newsroom, sondern eine Etage darüber statt. Die Redakteure werden sogar darauf hingewiesen, möglichst nicht als Gruppe den Newsroom zu verlassen. Auch die herbeigerufenen Korrespondenten, die selten in die Zentrale kommen, werden gebeten, direkt zu den Meetings zu erscheinen, damit die Kollegen nicht zu viele Fragen stellen.

Die Absprachen der Chefredakteure von *New York Times*, SPIE-
GEL und *Guardian* sind klar: WikiLeaks gewährt den Medien
vorab Einblick in das Material und bestimmt über den Veröffentlichungstermin mit. Bei der inhaltlichen Auswertung
sind alle Medienhäuser völlig unabhängig, auch die fertigen
Geschichten werden weder mit WikiLeaks noch unter den Koo-
perationspartnern vor dem Erscheinen ausgetauscht.

Die Absprachen zwischen WikiLeaks und den Zeitungen
werden bei Zusammenkünften in London getroffen, wobei die
New York Times nur in der ersten Woche durch ihren Verteidi-
gungsspezialisten vertreten ist.

Für die beteiligten Medien tauchen bei der intensiven Arbeit
mit dem Material schon früh mögliche Ansätze für Geschichten
auf, aber auch kritische Fragen. Die als geheim eingestuften
Berichte aus dem Feld enthalten viele Namen: von Militärs, von
Aufständischen und von Menschen, die von den Amerikanern
verdächtigt werden, ihnen zu helfen. Aber sie identifizieren auch
lokale Quellen, die den Isaf-Truppen Hinweise und Informationen für ihren Kampf gegen die Taliban geben. Auch über deren
Entlohnung führen die Militärs genau Buch – und diejenigen,
die nicht direkt mit Namen genannt werden, könnten durch
Angaben über ihren Wohnort identifiziert werden, immerhin
sind die einzelnen Meldungen mit GPS-Koordinaten versehen.

Die *Guardian*- und SPIEGEL-Reporter sprechen über das Pro-
blem mit ihren Chefredakteuren und, bei einem weiteren
Abendessen, direkt mit Julian Assange. Noch sind es gut drei
Wochen bis zum geplanten Erscheinungstermin. Es ist einer der
Punkte, die den Unterschied zwischen WikiLeaks und etablier-
ten Medien verdeutlichen. Die beteiligten Blätter werden die
Namen nicht drucken, und an jenem Abend in London drängen
wir und die *Guardian*-Leute Assange, es ebenfalls nicht zu tun.

Für WikiLeaks, das angetreten ist, Originaldokumente zu
veröffentlichen, ist das keineswegs selbstverständlich. Die
Plattform, die schon die privaten E-Mails von Sarah Palin und

die Mitgliederliste der rechtsextremen BNP veröffentlicht hat, hat keine Erfahrung darin, Persönlichkeitsrechte zu respektieren. Erst vor Kurzem hat Assange immerhin einen sogenannten »Schadensbegrenzungsprozess« zugelassen. Dahinter verbirgt sich nicht viel mehr als eine Vorabinformation von Betroffenen – und eine leichte zeitliche Verzögerung der Publikation. So, sagt Assange an jenem Abend, habe man es beispielsweise mit den Mitgliedern der BNP gemacht. Und niemandem sei etwas passiert. »Nun ja«, räumt er ein, »einige haben vielleicht ihren Job verloren.«

Aber die Afghanistan-Dokumente sind mit Mitgliederlisten britischer Parteien nicht zu vergleichen. In Afghanistan herrscht Krieg. Die Taliban töten ihre Landsleute aus weitaus geringeren Gründen als Verrat an den Feind. Assange sagt zu, sich um das Problem zu kümmern. Er erkennt, dass ein laxer Umgang nicht nur Menschenleben gefährden kann, sondern auch seine Organisation in Misskredit bringen würde. Ihm schwebe eine technische Lösung vor, sagt er, aber er müsse das mit seinen Leuten besprechen. Die Entscheidung fällt er jedoch offenbar im Alleingang. Daniel Domscheit-Berg wird davon erst durch den SPIEGEL erfahren und ist über den Bruch mit bisherigen Prinzipien von WikiLeaks perplex.Völlig ausschließen werde man, so Assange, die Gefahr bei diesen Datendimensionen kaum können: »Wir haben schon in der Vergangenheit harte Entscheidungen treffen müssen.« WikiLeaks werde versuchen, »Schaden zu minimieren«, aber in jedem Fall veröffentlichen: »Dieses Archiv gehört dem afghanischen Volk.«

Und der zu erwartende Aufschrei, die Kritik aus dem Pentagon? Assange lächelt, er genießt die Vorstellung schon heute, und er ist jetzt, drei Wochen vor dem geplanten Veröffentlichungstermin, regelrecht aufgekratzt. Letztes Mal, scherzt er, habe der amerikanische Verteidigungsminister kritisiert, das Video über den Vorfall in Bagdad zeige nur eine Momentaufnahme, einen kleinen Ausschnitt, wie durch einen Strohhalm.

»Darüber kann er sich diesmal nicht beklagen, diesmal zeigen wir auch das Vorher und Nachher, den gesamten Kontext, einfach alles.« Letztlich wird sich WikiLeaks entscheiden, rund 15 000 Berichte zurück zu halten, Material, das möglicherweise ein Gefahrenpotential für die darin erwähnten Menschen beinhaltet.

Eines wird bei der Arbeit im *Guardian* früh deutlich: Es handelt sich in der Mehrheit der Fälle um rohe, ungefilterte und unbearbeitete Berichte aus dem Feld – es ist der Krieg aus der alltäglichen Perspektive derjenigen, die ihn in Afghanistan führen. Und es ergibt sich ein deprimierender Gesamteindruck aus diesen Abertausenden »Threat Reports«, also Gefahrenberichten, den Warnungen vor improvisierten Sprengfallen an den Hauptrouten auch der deutschen Truppen und den bewaffneten Hinterhalten. Es entsteht der Eindruck eines konstanten Gefühls der Bedrohung, das bei den Soldaten vorherrschen muss, wenn in »Gefahrenberichten« nicht nur die Namen von möglichen Selbstmordattentätern genannt werden, sondern auch die Farbe und das Fabrikat des Autos, in dem sie den Sprengstoff für ihr Vorhaben schon in den Türen versteckt haben.

Knapp eine Woche vor Veröffentlichung der »Kabul War Logs« herrscht am Flughafen der afghanischen Hauptstadt Hochbetrieb. Lange Reihen schwarzer Panzerwagen stehen neben der Rollbahn. Alle wichtigen Nato-Außenminister haben sich angekündigt, neben Hillary Clinton und Guido Westerwelle ist auch Uno-Chef Ban Ki Moon gekommen. Es geht bei der »Kabul-Konferenz« um ein magisches Datum, und die Lenker der noch unter dem Isaf-Mandat kämpfenden Länder folgen dem Vorschlag des afghanischen Präsidenten Hamid Karzai: 2014 wird zum Jahr des Abzugs erklärt. Bis dahin sollen die Afghanen selbst für ihre Sicherheit sorgen können.

Für die Journalisten des SPIEGEL, des *Guardian* und der *New York Times*, die sechs Tage vor dem Veröffentlichungstermin ihre Geschichten weitgehend fertig geschrieben haben, klingt dieses Datum nicht nur naiv und unrealistisch. Es klingt wie Hohn. Wenn das Archiv so etwas wie eine zentrale Botschaft transportiert, dann die, dass sich die Lage in den letzten Jahren deutlich verschlechtert hat, besonders in dem von Deutschen kontrollierten Norden des Landes. Dieses allgemeine Gefühl lässt sich dank der Kriegstagebücher mit zahllosen Beispielen belegen, die nicht zuvor durch die »Public Relations«-Maschinerie des amerikanischen Verteidigungsministeriums gegangen sind. Die Berichte belegen, dass vor allem die afghanischen Sicherheitskräfte tagein, tagaus zu hilflosen Opfern der Taliban werden. Allein in den vergangenen drei Jahren kamen rund 2500 afghanische Polizisten und Militärs ums Leben. Das Ergebnis eines solchen Blutzolls ist eine demoralisierte Truppe, die zudem noch anfällig ist für die im Lande omnipräsente Korruption.[6]

Julian Assange zieht in den Tagen vor der Veröffentlichung innerhalb Londons um. Er verlässt den *Guardian* und baut im Journalistenklub »Frontline« im Stadtteil Paddington ein temporäres WikiLeaks-Hauptquartier auf. Das rote Backsteingebäude ist in London zu einer Institution für investigative Journalisten geworden, seit Vaughan Smith dort drei Etagen dem unabhängigen Journalismus gewidmet hat, für den er auch persönlich steht. Smith hat sich 1991 als britischer Offizier verkleidet samt Kamera in die Frontlinien des Golfkrieges geschummelt und so die militärische Bilderzensur umgangen. Im Café im ersten Stock ist in einer Glasvitrine Smiths schwer lädiertes Handy ausgestellt, mit dem er 1998 im Balkankrieg unterwegs war – und das ihm wahrscheinlich das Leben rettete, weil es eine Kugel abfing.

Wie schon so oft hat Assange die Wochen in London genutzt, um neue Netzwerke zu knüpfen. So hat er unter anderem Gavin McFadyen, der das »Zentrum für investigativen Journalismus« an der Londoner Universität leitet, zum ersten Mal in Persona getroffen. MacFadyen ist von Assange nachhaltig beeindruckt. Er hat Kontakt zu jungen, ehrgeizigen Journalistik-Studenten, die sich nur zu gern für ein Abenteuer wie dieses einspannen lassen. So hat Assange im Frontline-Club bald ein kleines Team aus freiwilligen Helfern um sich geschart, die ihn bei der Abwicklung seiner bisher größten Veröffentlichung unterstützen. Im Hintergrund arbeiten andere WikiLeaks-Leute daran, für den zu erwartenden Ansturm genug Serverkapazitäten bereitzustellen. Wie schon beim »Collateral Murder«-Video hat Assange sich für eine eigene Webseite für das Projekt entschieden: wardiary.wikileaks.org.

Auch bei den Medien laufen die letzten Vorbereitungen. Für den SPIEGEL als Wochenmagazin bedeutet der Erscheinungstermin Sonntag 25. Juli um 23 Uhr, auf den sich alle Beteiligten nach einigem Hin und Her einigen konnten, eine besondere Herausforderung. Normalerweise werden SPIEGEL-Exemplare bereits von Samstag an ausgeliefert, um quer durch die Republik rechtzeitig an die Kioske zu kommen. Auch die Nachrichtenagenturen haben von Samstagnachmittag an Zugriff auf die SPIEGEL-Geschichten der aktuellen Ausgabe. Zudem verbreitet das Magazin selbst Woche für Woche sogenannte Vorabmeldungen zu seinen Exlusivgeschichten. Das alles würde das mit den Partnern vereinbarte Embargo brechen, und deshalb wird die gesamte SPIEGEL-Maschine in dieser Woche später anlaufen. »Aus redaktionellen Gründen«, wie den Lesern mitgeteilt wird, die das Magazins sonst schon am Wochenende lesen können, die Nutzer des E-Papers und der SPIEGEL-Application für das iPad etwa. Das hat es so in der Geschichte des Nachrichtenmagazins noch nicht gegeben.

Am Ende gibt es erstaunlicherweise nur eine Mini-Panne, beim *Guardian*, wo ein Mitarbeiter des Onlinedienstes aus Versehen eine der fertig produzierten Afghanistan-Geschichten Stunden vor dem vereinbarten Termin online schaltet. Die Nachricht darüber geht automatisiert sogar über Twitter, aber der Fehler wird schnell bemerkt, und die Geschichte wieder offline genommen.

Am Abend des 26. Juli sitzt Julian Assange vor seinem Rechner im Frontline-Club, er hat zur Feier seinen dunklen Anzug an und ein Glas Weißwein vor sich. Er verfolgt zusammen mit den jungen Helfern, wie der *Guardian* und der SPIEGEL fast zeitgleich um 23 Uhr deutscher Zeit online gehen. WikiLeaks und die *New York Times* lassen sich Zeit. In den Tagen zuvor hatte die *New York Times* darauf gedrängt, dass Assange das Archiv zuerst ins Netz stellen müsse. Irgendwann will auch die *Times* nicht mehr warten und schaltet ihre Stücke frei. Erst mit drei Stunden Verspätung ist auch WikiLeaks so weit: Am Montag, dem 26. Juli, gegen drei Uhr morgens deutscher Zeit sind rund 77 000 Berichte aus dem Krieg in Afghanistan, die meisten davon mit dem Vermerk »Geheim« versehen, so öffentlich wie sie nur sein können – und von überall in der Welt von jedem Menschen mit einem Internetzugang abrufbar.

Der *Guardian* hat in den Dokumenten weitaus mehr zivile Tote entdeckt, als bislang bekannt, viele davon bei Einsätzen britischer Truppen und bewaffneter Drohnen wie der »Reaper«. Der SPIEGEL hat sich für das Cover den geheimsten und wohl fragwürdigsten Teil der amerikanischen Kriegsführung am Hindukusch ausgesucht: die gezielten Todesmissionen von US-Spezialeinheiten.

Auf Truppen wie die »Task Force 373« etwa hatte es bislang allenfalls vage Hinweise gegeben. Die Einheiten rekrutieren sich vor allem aus Elitesoldaten der Navy Seals und Delta Forces, tragen keine Namensschilder, und ihre Einsätze werden den Isaf-Truppen nicht angekündigt. Ihr Einsatzgebiet wird lediglich in sogenannten »Black Boxes« markiert, damit reguläre Truppen ihnen nicht in die Quere kommen. Nun kann die Titelgeschichte dank zahlreicher einschlägiger Fundstellen die Jagd der Spezialeinheiten auf Top-Talibanführer schildern. Sogar

Aktionen im Zusammenhang mit der bis dahin streng geheimen »Todesliste«, im Nato-Jargon »JPEL« (Joint Prioritized Effects
List) genannt, tauchen in immerhin 84 Meldungen auf. Es ist
eine Liste mit den Namen der Gegner, die mit höchster Priorität
gefangengenommen oder ausgeschaltet werden sollen.

Auch dass bei diesen geheimen Einsätzen einiges schief geht,
ist an diesem Montag im SPIEGEL erstmals detailliert nachzulesen. So hatte die TF 373 am 17. Juni 2007 den bekannten al-
Qaida-Mann Abu Laith al-Libi im Visier, den sie samt mehreren
Kampfgefährten in einer Koranschule vermutet. Die Amerikaner hielten mit einem mobilen Raketenwerfer auf das Ziel und
feuerten fünf Mal. Später fanden sie sechs tote Kinder in den
Trümmern, ein weiteres starb noch an Ort und Stelle, obwohl
ein amerikanischer Sanitäter es 20 Minuten lang zu reanimie-
ren versuchte. Von al-Libi keine Spur. Der Bericht müsse unbedingt geheim gehalten werden und dürfe auch nicht an andere
Isaf-Kräfte gelangen, heißt es darin.

Ähnlich verheerend verläuft ein Einsatz der Spezialtruppe
am 11. Juni 2007 in einem Tal 43 Kilometer südwestlich von
Dschalalabad. Die Task Force ist diesmal zusammen mit afghanischen Spezialkräften auf der Jagd nach einem Taliban-Kom-
mandeur, als sie im Dunkeln plötzlich geblendet werden – von
einer Taschenlampe. Im folgenden Feuergefecht töten die Spe-
zialkräfte versehentlich sieben afghanische Polizisten und
verwunden vier weitere. Die Presseabteilung der US Special
Forces hatte einen Tag nach dem Vorfall sogar eine Mitteilung
herausgegeben. Darin war allerdings weder von der Task Force
die Rede noch von Toten – und schon gar nicht von toten afghanischen Polizisten.[7]

Für WikiLeaks wird dieser Montag einen weiteren Durchbruch bringen. Die *New York Times* berichtet auf 6 Seiten, der
Guardian auf 14, der SPIEGEL auf 17 Seiten. Assange lässt sich
bereits tags zuvor im Frontline-Club von Mitarbeitern die ers-

ten Schlagzeilen der beteiligten Blätter zurufen – er hat keine
der Geschichten vorher zu Gesicht bekommen. Vor allem über
Twitter verbreitet sich die Story vom größten »Leak« der US-
Militärgeschichte schon nach Minuten rund um die Welt.
Assange weiß, dass nun für WikiLeaks und ihn persönlich
nichts mehr so sein wird, wie es war. Ein Video oder ein ein-
zelnes Armeedokument sind eine Sache. Das gesamte Kriegs-
archiv eines laufenden Konflikts ist etwas anderes. Er hat eine
Supermacht blamiert und die gewaltigste Militärmaschinerie
der Welt herausgefordert. Dem Mann, der am späten Abend
des 25. Juli 2010 im Londoner Frontline-Club zufrieden an
seinem Weißwein nippt, ist klar, dass diese Herausforderung
nicht ohne Antwort bleiben wird.

Der Schmerz der Falken

»Warum ist Assange noch am Leben?«

(Der konservative Kolumnist Jonah Goldberg in der National Review online)

Als Julian Assange den Versammlungsraum des Frontline-Club
betritt, entfährt ihm ein »Holy Fuck«. Wie schon beim »Collateral-Murder«-Video hat er für den offiziellen Erscheinungstag
zu einer Pressekonferenz eingeladen. Er will die Definitions-
hoheit über seine bislang spektakulärste Veröffentlichung
nicht den etablierten Medien und der Politik überlassen. Die
blauen Klappstühle des Journalisten-Clubs sind restlos besetzt,
er muss sich seinen Weg durch TV-Teams und Fotoreporter
zum Podium bahnen.

Seit der vergangenen Nacht gehen die Kriegsberichte durch
die Nachrichtensendungen der Welt. Seine Helfer im Frontline-Club haben nichts dem Zufall überlassen. Normalerweise
hängt hinter dem Podium ein großes Schwarzweißposter, das
einen Atompilz zeigt. Das passt nicht zur Botschaft des Tages,

finden sie, und tauschen es gegen das Porträt eines Soldaten im Vietnamkrieg aus. Es wird während Assanges Auftritt, der über einen Live-Stream im Internet übertragen wird, immer im Hintergrund sein.

Der Auftritt wird zu einem der Schlüsselmomente für Wiki-Leaks. Wieder hat Assange entschieden, alleine zu sprechen. Er trägt einen anthrazitfarbenen Anzug und ein weißes Hemd mit offenem Kragen, auf die Krawatte hat er diesmal verzichtet. Stolz hält er für die Fotografen in London die aktuelle Ausgabe des *Guardian* in die Kameras.

Das Weiße Haus hat schon auf die Nachrichtenlage reagiert, in einer ungewöhnlichen Form: einer E-Mail mit »Ratschlägen für Reporter«, die noch am Sonntagabend amerikanischer Zeit verschickt wird. »Gedanken über WikiLeaks«, heißt es in der Betreffzeile der Mail aus der Regierungszentrale, die »nur für den Hintergrund« gedacht ist, aus der also nicht zitiert werden soll.

Der Tenor dieser ersten offiziellen Reaktion ist noch gelassen, die amtierende US-Regierung will die amerikanischen Medien vor allem darauf hinweisen, dass das Gros des Materials noch die Kriegsstrategie von Obamas Amtsvorgänger George W. Bush reflektiert. Einige der beunruhigenden Dinge, über die jetzt berichtet werde, seien »exakt« der Grund für den von Präsident Obama verkündeten Strategiewechsel in Afghanistan gewesen, heißt es darin. Bei der Berichterstattung über das Thema sollten die Journalisten ferner bedenken, dass es sich bei WikiLeaks nicht um ein objektives Medium handle, sondern um eine Organisation, die offen gegen die US-Politik in Afghanistan eintrete.

Doch die Gelassenheit hält nicht lange vor. Der amerikanische Präsident Barack Obama steht bei Konservativen ohnehin unter Verdacht, Themen der inneren und äußeren Sicherheit nicht ernst genug zu nehmen. Schon für das tägliche Pressebriefing im Weißen Haus hat sich sein Sprecher Robert Gibbs offensivere Formulierungen zurechtgelegt. Durch die Veröffentlichung seien eindeutig »Bundesgesetze gebrochen« worden, klagt er. Sie berge die Gefahr, »unseren Truppen schweren Schaden zuzufügen, und denjenigen, die mit unseren Truppen zusammenarbeiten«. Damit gibt Gibbs den Tenor für die offiziellen Reaktionen der nächsten Tage vor.

Der Präsident kennt den Vorgang schon ein paar Tage vor der Öffentlichkeit. Am Donnerstag vor der Veröffentlichung haben die *New York Times* und der SPIEGEL das Weiße Haus mit Fragen zu den Afghanistan-Kriegsprotokollen konfrontiert. Wie sehr das Thema ihn und den Pressestab des Weißen Hauses seither auf Trab gehalten hat, lässt der Obama-Sprecher gegen Ende des Briefings durchblicken, als ihn ein Journalist auf ein anderes Thema ansprechen will. »Dazu kann ich nichts sagen. Ich war mit WikiLeaks beschäftigt«, sagt Gibbs.[8]

Auch Obama selbst wird sich am Tag darauf äußern. Nach einem Treffen mit Kongressabgeordneten tritt er aus dem Oval Office in den Rosengarten des Weißen Hauses und wird mit Fragen nach der Enthüllung konfrontiert. Die Veröffentlichung der Geheimberichte könne »Menschen und Operationen« im Kampfgebiet schaden, sagt der Präsident, aber er sieht offenbar auch die Gelegenheit, aus der Situation politisches Kapital für sich zu schlagen. In den Regierungsjahren von Präsident Bush »haben wir es verpasst, eine den Herausforderungen angemessene Strategie« für Afghanistan und Pakistan zu finden, sagt Obama in die Fernsehkameras. Er selbst habe durch seinen Strategiewechsel auf die beschriebenen Problemfelder bereits reagiert.[9]

Wie nicht anders zu erwarten, fallen die Kommentare und Reaktionen aus dem Militär und den Sicherheitsbehörden deutlich harscher aus: Für das Pentagon ist der neuerliche Datenverlust vor allem eines: eine Blamage. Verteidigungsminister Robert Gates, der einzige Minister Obamas, der schon unter George W. Bush diente, lässt sich für seine Reaktion bis

Donnerstag Zeit, dann lädt er die Militärberichterstatter der großen amerikanischen Medien zu einer gemeinsamen Pressekonferenz mit Admiral Generalstabschef Michael G. Mullen, dem Vorsitzenden der Vereinigten US-Stabschefs, ins Pentagon. Es handle sich um eine »massive Sicherheitsverletzung«, schimpft ein zorniger Gates. Mullen geht den WikiLeaks-Frontmann persönlich an: »Assange kann über das höhere Ziel, dem er und seine Quelle angeblich dienen, sagen, was er will, aber in Wahrheit haben sie (WikiLeaks, d. A.) vielleicht schon das Blut eines jungen Soldaten oder einer afghanischen Familie an ihren Händen«, sagt der ranghöchste US-Offizier.[10] Er benutzt damit ein Zitat von Assange selbst. Der Australier hatte dem *New Yorker* gesagt, es sei nicht auszuschließen dass die WikiLeaks-Macher eines Tages Blut an den Händen hätten.

Gates kündigt noch an Ort und Stelle eine »aggressive Suche« nach dem Datenleck an: im Pentagon werde mit Hochdruck daran gearbeitet, das Material zu sichten, die amerikanische Bundespolizei FBI werde bei der Jagd helfen. Parallel hat auch Justizminister Eric Holder eine Untersuchung des Falles in Auftrag gegeben. Allein die Task Force aus Militärgeheimdienstlern und FBI-Leuten, die sich in einem Bürogebäude in der Nähe des Pentagon mit der Sichtung der Protokolle und der Jagd nach der Quelle befasst, wird in den nächsten Wochen auf rund 120 Mann anschwellen. Die Leitung der Operation überträgt Verteidigungsminister Gates dem erfahrenen und hochdekorierten General Robert A. Carr, der für den Militärgeheimdienst DIA (Defense Intelligence Agency) arbeitet. Carr hat das vergangene Jahr im Einsatz in Afghanistan verbracht und gilt innerhalb des Militärs als Schwergewicht.[11]

Die offizielle Mission seiner »Information Review Task Force« ist es, die Afghanistan-Kriegstagebücher nach gefährlichen Inhalten zu durchsuchen. Darüber hinaus soll die Truppe herausfinden, was WikiLeaks sonst noch alles in Händen hält. Und es geht darum, Belastungsmaterial zu finden, nicht nur gegen die mögliche Quelle, sondern auch gegen WikiLeaks und Julian Assange. Der Australier hat die Armee der letzten verbliebenen Supermacht herausgefordert, jetzt hat er mit dem bulligen Carr und dessen Analysten- und Agententruppe erstmals einen Gegner mit Gesicht.

Als Grundlage für eine mögliche Anklage gegen Assange könnte der Espionage Act von 1917 dienen, der Spionage sehr breit definiert. Danach macht sich nicht nur strafbar, wer als geheim eingestufte und illegal beschaffte Informationen der Vereinigten Staaten mit der Absicht weitergibt, den USA zu schaden oder anderen Nationen zu nutzen; es reicht schon, dass jemand wissentlich illegal in den Besitz von Informationen gelangt ist, die dazu verwendet werden könnten, das Spionage-Gesetz aus der Zeit des Ersten Weltkriegs zu verletzen.

Für einen möglichen Prozess gegen Assange werden deshalb die Umstände entscheidend sein, unter denen er das Material bekommen hat. Wenn WikiLeaks-Mitarbeitern eine aktive Rolle in der Beschaffung nachgewiesen werden könnte, dann würde es für Assange und Co. eng werden. Dafür gibt es Präzedenzfälle. Im Jahr 2006 hat beispielsweise ein US-Bundesgericht entschieden, dass Mitarbeiter einer israelischen Lobbyorganisation für die Weitergabe geheim eingestufter US-Dokumente juristisch verfolgt werden können, auch wenn sie sich diese nicht selbst widerrechtlich angeeignet haben.

Deutlich mehr Spielraum im Umgang mit geheimem Material räumen US-Gerichte traditionell Medien ein. Der erweiterte rechtliche Schutzschild für die Presse ist auch der Grund, warum WikiLeaks seit der Veröffentlichung konsequent als »Medienorganisation« auftritt, Assange sich bisweilen als ihr »Chefredakteur« bezeichnet und er im August 2010 nach Schweden reist, um sich dort um eine offizielle Presse-Herausgeberlizenz für seine Organisation zu bemühen.

Eine weitere Herausforderung für die Gedankenspiele der amerikanischen Behörden ist Assanges Staatsbürgerschaft.

Für die Hardliner in den USA ist das allerdings kein Hindernis. Die Falken formieren sich schnell und erkennen das Thema als Chance, den demokratischen Präsidenten Barack Obama anzugreifen. Besonders aggressiv meldet sich Marc Thiessen zu Wort, ein ehemaliger Redenschreiber von George W. Bush und dessen Verteidigungsminister Donald Rumsfeld, der jetzt bei einem konservativen Think Tank arbeitet und eine regelmäßige Meinungskolumne in der *Washington Post* schreibt. Die martialische Rhetorik seiner ehemaligen Auftraggeber beherrscht er gut.

»WikiLeaks muss gestoppt werden« ist sein Artikel überschrieben, und Thiessen lässt keinen Zweifel daran, dass ihm persönlich dafür jedes Mittel recht wäre, »juristisch, geheimdienstlich oder militärisch«.[12] Es handle sich »nicht um eine Medienorganisation, sondern um eine kriminelle Vereinigung«, die nicht nur den Espionage Act verletze, sondern mit ihren Veröffentlichungen auch Terroristen unterstütze. Schon der bislang entstandene Schaden sei »nicht zu ermessen und irreparabel«.

Auch Assange persönlich müsse verfolgt werden, schreibt Thiessen, und das sei auch kein Problem. Der erste Schritt sollte eine Anklage des Justizministeriums sein, die nicht öffentlich gemacht werden müsse. Stattdessen könne die US-Regierung ihre »internationalen Partner in der Strafverfolgung« zu seiner Festnahme bewegen und dann seine Auslieferung beantragen. Die USA sollten durch angemessenen diplomatischen Druck »deutlich machen, dass sie es nicht tolerieren, wenn Länder – speziell Nato-Partner wie Belgien oder Island – Kriminellen einen sicheren Hafen bieten, die das Leben von Nato-Kräften gefährden«. Im Zweifel, giftet Thiessen weiter, könne Assange sogar auch »ohne Wissen und Genehmigung« seines jeweiligen Gastlandes ergriffen und in die Vereinigten Staaten gebracht werden, eine Art »Rendition«-Programm also, jene Art von Entführungen, die die CIA vor allem gegen vermeintliche islamistische Terroristen angewendet hat.

Thiessen steht mit seinen Forderungen nach einem harten Kurs nicht allein. Besonders Rupert Murdochs Sender Fox News intoniert die Kampagne. So fordert Liz Cheney, Tochter des ehemaligen Vizepräsidenten und selbst einst Mitarbeiterin des US-Außenministeriums die aktuelle Regierung auf, »Wiki-Leaks zu schließen« und Assange »aggressiv juristisch zu verfolgen«, denn er habe mit seinen Veröffentlichungen »al-Qaida unterstützt«.[13]

Einen praktischen Vorschlag bringt Jonah Goldberg, Kolumnist des rechten *National Review Online* später in die Debatte ein: »Warum ist Assange noch nicht tot?« Er meine die Frage ernst, erläutert Goldberg: »Warum ist Assange nicht schon vor Jahren in seinem Hotelzimmer umgebracht (»garrottiert«) worden?« Es sei offenbar leichter, einen »muslimischen Terroristen« hinzurichten, als einen »hippen australischen Web-Guru«; selbst wenn die CIA Assange töten wollte, sinniert Goldberg weiter, würden sie das nicht tun können, ohne »eine massive Kontroverse darüber auszulösen«.[14]

Die Veröffentlichung der Afghanistan-Dokumente stellt nicht nur einen Einschnitt in der Militärgeschichte der USA dar. Sie wird auch zu einer Niederlage für den Journalismus, zu einem kollektiven Versagen journalistischer Instinkte.

Es ist ein Paradoxon: selten zuvor sind so viele interne Kriegsberichte publik geworden, Berichte, die nicht aufbereitet, verfälscht, zensiert sind. Es ist sind Berichte, nach denen Journalisten normalerweise jahrelang suchen und die doch nur selten das Licht der Öffentlichkeit erblicken, schon gar nicht in solchem Umfang. Sie könnten im besten Sinn die Grundlage für Geschichtsschreibung sein. Man muss WikiLeaks nicht mögen, um mit diesem Material zu arbeiten; man kann WikiLeaks und Julian Assange verachten und trotzdem sachlich analysieren, was die Dokumente aussagen. Jeder Journalist kann sich selbst ein Bild vom Krieg in Afghanistan machen. Es müssten Sternstunden des Journalismus sein.

Stattdessen sind die Tage danach ein Armutszeugnis für verschiedene Medien. Viele Journalisten reagieren nach einem simplen Muster: Die Widerworte der Regierung wiegen für sie den Wert des enthüllten Materials auf. Sie glauben lieber dem Pentagon, als dem Material selbst, das, Ironie der Geschichte, ja ebenfalls aus dem Pentagon stammt. Nur wenige Redaktionen machen sich die Mühe und arbeiten mit den Papieren. Zuweilen wirkt es, als seien die enthüllten Inhalte schon deshalb nicht interessant, weil sie zwischenzeitlich in den Händen von WikiLeaks waren, einem Nestbeschmutzer. Vor allem die konservativen Medien in den USA berichten kaum über den Inhalt der Dokumente, sondern fast ausschließlich über den bösartigen Charakter ihrer Veröffentlichung. Eine Aufarbeitung des Kriegsverlaufs mit seinen Fehlern wie Erfolgen aus konservativer Sicht, die sich aus dem Material speist und die wertvoll für die Debatte wäre, fehlt bis heute.

Das weitgehende Versagen des Journalismus lässt sich auf zwei Ursachen zurückführen: Opportunismus und Geld. Es ist bequem, der Linie der Regierung zu folgen, während es Courage erforderte, sich ihr entgegenzustellen. Und es ist billig, vorgefertigte Statements und Pressemitteilungen abzudrucken, aber teuer, sich tage- und wochenlang mit der Auswertung der Afghanistan-Dokumente zu beschäftigen. Zusammengenommen führen diese beiden Punkte dazu, dass die Debatte über WikiLeaks mindestens so intensiv und breit geführt wird, wie die Debatte über den Krieg.

Die Kritiker werfen WikiLeaks vor allem zwei Dinge vor. Beide stammen aus dem ersten Statement der US-Regierung, und sie zeigen, wie die Öffentlichkeitsarbeit von Pentagon und Weißem Haus wirkt. Der erste PR-Trick ist die schon von Obama bei seinem Auftritt im Rosengarten des Weißen Hauses vorgetragene These, die Dokumente enthielten im Wesentlichen »nichts Neues«.

Die Pointe dieser Aussage, die in den folgenden Tagen und Wochen immer wieder von Politikern, Militärs und vielen »Experten« angeführt wird, scheint vielen Beobachtern gar nicht aufzufallen. Denn natürlich ist diese Analyse aus dem Mund von Obama und seinem Verteidigungsminister zutreffend – schließlich handelt es sich um ihr eigenes geheimes Militärtagebuch, auf dessen Grundlage die Briefings und Statistiken entstehen, mit denen das Pentagon das Weiße Haus informiert. Und neu sind die Informationen natürlich auch nur bedingt, sie stammen bekanntlich aus früheren Jahren. Nur für die Öffentlichkeit sind sie neu.

Interessant ist, wie schnell sich viele Medien dem Urteil des US-Militärs und der US-Regierung anschließen. Selbst die renommierte *Washington Post* kommt nur einen Tag nach der Veröffentlichung zu dem Ergebnis, in den Zehntausenden Dateien finde sich »wenig«, was bis dahin nicht bekannt gewesen sei. Da höre er auf jeder Washingtoner Party mehr Geheimnisse, lästert einer ihrer Reporter. Erst nachdem es heftige redaktionsinterne Debatten gibt, ändert die Zeitung ihre Einschätzung.

Auch die Bundesregierung schließt sich in ihren Formulierungen den Vorgaben aus Washington an – obwohl die Dokumente für die Deutschen in großen Teilen neu sind. Die Mitarbeiter des Bundespresseamts verwechseln intern anfangs »WikiLeaks« sogar mit »Wikipedia«, sie lernen, dass es nicht die Online-Enzyklopädie war, die da Zehntausende Geheimdokumente öffentlich zugänglich gemacht hatte.

Es ist deshalb nicht sehr überzeugend, was der Sprecher des Verteidigungsministeriums vor der Berliner Bundespressekonferenz am Montag nach der Veröffentlichung zum Besten gibt. »Die Erlangung und die Offenlegung von eingestuften und teil-

weise geheimen Unterlagen in derartiger Weise sind durchaus
ein äußerst bemerkenswerter Vorgang«, sagt Kapitän zur See
Christian Dienst. Sein Haus habe gerade damit begonnen, die
»unzähligen Dokumente zu prüfen, um bewerten zu können,
ob unsere Sicherheitsinteressen ebenfalls beeinträchtigt sein
können.« Alles offen also. Aber ein Urteil hat der Sprecher des
Verteidigungsministeriums trotzdem schon parat: »Für uns
ergibt sich aus dem, was in der Presse dargestellt ist, zunächst
im Sinne des Nachrichtenwertes nichts Neues.«

Im deutschen Parlament kann man den Äußerungen des
Hardthöhe-Sprechers nicht ganz folgen. Zwar waren die
Obleute des Verteidigungsausschusses in einer Sitzung im
Juni erstmals grob über die Aktivitäten der amerikanischen
Spezialkommandos im Norden aufgeklärt worden. Aber nach
der SPIEGEL-Veröffentlichung drängen sich etlichen Abgeordneten ernste Fragen darüber auf, welchen Beitrag die Deutschen zu der umstrittenen schwarzen Liste der wichtigsten zu
ergreifenden oder zu tötenden Top-Taliban geleistet haben.

Die oppositionelle SPD kündigt sogar an, ihre Zustimmung
zur nächsten Verlängerung des Afghanistan-Mandats davon
abhängig zu machen, wie umfassend die Regierung über die
neuen bekannt gewordenen Details aufkläre. Man werde »die
Regierung in den Ausschüssen intensiv befragen und mit den
Informationen konfrontieren«, sagt der außenpolitische Sprecher der SPD-Fraktion, Rolf Mützenich.[15] Insbesondere die Schilderungen zu den Vorgängen um die Task Force 373 und zur
tatsächlichen Sicherheitslage im deutschen Einsatzgebiet ließen die positiven Darstellungen des deutschen Außenministers
fragwürdig erscheinen. Die Bundesregierung müsse dringend
klären, »ob wirklich alle Aktionen der US-Armee völkerrecht-
lich durch das Isaf-Mandat gedeckt sind«. Auch der Verteidi-
gungsexperte der Grünen, Omid Nouripour, der jede Woche von
der Bundesregierung eine Unterrichtung zur Sicherheitslage
in Kunduz erhält, moniert, dass den Parlamentariern offenbar

Wichtiges vorenthalten wird. Die Dokumente zeichneten »ein noch dramatischeres Sicherheitsbild von der Lage am Hindukusch«, so der Grüne. Er finde »zahlreiche Vorfälle in den Papieren, von denen ich noch nie etwas gehört habe«.

Noch wirksamer als die Behauptung, die Dokumente enthielten nichts Neues, ist freilich der zweite Punkt, mit dem die Obama-Regierung operiert: die Behauptung, dass durch die Veröffentlichung Menschenleben in Gefahr sind. Trotz der Anonymisierung der Daten erscheinen in den ersten Tagen nach der Veröffentlichung Geschichten, in denen Zeitungen von Fundstellen berichten, in denen potenziell gefährdete Personen mit Namen und teils sogar ihrem Wohnort auftauchten. Am weitesten geht die Londoner *Times*, die wie Fox News zum Medienimperium von Rupert Murdoch gehört. Sie suggeriert unter der Überschrift: »Mann, der in den Kriegstagebüchern benannt wird, ist schon tot«, es sei nach nur 72 Stunden zum ersten Fall einer Racheaktion der Taliban gegen afghanische Informanten der Isaf-Kräfte gekommen.[16]

Man muss in dem Beitrag über mehrere Absätze lesen, bis man erfährt, dass der erwähnte Mann schon seit zwei Jahren tot ist und sein Ableben mit der Veröffentlichung schon deshalb kaum etwas zu tun haben kann. Die *Times*-Journalisten lassen sich davon indes nicht irritieren. In einem Kommentar in derselben Ausgabe heißt es: Im Ergebnis würden durch die Veröffentlichung »unschuldige, normale Menschen sterben«. Das sei »nicht etwa eine Spekulation, sondern ein unvermeidlicher Fakt«. Assange und »seine Aktionen« beschreibt der *Times*-Autor in seinem Artikel als »egoistisch, unreif, heuchlerisch und kolossal unverantwortlich«.[17]

Der britische Fernsehsender Channel 4 schürt am Tag darauf noch die schlimmsten Befürchtungen. Der Sender hat einen der vielen angeblichen Taliban-Sprecher interviewt, der sagt, die Taliban seien schon dabei das Material auszuwerten. »Wenn darin US-Spione auftauchen, wissen wir, wie wir sie bestrafen werden«, wird er zitiert.[18] Der afghanische Präsident Hamid Karzai sagt in seiner ersten öffentlichen Reaktion, das Aufdecken der Informantennamen sei »extrem unverantwortlich und schockierend«.[19]

Für Julian Assange sind das Ablenkungsmanöver. Aufgebracht wirft er sowohl US-Verteidigungsminister Gates als auch Stabschef Mullen »Heuchelei« vor. Gates sei während der Iran-Contra-Affäre bei der CIA gewesen und habe die Kriege im Irak und Afghanistan wesentlich mit geführt, wo er den »Mord an Tausenden Zivilisten und Kindern« zu verantworten habe, »Mullen war militärischer Kommandeur für den Irak und Afghanistan«, schimpft Assange, beide hätten in diesen Funktionen »täglich Hinrichtungen angeordnet«, die beiden Männer wateten geradezu im Blut dieser beiden Kriege.[20]

Auch die Kritik, das veröffentlichte Archiv würde inhaltlich nicht viel hergeben, hält Assange für absurd. Nach seiner Überzeugung stecken darin Tausende unerzählte Geschichten, die über die Realität des Krieges mehr aussagen als jede Verlautbarung des Pentagon. Auch die umfangreichen Analysen in SPIEGEL, *Guardian* und *New York Times*, seien nur der erste Schritt, erklärt er schon bei seinem Presseauftritt im Frontline-Club. Nun stehe das Material allen interessierten zur Verfügung. Diese Schwarmintelligenz werde immer neue Aspekte zutage fördern. Viele weitere Journalisten, aber auch Historiker, afghanische Zivilisten und amerikanische Soldaten hätten jetzt die Gelegenheit, nach bestimmten Ereignissen zu suchen, vielleicht sogar Ereignissen, die sie als Augenzeugen miterlebt haben und deren Darstellung durch das Militär sie jetzt mit eigenem Erleben vergleichen können.

Stolz verkündet Assange in den nächsten Tagen Beispiele, wo genau das passiert, wo das Archiv dabei hilft, dem tatsächlichen Geschehen näher zu kommen. So zitiert er den Fall von vier kanadischen Soldaten, von denen es bislang hieß, sie seien das Opfer von Aufständischen geworden. Tatsächlich, fanden kanadische Journalisten anhand des nun öffentlich gewordenen Materials heraus, war es amerikanisches »Friendly Fire« gewesen, das die vier umbrachte.

Den vielleicht spektakulärsten nachträglichen Bericht filtert die anfangs skeptische *Washington Post* aus dem Datenkonvolut. Fast auf den Tag genau zwei Monate nach dem Erst-Veröffentlichungstermin druckt sie eine Geschichte über eine bislang unbekannte, rund 3000 Mann starke paramilitärische Truppe, die von der CIA trainiert, gesteuert und ausgerüstet wird. Unter der Bezeichnung »OGA«, die für »Andere Regierungseinrichtung« (Other Government Agency) steht und unter der die Paramilitärs des Geheimdienstes sich häufiger verbergen, hat die *Post* in den Kriegstagebüchern nicht nur Stützpunkte der Geheimtruppe ausfindig gemacht, sondern auch Details zu ihren Operationen.[21] Die Geschichte ist zugleich der Beleg, wie reichhaltig die Dokumente sind. Trotz wochenlanger Auswertung sind weder SPIEGEL noch *New York Times* oder *Guardian* auf die geheime Einheit aufmerksam geworden.

Assange, der ehemalige Student der Mathematik, misst die vorläufige Bilanz der Afghanistan-Veröffentlichung in Zahlen und Statistiken. Besonders gern zitiert er eine Untersuchung des amerikanischen Meinungsforschungsinstituts Pew Research. Danach hat sich die Berichterstattung über den Afghanistankrieg in der Woche nach dem Erscheinen verdreifacht. Statt sechs Prozent machte sie 18 Prozent der gesamten Berichterstattung aus. »Fast noch erstaunlicher« sei aber, dass fast 50 Prozent der Befragten gesagt hätten, die Veröffentlichung der Kriegstagebücher sei im öffentlichen Interesse.[22]

Diese Meinung teilt die US-Regierung natürlich nicht. Das Pentagon verschärft in seiner Jagd auf die Quelle und mögliche Helfer bei der Veröffentlichung der Kriegstagebücher den Tonfall. Geoff Morrell, der Sprecher von Verteidigungsminister Gates, stößt bei einer Pressekonferenz am 5. August eine offene

Drohung aus. WikiLeaks habe etwas in seinen Besitz gebracht, das der Regierung der Vereinigten Staaten gehöre und sonst niemandem, sagt Morell. »Die Regierung fordert WikiLeaks auf, dieses Regierungseigentum zurückzugeben, es von allen seinen Servern zu löschen und künftig derlei Material nicht mehr zu veröffentlichen.«[23] Es ist klar, dass auf diese Drohung konkrete Schritte folgen müssen.

Während das Pentagon Druck aufbaut, macht Verteidigungsminister Robert Gates gegenüber den US-Senatoren Carl Levin und John McCain Mitte August in einem Brief ein erstaunliches Eingeständnis, das einer der beiden Verteidigungslinien der amerikanischen Regierung offen widerspricht. Bislang habe die Veröffentlichung »weder sensitive Geheimdienstquellen noch -methoden enthüllt«, schreibt er.[24] Damit bricht die Hälfte der Regierungskritik in sich zusammen. Den meisten Medien, auch jenen, die die Behauptung, an Assanges Händen klebe Blut, prominent auf der Titelseite veröffentlicht haben, ist das stillschweigende Dementi allerdings nur eine kurze Meldung wert. Einordnende Analysen oder Kommentare bleiben fast durchweg aus.

Assange ist vom Auftritt Morells hin und her gerissen. »Das Pentagon verwendet 25 Minuten Pressekonferenz auf uns, bemerkenswert!«, sagt er, das schmeichelt erkennbar seinem Ego. Offiziell gibt er sich gewohnt kämpferisch und kommentiert die Drohbotschaft sofort. »Diese Organisation wird sich von nichts und niemandem unterdrücken und am Publizieren hindern lassen«, antwortet er über Twitter.[25] Doch mit Vertrauten diskutiert Assange darüber, ob sie ihre »OpSec« weiter erhöhen müssen, ihre operative Sicherheit. Und wohin und wie weit der lange Arm der Amerikaner womöglich reichen könnte.

Doch die nächste Herausforderung kommt nicht aus den USA. Sie kommt aus Schweden und den eigenen Reihen.

Die Zerreißprobe

WikiLeaks in der Krise

> »Ich bin das Herz und die Seele dieser Organisation,
> ihr Gründer, ihr Sprecher, der erste Programmierer,
> Organisator, Finanzier und ganze Rest. Wenn du
> ein Problem damit hast, verpiss dich.«
>
> (Julian Assange zu einem isländischen WikiLeaks-Helfer,
> der ihn kritisiert hatte)

Julian Assange lässt sich die Haare stutzen, er trennt sich von seinem Andy-Warhol-Haarschopf und trägt die Haare jetzt streichholzkurz. Er entscheidet sich auch für einen neuen, unauffälligen Farbton: dunkelbraun. So verlässt er London, er fliegt nach Schweden, wo er Mitte August öffentlich auftreten soll. Der christliche Flügel der schwedischen Sozialdemokraten hat ihn eingeladen, einen Vortrag zu halten. Eine neue Chance, das Projekt vorzustellen, Menschen für sich zu gewinnen, Spendengelder zu akquirieren.

Assange häutet sich wieder einmal, er lässt London hinter sich und sein altes Äußeres. Selbst die Frau, die ihn in Stockholm empfängt, muss genau hinschauen, um ihn zu erkennen. Anna ist 30, sie ist die Sprecherin des Parteiflügels, der ihn eingeladen hat. Anna hat selbst ein Aktivisten-Gen in sich, neben ihrer Parteiarbeit schreibt sie einen Blog, in dem sie unter anderem ihren Gedanken über den Feminismus und vegane Ernährung freien Lauf lässt. Sie ist von Assange und seiner

Arbeit beeindruckt und darüber zu einer der vielen Sympathisantinnen geworden, die jetzt seine Nähe suchen. Sie mag seine Ziele, sie mag seine Methoden – und sie mag ihn. Assanges Sofa-Surfer-Strategie, mit dem er die Eincheck-Prozedur in Hotels vermeiden kann, funktioniert auch in Stockholm: Anna lässt ihn bei sich wohnen, in ihrer kleinen Wohnung in Södermalm. Sie selbst fährt zu ihren Eltern.

Und dann ist da noch eine zweite Schwedin. Sofia aus der rund 50 Kilometer entfernten Stadt Enköping hat die atemberaubende Karriere von Julian Assange genau verfolgt. Sie hat alles über WikiLeaks gelesen, was sie finden konnte. Vor allem hat sie sich frühere Auftritte von Assange auf YouTube angeschaut. Sofia ist fasziniert. Sie hat Kunst studiert und ist begeistert vom Internet. Sie präsentiert dort ihre Fotoarbeiten und seit Kurzem auch ihre Videoinstallationen. Als sie die Ankündigung von Annas Partei liest, dass Assange am 14. August 2010 im Gebäude des schwedischen Gewerkschaftsverbands mitten in Stockholm sprechen soll, ist für die 25-Jährige klar, dass sie unbedingt dabei sein möchte. Sie akkreditiert sich als Fotografin.

Assange verbindet mit seiner Reise mehr, als nur das Interesse eines weiteren öffentlichen Auftritts. Er will sich im liberalen Schweden um eine Aufenthaltsgenehmigung bemühen und, vor allem, um eine Herausgeberlizenz für WikiLeaks. Eine offizielle Anerkennung als Medienorganisation in einem Land, das international über einen der besten Schutzschilde für Journalisten, Quellen und Whistleblower verfügt, würde seine Verteidigungsposition bei den bevorstehenden nächsten Veröffentlichungen erheblich verbessern. Zudem hat WikiLeaks hier wichtige Unterstützer. Die Boulevardzeitung *Aftonbladet* hat Assange angeboten, eine regelmäßige Kolumne zu schreiben. Und die schwedische Piratenpartei hat zugesagt, der Organisation Serverkapazitäten zur Verfügung zu stellen.

Eigentlich hat Assange Grund, gut gelaunt zu sein, als er am Samstag dem 14. August wie geplant bei der Parteiveranstaltung spricht. Er hat ein paar neue Beispiele aus dem Afghanistan-Material herausgesucht, um dessen Relevanz zu erklären. So projiziert er vor dem schwedischen Publikum beispielsweise geheime Berichte an die Wand, die »PsyOps« des amerikanischen Militärs beschreiben. Akte der psychologischen Kriegsführung also, die darauf hinauslaufen, dass die US-Militärs scheinbar unabhängigen afghanischen Medien fertig produzierte Sendestunden voller Positivberichterstattung liefern und für deren Ausstrahlung noch viele Tausend Dollar bezahlen.

In der ersten Reihe sitzt eine junge Frau in einem pinken Kaschmir-Oberteil, sie hat ihre langen blonden Haare zu einem Pferdeschwanz gebunden und lauscht gebannt – es ist Sofia. Auch Assanges Gastgeberin Anna ist natürlich auf der Veranstaltung, sie trägt in der anschließenden Diskussion das Mikrofon zu den Fragestellern.

Anna ist am Freitagnachmittag von ihrem Ausflug zu ihren Eltern zurückgekommen, früher als geplant. Als sie in ihre Wohnung kommt, ist Assange dort. Die beiden beschließen, dass er auch weiterhin bleiben darf und gehen essen. Danach wird aus dem Couch-Surfing-Aufenthalt mehr, sie verbringen auch den Rest der Nacht miteinander. Dabei kommt es zu den Ereignissen, die später zu den schweren Vorwürfen führen und bei denen unter anderem ein beschädigtes Kondom eine Rolle spielt. Die Frau wird aussagen, Assange habe sie durch Festhalten an Armen und Beinen zunächst daran gehindert, zu einem Kondom zu greifen, dann aber eingewilligt. Allerdings habe Assange etwas mit dem Gummi gemacht, jedenfalls habe der Sex durch das beschädigte Kondom gegen ihren Willen in ungeschütztem Geschlechtsverkehr geendet. Assange bestreitet, den Schutz manipuliert oder auch nur davon gewusst zu haben, dass das Kondom beschädigt war.[1]

Bei der Veranstaltung am nächsten Morgen ist beiden nichts anzumerken. Die junge Frau mit der Kamera aus der ersten Reihe nimmt nach Assanges Vortrag, Kontakt zu ihm auf. Sie wird eingeladen, Assange und ein paar Bekannte zum Essen zu begleiten. Dort, im »Bistro Bohème«, habe die Frau versucht, Assange in ein Gespräch zu verwickeln, erinnern sich Teilnehmer. Es gelingt ihr, und Assange beginnt noch am Tisch mit ihr zu flirten. Sie selbst wird später in ihrer Polizei-Aussage, die an schwedische Medien durchsickert, davon sprechen, sie habe ihn »bewundert«.

Die beiden verlassen das Bistro gemeinsam und verbringen den Rest des Nachmittags zusammen, sie besuchen ein Museum und gehen dann ins Kino, um sich den 3D-Naturfilm »Deep Sea« anzuschauen. Dort kommt es zu ersten Zärtlichkeiten. Anschließend gehen sie in einen Park, Assange will sich noch ein bisschen ausruhen und erzählt seiner Begleiterin, er sei später noch zu einer Party eingeladen.

Tatsächlich ist es Anna, die für Assange in ihrer Wohnung ein Krebsessen organisiert, trotz der Ereignisse der vorangegangenen Nacht. Zwei ihrer Freunde werden später bei der Polizei aussagen, die Gastgeberin habe ihnen während der Party vom Vorabend berichtet.[2] Anna scheint die Dissonanzen nicht übel zu nehmen: Gegen zwei Uhr morgens in jener Nacht setzt sie über Twitter eine Meldung ab. Sie sitze gerade mit den »coolsten und smartesten Menschen der Welt zusammen, es ist fantastisch«.

Auch Sofia hat Assange nicht vergessen. Sie erreicht ihn einen Tag später, und sie verabreden sich für den späten Abend. Von Stockholm aus fahren sie mit dem Zug nach Enköping, wie schon zuvor für die Metrotickets zahlt die junge Frau auch jetzt für die Fahrt. Assange sagt, er habe kein Bargeld und wolle nicht, dass Kreditkartendaten seinen Aufenthaltsort verraten. Die 45-minütige Bahnfahrt muss für die junge

Frau ernüchternd gewesen sein. Assange verbringt sie damit, Geschichten über sich selbst und WikiLeaks zu lesen. Er habe sich mehr mit seinem Computer beschäftigt als mit ihr, wird sie später aussagen.

Für alles, was danach passiert, gibt es nur zwei Zeugen, die sich widersprechen. Unbestritten ist nur, dass es zunächst offenbar zu einvernehmlichem Sex kommt. In ihrer Aussage bei der Polizei wird Sofia sagen, dass sie auf Safer Sex bestanden habe, Assange sich zunächst gegen ein Kondom sperrte, dann aber einwilligte. In den frühen Morgenstunden kommt es dann offenbar zu ungeschütztem Geschlechtsverkehr, der später Grundlage für den Vergewaltigungsvorwurf werden wird: In ihrer Aussage bei der Polizei wird die Frau sagen, sie sei erst durch den Sex wach geworden. Sie habe gesagt »Du hast besser kein HIV«; er habe geantwortet: »Natürlich nicht.«[3]

Am Morgen danach frühstücken die beiden gemeinsam, und als Assange aufbricht, verspricht er auf Sofias Drängen, in Kontakt zu bleiben. Doch Sofia macht sich Sorgen. Sie versucht im Verlauf des Tages immer wieder, ihn zu erreichen, kauft sich die »Pille danach« und geht ins Krankenhaus, um sich auf HIV testen zu lassen. Als sie Assange über seine Nummer nicht erreicht, schickt sie seiner Gastgeberin Anna, die sie bei der Veranstaltung kennengelernt hat, eine SMS. Die beiden Frauen treffen sich, reden – und erfahren von ihren parallelen Affären.

Anna schickt Assange nach dem Gespräch eine Nachricht, er möge sofort seine Sachen aus der Wohnung schaffen. Sie kontaktiert auch Assanges schwedisches Umfeld. Beide Frauen wollen offenbar, dass Assange sich auf übertragbare Geschlechtskrankheiten untersuchen lässt. Assange wird die Wohnung räumen und sich zu einem Test bereit erklären. Aber da ist es schon zu spät.

An jenem Nachmittag erscheinen die beiden Frauen gemeinsam auf einer Polizeidienststelle in Stockholm. Anna will die Jüngere nach eigenen Aussagen zunächst nur begleiten. Doch die den Fall aufnehmende Beamtin, die später von zwei weiteren Kollegen unterstützt wird, registriert die Fälle als zwei Vorwürfe. Die Beamten kontaktieren die Staatsanwaltschaft und die diensthabende junge Staatsanwältin. Maria Häljebo Kjellstrand wertet die Schilderungen als Vergewaltigung. Sie erlässt gegen Julian Assange einen Haftbefehl in Abwesenheit.

Es dauert nur Stunden, bis die schwedische Presse von der Sache Wind bekommt. Viele schwedische Journalisten sind an jenem Abend beim traditionellen Krebsessen auf dem Landsitz des schwedischen Premierministers in Harpsund, so auch Niklas Svensson, der beim Boulevardblatt *Expressen* arbeitet. Es ist ein freischaffender Kollege von ihm, der um 19.52 Uhr eine SMS mit der Information bekommt, Assange werde per Haftbefehl gesucht, wegen Vergewaltigungsvorwürfen. Der freie Journalist steckt dem *Expressen*-Mann die Information noch auf der Party. Der wiederum gibt sie sofort an seine Redaktion durch. Sein dort diensthabender Kollege Diamant Salihu ruft bei der Staatsanwaltschaft an. Er bekommt die zuständige junge Staatsanwältin nicht nur an den Apparat – sondern offenbar auch dazu, die brisante Information zu bestätigen.

Am nächsten Morgen um fünf Uhr geht der Beitrag von Svensson und Salihu online, in der Printausgabe ist er sogar die Titelgeschichte – in schwarzen Riesenlettern steht neben einem älteren Foto von Assange: »Haftbefehl gegen WikiLeaks-Gründer«.

Bemerkenswert an dem Beitrag ist vor allem ein Zitat, mit dem Staatsanwältin Kjellstrand den Haftbefehl gegen Assange offenbar bestätigt. Dass Staatsanwaltschaften den Namen von Verdächtigen in Vergewaltigungsfällen bestätigen, ist kein alltäglicher Vorgang. Vollends ungewöhnlich ist, dass die schwedische Staatsanwältin das offenbar in einem Fall tut, in dem der Verdächtige nicht greifbar ist – und dem Betroffenen damit theoretisch die Möglichkeit gibt, sich abzusetzen.

Assange arbeitet in einem Ferienhaus gerade an seiner ersten Kolumne für das *Aftonbladet*, als er von den Vorwürfen erfährt. Der Australier reagiert wie so oft über seinen öffentlichen Lieblingskanal, den offiziellen WikiLeaks-Twitterfeed. »Wir wurden gewarnt, dass wir mit schmutzigen Tricks zu rechnen haben. Hier haben wir jetzt den ersten«, schreibt er dort am Samstagmittag und verlinkt auf den *Expressen*-Bericht.[4] Nachmittags schickt er eine weitere Kurzbotschaft hinterher: »Die Vorwürfe haben keine Grundlage und dass sie gerade jetzt erhoben werden ist zutiefst beunruhigend.« Im Übrigen habe ihn die Polizei bislang nicht selbst kontaktiert.

Die schwedische Staatsanwaltschaft ertrinkt derweil in einer Flut von internationalen Medienanfragen zu den Vorwürfen. Die Causa wird in der schwedischen Justiz zur Chefsache. Generalstaatsanwalt Anders Perklev ist nervös, er will die Entscheidung von Kjellstrand schnellstmöglich überprüft wissen. Er beauftragt einen Mitarbeiter, sich um die Sache zu kümmern, und der veranlasst, dass die Aussagen der beiden Frauen sofort an Oberstaatsanwältin Eva Finné geschickt werden, die über das Wochenende in ihr Sommerhaus gefahren ist. Es sei ihm darum gegangen, dass der Fall mit »ausreichenden Ressourcen« behandelt werde, erklärt Perklev sein Engagement später.[5]

Finné prüft die Unterlagen und kommt schnell zu einer anderen Bewertung als Kjellstrand. Noch am Samstagnachmittag geht auf der Webseite der schwedischen Anklagebehörde eine Mitteilung mit der Titelzeile »Assange wird nicht mehr gesucht« online. »Oberstaatsanwältin Eva Finné ist zu der Entscheidung gelangt, dass Julian Assange nicht der Vergewaltigung verdächtigt wird«, heißt es darin. »Deshalb wird auch der Haftbefehl in Abwesenheit wieder aufgehoben.«[6] Eine vollständige Kehrwende in weniger als 24 Stunden ist offenbar auch bei der schwedischen Justiz nicht an der Tagesordnung. Die mit *Expressen* konkurrierende Boulevardzeitung *Aftonbladet* jedenfalls spricht von einer »bizarren Wendung«.

Sollte Assange zu diesem Zeitpunkt hoffen, die Sache sei erledigt, wird er bald eines Besseren belehrt. Anna gibt *Aftonbladet* noch am Wochenende ein Interview. »Es wäre falsch zu sagen, dass wir Angst vor ihm hatten. Er war nicht gewalttätig, und ich habe mich nicht durch ihn bedroht gefühlt«, sagt sie darin. Sie fügt aber hinzu: »Die Verantwortung für das, was mir und dem anderen Mädchen geschehen ist, liegt bei einem Mann, der eine verquere Einstellung zu Frauen und ein Problem damit hat, ein ›Nein‹ als Antwort zu akzeptieren.«[7] Vor allem aber stellt die schwedische Anklagebehörde klar, dass gegen Assange weiter ermittelt werde, wenn auch wegen des geringeren Vorwurfs der Belästigung.

Für die WikiLeaks-Mannschaft ist schnell klar, dass sich auch die Organisation zu den Vorwürfen aus Schweden verhalten muss. Aber wie? Soll sich WikiLeaks vorbehaltlos mit ihrem Chef solidarisieren, ohne genau zu wissen, was in Schweden geschehen ist? Oder soll Assange für eine Weile zur Seite treten, bis die Vorwürfe geklärt sind?

Die verschlüsselten Chat-Kanäle, über die die Mitglieder von WikiLeaks miteinander kommunizieren, laufen in diesen Stunden heiß. Schließlich nutzen Assanges Mitstreiter den gerade erst eingerichteten offiziellen WikiLeaks-Blog auf der Webseite für eine Botschaft in eigener Sache. »Wir wurden am Samstag den 21. August auf die Vergewaltigungsvorwürfe gegen Julian Assange aufmerksam gemacht, den Gründer dieses Projekts und einen unserer vier Sprecher«, heißt es in dem kurzen Text, der mit »WikiLeaks-Team« unterzeichnet ist. Der Satz ist schon deshalb bemerkenswert, weil die Organisation Assange darin erstmals offiziell als »Gründer« bezeichnet. Bislang hatten WikiLeaks-Mitstreiter und er selbst immer auf der Formulierung »Mitgründer« bestanden. »Wir sind sehr besorgt über die Schwere der Vorwürfe«, heißt es weiter. »Wir, die Menschen hinter WikiLeaks, haben über Julian die beste Meinung, und er hat unsere volle Unterstützung«. Die kurze Botschaft schließt mit einem Satz, der später noch eine tiefere Bedeutung bekommen wird. »Während Julian sich um seine Verteidigung kümmert und darum, seinen Namen reinzuwaschen, wird WikiLeaks die normale Arbeit fortführen.«[8]

Assange persönlich entscheidet sich für die Variante eines raschen öffentlichen Gegenangriffs. Er gibt dem arabischen Nachrichtensender al-Dschasira ein Telefoninterview. Darin bestreitet er energisch alle Vorwürfe und sagt, er habe zwar keine »direkten Beweise dafür«, dass Geheimdienste hinter dieser »Schmutzkampagne« steckten, »aber der Kontext ist beunruhigend«. Um eine Schmutzkampagne handele es sich in jedem Fall: »Die Frage ist nur, wer dahintersteckt« und wer davon profitiere? Im Übrigen hätten ihn australische Informanten erst zehn Tage zuvor gewarnt, dass er mit schmutzigen Tricks zu rechnen habe. Und was ist mit den Missbrauchsvorwürfen, will die arabische Journalistin wissen? »Unglaubwürdig«, sagt Assange. Er sei unschuldig.[9]

Tatsächlich heißt es in der Warnung eines australischen Regierungsbeamten an Assange: »Du könntest in Affären mit schmutzigen Tricks verwickelt werden«; als Beispiel führt der Informmant aus: »Zoll oder Grenzpolizei finden einen USB-Stick mit Kinderpornos in deinem Gepäck oder Hotel.«[10]

Nur drei Wochen, nachdem er das Pentagon herausgefordert hat, hat das Leben des Julian Assange, eine neue, dramatische Wendung erfahren. Nach seinem Hacker-Verfahren und dem erbitterten Sorgerechtsstreit um seinen Sohn, die sein Leben und seine Sicht auf die Gesellschaft maßgeblich geprägt haben, drohen ihm neue juristische Verwicklungen: eine Anklage und ein weiteres Gerichtsverfahren. Nur diesmal unter den Augen der Weltöffentlichkeit.

Die Art der Vorwürfe und vor allem der Zeitpunkt, zu dem sie erhoben werden, sind Stoff für wilde Verschwörungstheorien, die Assange mit seiner Bemerkung über die Warnung aus Australien gezielt anheizt. Auch wenn er selbst sich mit konkreten Anschuldigungen zurückhält und darauf hinweist, dass es für eine Sexfalle, wie sie zum Standardrepertoire von Geheimdiensten gehört, in seinem Fall bis auf das skurrile Timing keine konkreten Belege gebe – für viele seiner Sympathisanten ist der Fall sonnenklar. Der ehemalige britische Botschafter in Usbekistan, Craig Murray, schreibt in seinem Blog, Assange sei wie er selbst während seiner Amtszeit zum Opfer eines »Kompromats« geworden: »So nennen die Russen den Einsatz von sexuellen Anschuldigungen, um eine öffentliche Figur zu zerstören.«[11]

Schwedische Blogger recherchieren über den Hintergrund der beiden Frauen, die Assange angezeigt haben. Besonders die Vita der Politaktivistin Anna sorgt für weitere Spekulationen. In ihrem Blog hatte sie im Januar 2010 ein »Rezept für Rache« veröffentlicht. Wenn es um Rache für einen Ehebruch gehe oder an jemandem, der einen anderen verlassen hat, dann sollte seine »Bestrafung« auch etwas mit Dating oder Sex beinhalten, schrieb sie. Die Internet-Rechercheure finden auch schnell heraus, dass sie einen Cousin hat, der mit der schwedischen Armee in Afghanistan stationiert war. Und dass sie selbst einmal ein Praktikum beim schwedischen Auswärtigen Amt absolviert habe, ausgerechnet in der schwedischen Botschaft in Washington, D C. Zudem ist Kuba eines ihrer Lieblingsthemen, sie engagierte sich in der Anti-Castro-Bewegung. Das alles macht sie in den Augen der Blogger noch verdächtiger. Die Schwedin deaktiviert ihren Blog, aber sie kann sich im Netz nicht unsichtbar machen. Der beliebte amerikanische Blog »Gawker« nennt ihren vollen Namen, zeigt ihr Foto und scannt ihre Visitenkarte ein. Auch bei Sofia dauert es nur Tage, bis ihr vollständiger Name im Netz steht, sowie der Name ihres amerikanischen Freundes, auch ihre neue Wohnadresse, trotz Umzugs. Es ist ein Kampf mit schmutzigen Methoden auf mehreren Seiten.

Wer Assange in diesen Tagen kontaktiert, erlebt ihn zwar kämpferisch, aber auch schwer getroffen. »Hell of a day«, sagt er immer wieder: was für ein Höllentag. Die Vorwürfe der beiden Frauen seien die schlimmsten Anschuldigungen, die gegen ihn bisher erhoben worden seien. Und er scheint mehrfach täglich zu zählen, wie viele Internetseiten seinen Namen mit dem Thema Vergewaltigung in Verbindung bringen: »Wenn man Assange und »rape« googelt, erhält man jetzt schon fast vier Millionen Treffer«, schreibt er uns.

Für Julian Assange ist die Schweden-Affäre aus vielerlei Gründen gefährlich. Es geht um mehr als seinen persönlichen Ruf. Die Vorwürfe aus seinem Privatleben sorgen dafür, dass auch innerhalb von WikiLeaks schwelende Konflikte eskalieren. Schon seit Anfang des Jahres rumort es im Netzwerk, es gibt immer wieder Streit. Parallel wächst der Druck von außen nach den Veröffentlichungen des Videos und der Afghanistan-Protokolle massiv. WikiLeaks ist in diesen wenigen Monaten international bekannt geworden, die Nachfrage ist fulminant gewachsen, es gibt viele neue Einsendungen. Hunderte Programmierer melden sich, wollen als Freiwillige mitarbeiten. Und täglich kommen neue Interviewanfragen dazu. Was nicht im selben Maße mit wächst, ist die Organisation selbst. Die letzte große Blutzufuhr kam aus Island. Rund um die Vorbereitung von »Collateral Murder« sind mindestens ein halbes Dutzend Isländer eng an die Kerntruppe von WikiLeaks herangerückt und teils mit ihr verschmolzen. Neben Birgitta Jonsdottir sind das vor allem Kristinn Hrafnsson und sein Kameramann Ingi Ragnar Ingason, die für das »Collateral Murder«-Video in Bagdad recherchiert haben. Als die isländische Fernsehgesellschaft RUV die Sendung einstellt, für die Hrafnsson und Ingason vorwiegend gearbeitet haben, steht ihr Entschluss fest. Sie wechseln die Seiten.

Auch mit dieser wichtigen Verstärkung aus dem Norden operiert WikiLeaks am Limit.

Vor allem der Vorwurf, die Organisation sei mit dem Afghanistan-Material nicht sorgsam genug umgegangen, macht einigen zu schaffen. Das Unbehagen verstärkt sich, als es plötzlich nicht mehr nur die üblichen Verdächtigen sind, die WikiLeaks kritisieren. Nur wenige Tage vor den Vorfällen in Schweden sind die wesentlichen Inhalte eines Briefs von fünf Menschenrechtsorganisationen an das *Wall Street Journal* durchgesickert. Es ist ein Appell an WikiLeaks, so nicht weiterzumachen. Amnesty International, Reporter ohne Grenzen und andere sorgen sich um das Leben von afghanischen Informanten.

»Wir fordern eure Freiwilligen und eure festen Mitarbeiter dringend auf, alle Dokumente zu analysieren und diejenigen, die Informationen enthalten, die Individuen identifizieren können, zu bearbeiten oder aus dem Netz zu nehmen«, heißt es in dem Schreiben.[12] Assange ist sauer. Ausgerechnet Amnesty. Aus seiner Sicht hat niemand so viele Menschenrechtsverletzungen aufgedeckt wie er und WikiLeaks allein mit den Afghanistan-Dokumenten. Und dann auch noch das *Wall Street Journal*, das konservative Leitmedium von Rupert Murdoch, der aus Sicht von Assange auf allen verfügbaren Kanälen eine Kampagne fährt. Assange schreibt zurück, dass die Organisationen sich doch an dem aufwändigen Redaktionsprozess beteiligen sollten. Wenn Amnesty nichts tue, außer öffentliche Rügen auszusprechen, droht er mit einer »Pressemitteilung« – die prompt kommt. Kurz danach erscheint einer seiner gefürchteten Gegenangriffe per Twitter: »Das Pentagon will uns in den Ruin treiben, indem es sich weigert, uns beim Durchsehen der Dokumente zu helfen. Die Medien übernehmen keine Verantwortung. Amnesty auch nicht. Was tun?«[13]

Es gibt in dieser Situation Stimmen bei WikiLeaks, die dafür plädieren, langsamer und vorsichtiger zu agieren. Die argumentieren, es sei wichtiger, die eigenen Strukturen zu professionalisieren, als von Scoop zu Scoop zu eilen. Und die der Meinung sind, Assange sollte sich aufgrund der Vorwürfe in Schweden eine Zeitlang aus der ersten Reihe der Organisation zurückziehen. Die wichtigste und einflussreichste dieser Stimmen ist Daniel Domscheit-Berg.

Der Berliner WikiLeaks-Mann, aber auch Birgitta Jonsdottir beobachten zunehmend kritisch, wie die privaten Probleme von Assange die Schlagzeilen über die Organisation bestimmen. Für den Deutschen kommt hinzu, dass er sich aus den aktuellen Vorgängen ausgeschlossen fühlt. WikiLeaks sei immer ein »Gruppenprojekt« gewesen, wird er später sagen:»Wenn aus einer Organisation eine Ich-AG wird, ist das schwierig.«[14]

Die Vorgänge in Schweden sind der Anlass für den Streit, aber dahinter stehen seit Längerem schwelende Meinungsverschiedenheiten. Domscheit-Berg sieht sich als die zweite zentrale Figur neben Assange, nicht hinter ihm. Er habe der Idee sein Leben verschrieben, sagt er. WikiLeaks seien »zuerst Julian Assange und ich«. Andere WikiLeaks-Leute betrachten das anders; sie verweisen darauf, dass Domscheit-Berg nicht an der Auswertung der Dokumente der US-Regierung mitgearbeitet habe, und nicht einmal alle Aktivisten der Gruppe kenne; er habe die Organisation vor allem nach außen vertreten. Assange selbst schätzt Domscheit-Berg als Unsicherheitsfaktor ein, hält ihn für überfordert und bezeichnet ihn intern als psychisch instabil. Er will ihm nicht zu viel Macht übertragen und lässt ihn zwar die deutschen Finanzen der Wau Holland Stiftung verwalten, nicht aber die australischen Gelder, die Assange selbst zusammen mit einer australischen Freundin kontrolliert.

Je länger das Jahr 2010 dauert, desto weniger wird der Deutsche über aktuelle Entwicklungen auf dem Laufenden gehalten, etwa über die Pläne der Organisation mit dem Irak-Material. Domscheit-Berg ist dadurch in einer schwierigen Situation. Bei ihm stapeln sich die Anfragen internationaler Medien, und er weiß oft nicht mehr, was er antworten soll oder welche Vereinbarungen er noch treffen kann.

In mehreren Anläufen versuchen Domscheit-Berg und weitere interne Kritiker, Julian Assange ihre Sorgen nahezubringen. Sie finden es beispielsweise falsch, dass Assange für seine Mitteilungen in eigener schwedischer Sache den offiziellen Twitter-Account des Projekts nutzt.

Am 4. September erscheint in einem Blog des amerikanischen Nachrichtenmagazins *Newsweek* ein Beitrag, der zum Eklat führt. Der Autor zitiert darin anonyme Stimmen, die Assange angeblich aufgefordert hätten, sich während der laufenden Ermittlungen in dem schwedischen Verfahren zurückzuziehen.[15] Assange ist sicher, die Quelle für diese anonymen Zitate zu kennen: Er verdächtigt Domscheit-Berg. Aus seiner Sicht will der Deutsche die Gunst der Stunde dazu nutzen, die Macht zu übernehmen. Intern spricht Assange von einem »Putschversuch«.[16]

So kommt es Anfang September 2010 zu einer folgenreichen Unterhaltung. Sie findet über einen verschlüsselten Computerchat statt, Assanges bevorzugte Art der Kommunikation. Er hat dafür eine goldene interne WikiLeaks-Regel erlassen, wonach diese Chats weder mitgeschnitten noch gespeichert werden dürfen. Doch in diesem Fall hält sich zumindest eine Seite nicht daran. Das Chat-Protokoll wird jedenfalls später auf der Webseite wired.com auftauchen.[17]

Domscheit-Berg: »Was sind die Vereinbarungen in Hinblick auf Irak? Ich muss den Plan verstehen.«

Assange: (zitiert die *Newsweek*-Passage:) »Ein Informant, der in engem Kontakt mit anderen WikiLeaks-Aktivisten in Europa steht und darum gebeten hat, anonym zu bleiben, sagt, dass mehrere Beteiligten mit Sorge sehen, dass Assange wiederholt von schmutzigen Tricks und Verschwörungen gegen ihn spricht. Insider sagen, dass einige Leute die mit der Webseite zu tun haben, schon darüber (sic)«

Assange: »Nachdenken ob es einen Weg gibt, ihren Frontmann dazu zu bewegen, sich zurückzuziehen – oder ihn sogar rauszuwerfen«

Domscheit-Berg: »Was hat das mit mir zu tun?«

Domscheit-Berg: »Und wo ist das her?«

Assange: »Warum denkst du, dass es mit dir zu tun hat?«

Domscheit-Berg: »Wahrscheinlich wirfst du mir vor, dass ich das war. (…)«

Domscheit-Berg: »Wie gestern schon gesagt läuft gerade eine interne Diskussion, eine Menge Leute haben ihre Sorgen vorgetragen«

Domscheit-Berg: »Du solltest dich dem stellen, statt auf den Einzigen zu schießen, dem etwas daran liegt, dir das ehrlich zu sagen«

Assange: »Nein. Drei Leute haben deine Botschaft schon weitergetragen«

Domscheit-Berg: »Welche Botschaft?«

Domscheit-Berg: »Und welche drei Leute? (…)«

Domscheit-Berg: »Viele Leute, denen an diesem Projekt etwas liegt, haben genau das vorgeschlagen.«

Domscheit-Berg: »Nicht ich verbreite diese Botschaft«

Domscheit-Berg: »Es wäre einfach ein logischer Schritt in dieser Situation.«

Domscheit-Berg: »Und das sehen praktisch alle so«

Assange: »Warst du es?«

Domscheit-Berg: »Ich habe nicht mit *Newsweek* oder anderen Medien darüber gesprochen.«

Domscheit-Berg: »Ich habe mit Leuten gesprochen mit denen wir arbeiten und denen an diesem Projekt etwas liegt.«

Domscheit-Berg: »Und daran ist nichts falsch.«

Domscheit-Berg: »Wir brauchen sogar mehr davon, und ich kann dir nur empfehlen, endlich auf solche Bedenken zu hören.«

Domscheit-Berg: »Besonders wenn ein Desaster nach dem anderen passiert (…)«

Domscheit-Berg: »Nimm endlich mal wahr, dass du intern nicht mehr viel Vertrauen genießt«

Domscheit-Berg: »und dass alles Leugnen und die Ausrede einer Kampagne gegen dich nichts daran ändert, dass das alles nur das Ergebnis deines Handelns ist (…)«

Domscheit-Berg: »Ich mag gar nicht darüber nachdenken, wie viele Leute, die dich respektiert haben, mir gesagt haben, dass sie von deinen Reaktionen enttäuscht sind.«

Domscheit-Berg: »Ich habe versucht, dir das alles zu sagen, aber in deiner Hybris ist dir das alles egal.«

Domscheit-Berg: »Deshalb ist es mir jetzt auch egal.«

Domscheit-Berg: »Bis dass ich auf die eingangs gestellten Fragen Antworten brauche.«

Domscheit Berg: »Welche Vereinbarungen wir getroffen haben.«

Domscheit-Berg: »Ich muss das wissen, damit wir weiterarbeiten können.«

Assange: »Wie viele Leute waren in diesen privaten Chats vertreten? (…)«

Domscheit-Berg: Fang endlich an, meine Fragen zu beantworten, J« (für Julian, d. A.)

Assange: »Das ist hier kein Quid pro quo.«

Assange: »Weigerst du dich, zu antworten?«

Domscheit-Berg: »Ich habe dir schon gesagt, dass ich nicht einsehe, warum ich dir noch antworten soll, nur weil du Antworten verlangst und gleichzeitig jede Antwort auf meine Fragen verweigerst.«

Domscheit-Berg: »Ich bin nicht wie ein Hund, dem du nach Gutdünken Befehle erteilen kannst, J«

Assange: »Ich untersuche einen schweren Sicherheitsvorfall. Weigerst du dich, zu antworten?«

Domscheit-Berg: »Und ich untersuche einen schweren Vertrauensbruch. Weigerst du dich, zu antworten?«

Assange: »Nein, das tust du nicht. Ich habe diese Unterhaltung begonnen. Bitte antworte auf die Frage.«

Domscheit-Berg: »Ich habe sie begonnen.«

Domscheit-Berg: »Wenn du mal noch oben schaust« (in den Chatverlauf, d. A.)

Domscheit-Berg: »Ich möchte wissen, wie die Vereinbarungen zum Thema Irak aussehen.«

Assange. »Das sind Verfahrensfragen. Spiel keine Spielchen mit mir.«

Domscheit-Berg: »Hör auf, auf den Überbringer der Botschaft zu schießen«

Assange: »Ich hab genug.«

Domscheit-Berg: »Ich auch. Und so geht es nicht nur mir.«

Assange: »Wenn du mir nicht antwortest, wirst du rausgeschmissen.«

Domscheit-Berg: »Du bist niemandes König oder Gott.«

Domscheit-Berg: »Und du erfüllst im Moment nicht mal deine Rolle als Führungsfigur.«

Domscheit-Berg: »Eine Führungsfigur schafft ein Klima von Vertrauen und kommuniziert.«

Domscheit-Berg: »Du tust das genaue Gegenteil.«

Domscheit-Berg: »Du verhältst dich wie eine Art Kaiser oder Sklaventreiber.«

Assange: »Du bist für einen Monat suspendiert, das gilt ab sofort.«

Domscheit-Berg: »Haha.«

Domscheit-Berg: »Genau.«

Domscheit-Berg: »Und warum?«

Domscheit-Berg: »Und wer entscheidet darüber?«

Domscheit-Berg: »Du? Wieder so eine Ad-hoc-Entscheidung?«

Assange: »Wenn du dagegen Einspruch erheben willst, wirst du am Dienstag dazu angehört.«

Doch dazu kommt es nicht. Assange stellt den Berliner kalt, er lässt ihm nicht einmal mehr Zugriff auf seine bisherige Internetadresse daniel@wikileaks.org. Domscheit-Berg fährt daraufhin nach langem Zögern zu einem zentralen Server und versucht, sich Zugang zu verschaffen. Wie zerrüttet das Verhältnis ist, zeigt Assanges Reaktion: Er droht mit juristischen Konsequenzen.

Die Erste, die sich mit ihrer Kritik an die Öffentlichkeit traut, ist Birgitta Jonsdottir. Sie outet sich gegenüber dem amerikanischen Blog »thedailybeast« als eine derjenigen, die Assange nahegelegt habe, seine Rolle als WikiLeaks-Sprecher zumindest während der laufenden Ermittlungen in Schweden ruhen zu lassen. »Diese persönlichen Angelegenheiten sollten mit WikiLeaks nichts zu tun haben. Ich habe ihn massiv gedrängt, sich auf die Rechtsgeschichten zu konzentrieren, mit denen er zu tun hat, und andere Leute die Fackel tragen zu lassen«, wird die isländische Parlamentarierin und WikiLeaks-Aktivistin zitiert. »Ich bin nicht sauer auf Julian, aber die Situation ist eindeutig außer Kontrolle geraten.«[18]

Wenn ihr Appell zur Folge habe, dass sie ausgeschlossen werde, dann sei ihr das egal. »Mir ist WikiLeaks sehr wichtig, und ich sehe mich als Julians Freundin«, so Jonsdottir. »Gute Freunde sind diejenigen, die dir sagen, wenn dein Gesicht schmutzig ist. Es sollte nicht nur einen WikiLeaks-Sprecher geben. Es sollten viele sein.« Jonsdottir wird später via Twitter und andernorts sagen, ihre Zitate seien aus dem Kontext gerissen worden, etwa ihre Bemerkung, dass ein Teil der aktuellen Probleme von Assange damit zusammenhängen könnten, dass er »ein klassischer Australier sei« und etwas von einem »männlichen Chauvi« habe.[19] Aber sie bekräftigt ihren zentralen Punkt: »Ich habe NICHT gesagt, das er ganz aufgeben soll, ich denke nur, dass er in dieser Situation kein Sprecher sein sollte.«[20]

In der Nacht des 14. September 2010 kommt es zu einer Art Vollversammlung von WikiLeaks, natürlich elektronisch, wie fast alles bei der Gruppe. Mit dabei sind neben Assange und Domscheit-Berg auch Jonsdottir sowie der deutsche Programmier des Einsendesystems, intern der »Architekt« genannt. Dies sei ein Aufstand, schäumt Assange, eine »Insurgent operation«. Domscheit-Berg sei »verrückt« geworden, das werde er, Assange, nicht hinnehmen. Die Gruppe habe eine akute Krise zu bewältigen, die Dissidenten betrieben »Destabilisierung in Zeiten der Krise«, die Fragen, die die Kritiker aufgeworfen hätten, müssten auf später verschoben werden. Vor der Krise ist nach der Krise, antworten die Dissidenten. Man brauche jetzt Veränderungen. Assange soll zur Seite treten.

Ende September wird klar, dass der Bruch nicht mehr zu kitten ist. Der bisherige WikiLeaks-Sprecher kommt in die Berliner SPIEGEL-Redaktion am Pariser Platz, wie immer ganz in Schwarz gekleidet. Diesmal passt die Garderobe zu seiner Stimmung. Er hat wochenlang mit sich gerungen, nun hat er eine Entscheidung gefällt. Er gibt ein Interview, das nach seinem Erscheinen international für Aufsehen sorgen wird. Daniel Domscheit-Berg nennt darin erstmals seinen echten Namen und gibt seinen Rücktritt aus dem Projekt bekannt. »Julian Assange hat auf jede Kritik mit dem Vorwurf reagiert, ich würde ihm den Gehorsam verweigern und dem Projekt gegenüber illoyal sein. Vor vier Wochen hat er mich suspendiert – als Ankläger, Richter und Henker in einer Person«, sagt er. Darüber hinaus habe die Organisation ein »strukturelles Problem«, sie sei überfordert. »WikiLeaks steckt in einer Phase, in der sich das Projekt verändern müsste. Wir sind in den letzten Monaten wahnsinnig schnell gewachsen und müssten uns dringend in allen Bereichen professionalisieren und transparenter werden.

Diese Entwicklung wird intern blockiert. Selbst mir ist nicht mehr klar, wie bei uns eigentlich Entscheidungen getroffen werden und wie diese zu verantworten sind. Wegen des hohen Drucks, den wir seit der Veröffentlichung der amerikanischen Militärdokumente haben, sind wir nicht dazugekommen, die Organisation entsprechend umzubauen.«[21]

Konkret kritisiert Domscheit-Berg auch Assanges Strategie, sich auf große Veröffentlichungen zu konzentrieren. »Wir versprechen beispielsweise allen unseren Quellen, ihr Material zu publizieren«, so Domscheit-Berg, doch durch die aufwändigen Scoops wie dem »Collateral-Murder«-Video sei viel liegen geblieben. »In derselben Zeit hätten wir Dutzende anderer Dokumente veröffentlichen können. Und durch unsere gestiegene Bekanntheit ist im letzten halben Jahr noch einmal sehr viel Material hinzugekommen, das dringend bearbeitet und publiziert werden müsste.« Im Übrigen sei eine »eindimensionale Konfrontation mit den USA nicht das, wofür wir angetreten sind. Es ging uns immer darum, Korruption und Missbrauch von Macht aufzudecken, wo auch immer sie stattfinden, im Kleinen wie im Großen, auf der ganzen Welt.« Er müsse das, wofür er öffentlich einstehe, auch vertreten können, bilanziert der bisherige deutsche WikiLeaks-Sprecher. Nun bleibe ihm »nur der geordnete Rückzug«.

In seinem Abschiedsinterview hat Domscheit-Berg an einigen Stellen zu erkennen geben, dass er mit seiner Kritik nicht nur für sich spreche. Auf die Nachfrage, wen er denn mit diesem von ihm verwendeten »wir« meine, sagt er, es gebe »eine Handvoll Leute aus dem Kernteam, die die Dinge ähnlich sehen wie ich, aber nicht öffentlich in Erscheinung treten wollen. Ein Großteil der Arbeit wird von Menschen gemacht, die ungenannt bleiben möchten. Da gibt es eine Menge Unmut, und einige werden wie ich aussteigen.«

Einer von ihnen ist Herbert Snorrason, der in Reykjavik Geschichte studiert. Der junge Isländer mit dem runden

Gesicht, einem dunklen Vollbart und dem Twitter-Alias »Anarchodin«, gehörte wie Birgitta Jonsdottir zu denjenigen, die Assange und WikiLeaks in der »isländischen Phase« des Projekts von Dezember 2009 an unterstützten. Snorrason kümmerte sich um den Chat auf wikileaks.org. In dem Kanal, der idealerweise 24 Stunden am Tag besetzt sein soll, um möglichst alle Zeitzonen abzudecken, beraten WikiLeaks-Leute wie Snorrason Neugierige und Einsendewillige über das Projekt und den richtigen Umgang mit Material. Er ist auch für viele Journalisten die erste Anlaufstelle, und seit die Organisation international Schlagzeilen macht, melden sich darüber auch viele neue Unterstützer. In der Zeit nach der Afghanistan-Veröffentlichung sei er so etwas wie das »öffentliche Gesicht« dieses Chats gewesen, beschreibt der junge Isländer seine Aufgabe, und er habe dort Leute rekrutiert, die dem Projekt ihre Mithilfe angeboten hätten.[22]

Wie Assange mit Domscheit-Berg umgegangen sei, sagt Snorrason, »hat bei mir ernsthafte Zweifel an dem Projekt ausgelöst. Ich glaube, das ging den anderen ähnlich.« Snorrason hat, was die Zukunft der Organisation angeht, so seine Zweifel. Er habe den Eindruck, dass durch die internen Reibereien die kompetentesten und fähigsten Mitglieder herausgedrängt wurden und nur noch eine Art leere Hülle um Julian Assange geblieben sei.

Snorrason selbst hatte sich zuvor schon auf demselben Weg als interner Kritiker vorgewagt wie Daniel Domscheit-Berg – via Computerchat. Er scheint bei Assange einen wunden Nerv getroffen zu haben, denn der Australier schickt den Studenten mit einem Satz in die Wüste, der sich gewaschen hat und der einiges über Assange aussagt. »Ich bin das Herz und die Seele dieser Organisation, ihr Gründer, ihr Sprecher, der erste Programmierer, Organisator, Finanzier und ganze Rest. Wenn du ein Problem damit hast, verpiss dich«, wirft Assange dem Studenten in dem Chat an den Kopf.[23]

Snorrason antwortet Assange über Twitter und schickt ihm ein herzhaftes »Fuck off, Julian« hinterher.[24] Als wir Assange später auf seinen Satz ansprechen, löst er ein schiefes Lächeln aus. »Es ist vielleicht kein schöner Satz«, sagt er. »Aber er stimmt.«

Die Zahl der Dissidenten, die sich im Gefolge von Daniel Domscheit-Berg und Birgitta Jonsdottir aus ihrer aktiven Arbeit von dem Projekt verabschieden, bleibt überschaubar, zumal Domscheit-Berg feststellt, dass er Teile der WikiLeaks-Strukturen trotz seiner jahrelangen Einbindung gar nicht kennengelernt hat. Assange arbeitet hinter den Kulissen mit Leuten, von denen selbst sein deutscher Sprecher nichts weiß.

Doch der Aderlass schmerzt: Domscheit-Berg hat nicht nur eine Menge undankbarer Arbeiten erledigt, er war in seiner nüchternen, strukturierten Art auch ein wichtiges Gegengewicht zu dem exzentrischen und manchmal auch erratischen Assange – und hat mit seiner verbindlichen Art wichtige Kontakte für die Organisation aufgebaut. Jonsdottir hat dem Projekt schon durch ihren Hauptjob als isländische Parlamentarierin Glaubwürdigkeit verliehen und die Einflusssphäre von WikiLeaks erheblich erweitert.

Aus Sicht von Assange ist jedoch ein weiterer, von deutlich weniger Publicity begleiteter Abgang weitaus schmerzlicher. Domscheit-Berg war es, der den Kontakt zum »Architekten« gehalten hat, dem hochbegabten deutschen Programmierer, der viel Energie und Zeit in den Ausbau der technischen Infrastruktur von WikiLeaks gesteckt und seit Ende 2009 das Servernetz neu konzipiert hat. Auch der »Architekt« verlässt das Projekt, und mit sich nimmt er einen Großteil seiner letzten Entwicklungen und viel Herrschaftswissen über die komplexe Architektur des Internet-Angebots. Die Folge ist, dass die Webseite von WikiLeaks für viele Wochen nicht funktionsfähig ist, wegen »geplanter Wartungsarbeiten«, wie es heißt.

Es gibt am Ende dieses turbulenten Herbstes viele Stimmen, die glauben, dass WikiLeaks sich von dieser Zerreißprobe nicht mehr erholen wird. Aber es sind nicht alle Mitstreiter abgesprungen. Die Isländer beispielsweise haben sich geteilt. Die Hälfte der Leute ist gegangen, andere haben sich dafür umso enger an das Projekt gebunden. So ist Daniel Domscheit-Berg aus Sicht von Assange längst ersetzt: mit Kristinn Hnrafsson, der jetzt auch bald offen für WikiLeaks auftreten wird. Zudem hat Assange aus der Londoner Zeit vor der Afghanistan-Veröffentlichung mehrere jüngere Leute an sich binden können: Joseph mit der Elvis-Tolle beispielsweise und Sarah Harrison, die die Presseanfragen betreut.

Die Berichte vom drohenden Ende der Enthüllungsplattform werden sich bald schon als verfrüht erweisen. Vielmehr hat WikiLeaks eine weitere Metamorphose durchlaufen.

Der Irakkrieg und die Wiedergeburt einer Organisation

»Um 10.25 Uhr hat Crazyhorse Aufständische angegriffen, 7 Aufständische getötet, 2 Kinder verwundet«
(Aus einem US-Kriegsbericht vom 12. Juli 2007)

Southwick Mews ist eine kleine Straße im Londoner Stadtteil Paddington, die als Kulisse für einen Harry-Potter-Film dienen könnte. Die Straße ist mit Kopfsteinen gepflastert, die mehr als hundert Jahre alten Häuser sind schmal und nur zwei Stockwerke hoch, sie umweht der Charme einer mittelalterlichen Gasse. Das Haus Nummer 7 ist weiß getüncht mit roten Fensterläden. Es ist das Büro des Frontline-Clubs, und seit ein paar Wochen ist es das Hauptquartier von WikiLeaks.

Julian Assange sitzt im Erdgeschoss vor einem Rechner, neben ihm steht eine halb geleerte Packung mit Fish and Chips, es riecht nach Bratfett. Er hat jetzt keine Zeit zum Essen, er muss arbeiten. Es ist Freitag, der 22. Oktober 2010, kurz vor 21 Uhr Londoner Zeit. Noch eine Stunde, und die Welt wird wieder über WikiLeaks reden. Der nächste Megaleak soll online gehen: 391 832 Kriegsberichte aus dem Irak. Um 22 Uhr werden mehrere Medien erste Geschichten darüber veröffentlichen, darunter auch SPIEGEL online. Zeitgleich wird WikiLeaks das Rohmaterial im Internet zugänglich machen.

Es ist eine Bewährungsprobe. Assange steht nach dem öffentlichen Ausstieg seiner Mitstreiter unter Druck, er muss beweisen, dass seine Organisation noch funktioniert. Wikileaks.org, die Webseite, ist immer noch nicht erreichbar.

Eine schmale Wendeltreppe hinauf, im ersten Stock, sitzen sechs Männer und zwei Frauen um einen Konferenztisch herum, jeder hinter einem Computer. Es ist ruhig im Raum, konzentrierte Arbeitsatmosphäre, nur das Tippen der Tastaturen durchbricht die Stille. An der Wand hängt ein Nelson-Mandela-Poster, an einer Glasscheibe kleben 15 gelbe Post-it-Zettel mit Aufgaben, die zu erledigen sind. Zwei Frauen gleichen Listen mit Namen von Journalisten ab, die sich für die Pressekonferenz am nächsten Morgen angemeldet haben. Joseph läuft zwischen Erdgeschoss und erstem Stock hin und her, als eine Art persönlicher Sekretär von Assange. Er kommt aus Swasiland, trägt eine schwarze Haartolle, Brille und einen schmalen Schlips. Ein dunkelhaariger Franzose ist eigens aus Paris angereist, er ist einer der Köpfe von »La Quadrature du Net«, einer französischen Initiative für digitale Bürgerrechte, aber heute hilft er WikiLeaks. Er ist zuständig dafür, dass der Server rechtzeitig erreichbar ist. Die WikiLeaks-Inhalte werden an diesem Abend aus Deutschland, Irland, Frankreich und den USA ins Netz gestellt, unter anderem hat die Organisation dafür Kapazitäten beim Onlinehändler Amazon angemietet. Der erwartete Ansturm wird riesig sein. Nichts soll schief gehen.

Assange tippt in seinen Laptop, seine Finger fliegen leise über die Tastatur, es hat etwas Weiches, Geschmeidiges. Hrafnsson, der am nächsten Morgen seinen ersten großen Auftritt als offizieller Sprecher von WikiLeaks haben wird, fragt: »Sind wir bereit?« Noch nicht.

Assange schreibt an einer Selbstdarstellung über WikiLeaks, der Text ist ihm wichtig, er ist der letzte, der noch fehlt auf warlogs.wikileaks.org. Er schickt die Datei einer australischen WikiLeaks-Mitarbeiterin, die einen Stock höher am Konferenztisch arbeitet. Sie ist eine Art Patronin des Projekts, eine WikiLeaks-Mitarbeiterin der ersten Stunde, die intern bei einigen den spöttischen Beinamen »Nanny« trägt. Am Morgen ist sie aus Australien eingeflogen, jetzt hat der Jetlag sie im Griff. Hrafnsson steht auf, geht in die Küche und macht ihr einen Tee. »Danke«, sagt sie, »das rettet mich.« Sie nimmt einen Schluck und zieht einen roten Poncho über sich und ihren Laptop. Es sieht aus wie ein kleines Zelt, sie will damit ihre Arbeit und ihre Chat-Kommunikation vor fremden Blicken schützen. Der Feind kann überall lauern. Man braucht eine Portion Paranoia, um bei WikiLeaks dabei zu sein.

Der Text ist fast fertig. »Veröffentlichungen erhöhen die Transparenz, und diese Transparenz führt zu einer besseren Gesellschaft. Bessere Kontrolle hilft, Korruption zu vermeiden und stärkt die Demokratie. Starke, beharrliche Medien sind wichtig, um diese Ziele zu erreichen. Von diesen Medien sind wir ein Teil«, heißt es in der Selbstdarstellung. Als Beleg zitieren Assange und die Australierin aus dem Urteil des Supreme Court zur Veröffentlichung der Pentagon-Papiere: nur eine freie und unzensierte Presse könne effektiv Fälle von Betrug und Verschleierung in der Regierung aufdecken, hatten Amerikas oberste Richter entschieden.

Wir sind die Guten, das soll die Botschaft dieser Selbstdarstellung sein. Sie ist wichtig, nach all der Kritik.

Gegen 21.25 Uhr scheren die arabischen Journalisten aus: al-Dschasira schaltet seine Sondersendung frei, gut eine halbe Stunde vor der Sperrfrist. Hrafnsson sitzt im ersten Stock des Frontline-Büros und flucht: »Typisch.«

Bei der Veröffentlichung der Irak-Dossiers, soll neben dem *Guardian*, der *New York Times* und dem SPIEGEL auch das Fernsehen mitziehen: al-Dschasira und der britische Sender Chanel 4. Assange hat aus der ersten Runde gelernt, er will jetzt mehr: die Macht der Bilder. »Maximize impact« nennt er das, die Wirkung maximieren. Im Interesse der Quellen, so erklärt es Assange. Aber natürlich auch im Interesse von WikiLeaks.

Eingebunden ist deshalb das »Büro für investigativen Journalismus«, es tritt als eine Art Produktionsfirma auf. WikiLeaks hat dem Büro das Originalmaterial zur Verfügung gestellt, eine Gruppe von Reportern produziert daraus mehrere Filme: eine 45-minütige Dokumentation für Chanel 4 und mehrere kürzere Reportagen für al-Dschasira. Die beiden Fernsehsender haben mit dem Büro Verträge abgeschlossen und übernehmen Teile der Produktionskosten, sie haben keinen Zugriff auf die Dokumente, sondern erhalten die fertigen Beiträge. Trotzdem ist es am Ende ein Verlustgeschäft für das Büro, das sich aus Stiftungsgeldern finanziert.

WikiLeaks traut dem arabischen Sender nicht; bei einer frühen Besprechung im Spätsommer hat einer der al-Dschasira-Korrespondenten angedeutet, sein Chef erwarte »einen Scoop«. »Wir müssen damit rechnen, dass al-Dschasira versuchen wird, alle anderen auszustechen«, hat Iain Overton danach gesagt, der Chef des »Büros für investigativen Journalismus«.

Und so kommt es. Assange twittert: »al-Dschasira hat die Sperrfrist um 30 Minuten gebrochen.« Ein paar Minuten später drückt deshalb auch der *Guardian* auf den Knopf und geht online. Es hat begonnen. Die weltweite Welle rollt.

Am Nachmittag hat Assange ein Interview mit CNN aufgezeichnet. Es gab eine Absprache, dass die Reporterin keine Fragen zu seinem Privatleben stellt. Am Ende des Interviews fragt sie dennoch nach der angeblichen Vergewaltigung in Schweden. Er antwortet:»Ich werde das Studio verlassen, wenn Sie den Tod von 104 000 Menschen mit persönlichen Angriffen gegen meine Person vermischen.« Als die Interviewerin die Frage wiederholt, dreimal, viermal, schließlich ein fünftes Mal, nestelt er am Mikrofon, steht ruhig auf und verlässt das Studio. Assanges Privatleben, das hat sich WikiLeaks fest vorgenommen, soll die Wiedergeburt der Organisation nicht überschatten. Als ihn Larry King, die amerikanische Talk-Legende, ein paar Tage später live auf das Interview anspricht und für den wortlosen Auszug aus dem Studio kritisiert, antwortet Assange:»CNN sollte sich schämen, Larry, und Sie sollten sich auch schämen!«[25] Er ist frech und offensiv und hat eine Art, die nur wenige Menschen haben: Wenn er angegriffen wird, geht er zum Gegenangriff über. Diese Disziplin hat er über die Jahre perfektioniert. Wer mit Assange zu tun hat, muss auf einiges gefasst sein. Selbst, wenn er Larry King heißt.

22 Uhr ist längst vorbei, und WikiLeaks ist immer noch nicht erreichbar. Der Franzose malträtiert seinen Rechner, tippt Befehle ein, sagt:»Noch drei Minuten. Vielleicht fünf.« Die Seite ist jetzt angemeldet, die Informationen bahnen sich wie Quecksilber einen Weg durch das Kapillarsystem des Internets, sie fließen durch kleine und große Leitungen, passieren Knotenpunkte, bis sie in die DNS-Register eingesickert sind, dort, wo die Adressen und damit die Erreichbarkeit von Millionen von Computern abgelegt sind.

Gespanntes Warten. Der SPIEGEL ist online, und die *New York Times*. Der Franzose zeigt auf seinem Rechner ein paar Bilder vom Streik in Frankreich, Polizisten in Kampfuniform, Schüler, die vor einer Kette bewaffneter Beamten stehen, ein junges

Paar, das sich eng umschlungen auf die Straße vor eine Einheit vermummter Polizisten gelegt hat und sich küsst.

»Ist das nicht süß?«, fragt der Franzose.

»Das ist nicht süß«, sagt Assange, »das ist heiß«. Er lacht. Es ist ein angespanntes, verkniffenes Lachen. Zu viel Druck, zu viel schlechte Erinnerungen an seine letzten Affären.

Assange ist das Gravitationszentrum des Hauptquartiers. Er ist der Einzige, der im Erdgeschoss sitzt, der einzige, der nicht aufsteht, die Leute kommen zu ihm, nicht er zu ihnen. Er hat ein Chat-Programm offen, 15, 20 Gespräche gleichzeitig, so leitet er die Operation von seinem Rechner aus wie ein Dirigent sein Orchester. Er trägt noch die Anzughose, die er nachmittags im Studio bei CNN anhatte und auch am nächsten Morgen tragen wird bei der internationalen Pressekonferenz. Dazu hat er schwarze Cowboystiefel und den gleichen braunen Rollkragenpullover an, den er seit Wochen fast ununterbrochen trägt. Wer auch immer behauptet, Assange leiste sich auf Kosten von WikiLeaks ein luxuriöses Leben, kann ihn kaum kennen. Asketischer kann ein Lebensstandard als Kopf einer solchen Organisation kaum aussehen.

Um 23.53 Uhr ruft der Franzose: »Wir sind online.«

»Nein, sind wir nicht«, schreit einer der Helfer von oben zurück.

»Gentlemen?«, fragt Assange. Er will der Welt per Twitter mitteilen, dass die Dokumente verfügbar sind.

»Go«, wiederholt der Franzose und hämmert auf die Tasten.

Assange tippt die Adresse ein, warlogs.wikileaks.org, der Schirm bleibt weiß. Er hat eben den Tweet abgeschickt: »Leck: WikiLeaks veröffentlicht 400 000 Irak-Kriegstagebücher«, aber es stimmt nicht, jedenfalls noch nicht, nicht überall. Für ein paar Minuten ist WikiLeaks in den USA erreichbar, aber nicht in Frankreich, England und Schweden, weil noch nicht alle DNS-Einträge aktualisiert sind. Auch das Internet ist nicht immer synchron. Dann ist es vollbracht.

Die Reaktionen sind überwältigend. 72 Meldungen bei Twitter pro Minute, 82, über 100, der Strom schwillt an, »so einen Sturm habe ich in meinem ganzen Leben noch nicht gesehen«, flüstert der Franzose und starrt auf den Bildschirm. Für ein paar Stunden wird das Internet nichts so sehr bewegen wie WikiLeaks. Bis drei Uhr morgens sind es schon 1500 Medienartikel weltweit, die über die neueste WikiLeaks-Veröffentlichung berichten und Zehntausende von Reaktionen der Internet-Gemeinde, die meisten begeistert. Immer wieder brechen die Server unter dem Ansturm zusammen, trotz der zusätzlichen Rechenkapazitäten.

In dem Frontline-Büro im ersten Stock liegt eine Perücke, die künstlichen Haare sind strohblond und braun, wie Assanges eigenes Haar; es ist eine vorbereitete Camouflage, um mögliche Gegner für einen Moment zu verwirren und Assange die Flucht zu ermöglichen. Niemand soll die Choreografie dieses Abends durcheinanderbringen können. Assanges Anwältin Jennifer Robinson, die an dem Abend mit dabei ist, stellt eine Flasche edlen Riojas auf den Tisch, der Franzose stößt einen Jubelschrei aus, reckt seine Faust in die Luft und steckt sich eine daumendicke Zigarre an. Feierstimmung macht sich breit, nur bei Assange nicht. »Freust du dich?«, fragt ihn ein Wiki-Leaks-Helfer, der den Abend mit einer Videokamera dokumentiert. »Für Freude ist es noch zu früh«, antwortet der Australier und leert eine Dose Bier. »Noch ist die Spannung zu groß.« Wann er Feierabend machen wird? »Später«, sagt er und starrt auf den Bildschirm. »Ich muss mich erst noch um mein Baby kümmern.«

Assange wird die Nacht auf dem Boden des Büros verbringen, auf einem abgetretenen, dreckigen Teppich. Die Arbeit endet um 5.30 Uhr, als die Straßenfeger die Bordsteine der nahe gelegenen Paddington Station fegen und London erwacht. Er rollt sich unter dem Arbeitstisch im ersten Stock zusammen, das Büro durchzieht jetzt ein sanftes Schnarchen. Mister Wiki-Leaks genießt ein paar Momente der Ruhe.

Um 8.15 Uhr wird ihn eine Aktivistin wecken. Er hat jetzt noch eine Stunde und 45 Minuten, bis die Augen von 200 Journalisten und etwa 30 Fernsehkameras auf ihn gerichtet sein werden.

Die Irak-Dokumente machen an diesem Wochenende Ende Oktober Weltpolitik. Sie richten die Scheinwerfer der Öffentlichkeit auf einen Krieg, bei dem sich die Welt an Grausamkeiten gewöhnt und sie achselzuckend hingenommen hat. Die Meldungen ergeben das Protokoll eines Feldzuges, der von Anfang an falsch gewesen ist und dessen desaströser Verlauf an Tagen wie dem 23. November 2006 deutlich wird. Es ist der 1345. Tag der Operation »Irakische Freiheit«, ein ungewöhnlich grausamer Kriegstag, dessen Ereignisse sich anhand der Feldberichte minutiös beschreiben lassen.

Es ist 2.19 Uhr morgens, als eine amerikanische Patrouille auf einen versteckten Sprengsatz fährt, vier US-Soldaten werden verletzt, ihre Füße, Waden, Schenkel zerfetzt. Sie müssen mit einem Hubschrauber evakuiert werden. Zwei Stunden später: der nächste Vorfall. Aufständische stürmen einen Kontrollposten der irakischen Polizei und drohen: Gebt uns eure Waffen, oder wir erschießen euch. Sie erbeuten vier Kalaschnikows.

Ab 7.00 Uhr versammeln sich Mitglieder der schiitischen Miliz, die sich nach dem von allen Schiiten ersehnten Erlöser großspurig »Armee des Mahdi« nennt und unter dem Akronym JAM bekannt ist, an mehreren Orten in schiitischen Vierteln von Bagdad. Sie werden von Mitarbeitern des Innenministeriums in den Stadtteil Hurrija gebracht. Kurz darauf heißt es in der Meldung eines amerikanischen Soldaten: »Hurrija ist jetzt von Truppen des Innenministeriums und der JAM eingekesselt. Sie bereiten sich auf eine große Schlacht vor.«

13.13 Uhr: Der Kreis der schiitischen Belagerer zieht sich enger. Ein Bericht der US-Streitkräfte sammelt »Informationen über einen geplanten Angriff von Truppen des Innenministeriums und der Armee des Mahdi gegen sunnitisches Gebiet«.

14.00 Uhr: Aufständische Sunniten haben ihrerseits in Bagdad eine Straßenblockade errichtet. Sie sind mit Maschinengewehren und Panzerfäusten bewaffnet. Zwanzig Minuten später: Mörsergranaten schlagen auf dem Gelände des Gesundheitsministeriums in Bagdad ein.

Ab 15.00 Uhr: Sechs Autobomben detonieren nacheinander, auf einem Platz, auf einem Markt und in einer belebten Straße im Bagdader Stadtviertel Sadr City. Die Amerikaner melden 181 Tote und 247 Verletzte. Später stellt sich heraus, dass es 215 Tote und 257 Verletzte sind, fast alle Opfer sind Schiiten. Es ist die blutigste Anschlagsserie seit Beginn des Krieges.

Öffentlich mahnt Schiiten-Anführer Muktada al-Sadr seine Glaubensbrüder zur Zurückhaltung, intern verlangt er Rache. Ein amerikanischer Soldat notiert: »Als Reaktion auf die sunnitischen Angriffe befahl Muktada al-Sadr den JAM-Spezialkräften persönlich, alle sunnitischen Viertel in und um Bagdad anzugreifen.«

Gleich nach den Anschlägen werden Sadr-Kämpfer im ganzen Land aufgefordert, sich unverzüglich auf den Weg nach Bagdad zu machen. »Mehrere Krankenwagen bringen Waffen nach Sadr City«, heißt es weiter in den Protokollen. Kalaschnikows werden verteilt.

Um 17.26 Uhr schießen Schiiten mehrere Raketen auf vorwiegend sunnitische Wohngegenden ab. Der Bericht vermeldet: 14 Tote, 25 Verletzte. Aufmerksam registrieren die Amerikaner die sich abzeichnende Eskalation zwischen Sunniten und Schiiten.

17.30 Uhr: Ein Trupp von JAM-Milizen greift zusammen mit Helfern in Polizeiuniform eine sunnitische Moschee an.

18.30 Uhr: Andere Kämpfer haben einen falschen Kontrollposten nahe der Muhsin-Moschee errichtet und entführen Zivilisten.

20.30 Uhr: Milizen attackieren die Prophet-Mohammed-Moschee im Stadtteil Dschihad.

20.55 Uhr: »Die JAM gehen in die Häuser der Leute und bringen sie um.«

22.10 Uhr: »300 Aufständische versammeln sich nahe einem Kontrollpunkt der irakischen Armee. Die irakischen Soldaten haben sich zurückgezogen, und die Aufständischen planen, die Gegend von Schula anzugreifen.«

22.35 Uhr: JAM-Milizen haben ein Polizeiauto zur Abschussrampe für Katjuscha-Raketen umgebaut und wollen die Sunniten in Adhamija angreifen.

24 Stunden Krieg, in 360 Berichten amerikanischer Soldaten zusammengetragen, eingeordnet in ein grobes Raster alltäglicher Ereignisse wie »Bombenexplosion«, »Beschuss durch Feinde«, »Waffenfunde« und archiviert in einer Datenbank des Pentagon, die, wieder einmal, einen Blick mit der Lupe auf den Alltag eines bewaffneten Konflikts ermöglichen. Am Ende dieses einen Tages, des 23. Novembers 2006, werden 231 Menschen umgekommen sein – getötet von Panzerfäusten, Heckenschützen oder Sprengsätzen. Sicherheitskräfte werden weitere 86 Leichenfunde gemeldet haben, die meisten Opfer gefesselt, gefoltert, erschossen, »Execution Style« steht dann in den Berichten. 58 selbst gebaute Bomben werden an diesem Tag explodieren und 33 weitere unschädlich gemacht werden, 61 Mal werden Aufständische auf US-Truppen feuern, neun Waffenlager werden entdeckt, und bei sieben Überfällen wird eine unbekannte Anzahl Menschen entführt werden.

Die Dokumente, die WikiLeaks im Oktober 2010 veröffentlicht, beginnen am 1. Januar 2004, an dem zwischen Kirkuk im Norden des Irak und Basra im Süden die Explosion von sieben

Sprengsätzen gemeldet wird. Sie enden am 31. Dezember 2009 mit drei Anschlägen.

Über Schlüsselereignisse dieses Krieges wie den Abu-Ghuraib-Skandal, die Erstürmung der Sunniten-Hochburg Falludscha oder die Tötung der Zivilisten in Haditha sowie über die jahrelange Jagd auf den irakischen al-Qaida-Chef Abu Mussab al-Sarkawi findet sich in diesen Berichten kaum ein Wort. Und doch addieren sich die kurzen, nüchternen Protokolle zu einem genauen Abbild eines asymmetrischen Krieges, in dem eine hochgerüstete Supermacht teils hilf-, teil planlos auf dem Schlachtfeld wütet. Allein in dieser Zeit sterben nach offiziellen Angaben 3884 US-Soldaten, 224 Soldaten verbündeter Nationen, weit über 8000 irakische Sicherheitskräfte und 92 003 irakische Zivilisten, deren Tod in mindestens einer Quelle dokumentiert ist. Zusammen sind das mehr als 104 111 Tote, was der Opferzahl nahe kommt, die in diesen Dokumenten als getötet gemeldet werden, nämlich 109 032.

Neu an dieser Dokumentation ist wie schon im Fall Afghanistan die Perspektive: Es sind die Amerikaner selbst, die über diese Dramen berichten, es sind die Amerikaner selbst, die im ganzen Land den Tod von Zivilisten dokumentieren – solchen, die bei Angriffen Aufständischer starben, und solchen, die eigenen Angriffen zum Opfer fielen. 34 000 Mal wird in diesen Dokumenten von getöteten Zivilisten berichtet. Es sind nicht Amerikas Gegner, nicht skeptische Alliierte oder oppositionelle Medien, die hier zusammengetragen haben, wie das Unternehmen »Irakische Freiheit« wirklich verlaufen ist. Es sind die Saddam-Bezwinger selbst.

Nebenbei zeigen die Dokumente erneut, was von den offiziellen Pentagon-Verlautbarungen vom Krieg zu halten ist. Über Jahre hatten die US-Militärs behauptet, keine genaue und offizielle Opferliste zu führen. Das Material beweist das Gegenteil. Denn neben Assange spricht in London auf der Pressekonferenz auch John Sloboda von der britischen Organisation »Iraq

Body Count«, welche die wohl umfassendste Datenbank über die Opfer dieses Krieges führt. Sloboda und seine Leute werten die Dokumente aus, Meldung für Meldung, zählen jeden Toten und vergleichen Namen und Vorkommnisse mit ihrer Datenbank.

Nach ihren vorläufigen Schätzungen waren 15 000 der in den Dokumenten verzeichneten Todesfälle bislang unbekannt – für Iraq Body Count, für die Öffentlichkeit, aber auch für die Angehörigen im Irak, wo in vielen Fällen Menschen einfach verschwinden und nie wieder auftauchen und wo die Angehörigen nur ahnen können, dass wieder jemand ums Leben gekommen ist. Für den Body-Count-Mitarbeiter Hamit Dardagan geht die Bedeutung der Kriegstagebücher jedoch über reine Zahlenstatistik weit hinaus: »In vielen Fällen kannten wir bislang nur den reinen Fakt, dass eine bestimmte Anzahl von Zivilisten ums Leben gekommen ist, nun kennen wir ihre Namen und die genauen Umstände, wie es geschehen ist.« Für die Historie des Irakkriegs und das Gedenken an seine Opfer bedeute die Veröffentlichung der Datenbank deshalb »einen Durchbruch«.[26]

Das Material zeigt, dass es beispielsweise ausgerechnet an den sogenannten »Sicherheits-Checkpoints« regelmäßig zu Katastrophen kommt: Die Amerikaner, die einen Angriff fürchten, schießen lieber zu früh als zu spät. Die Erklärungen lesen sich dann wie hilflose Ausreden: »Der Mann hielt etwas hinter dem Rücken versteckt«, »Bei der Durchsuchung des Toten stellte sich heraus, dass die Waffe aus Plastik war«, »Zeugen sagten, der Mann hatte einen Augenfehler und konnte nicht richtig sehen.«[27]

»Es gibt ein öffentliches Recht, von solchen Vorfälle zu erfahren«, sagt Sloboda bei der Pressekonferenz in London. »Diese bislang unbekannten Toten sind die tragischen Fälle dieses Krieges. WikiLeaks hat recht, sie zu veröffentlichen.«

Die Dokumente belegen auch, dass jene Hubschrauber-Kampfeinheit der US-Luftwaffe, die in dem Video »Collateral Murder« auftaucht, öfter an fragwürdigen Einsätzen beteiligt war. Nur vier Tage nach dem Angriff im Osten Bagdads, der durch das Video bekannt geworden ist, ereignete sich am 16. Juli 2007 ein weiteres »Engagement« der Amerikaner mit noch mehr toten Zivilisten. Die Militärs, die den internen Bericht verfassten, versahen das Ereignis mit demselben Vermerk wie den Angriff vier Tage zuvor – als Ereignis, das zu politischen oder internationalen Reaktionen führen und in der Presse Aufsehen erregen könnte. Wieder waren zwei »Crazyhorse«-Hubschrauber beteiligt, diesmal die Nummern 20 und 21.

Gegen 14 Uhr war an jenem Julitag 2007 eine amerikanische Patrouille mit Handfeuerwaffen beschossen worden. Kurz darauf wird aus dem Gebäude des Ministeriums für die Elektrizitätsversorgung auf US-Soldaten gefeuert. Die zentrale Einsatzleitung fordert Luftunterstützung für die bedrängten Soldaten an. Neben den beiden Helikoptern kommen zwei F16-Kampfjets zum Einsatz.

Um 14.55 Uhr meldet »Crazyhorse 20«, zwei »antiirakische Kräfte« am Boden bekämpft zu haben. Doch nun ruft, so melden es Berichte vom Boden, eine nahe gelegene Moschee Kämpfer dazu auf, sich zu versammeln und die Amerikaner anzugreifen, später werden 50 bis 60 »mögliche« Aufständische gemeldet.

Fast gleichzeitig meldet »Crazyhorse« einen »final gun run«, also eine letzte Angriffswelle mit der Bordkanone. Die Bilanz laut Bericht: 12 tote sowie 8 bis 10 verletzte Gegner – und 14 tote Zivilisten.

Ein paar Monate zuvor, am 22. Februar 2007, hat die Besatzung von »Crazyhorse 18« einen Transporter mit schweren Waffen ausgemacht und zerstört ihn daraufhin. Zwei Iraker fliehen in einem Kipplaster vom Ort des Geschehens. Die Kampfflieger machen sich an die Verfolgung und nehmen sie unter Beschuss. Da passiert Unerwartetes. Der Wagen hält an, die Iraker »kamen heraus und wollten sich ergeben«, heißt es in dem Dokument zum Vorfall. Die Hubschrauberbesatzung fordert über Funk die Empfehlung eines Militärjuristen, wie sie sich in dieser Situation entscheiden sollen. Der befindet, dass die Iraker »sich einem Fluggerät nicht ergeben können und noch immer legale Ziele sind«. Die »Crazyhorse«-Piloten nehmen die Verfolgung wieder auf. Und töten die Iraker.

Das Dokument lässt wenig Zweifel daran, dass es sich hier um einen tödlichen Angriff auf Menschen handelt, die sich ergeben wollten. Das bringt die US-Streitkräfte in Erklärungsnot – trotz der zitierten Einschätzung des Militärjuristen, denn in der Vergangenheit haben die US-Militärs in ähnlichen Fällen anders entschieden. Im Golfkrieg von 1991 hat sich eine Gruppe irakischer Soldaten sogar einer unbemannten Drohne ergeben, was von den Amerikanern akzeptiert wurde, und auch im Irakkrieg ergaben sich Iraker den Dokumenten zufolge gegenüber US-Hubschraubern. Handelt es sich also bei dem Einsatz von »Crazyhorse 18« um ein weiteres Kriegsverbrechen?[28]

Die Dokumente berichten auch über die Geheimgefängnisse des von Schiiten beherrschten Innenministeriums, in denen meist sunnitische Gefangene nicht weniger gequält wurden als Häftlinge zu Zeiten von Saddam Hussein. So wird in einem Bericht vom 13. November 2005 die Entdeckung einer »Internierungseinrichtung des Innenministeriums« geschildert, in der 173 Gefangene festgehalten wurden. Der Fall machte damals Schlagzeilen in der ganzen Welt, und auch die amerikanischen Militärs verschweigen nicht in ihrem Bericht, was sie bei ihren Verbündeten entdeckt haben: »Viele (Häftlinge) wiesen Anzeichen von Missbrauch auf, einschließlich Brandwunden von Zigaretten, Blutergüssen von Schlägen und offener Wunden.«

Wieder andere Dokumente schildern Fälle von schwerer Folter. So war Mitte Juni 2007 ein Iraker festgenommen worden, weil er verdächtigt wurde, eine Sprengfalle gelegt zu haben.

Anschließend war er von irakischen Sicherheitskräften der Anti-Terror-Einheit von Tal Afar verhört worden. Knapp zwei Jahre später fiel sein Fall den Amerikanern auf. Sie stellten fest, dass ihm im Krankenhaus von Mossul das rechte Bein unterhalb des Knies abgenommen worden war, dazu mehrere Zehen des linken Fußes. An beiden Händen waren mehrere Finger amputiert. Sein Körper zeigte schwere chemische Verbrennungen und zerstörte Hautpartien. Das Opfer gab an, drei irakische Offiziere hätten ihn gefoltert, indem sie seine Hände mit Säure übergossen, einige Finger abgehackt und ihn jedes Mal versteckt hätten, wenn Amerikaner die Anti-Terrorismus-Zentrale inspizierten. Nach einer Untersuchung des Falls, berichten die Amerikaner, seien drei Haftbefehle gegen die Folterer erlassen worden, die aber nie vollstreckt wurden. Das Opfer sei im Mai 2009 entlassen worden. Letzter Satz des Dokuments: »Gegenwärtiger Aufenthaltsort unbekannt.«

In Hunderten Fällen stellen amerikanische Ärzte durch Folter hervorgerufene Wunden fest. Immer wieder beklagen Häftlinge, sie seien mit kochendem Wasser verbrüht worden; ihnen seien Fingernägel ausgerissen, die Fußsohlen mit Elektrokabeln zerschlagen, Genitalien mit Stromstößen malträtiert und Flaschen oder Holzstücke in den After eingeführt worden. Doch immer wieder gibt es auch jene Fälle, in denen Amerikaner die Folterpraxis ihrer irakischen Kollegen decken. Dann steht unter den Berichten die Empfehlung: »Keine Untersuchung erforderlich.«

Zur Rede gestellt, verfallen die Folterer zuweilen auf abstruseste Ausreden. So gibt ein irakischer Verhörspezialist an, sein Opfer habe sich die Verletzungen beim Sturz vom Motorrad zugefügt, als er vor der irakischen Polizei flüchten wollte. Und nur in einem Fall, in der Verhörzentrale der Polizei in Bagdad, gab ein Ermittler zu, er nutze Foltermethoden, um von den Gefangenen Geständnisse zu erzwingen. Im Bericht eines amerikanischen Soldaten vom 31.Oktober 2006 heißt

222

es dazu: »Er erklärte, seine bevorzugte Waffe, Geständnisse zu erhalten, sei ein etwa 60 Zentimeter langer Holzstock mit dem Durchmesser eines 25-Cent-Stückes.« Der irakische Polizist wurde festgenommen.

Das Pentagon versucht, auf die Irak-Enthüllungen im Herbst 2010 zu reagieren, wie im Sommer auf die Afghanistan-Protokolle. »Wir wissen, dass terroristische Organisationen die Afghanistan-Dokumente systematisch ausgewertet haben, um Informationen gegen uns zu benutzen, und der Umfang des Irak-Materials ist viermal so groß«, heißt es in einem schriftlichen Statement, das Geoff Morell am Freitag, einen Tag vor der WikiLeaks-Pressekonferenz verbreiten lässt.[29] »WikiLeaks gefährdet die Leben unserer Soldaten, unserer Alliierter und der Iraker und Afghanen, die mit uns kooperieren. Die einzige verantwortliche Reaktion von WikiLeaks kann es sein, das gestohlene Material zurückzugeben.«

Und wieder das Argument: nichts Neues. Die Zeitspanne des Irakkriegs sei »gut dokumentiert, in Nachrichtengeschichten, Büchern und Filmen. Die Veröffentlichung der unbearbeiteten Lageberichte von der Front liefert kein neues Verständnis des Krieges«, behauptet der Pentagon-Mann.

Doch diesmal ist es anders als bei den Afghanistan-Protokollen. Diesmal läuft das Pentagon mit seiner Lesart weitgehend ins Leere. Medien und Organisationen wie Amnesty International folgen dem Pentagon nicht mehr unkritisch, es hagelt Kritik und Forderungen gegen die Regierung.

Die Irak-Dokumente »untermauern unsere Befürchtung, dass die US-Behörden internationale Gesetze gebrochen haben, als sie Tausende von Gefangenen an die irakischen Behörden übergaben, von denen sie wussten, dass sie die Häftlinge foltern und missbrauchen würde«, kritisiert Malcolm Stuart, Amnesty Internationals Direktor für den Mittleren Osten.[30] Amnesty fordert eine internationale Untersuchung, ebenso wie Human Rights Watch und die Uno-Menschenrechtskommissarin Navi Pillay, die sich mit einem offiziellen Statement zu Wort meldet. Die Dokumente hätten Hinweise auf schwerwiegende Menschenrechtsverletzungen im Irak offengelegt, so Pillay. »Die amerikanischen und irakischen Behörden müssen die notwendigen Maßnahmen ergreifen, um alle in den Dokumenten enthaltenen Vorwürfe zu untersuchen und diejenigen zur Rechenschaft zu ziehen, die für Folter, Tötungen und andere Menschenrechtsverletzungen verantwortlich sind.«[31]

In London, auf der Pressekonferenz am 23. Oktober 2010, sitzt ein alter, weißhaariger Mann in der ersten Reihe im Publikum. Er trägt ein Hörgerät und ist gezeichnet von zehn Stunden Flugzeit, aber er will etwas loswerden. Er steht auf und ergreift das Mikrofon. Er sei froh über die Gelegenheit, hier zusammen mit Julian Assange stehen zu dürfen, sagt er. Assange sei für die US-Regierung derzeit der »gefährlichste Mann der Welt«. Weil er 40 Jahre auf eine solche Veröffentlichung gewartet habe, habe er sich ins Flugzeug gesetzt und sei über Nacht nach London geflogen. »Wenn es tatsächlich Bradley Manning war, der diese Dokumente lanciert hat, dann gehört ihm unsere ungeteilte Bewunderung«, ruft er in den Saal. »Für mich ist WikiLeaks die Zukunft der Enthüllungen.«

Am Abend, als die Pressekonferenz vorbei ist, werden Assange und der alte Mann Essen gehen, sie haben sich viel zu sagen. Es ist Daniel Ellsberg, Amerikas wohl bekanntester Whistleblower. In London treffen er und Assange das erste Mal persönlich zusammen.

Codename »Projekt 8«

Die Botschaftsdepeschen

>»Wir brauchen einen Plan, damit WikiLeaks
>diese Veröffentlichung überleben kann.«
>(Julian Assange)

Der letzte Freitag im November ist in Washington normalerweise ein ruhiger Tag. Es ist der Tag nach Thanksgiving,
Amerikas wohl wichtigstem Feiertag, und viele Amerikaner
genießen ein verlängertes Wochenende. Doch dieses Jahr ist
es anders, zumindest für viele Regierungsbeamte. Die Diplomatie brummt, im State Department arbeitet ein informeller
Krisenstab. Hillary Clinton, die amerikanische Außenministerin, telefoniert mit ihren wichtigsten Amtskollegen. Sie muss
viel erklären.

Das State Department weiß seit ein paar Tagen, dass der
nächste Schlag von WikiLeaks bevorsteht. Diesmal ist nicht
das Militär betroffen, sondern das amerikanische Außenministerium: es geht um 251 287 Depeschen der Diplomaten,
die Berichte beginnen mit einem Kabel vom 28. Dezember
1966 und enden am 28. Februar 2010. Sie dokumentieren die
Lagemeldungen der Botschaften in aller Welt in die Zentrale
nach Washington sowie Anweisungen des State Department
an die Außenposten. Das Gros dieser Nahaufnahmen der
amerikanischen Außenpolitik spiegelt die Bush-Jahre und
die Anfänge der Obama-Regierung wider. Diplomatischer

Schriftverkehr ist sensibel, in den falschen Händen bisweilen gefährlich. In Deutschland reichte einst eine einzige, die »Emser Depesche«, um den Deutsch-Französischen Krieg von 1870/71 auszulösen.

Ein derartiges Leck hat es in der Geschichte der Diplomatie noch nicht gegeben. Für die US-Regierung muss es sich anfühlen, als wäre sie ihrer Kleider beraubt. Die Supermacht steht entblößt da auf dem Marktplatz der Weltpolitik. Das Auftauchen der geheimen Drahtberichte ist ein Desaster, das einen Flurschaden globalen Ausmaßes anrichten wird. Nie zuvor ist die Diplomatie eines Landes derart vorgeführt worden.

Hillary Clinton sieht blass aus in jenen Tagen, ihre Mimik ist wie festgefroren, sie hat tiefe Augenringe und schaut ernst in die Kameras. Sie ist bemüht, Haltung zu bewahren. Wer sich an die Präsidentschaft ihres Mannes Bill erinnert, weiß, dass Hillary Clinton viel ertragen kann. Aber es schien ihr selten so schwerzufallen, wie an diesem Thanksgiving 2010. Dies ist der Moment, den Bradley Manning gemeint haben muss, als er Adrian Lamo im Mai schrieb: »Hillary Clinton und ein paar Tausend Diplomaten rund um die Welt werden einen Herzinfarkt bekommen, wenn sie eines morgens aufwachen und ein ganzes Archiv ihrer geheimen Außenpolitik öffentlich zugänglich ist.«

Clinton ruft zuerst enge westliche Verbündete an: die französische Außenministerin Michèle Alliot-Marie, den Briten William Hague, den Kanadier Lawrence Cannon und den deutschen Außenminister Guido Westerwelle. Sie spricht auch mit den Staatschefs in der derzeit gefährlichsten Region der Welt: mit dem afghanischen Präsidenten Hamid Karzai und dem pakistanischen Präsidenten Asif Ali Zardari. Und sie ruft den saudischen Außenminister Saud al-Faisal, den chinesischen Außenminister Yang Jiechi, die argentinische Staatspräsidentin Cristina Fernández de Kirchner und die liberianische Präsidentin Ellen Johnson-Sirleaf an. Es ist Notfall-Diplomatie einmal rund um den Globus, um den absehbaren Schaden für die amerikanische Außenpolitik einzudämmen.

Was sie wohl sagt? Man würde gern Mäuschen spielen, mithören. »Entschuldigung, uns ist da etwas abhandengekommen. Aber Schwamm drüber, das war alles nicht so gemeint?«

Clintons Leute bereiten nicht nur die Politiker verschiedener Länder auf das vor, was sie bald über sich in der Zeitung lesen werden, sie drängen auch die Medien, die die Depeschen veröffentlichen wollen, zu einer möglichst restriktiven Linie. Die *New York Times* verhandelt mit dem Weißen Haus, es gibt Treffen und Telefonate mit dem *Guardian*, *Le Monde*, *El País* und dem SPIEGEL. Die US-Regierung hat eine bemerkenswerte Armada aufgeboten, die auf die Journalisten einwirken soll. Sie besteht neben Clintons Sprecher Philip Crowley und ihrer Stabschefin Cheryl Mills auch aus Vertretern der CIA, des Pentagon und des Büros von Geheimdienstkoordinator James Clapper. Es ist die versammelte sicherheitspolitische Kompetenz der mächtigsten Nation der Welt.

Die amerikanische Regierung hat eine Weile gebraucht, um eine politische Linie zu finden. Am Anfang, knapp eine Woche vor der anstehenden Publikation, bitten Clintons Diplomaten die beteiligten Medien um drei Dinge. Die Namen von Informanten der US-Regierung sollten geschützt werden, wenn durch eine Veröffentlichung deren Leib und Leben in Gefahr sei. Das ist eine Haltung, die alle fünf beteiligten Redaktionen ohnehin einnehmen. Zweitens ersuche man bei sicherheitsrelevanten Kabeln um Zurückhaltung. Und drittens sei der Bereich der Terrorismusabwehr außergewöhnlich sensibel. Ansonsten wolle man den Medien keinen Inhalt abverhandeln. Der offizielle Zorn der US-Regierung gilt dem mutmaßlichen Informanten Bradley Manning und vor allem WikiLeaks. Mit den beteiligten Medien sucht die amerikanische Regierung keine Auseinandersetzung.

So argumentiert auch Philip Murphy, der amerikanische Botschafter in Berlin, als wir ihn in der Botschaft zu einem Gespräch treffen. Murphy ist an Thanksgiving aus seiner Residenz in Dahlem zur Botschaft am Pariser Platz gefahren. Daheim warten seine Frau Tammy und die vier Kinder mit einem Truthahn auf ihn. Murphy, der einstige Investmentbanker und Spendensammler von Obama, trägt an diesem Tag keinen Anzug, sondern eine Kombination aus Jackett und einer legeren Hose sowie leichte Slipper. Neben allen außenpolitischen Turbulenzen, die Julian Assange angerichtet hat, hat er dem Botschafter und seinen Kollegen in Washington auch Thanksgiving verdorben. Das wird ihm Murphy nie verzeihen.

»Mich macht das unglaublich wütend, und die deutsche Regierung hat ebenso Grund, sich zu ärgern über denjenigen, der die Dokumente heruntergeladen hat. Ich bin stinksauer«, sagt Murphy. »Ich kritisiere nicht den SPIEGEL und die Presse, die nur ihren Job macht. Ich kritisiere denjenigen, der dieses Material gestohlen hat.«[1]

Der Botschafter sieht mitgenommen aus, er hustet viel, unterbricht das Gespräch, um einen Schluck Wasser zu holen. Wie so viele amerikanische Diplomaten rund um die Welt muss er seinen Gesprächspartnern erklären, warum die Botschaft intern sehr viel härter über die deutschen Politiker geurteilt hat, als sie es öffentlich tut. Für Diplomaten, die eine möglichst perfekte Fassade zu wahren versuchen, ist das eine Herausforderung. Den deutschen Verteidigungsminister Karl-Theodor zu Guttenberg hat Murphy vor ein paar Tagen als Ersten bei einem Abendessen zur Seite genommen und gewarnt. Andere werden folgen.

In den Tagen vor der Veröffentlichung verändert sich der Ton aus Washington. Er wird schärfer. Es geht jetzt nicht mehr nur um Informanten, deren Leben gefährdet sein könnte. Clintons Sprecher Crowley fordert die Journalisten nun auf, alle Informationen zurückzuhalten, die die nationalen Interessen Amerikas und seiner Partner beschädigen könnten – also einen Großteil des Materials. Das State Department bittet auch darum, Namen von Ministerpräsidenten, Königen, Journalisten und Bürgerrechtlern zu schwärzen. Das ist nicht die Linie der beteiligten Redaktionen, die zwischen Mitarbeitern aus dem Apparat unterscheiden, die keine politische Verantwortung tragen und deren Namen deshalb in der Regel geschwärzt werden sollen, und Staatschefs und Ministern, die für ihre Äußerungen politisch verantwortlich sind.

Diesmal möchte WikiLeaks die Regierungsdokumente nicht mit einem Schlag veröffentlichen. Das Material ist zu reichhaltig und zu interessant, um daraus ein oder zwei große Geschichten zu formen. Es soll über Wochen ausgewertet und publiziert werden. Am Ende ist es ein Adventskalender der etwas anderen Art: Jeden Tag öffnet sich ein neues Türchen mit überraschenden Einblicken in die amerikanische Außenpolitik. Die beteiligten Medien haben sich auf vorbereitenden Konferenzen im *Guardian*-Gebäude in London auf die jeweiligen internationalen Leitthemen für jeden Tag verständigt; dazu können alle nach Belieben Themen aus ihren jeweiligen Ländern mischen.

Bis es so weit ist, müssen allerdings noch einige Hindernisse aus dem Weg geräumt werden. Assange hat dem *Guardian* schon im Sommer eine Kopie der Botschaftsdepeschen ausgehändigt, sich aber vertraglich zusichern lassen, dass die Dokumente nicht ohne seine Einwilligung publiziert werden.[2]

Aus Sicht von WikiLeaks ist es allerdings keineswegs selbstverständlich, dass die selben Medien wie bislang die Kabel auswerten. Ende Oktober, am Tag nach der Veröffentlichung der Irak-Kriegsberichte, hat die *New York Times* auf ihrer Titelseite ein Porträt von Julian Assange veröffentlicht, geschrieben von John Burns, dem Londoner Korrespondenten, einem Pulitzer-

Preisträger. Burns beschreibt Assange darin kritisch und lässt vor allem seine Gegner zu Wort kommen.[3] »Wenn Assange so weitermacht wie bisher, wird das Vertrauen seiner Mitstreiter schwinden«, urteilt er.

Das Porträt löst internationale Diskussionen aus, Burns bekommt so viele Leserbriefe wie selten zuvor. Sein Artikel ist ein Ausdruck unabhängigen Journalismus, allerdings mit einem bemerkenswerten Timing – schließlich hat die New York Times erst am Tag zuvor weltweit Schlagzeilen mit dem exklusiven Zugang zum Irak-Material gemacht. Assange, der selbst so gerne austeilt, ist empfindlich getroffen. Er nennt das Stück ein »sleazy hit piece«: einen schäbigen Versuch, ihn persönlich zu diskreditieren. Assange vermutet, dass die New York Times sich damit von ihm und WikiLeaks distanzieren wolle, eine Art Ablasshandel versucht für die harsche Kritik an der Washingtoner Regierung am Tag zuvor. Aus seiner Sicht ist es der Tropfen, der das Fass zum Überlaufen bringt, da er sich vor einiger Zeit auch schon über ein Porträt der New York Times über Bradley Manning nachhaltig geärgert hatte.

»Die Times ist raus«, entscheidet Assange intern. Die Entfremdung ist bei allen Beteiligten zu spüren und zeitweilig wirkt es nicht so, als ob es eine weitere Zusammenarbeit geben kann. Ein Krisentreffen am 1. November 2010 in London soll klären, wie es weitergeht. Es findet in den Räumen des Guardian statt. Und es ist, wie sich zeigt, bitter nötig.

Der Guardian fühlt sich düpiert, dass Assange bei der Veröffentlichung des Irak-Materials den Kreis der beteiligten Medien immer weiter ausgedehnt hat. Dazu kommt, dass offenbar eine zweite Kopie der Depeschen kursiert, deren Veröffentlichung möglicherweise nicht zu kontrollieren ist. Ein isländischer Unterstützer von WikiLeaks, der das Material in eine Datenbank einspeisen sollte, hat sie der britischen Journalistin Heather Brooke überlassen, die daraufhin den Guardian kontaktierte. Außerdem haben die Guardian-Leute die internen

Streitereien bei WikiLeaks verfolgt. »Die Organisation ist dysfunktional«, sagt David Leigh, der Leiter des Investigativressorts beim *Guardian,* an diesem 1. November in London.

Die *New York Times* fühlt sich ohnehin an keine Absprachen mehr mit WikiLeaks gebunden, sie betrachtet den *Guardian* als ihre Quelle. Sie hat das Material unter der Hand von Leigh bekommen, aber das weiß Assange in diesem Moment noch nicht. Leigh wird später öffentlich bekennen, er habe die Datei weitergereicht, weil er sich gesorgt habe, dass die britische Justiz auf der Grundlage des restriktiven Presserechts der Insel ihre Veröffentlichung untersage.[4]

Guardian und *New York Times* haben schon Anfang Oktober mit konkreten Vorbereitungen begonnen, um die Botschaftsdepeschen ohne Zustimmung von WikiLeaks zu veröffentlichen. WikiLeaks soll erst ein oder zwei Tage vor der Publikation informiert werden. Sogar einen ersten Terminvorschlag gibt es: Freitag, der 5. November 2010. Für einen solchen Fall hat Assange mit der sofortigen Veröffentlichung aller Kabel im Internet gedroht. Der SPIEGEL hat deshalb um das Gespräch in London gebeten, ein Vermittlungstermin, bei dem sich nun entscheiden muss, ob die gesamte Kooperation auseinanderbricht, ob aus Partnern Gegner werden.

Das Treffen soll um 18 Uhr beginnen, aber Assange kommt wie immer zu spät, und als er nach einer guten halben Stunde erscheint, gibt es die erste Überraschung: Ihn begleiten, neben Kristinn Hrafnsson, auch Mark Stephens und Jennifer Robinson, die WikiLeaks-Anwälte. Die *Guardian*-Journalisten empfinden das als Überfall.

Assange trägt ein weißes Hemd, ein Jackett und einen Dreitagebart, er ist noch bleicher als sonst und hat einen bellenden Husten. »Stress«, entschuldigt er sich. Für den *Guardian* sind der Chefredakteur Alan Rusbridger, sein Vize Ian Katz und David Leigh anwesend. Für den SPIEGEL nimmt neben uns auch der Chefredakteur Georg Mascolo teil. Die *New York Times* war eingeladen, ist aber nicht erschienen. Die Runde verzögert sich um weitere 20 Minuten, weil Rusbridger darauf besteht, die Hausjuristin des *Guardian* dazuzubitten, die schon Feierabend hat und aus dem Fitnessstudio geholt werden muss. Nach einigem Hin und Her einigen wir uns darauf, dass alle Anwälte den Raum verlassen und nur gerufen werden, wenn es notwendig werden sollte.

Die Stimmung ist angespannt. »Hat die *New York Times* eine Kopie?«, will Assange wissen. Schweigen. Er wiederholt die Frage, sie zerschneidet den Raum, es ist jetzt sehr still. »Und wenn ja: Woher hat sie eine Kopie?« Assange erwähnt den schriftlichen Vertrag, den er im Sommer mit dem *Guardian* geschlossen habe und der festschreibe, dass WikiLeaks dem *Guardian* die Botschaftsberichte lediglich zur Ansicht überlasse; eine Veröffentlichung oder Weitergabe dürfe nur mit dem Einverständnis von WikiLeaks erfolgen. Assange sieht einen Bruch des Vertrags, deshalb hat er seine Anwälte mitgebracht.

Der *Guardian* argumentiert, WikiLeaks habe den Vertrag selbst gebrochen, weil eine zweite Kopie kursiere – jene isländische Kopie, die sich nun im Besitz von Heather Brooke befindet. »Die ganze Sache ist etwas außer Kontrolle geraten«, sagt Alan Rusbridger. »WikiLeaks wurde selbst geleakt, das ist die brutale Wahrheit.«

Assange spricht von »Diebstahl« und »kriminellen Aktivitäten«, gegen die er juristisch vorgehen werde, die Kopie sei »illegal«. Die doppelte Bedeutung dieser Aussage ist ihm in dem Moment offenbar nicht bewusst. Mascolo antwortet: »Es gibt nur illegale Kopien dieses Materials.«

Nach einer knappen Stunde entspannt sich die Situation etwas. Rusbridger öffnet eine Flasche Chablis, er will wissen, unter welchen Umständen WikiLeaks einer Veröffentlichung zustimmen würde. »Alles unter einem Monat wäre so gut wie tödlich für uns«, sagt Assange. »Optimal wäre Anfang 2011, und es kommt darauf an, wie veröffentlicht wird.« Er möchte dieses Mal nicht in der ersten Reihe stehen, es soll keine Pressekonferenz und keine Erstveröffentlichung des Materials bei WikiLeaks geben. Die Medien sollen mit Berichten beginnen, WikiLeaks will nur die dazugehörigen Diplomatenkabel publizieren. »Wir können nicht den ganzen Druck abbekommen, das geht diesmal nicht, dafür ist das Material zu dramatisch«, sagt er. »Wir müssen diese Veröffentlichung überleben.«

Es ist mittlerweile weit nach 21 Uhr, niemand hat gegessen, und deswegen verlagern wir die Diskussion in das Restaurant »Rotunda« im Erdgeschoss des *Guardian*-Gebäudes, in ein Separée. Es gibt Oliven, Rumpsteak und einen guten argentinischen Malbec.

Assange wünscht sich eine Beteiligung von *El País*. »Wir genießen in den spanischsprachigen Ländern viel Unterstützung«, sagt er. Auch *Le Monde* soll dazustoßen, um den französischen Sprachraum abzudecken. Die Zeitungen sollen das Material eine Zeit lang exklusiv auswerten, anschließend will WikiLeaks es weiterverteilen, an andere Medien, weltweit. »Und es wird keine Nebenabsprachen mit Fernsehsendern geben?«, fragt Rusbridger. »Nein«, verspricht Assange.

Und dann ist da noch die *New York Times*-Frage. Assange verlangt eine Richtigstellung des Porträts, das John Burns über ihn geschrieben hat, am liebsten auf Seite 1 – ein Anliegen, dem keine Redaktion zustimmen kann. Möglich wäre auch ein Meinungsbeitrag von WikiLeaks in der *New York Times*, schlägt Mark Stephens vor, der mittlerweile mit am Tisch sitzt und vermittelt. Rusbridger steht auf, geht vor die Tür und ruft Bill Keller an, den Chefredakteur der *New York Times*, der in Amerika gerade auf dem Weg zu einem Abendessen ist. Keller hört sich die Beschwerden an, lehnt aber eine prominent platzierte Antwort oder gar eine Richtigstellung ab. Assange könne ja einen Leserbrief schreiben. Es gehe nicht nur um das eine Porträt, sagt Assange, sondern auch darum, dass sich so etwas nicht wiederhole.

Gegen Mitternacht schließt das Restaurant, es geht zurück in die Redaktion des *Guardian*, den Wein nehmen wir mit. In einem kleinen Konferenzraum sollen die Absprachen besiegelt werden. Alan Rusbridger fasst den Stand der Dinge zusammen: Beginn der Publikation nicht vor Ende November, die Themen sollen anfangs nur aus ausgewählten Ländern stammen und globale Bedeutung haben, der SPIEGEL und der *Guardian* erhalten Zugang zu dem Material, der *Guardian* wird Heather Brooke unter Vertrag nehmen und damit sicherstellen, dass die zweite Kopie der Depeschen kein Problem darstellt. Offen bleiben das genaue Veröffentlichungsdatum und die Frage, welche Zeitung aus den USA dabei sein wird.

Es sieht so aus, als sei eine Einigung zum Greifen nah, doch dann kippt die Stimmung noch einmal, als David Leigh um 0.39 Uhr fragt: »Haben wir einen Deal mit dem SPIEGEL und dem *Guardian*?«

»Wir haben einen Deal mit dem SPIEGEL, vielleicht haben wir einen Deal mit dem *Guardian*«, antwortet Assange. »Der *Guardian* ist verantwortlich dafür, dass das Material auch bei der *New York Times* liegt.« Mascolo, der zuvor schon gedrängt hat, die *New York Times* nicht auszuschließen, erwidert: »Es wird mit uns keine Vereinbarung geben, wenn der *Guardian* nicht dabei ist.«

Assange zuckt mit den Schultern und sagt: »Wir müssen den SPIEGEL nicht dabeihaben.«

Das Treffen endet nach knapp fünf Stunden, um kurz nach ein Uhr nachts ohne Ergebnis, aber mit der Verabredung, dass alle Seiten darüber nachdenken und am nächsten Mittag zu einer Entscheidung kommen. Und so geschieht es: Am nächsten Mittag stimmt Mark Stephens im Namen von Julian Assange den Absprachen zu, und als Bill Keller in einem weiteren Telefonat mit Rusbridger versöhnliche Signale sendet, ist auch die

New York Times dabei. Verabredet wird eine Veröffentlichung in der Nacht auf den 29. November 2010, alle beteiligten Medien sollen zeitgleich um 22.30 Uhr online gehen.

Es gibt keinen schriftlichen Vertrag, nur ein »Gentlemen's Agreement«, wie Assange sagt. »Projekt 8«, wie die Veröffentlichung der Botschaftsberichte intern bei WikiLeaks genannt wird, kann beginnen.

Besonders für die spanischen und französischen Kollegen ist das ein sehr ambitionierter Zeitplan. Der SPIEGEL kennt das Material zu diesem Zeitpunkt seit Monaten, seit Wochen arbeitet ein Team von fast 50 Kollegen aus den unterschiedlichsten Abteilungen mit dem Material. Wegen der vereinbarten Geheimhaltung wird die 1,4 Gigabyte große Datei cable.csv, die der SPIEGEL intern in »Holiday« umbenennt, zunächst nur auf einige wenige Rechner kopiert, die nicht mit dem Internet verbunden sind. Ein kleines Team aus dem Auslands- und dem Deutschlandressort macht sich daran, einen Überblick über die Dokumente zu gewinnen und mögliche Themen für die Berichterstattung herauszufiltern. Parallel prüfen die Redakteure in Zusammenarbeit mit der SPIEGEL-EDV und der Dokumentation die Echtheit der Datensätze. Es finden sich weder forensische noch inhaltliche Anhaltspunkte dafür, dass es sich um etwas anderes als Originaldaten handeln könnte.

Der SPIEGEL hat wie schon bei den Afghanistan-Dokumenten eigens ein Embargo über die für andere Medien ansonsten ab Sonnabendnachmittag erhältliche Ausgabe verfügt. Das Magazin soll in der gedruckten Version sowie als E-Paper und iPad-App erst in der Nacht zu Montag ausgeliefert werden, doch es passt zu dem Thema, dass es diesmal ein weiteres Leck gibt: auf dem Badischen Bahnhof bei Basel.

Der Bahnsteig ist eine deutsche Enklave in der Schweiz, es gibt einen Bahnhofskiosk, der schon sonntagmorgens den SPIEGEL verkauft, und wie jedes Wochenende fährt auch diesmal ein Lkw vor. Es ist weltweit der einzige Lieferant mit SPIEGEL-

Exemplaren, der an diesem Sonntag ausliefert, 40 Stück nur, aber das reicht. Christian Heeb, der Chefredakteur von Radio Basel, hat aus Routine am Bahnhofskiosk vorbeigeschaut und gleich ein paar Exemplare des SPIEGEL eingesteckt. Am späten Vormittag meldet der Rundfunksender, was auf die Welt zukommt.

Die Meldung vom Radio Basel nimmt ihren Lauf, sie wird auf Twitter verbreitet und ein User namens »Freelancer_09«, der in der Nähe wohnt, macht sich auf den Weg zum Bahnhof. Er kommt gerade noch rechtzeitig: der Verkauf ist gestoppt, aber »Freelancer_09« erhält eines der letzten Exemplare, und so wird ausgerechnet das ruhige Basel zum Epizentrum einer Enthüllung, auf die die Welt seit Tagen gespannt wartet.

Es scheint, als hätte »Freelancer_09« nicht viel vor an diesem Sonntag. Jedenfalls wertet er systematisch den SPIEGEL aus und zwitschert den Inhalt in die ganze Welt. Am Nachmittag scannt er das Titelbild und den Deutschland-Artikel, das Copyright zählt nicht viel im Internet, innerhalb von ein paar Stunden schwillt seine Anhängerschaft von 45 auf 616 an, und in der ganzen Welt werden seine Meldungen per Schneeballprinzip weitergetragen. Für einen Nachmittag ist »Freelancer_09« berühmt, er genießt es und bedankt sich beim Bahnhofskiosk in Basel: »Respekt für die Schweizer, auch wenn sie sonst immer gemütlich sind, DANKE für die schnellen Informationen :-)«

Das Internet ist ein mächtiges Werkzeug, das erfährt nicht nur die amerikanische Regierung, sondern das spüren auch die beteiligten Medien. Sie beschließen, den Start der Berichterstattung auf 19 Uhr vorzuverlegen.

Das Material lässt sich grob in drei Segmente teilen. Erstens in Unterlagen, die ein Zeugnis über die alltägliche Arbeit der Diplomaten ablegen, ohne Geheimnisse oder politische Verfehlungen. Zweitens in Berichte, die ein Schlaglicht auf die Machtpolitik der US-Regierung werfen und kritikwürdige Methoden enthüllen. Und drittens in Material, das einen Blick hinter die Kulissen zahlloser geopolitisch wichtiger Schauplätze ermöglicht: Amerikas Sicht auf die Welt und deren Lenker.

Am türkischen Premierminister Tayyip Erdogan interessieren die Vereinigten Staaten die Korruptionsvorwürfe, die aus seinem eigenen Kabinett gegen ihn erhoben werden samt der Information, er unterhalte angeblich acht Nummernkonten in der Schweiz; Behauptungen, denen Erdogan vehement widerspricht. Die amerikanischen Diplomaten analysieren, das Land bewege sich immer weiter weg von der westlichen Allianz und drifte in Richtung Islamismus – während sie gleichzeitig öffentlich für eine engere Anbindung an Europa werben.

Möglichst alle Details will die amerikanische Außenministerin auch über die Beziehung zwischen Silvio Berlusconi und Wladimir Putin wissen, es gibt Depeschen, die den Verdacht nahelegen, der italienische Staatschef profitiere von den milliardenschweren Gas-Deals mit den Russen. Putin und Berlusconi bestreiten die Korruptionsvorwürfe, Berlusconi habe aber ansonsten über seine Beschreibung als »inkompetent«, »aufgeblasen« und »ineffektiv« »gut gelacht«. Wichtig ist ihm nur, dass er Dimitri Medwedew nie als »Auszubildenden« bezeichnet habe, wie es in einem der Kabel nachzulesen ist. Den Franzosen Nicolas Sarkozy nennen die Amerikaner einen »Kaiser ohne Kleider«, Hamid Karzai sei »von Paranoia getrieben«, Putin ein »Alpha-Rüde«.

So geht die Geschichte einmal um die Welt. Jeder Premier, jeder Regierungschef will von seinen Mitarbeitern wissen, wie er in den Kabeln wegkommt. Für die allermeisten gilt: nicht gut. Es trifft sogar die britische Königsfamilie. Das Verhalten von Prinz Andrew bei einem Besuch in Kirgisien habe »ans Rüde gegrenzt«, er sei »großspurig« aufgetreten, kabelte die dortige US-Botschafterin nach Washington.

Sogar Spitzen-Diplomaten interessieren sich hinter der öffentlichen Fassade und den dicken Botschaftsmauern mit Vorliebe für das Allzumenschliche, wie aus detaillierten und seitenlangen Berichten über eine ausschweifende Hochzeit in Dagestan hervorgeht oder aus Berichten über das Sex- und Liebesleben junger Saudis.

Im Gros der Berichte geht es aber um mehr als um Klatsch und Tratsch, mitunter um existenzielle Fragen von Krieg und Frieden, etwa beim Thema Iran. In den Botschaftsdepeschen finden sich Berichte von Treffen zwischen amerikanischen Diplomaten und Regenten arabischer Staaten, deren heimliche Sicht auf das iranische Atomprogramm offenkundig eine andere ist, als sie offiziell verkünden. Der seit Dekaden regierende ägyptische Präsident Husni Mubarak bringt die Stimmung vieler arabischer Staatschefs auf den Punkt: »Wir haben alle Angst«, wird er zitiert.

Das vielleicht brisanteste Kabel zum Thema Iran stammt aus der Botschaft in Manama, der Hauptstadt des Königreichs Bahrain und datiert auf den 4. November 2009. Es protokolliert ein Gespräch zwischen dem amerikanischen General David Petraeus und König Hamad von Bahrain. Während des Treffens macht der König Iran als Urheber vieler Probleme im Irak und in Afghanistan verantwortlich. »Er argumentierte voller Überzeugung dafür, Schritte zu unternehmen, um das Atomprogramm zu stoppen«, heißt es in dem Bericht des amerikanischen Botschafters, »by whatever means necessary« – mit allen notwendigen Mitteln. »Das Programm muss gestoppt werden«, soll Hamad wörtlich gesagt haben. »Die Gefahr, es weiter laufen zu lassen, ist größer, als die Gefahr, es zu stoppen.« Die Formulierung »by whatever means necessary« stammt vom Botschafter, nicht vom König, und trotzdem ist es eine offene Aufforderung zu einem Militärschlag gegen die Anreicherungsanlagen in Natans und Ghom, gegen die Anlage zur

Produktion von Brennstäben in Isfahan und den Reaktor in Buschehr.

Der König von Bahrain steht mit dieser Position nicht alleine da. Mohammed bin Zayed, der Kronprinz von Abu Dhabi und eine Schlüsselfigur der Emirate, zieht einen historischen Vergleich zwischen der aktuellen Situation im Nahen Osten mit der in Europa kurz vor dem Zweiten Weltkrieg. Bin Zayed glaubt nicht mehr an Verhandlungen, denn »Iran führt sich bereits auf wie eine Nuklearmacht«, sagt er gegenüber dem amerikanischen Vize-Energieminister. »Iran etabliert überall in der muslimischen Welt Emirate inklusive des Südlibanons und Gazas, Schläfer-Emirate in Kuwait, Bahrain und der Ostprovinz Saudi-Arabiens, außerdem die Mutter aller Emirate im Südirak und jetzt Saada im Jemen.«

Von einem »Sturm« spricht der Kronprinz, der losbrechen werde, »wenn Iran die Bombe habe, mit Ägypten, Saudi-Arabien, Syrien und der Türkei, die ihre eigenen Nuklearwaffen entwickeln werden, und mit einem Iran, das den sunnitisch-schiitischen Konflikt in der ganzen Welt anheizt«, so notieren es jedenfalls die US-Diplomaten. Bin Zayed »beschrieb einen baldigen konventionellen Krieg mit Iran als klar besser gegenüber den langfristigen Konsequenzen eines nuklear bewaffneten Iran«.

Mohammed Bin Zayed ist einer der glühendsten Gegner Teherans, das wird bei Lektüre der Depeschen deutlich. Er glaubt, dass ein Angriff Israels bevorstehe, Iran werde mit Raketen reagieren, die dann auch die Golfstaaten treffen könnten. Im Juli 2009 verlangt er einen »Plan B« für den Fall, dass Iran nicht verhandlungsbereit sei. Der Gottesstaat müsse unter Druck gesetzt werden, und Bin Zayed weiß auch, wie: durch Zersetzung von innen. »Der einzige Weg, Iran davon abzuhalten, nukleare Waffen zu entwickeln, ist, das Land von innen zu spalten«, heißt es in einem der Botschaftsberichte.

Die Aussagen sind politisch so brisant, dass die US-Regierung darum bittet, die Namen der arabischen Herrscher zu schwärzen. Das lehnen die *New York Times*, der *Guardian* und der SPIEGEL ab. Bei grundlegenden Fragen von Krieg und Frieden hat die Öffentlichkeit ein Anrecht zu erfahren, welcher Regent wie denkt.

Die Veröffentlichung führt zu zwei Reaktionen. Die iranische Führung zweifelt den Wahrheitsgehalt an und bezeichnet die Depeschen öffentlich als Fälschung. »Diese Dokumente können nicht authentisch sein«, sagt Esfandiar Rahim-Masbai, der Büroleiter des iranischen Präsidenten Mahmud Ahmadinedschad. »Wir sehen das als Teil der gegen uns gerichteten amerikanischen Politik.«[5] Der Präsidentenberater kann nicht glauben, dass die USA die Kontrolle über so viele Regierungsdokumente verloren haben sollen.

Die israelische Regierung hingegen reagiert geradezu euphorisch. WikiLeaks erfährt in Tel Aviv und Jerusalem große Sympathie. Dass er ausgerechnet aus einem Land, in dem tagtäglich eine Zensurbehörde über das wacht, was die Zeitungen zu publizieren beabsichtigen, lauten Applaus erhalten würde, hätte sich Julian Assange wohl nicht träumen lassen.

Politisch brisant, wenn auch für eine andere Region der Welt, ist ein weiterer Vorgang. Die Depeschen belegen die Existenz eines geheimen Nato-Plans zur Verteidigung des Baltikums gegen Russland. Nach dem russischen Krieg gegen Georgien im Sommer 2008 ist die Sorge von Ländern wie Lettland, Litauen und Estland groß, zum Ziel russischer Hegemonialbestrebungen zu werden. Der lettische Außenminister Maris Riekstins erklärt bei einem Treffen mit der damaligen amerikanischen Außenministerin Condoleezza Rice am 9. Oktober 2008, der Georgien-Krieg habe gezeigt, wie schnell Russland bereit sei, seine Nachbarn anzugreifen. Und die Litauer bitten um mehr amerikanische Truppen im Land, eine stärkere Luftabwehr, eine bessere Panzerabwehr, mehr Schutz zur See und jährliche Übung der US-Armee auf baltischem Territorium. Die Nato solle ihre Präsenz im Baltikum vergrößern, meldet die amerikanische Botschaft bei der Nato am 17. Oktober 2008 nach Washington. Dazu gehört nach dem Willen der Balten auch ein Notfallplan, falls die Russen tatsächlich angreifen sollten.

Die Forderung ist delikat. Ein solcher Geheimplan kann die Annäherungsversuche zwischen der Nato und Russland um Jahre zurückwerfen und neues Misstrauen schüren. Es ist ein Drahtseilakt, den Balten Sicherheit zu versprechen, ohne die Russen zu verprellen. Deutschland, so gibt es ein Bericht aus der US-Botschaft in Berlin wieder, ist skeptisch und »betrachtet den Notfallplan zum Schutz des Baltikums vor Russland (…) als kontraproduktiv und überflüssig«. Doch die Bundesregierung setzt sich mit ihren Einwänden nicht durch. Am 22. Januar 2009 stimmt das oberste militärische Gremium der Nato, der Militärausschuss, dem »Nato Contingency Plan« für das Baltikum zu.

Der Regierung in Washington ist bewusst, welchen Flurschaden der Plan anrichten kann. In einem als geheim eingestuften Memorandum an alle amerikanischen Nato-Außenstellen bittet das US-Außenministerium am 26. Januar 2010 um unbedingte Verschwiegenheit: »Die Vereinigten Staaten sind der festen Überzeugung, dass solche Planungen nicht öffentlich besprochen werden sollten. Diese Pläne sind als geheim eingestuft«, so das Papier. Gezeichnet: Clinton.

Das Dokument enthält sogar eine offizielle Sprachregelung. Falls der Militärplan auffliegt, sollen Amerikas Diplomaten wie folgt reagieren: »Die Nato-Planungen sind ein interner Prozess, der die Allianz auf künftige Notfälle so gut wie möglich vorbereiten soll. Sie sind nicht gegen ein anderes Land gerichtet.«

Viel Ärger handeln sich die Amerikaner auch mit einer weiteren Enthüllung ein. Es ist eine ebenfalls von Clinton unterzeichnete Anweisung vom 31. Juli 2009. Der Betreff des Dokuments klingt harmlos: »Berichts- und Sammel-anforderungen: die Vereinten Nationen«. Doch der Inhalt der »geheim« eingestuften Depesche hat es in sich: Auf 29 Sei-ten fordert das Außenministerium der Vereinigten Staaten darin seine Mitarbeiter auf, die Uno und ihre führenden Köpfe auszuspähen. Das Papier mit den Spionageanweisun-gen ging nicht nur an die amerikanische Uno-Vertretung in New York, sondern auch an 30 US-Botschaften weltweit, von Amman über Berlin, Paris und London bis nach Zagreb. Es enthält den bislang streng unter Verschluss gehaltenen »Nationalen Beschaffungsplan unter Einsatz menschlicher Quellen« (National Humint Collection Directive). Ähnliche Aufforderungen zur Bespitzelung gibt es für viele Staaten, etwa Paraguay und acht westafrikanische Staaten, darunter Burkina Faso, Mauretanien und Senegal, sowie diverse Staa-ten Osteuropas.

Der Grat zwischen der Arbeit der Diplomaten und der Arbeit der Geheimdienste ist von jeher schmal. Das diplomatische Corps sammelt auf legalem Weg Informationen, bewertet sie und bereitet damit die Grundlage für die eigene Außenpolitik. Die Nachrichtendienste infiltrieren und führen Quellen, alles möglichst unsichtbar. Aber oft am Rande oder auch jenseits der Legalität.

Folgt man dieser Unterteilung, dann betreibt das State Department neben dem diplomatischen auch ein nachrich-tendienstliches Geschäft, dessen Leitlinien in Clintons Beschaf-fungsplan festgeschrieben sind. Selbst über Uno-Generalsek-retär Ban Ki Moon wollen die Amerikaner alles wissen. Die Ergebnisse fließen offenkundig weiter an die CIA. Als Begrün-dung für den Spionageauftrag legt Clinton offen, dass ein Großteil der Informationen, mit denen die Geheimdienste arbeiten, aus den weltweit zusammengetragenen Berichten von Außenamtsmitarbeitern stamme.

Die Diplomaten sollten über ihre Kontakte so viel wie möglich in Erfahrung bringen, bis hin zu Kreditkarten- und Vielflieger-Kundennummern, biometrischen Daten und Passwörtern für Verschlüsselungen.

Derartige Methoden verstoßen gegen alle Regeln, die sich die Vereinten Nationen gegeben haben. In der »Konvention über die Privilegien und die Immunität der Vereinten Nationen« sowie im »Wiener Übereinkommen über diplomatische Beziehungen« ist festgeschrieben, dass keine Spionagemethoden angewandt werden sollen. Zudem haben die USA mit den Vereinten Nationen 1947 ein direktes Abkommen geschlossen, das verdeckte Aktivitäten ausschließt. Aber diese Abmachungen sind schon Jahrzehnte alt, und Abhören innerhalb der Uno sei »eine Art Tradition«, wie der frühere Uno-Generalsekretär Boutros Boutros-Ghali sagte. Mit dem Nationalen Beschaffungsplan liegt nun ein offizielles Regierungsdokument vor, das formal belegt, wie breit die US-Administration Geheimdienstmethoden gegen die Völkergemeinschaft einsetzt.

Beim Thema Iran etwa stehen »die Pläne und Absichten des Uno-Generalsekretärs und seiner direkten Mitarbeiter« ganz oben auf der Wunschliste, dicht gefolgt von den »spezifischen Absichten von Großbritannien, Frankreich, Deutschland und Russland«.

Die Anforderungen gehen weit über das normale Maß diplomatischen Interesses hinaus. So wünscht sich Clinton etwa »biografische und biometrische Informationen zu den permanenten Repräsentanten des Uno-Sicherheitsrates und Informationen über deren Verhältnis zu ihren Regierungen« inklusive möglicher »Differenzen zwischen den Uno-Missionen und ihren Hauptstädten«. Ähnliche Wünsche gibt es dem Dokument zufolge für die ständigen Vertreter der »Gruppe der 77«, also der Entwicklungs- und Schwellenländer, und der blockfreien Mitgliedstaaten, »speziell China, Kuba, Ägypten, Indien, Indonesien, Malaysia, Pakistan, Südafrika, Sudan, Uganda, Senegal und Syrien«.

Besonders interessiert ist das Außenministerium auch an internen Kommunikationseinrichtungen der Uno. Die Beschaffungsdirektive listet nicht nur alles über die Telekommunikationssysteme der Organisation auf, sondern auch eine Fülle digitaler Details über »geplante Upgrades, Sicherheitsmaßnahmen, Passwörter, persönliche Codes für die Verschlüsselung«. Die Intention ist klar: Mit diesen Informationen kann der Abhörgeheimdienst NSA anschließend leichter Telefone, Computer und E-Mail-Konten attackieren.

Angriffe mit Hilfe moderner Technik sind in der Geschichte der Uno immer wieder vorgekommen. 2004 entfachte die ehemalige britische Ministerin Clare Short einen Skandal, als sie in einem Interview zugab, Spione würden regelmäßig die Kommunikation hochrangiger Uno-Vertreter mitschneiden, auch die des Generalsekretärs. Legendär ist auch der Lauschangriff der Briten im Vorfeld des Irakkriegs. Auf Bitten des amerikanischen Nachrichtendienstes NSA klinkten sie sich bei mehreren Mitgliedern des Uno-Sicherheitsrates ein, um deren Abstimmungsverhalten bei der Resolution gegen das Regime von Saddam Hussein herauszufinden. Und gleich mehrmals fanden Techniker Wanzen in der Uno. Im April 2006 stießen Arbeiter bei einer Wartung auf elektronische Bauteile, die im Genfer Palais des Nations, Salon C 108 versteckt waren.

Eines eint allerdings das diplomatische wie das geheimdienstliche Gewerbe: Man lässt sich nicht erwischen. Weder bei dem Lauschangriff auf Kofi Annan noch bei den versteckten Wanzen in Genf ließ sich ein Nachweis für die Herkunft der Geräte führen. Das ist diesmal anders.

Nach der Veröffentlichung muss sich Clinton in einem Vieraugengespräch bei Ban Ki Moon rechtfertigen, Uno-Sprecher Farhan Haq liest dem versammelten Plenum die Passagen aus der Konvention von 1946 vor, in der die Immunität der Uno-Gesandten geregelt ist. Und vor dem Washingtoner Pressekorps ringt Clintons Sprecher Philip Crowley nach einer Erklärung. »Diplomaten sind keine geheimdienstlichen Waffen«, sagt Crowley. Clinton sei zwar »verantwortlich, aber nicht die Autorin dieses Dokuments, dessen Inhalt von außerhalb des State Department kam.«[6] Im Klartext: Bei der Direktive handelt es sich um eine Wunschliste, die die CIA zusammengetragen hat. Crowley dementiert nicht, dass spioniert wird.

Clinton bezeichnet die Depeschen als »gestohlen«, sie sagt das mit sehr ernster Mine. Ihr entgeht dabei eine unfreiwillige Pointe: laut der Spitzeldirektive sind die USA selbst sehr aktiv in dem Gewerbe des Datendiebstahls. Gibt es also gute und schlechte Datendiebstähle? In der Person der amerikanischen Außenministerin bündelt sich in diesem Moment die gesamte Zwiespältigkeit der amerikanischen Sprachregelungen. Crowley hatte die Redaktionen darum gebeten, die Spionageanweisung nicht zu veröffentlichen. Hierdurch würden die Geheimdienstaktivitäten der USA erschwert. Die Redaktionen lehnten das ab.

Eine Lektion in angewandter Machtpolitik liefern die Depeschen zum Klimawandel. Sie zeigen eine Achse Peking-Washington, wenn es denn den jeweiligen Interessen zupass kommt. Im Mai 2009 fliegt John Kerry, der demokratische Vorsitzende des Senatsaußenausschusses, nach Peking, er trifft sich dort mit Vizepremier Li Keqiang. Der Amerikaner versichert, Washington könne »Chinas Widerstand verstehen, verbindliche Ziele bei der Uno-Klimakonferenz in Kopenhagen zu akzeptieren«; den Amerikanern geht es schließlich nicht anders. Und dann skizziert Kerry »eine neue Basis für eine bedeutende Kooperation zwischen den USA und China beim Klimawandel«. So steht es in dem anschließenden Bericht der amerikanischen Botschaft in Peking.

Wie diese Kooperation aussieht, erfahren die Europäer alsbald. Im Dezember 2009, als in Kopenhagen die Staatschefs und Vertreter von 192 Nationen zusammenkommen, soll ein neues, schärferes Klimaabkommen verabschiedet werden. Doch die entscheidende Runde findet in einem Hinterzimmer statt. China, Indien, Südafrika und Brasilien streichen aus dem Entwurf des Kopenhagen-Abkommens alle verbindlichen Verpflichtungen heraus, auch die USA stimmen dem neuen »Copenhagen Accord« zu. Der schwammige Vertragsentwurf steht nun bei internationalen Verhandlungen in Konkurrenz zu einem verbindlichen Plan, wie ihn die Europäer fordern.

Und die Amerikaner schaffen Fakten: Sie kaufen ärmere Länder mit Finanzspritzen, die als Entwicklungshilfe deklariert werden, um dem »Copenhagen Accord« zuzustimmen. Einem Botschafter der Malediven etwa drängt Jonathan Pershing, der amerikanische Klimaunterhändler, die Dollar-Millionen geradezu auf. Er solle benennen, wie viel der Inselstaat für Anpassungsmaßnahmen brauche, so Pershing, das erhöhe »die Wahrscheinlichkeit«, dass der US-Kongress die Mittel schnell lockermache. »Andere Nationen würden dann realisieren, dass es Vorteile hat, wenn man mitmacht«, heißt es in einem US-Memo. Den Malediven reicht das nicht, sie hätten gerne noch etwas Politglamour. Obama solle doch eine Rede auf den Inseln halten, schlägt der Botschafter der Malediven vor. Schließlich sei das »eine dramatische Kulisse«, um über ökologische Herausforderungen zu sprechen.

Die offenkundige Vereitelung eines effizienten Klimaabkommens entfacht nach der Enthüllung der Botschaftsdepeschen eine neue Debatte. Von »Einflussnahme, Druck und Erpressung« vonseiten der US-Administration spricht Boliviens Uno-Botschafter Pablo Solón. »Wir haben uns immer über den Druck und die Erpressung durch die US-Regierung beschwert. WikiLeaks bestätigt das.«

Der SPIEGEL hat sich für seine erste Ausgabe zu den Botschafts-kabeln besonders intensiv mit den rund 1700 Depeschen beschäftigt, die aus der Berliner US-Botschaft am Pariser Platz nach Washington und in alle Welt gingen. Es ist eine skurrile Situation: Wir haben im Berliner Büro bei der Arbeit an den Botschaftsdepeschen deren Entstehungsort fest im Blick. Die Berliner SPIEGEL-Dependance befindet sich schräg gegenüber von der US-Botschaft.

Schon früh fällt auf, dass die US-Diplomaten um manche ihrer Gesprächspartner sogar gegenüber ihren Vorgesetzten in Washington ein Geheimnis machten. Besonders gilt das für einen Liberalen, der Interna aus den schwarz-gelben Koaliti-onsverhandlungen im Oktober 2009 an die Amerikaner weiter-gibt. Die Amerikaner schützen seinen Namen, sie bezeichnen ihn als »eine gut platzierte Quelle«.

Er sei ein »junger, aufstrebender Parteigänger«, so beschreibt ihn Phil Murphy, der US-Botschafter. Das Kabel nach Washing-ton trägt die Nummer 229153, es stammt vom 9. Oktober 2009 und ist »vertraulich«. Murphy geht davon aus, dass es nicht öffentlich wird. Zwölf Tage ist die Bundestagswahl an diesem Herbsttag her, Angela Merkel verhandelt gerade mit Guido Westerwelle über eine schwarz-gelbe Koalition. Deutschland stellt seine Weichen neu, und es sieht so aus, als sei die US-Regierung ganz nah dabei. Murphy und seine Leute, das ist zu spüren, sind stolz darauf.

Der Informant spricht am 7. Oktober bei den Amerikanern vor, er hat einen ganzen Haufen an internen Papieren mit-gebracht, Teilnehmerlisten der Arbeitsgruppen, Zeitpläne, handschriftliche Notizen. Er hat notiert, wer was gesagt hat, er protokolliert die Verhandlungen für die FDP.

Es sei zu einem internen Streit um die Abrüstung gekom-men, berichtet er. Westerwelle wolle, dass die USA ihre Atom-bomben von deutschem Boden abziehen. Christdemokrat Wolfgang Schäuble habe dagegengehalten, die Atomwaffen dienten der Abschreckung gegen Iran. Das stimme nicht, habe Westerwelle geantwortet, weil die nuklearen Sprengköpfe Iran gar nicht erreichen könnten.

Der Groll der Liberalen gegen Schäuble ist anschließend groß. Er sei »neurotisch« und sehe »überall Bedrohungen«, erzählt der Zuträger. Die FDP, ergänzt er später, betrachte ihn als »zornigen alten Mann«, der versuche, als »graue Eminenz« der CDU aufzutreten und seinen Einfluss auszudehnen. Der FDP-Informant hofft, dass auch die CDU erkenne, welch »negative Rolle« Schäuble spiele. Am Ende des Treffens übergibt er den Amerikanern verschiedene Kopien aus seinem Ordner mit den Koalitionsunterlagen. »Die Botschaft wird nach den nächsten Verhandlungsrunden um zusätzliche Treffen mit der Quelle bitten«, so fasst es ein zufriedener Diplomat zusammen.

Der Informant aus dem Berliner Regierungsviertel muss mutig und skrupellos sein, vielleicht auch nur geltungssüchtig und naiv. Wer weiß schon genau, was einen Parteimitarbeiter antreibt, die Koalitionsverhandlungen seiner Partei an die Amerikaner zu verraten?

Murphy übermittelt seiner Chefin zumindest den Ansatz einer Erklärung: Die Quelle habe »den Botschaftsmitarbeitern schon in der Vergangenheit interne Parteidokumente angeboten. Begeistert von seiner Rolle als Protokollant, scheint er gern bereit zu sein, uns seine Beobachtungen und Ansichten mitzuteilen und seine Notizen vorzulesen.«

Einige Tage später, am 15. Oktober 2009, ist es wieder so weit, die nächste Lieferung steht an. Der Liberale hat diesmal eine Liste mit 15 Punkten dabei, die die FDP in die Koalitionsgespräche eingebracht hat. Darunter ist erneut die Forderung nach »Verhandlungen mit unseren Alliierten« über einen baldigen Abzug der Atomwaffen. Wie wichtig Westerwelle die nukleare Abrüstung sei, fragen die amerikanischen Diplomaten. Sehr wichtig, antwortet der Liberale.

Als der SPIEGEL die Vorgänge in seiner Titelgeschichte publik macht, reagiert die FDP-Spitze zunächst cool. Er glaube das so nicht, sagt Guido Westerwelle, im Übrigen hätten alle Mitarbeiter sein Vertrauen. Auch Entwicklungsminister Dirk Niebel bezweifelt die Darstellung. Es ist eine erstaunliche Kommunikationsstrategie, und eine gefährliche. Nur eine Seite kann recht haben. Die FDP-Granden unterstellen der amerikanischen Botschaft mit ihren Wortmeldungen immerhin, sie hätte sich für ihre detaillierten und präzisen Depeschen nach Washington etwas zusammenphantasiert.

Das politische Berlin gibt sich damit erwartungsgemäß nicht zufrieden, es beginnt ein großes Rätseln und Spekulieren, viele Namen werden genannt, alle suchen nach dem »FDP-Maulwurf«. Es ist eine unhaltbare Situation. FDP-Chef Westerwelle beauftragt seinen Staatssekretär Martin Biesel, Gespräche mit allen Mitarbeitern zu führen, die an den Koalitionsverhandlungen teilgenommen haben.

Es dauert nicht lange und das Geheimnis des Anonymus, der den Amerikanern so freimütig Auskunft erteilt hat, ist gelüftet. Ausgerechnet der Büroleiter von Parteichef Westerwelle im Berliner Thomas-Dehler-Haus outet sich als Quelle. Die Partei entbindet ihn sofort von seiner Funktion als Büroleiter, anfangs heißt es noch, man sehe sich nach anderen Verwendungen für ihn um. Wenige Tage später trennt sich die FDP ganz von ihrem Maulwurf.

Dabei ist die anonym geführte FDP-Quelle nur ein besonders krasser Fall. Wie die Dokumente aus der Berliner Vertretung der USA belegen, führen die US-Diplomaten ein dicht gewebtes Informantennetz quer durch die Beletage der deutschen Politik, das bis in die Bundesländer reicht. Die Berichte zeichnen das beschämende Porträt einer politischen Klasse, die nichts Besseres zu tun hat, als hinter dem Rücken des anderen mit den Amerikanern zu konspirieren, zu denunzieren, zu obstruieren.

Die US-Diplomaten schreiben mit, wenn Rainer Brüderle über Karl-Theodor zu Guttenberg lästert, sie notieren, wenn Guttenberg mal wieder Guido Westerwelle bloßstellt oder Andrea Nahles ihren Genossen Frank-Walter Steinmeier kritisiert. Die wenig schmeichelhaften Berichte gehen nach Washington. Amerika weiß womöglich mehr über die Geheimnisse und Untiefen der deutschen Politik, als mancher deutsche Politiker.

Und noch etwas offenbaren die diplomatischen Depeschen: Das transatlantische Verhältnis scheint in keinem besonders guten Zustand zu sein. Die amerikanische Sicht auf die deutsche Politik ist eine distanzierte, vorsichtige. Mit Bundeskanzlerin Angela Merkel werden die Amerikaner nicht warm, sie bleibt den Diplomaten fremd. CSU-Chef Horst Seehofer disqualifiziere sich durch Unkenntnis und Populismus, Dirk Niebel gilt auf dem Posten des Entwicklungsministers als sonderbare Wahl. Und Außenminister Guido Westerwelle bewerten Washingtons Abgesandte in Berlin kritisch wie keinen zweiten deutschen Politiker. Die Geheimberichte beschreiben ihn als inkompetent, eitel und als eine Belastung für das deutsch-amerikanische Verhältnis.

Die amerikanischen Sorgen wachsen, je näher die Bundestagswahl 2009 rückt. Westerwelle hat im Frühjahr eine Rede bei der Deutschen Gesellschaft für Auswärtige Politik (DGAP) gehalten, es ist ein erstes Schaulaufen als möglicher künftiger Außenminister. Die Amerikaner erkundigen sich bei deutschen Regierungsbeamten, sie hören sich in der FDP um und laden Westerwelle in die Botschaft ein. Neun Tage vor der Wahl, am 18. September 2009, kabelt Murphy sein Fazit nach Washington.

»Westerwelles Rede bei der DGAP gibt uns einen Einblick in sein Denken. Sie war wenig gehaltvoll und legt nahe, dass Westerwelles Verständnis für Außen- und Sicherheitspolitik vertieft werden sollte, wenn er die deutschen Interessen auf der Weltbühne erfolgreich vertreten will ... Nach Westerwelles eigener Aussage war er nie sonderlich

begeistert von Außenpolitik. Die FDP-Bundestagsabgeordnete Marina Schuster sagte kürzlich einem Botschaftsmitarbeiter, Außenpolitik sei nicht Westerwelles »wahre Liebe«, er werde dieses Amt jedoch aufgrund des großen Renommees und der Bindung an das Amt des Vizekanzlers annehmen ...

Wie ein bekannter außenpolitischer Experte in Berlin unserem Mitarbeiter sagte, fehlt es ihm an Persönlichkeit, und er wird als zu opportunistisch angesehen, um als Außenminister vertrauenswürdig zu sein ...

Es fiel Westerwelle schwer, seinen Unmut über Washington zu verbergen, der daraus resultierte, dass ihn weder die Führungskräfte noch die Botschaft in Berlin während seiner Oppositionszeit umworben haben ... Aufschlussreich war ebenfalls Westerwelles etwas kantiger Sinn für Humor. Zunächst schmeichelte er uns mit einer Erkundigung nach Ministerin Clintons Gesundheitszustand nach ihrer Ellenbogenverletzung, um gleich darauf zu witzeln, er werde die Ministerin fragen, ob die Botschaft ihr seine besten Wünsche auch überbracht habe.«

Das Schreiben endet mit einem wenig optimistischen Ausblick:

»Sollte Westerwelle Außenminister werden, können wir eine harte Liebe (»tough love«) erwarten von jemandem, der sich damit brüstet, unser »enger« Freund zu sein, der aber gleichzeitig den USA und ihren außenpolitischen Zielen skeptisch begegnet. Westerwelle wird ein Freund sein, doch er wird nicht zögern, uns zu kritisieren, wenn entscheidende deutsche Interessen auf dem Spiel stehen oder angefochten werden. Westerwelles Reizbarkeit in Bezug auf die Vereinigten Staaten ließe sich voraussichtlich glätten durch die lang ersehnte Aufmerksamkeit, die er erfahren würde, wenn er Außenminister wird. Die Elite der deutschen Außenpolitik wird ihn weiterhin skeptisch beäugen.«

Sichtlich enttäuscht fasst Murphy zusammen: »He's no Genscher.«

Diese Einschätzung wiederholt der Botschafter mehrmals. Westerwelle sei ein »Rätsel«, »bis jetzt außerstande, sich als eine wichtige Stimme in der Außenpolitik zu etablieren«, so heißt es in einem Bericht Tage vor der Bundestagswahl. »Er wird, wenn er direkt herausgefordert wird, vor allem von politischen Schwergewichten, aggressiv und äußert sich abfällig über die Meinung anderer Leute.« Man werde mit der Frage konfrontiert sein, »wie man am besten mit jemandem umgeht, der ganz klar ein zwiespältiges Verhältnis zu den USA hat. Westerwelle ist eine unbekannte Größe (»wild card«); seine überschäumende Persönlichkeit ist nicht dazu geeignet, bei Streitfragen mit Kanzlerin Merkel in den Hintergrund zu treten. Wird er Außenminister, besteht die Möglichkeit eines größeren Zerwürfnisses zwischen dem Kanzleramt und dem Auswärtigen Amt.« Auch Monate nach der Wahl ändert sich an der Sichtweise nicht viel. Westerwelles Ministeriale »wundern sich in privaten Gesprächen mit uns immer noch, woher er seine politische Richtung bekommt«, heißt es in einem Bericht vom 5. Februar 2010.

Das schwierige Verhältnis der US-Regierung zu Deutschlands wichtigstem Repräsentanten im Ausland belastet die politischen Beziehungen, die sich ohnehin in einer heiklen Phase befinden. Aus der Perspektive der Amerikaner hat sich die Rolle verändert, die Länder wie Deutschland seit dem Zweiten Weltkrieg spielen. Europa ist nicht mehr so wichtig.

Die USA sehen in China die Macht, die den eigenen Anspruch als Weltmacht des 21. Jahrhunderts in Frage stellt. In Washington wird die Frage diskutiert, ob es eine G-2-Weltordnung geben kann, in der zwei Supermächte den Kurs vorgeben. Die Europäer, und damit auch die Deutschen, spielen in dieser Weltordnung nur eine untergeordnete Rolle. Erschwerend kommt hinzu, dass US-Präsident Obama keine emotionale Beziehung zu Europa hat. Sein Blick richtet sich eher über den Pazifik als über den Atlantik. Sein Verhältnis zu europäischen Politikern ist geschäftsmäßig kühl.

Das gilt auch für seine Beziehung zu Angela Merkel. Die Kanzlerin hatte ein gutes persönliches Verhältnis zu Obamas Vorgänger George W. Bush, obwohl die beiden vieles trennte. Obama selbst betrachtet Merkel dagegen reservierter. Er ist immun gegen ihre Bezirzungsversuche und ein Gegenbild zu ihrer Art, Politik zu machen. Obama hat bewiesen, dass Politik die Leute begeistern kann. Merkel präsentiert Politik mit der Präzision einer Wissenschaftlerin. Sie weist gern darauf hin, dass Obama zwar viel ankündigt, aber wenig durchsetzt.

Die US-Regierung spürt diese Distanz, sie ist immer wieder internes Gesprächsthema. Im April 2009 soll Merkel Obama in Baden-Baden treffen. In den Akten findet sich ein Psychogramm Merkels, mit dem John Koenig, der damalige Geschäftsträger der Botschaft, Obama auf das Treffen einstimmt. »Merkel ist methodisch, rational und pragmatisch«, analysiert Koenig. Unter Druck agiere sie »beharrlich, aber sie meidet das Risiko und ist selten kreativ«. Bis zur Wahl werde Merkel nur eine »sehr vorsichtige Verbündete« sein.

Die Amerikaner konstatieren, die Kanzlerin sehe die internationale Diplomatie vor allem unter dem Gesichtspunkt, welchen Profit sie innenpolitisch daraus ziehen könne. Sie sei »bekannt für ihren Widerwillen, sich in aggressiven politischen Debatten zu engagieren. Sie bleibt lieber im Hintergrund, bis die Kräfteverhältnisse klar sind, und versucht dann, die Debatte in die von ihr gewünschte Richtung zu lenken.« Intern wird sie in den US-Berichten »Angela ›Teflon‹ Merkel« genannt, weil an ihr viel abgleitet.

Die Amerikaner analysieren den Verlauf ihrer Kanzlerschaft, sie teilen sie in drei Phasen. Am Anfang, nach der Regierungsübernahme und in der Anfangszeit der Großen Koalition, gilt Merkel als Kanzlerin, deren ruhige Art bei den Deutschen gut ankomme. Ihre Popularität befinde sich in »stratosphärischen Höhen«. Im April 2007, vor einem Amerika-Besuch, urteilen die

Diplomaten: »Angela Merkel kommt in einer Position beneidenswerter Stärke nach Washington, sowohl zu Hause als auch in der EU. Sie weiß aber, dass ihre Stärke sich vor allem aus der Schwäche ihrer Gegenüber ableitet.«

Die zweite Phase beschreibt die Ernüchterung in der Großen Koalition. Die Kanzlerschaft sei jetzt nicht mehr angenehm, beobachten die US-Gesandten. »Merkels Konservative und Steinmeiers Sozialdemokraten sind wie das sprichwörtliche Paar, das sich hasst, aber zum Wohle der Kinder zusammenbleibt«, schreibt der damalige Botschafter William Timken Jr. Die Zerrissenheit der Großen Koalition ist den Amerikanern aber egal, solange die transatlantische Kooperation nicht gefährdet wird.

Größer sind die aktuellen Bedenken in Phase drei. Nach hundert Tagen schwarz-gelber Koalition sei von einer starken Regierung nichts zu spüren, kabelt die Botschaft am 3. Februar 2010. »Ironischerweise hat Kanzlerin Merkel das Joch der Großen Koalition abgeschüttelt, nur um jetzt mit einem FDP-CSU-Doppeljoch belastet zu sein.« Die Kanzlerin sei »eingezwängt zwischen einer FDP, die ihre Wahlversprechen halten muss, und einer CSU, die durch ihre Rivalität mit der FDP und interne Probleme abgelenkt wird«.

Aber da ist ja noch Karl-Theodor zu Guttenberg von der CSU. Er ist das Gegenteil von Merkel, für die Amerikaner ein Hoffnungsträger, ein »außenpolitischer Experte, Transatlantiker und ein enger und bekannter Freund der USA«.

Das Verhältnis zwischen Guttenberg und den Botschaftsleuten ist eng, man trifft sich zu regelmäßigen Gesprächen, der Minister fühlt sich wie unter Freunden. Entsprechend offen redet er. Über Merkel klagt er im Dezember 2008, sie sei »beim Thema Wirtschaft nicht durchsetzungsfähig genug«.

Auch den Kabinettskollegen Westerwelle schwärzt er an, wie das Protokoll eines Gesprächs am 3. Februar 2010 zwischen ihm und Murphy zeigt. Das Treffen findet nach der internationalen Afghanistan-Konferenz in London statt, bei der es um die Zahl der deutschen Truppen in Afghanistan ging. Die Bundesregierung hatte nur 850 zusätzliche Soldaten zugesagt, die Amerikaner wünschten sich ein größeres Engagement. Das, klagt Guttenberg, sei an Westerwelle gescheitert. »Als Guttenberg dem Botschafter die kleiner als erwartet ausgefallene geplante Aufstockung deutscher Truppen in Afghanistan erklärte, sagte er, dass Westerwelles Anfangsstandpunkt in den Koalitionsverhandlungen zum neuen Mandat gelautet habe: ›Kein einziger zusätzlicher Soldat‹. In diesem Zusammenhang sei es schwer gewesen, überhaupt eine Vereinbarung über eine Aufstockung zu bekommen.«

Murphy schickt nach dem Gespräch eine Depesche an Hillary Clinton, in der es heißt: »Außenminister Westerwelle und nicht die oppositionelle Sozialdemokratische Partei war das größte Hindernis für die Regierung, die eine deutlichere Erhöhung der deutschen Soldaten für Afghanistan anstrebte.«

Allerdings spricht nicht nur Guttenberg abfällig über Westerwelle. Auch FDP-Mitglieder sprechen abfällig über Guttenberg. »Während Guttenberg sagte, er vermeide öffentliche Kommentare darüber, ob das Ergebnis der Koalitionsgespräche zu dem neuen Mandat sein ›Sieg‹ oder der Westerwelles sei, erzählte die Sprecherin der FDP für Verteidigungspolitik, Elke Hoff, dem Botschaftsmitarbeiter, dass Westerwelles harter Kurs gegen zusätzliche Truppen zum Teil davon motiviert war, ›Guttenberg eine Lektion zu erteilen‹«, schreibt Murphy. »Sie behauptete, es sei von Guttenberg anmaßend gewesen, letzten Herbst in Kanada und den USA Reden darüber zu halten, wie Deutschland seinen Truppenbeitrag deutlich erhöhen würde. Er hätte eine Einigung über eine höhere Truppenobergrenze erzielen können, wenn er die Parlamentarier zuerst eingeweiht und einen ›größeren Respekt für den politischen Arbeitsablauf‹ gezeigt hätte.«

So fließt der Strom der Diplomatie Tag für Tag nach Amerika. Die Kabel sind das Rohmaterial der amerikanischen Außenpolitik, sie haben den Charme des Unmittelbaren, aber auch des Unfertigen. Sie beschreiben die Grundlagen der Politik, und in manchen Fällen, wenn die Zentrale Anweisungen an die diplomatischen Außenstellen verschickt, werden auch die Methoden der Machtpolitik im deutsch-amerikanischen Verhältnis sichtbar. Während der Bush-Jahre betrifft dies vor allem den damaligen Innenminister Wolfgang Schäuble. Für Washington ist Schäuble neben Guttenberg die zweite Lichtgestalt. »Kein anderer deutscher Offizieller setzt sich derart intensiv und öffentlich für eine engere bilaterale Zusammenarbeit in Sicherheitsfragen ein wie Wolfgang Schäuble«, lobt 2008 der damalige Botschafter William Timken.

Die Bush-Regierung sieht Schäuble als einen Fürsprecher in Europa, um die eigenen Ziele zu erreichen. Die Amerikaner halten die Europäer für zu renitent, wenn es um den Austausch von Daten zur Terrorbekämpfung geht. »Die Mission in Deutschland hat über mehrere Monate versucht, den Informationsaustausch mit deutschen Behördenvertretern voranzutreiben, bislang ohne Erfolg«, heißt es in einem Bericht im Juli 2006. »Aktuelle Entwicklungen und bevorstehende Kontakte auf höchster Ebene könnten dazu beitragen, dass man hier vorankommt.« Anlass ist eine bevorstehende USA-Visite Schäubles, die Gelegenheit biete, »die deutsche Position zu beeinflussen«.

Die Amerikaner haben die Erfahrung gemacht, dass Schäuble helfen kann, »Blockaden zu durchbrechen und neue Wege zu finden, enger mit den USA zusammenzuarbeiten«. Das kann mitunter an die Grenzen des deutschen Rechtsstaats gehen. Für den Fall, dass die EU es nicht schaffe, sich auf die Übermittlung der Daten von Flugreisenden in die USA zu einigen, habe Schäuble seine Mitarbeiter angewiesen, eine Möglichkeit zu finden, die Fluggastdaten »bilateral mit den USA auszutau-

schen«, heißt es in einer der Depeschen. »Der deutsche Daten-
schutzbeauftragte ist dagegen und sagt, es gebe keinen rechtlich sauberen Weg dafür, aber Schäuble hat sein Ministerium
angewiesen, einen legalen Weg zu finden.«

Die US-Regierung zählt zu den engsten Verbündeten
Deutschlands, aber die Bundesregierung wird entscheiden
müssen, wie viel Spielraum sie einem guten Freund lässt. Zwischen berechtigtem diplomatischem Interesse und nachrich-
tendienstlichem Führen von Quellen liegt ein schmaler Grat.
Würden russische oder chinesische Diplomaten auftreten
und deutsche Mitarbeiter von Regierungsparteien, Denkfabriken oder Ministerien ansprechen, wären sie ein Fall für die
deutsche Spionageabwehr. Dessen ist sich auch die Botschaft
bewusst: Sie unterteilt zwischen offenen diplomatischen Kontakten und konspirativen Quellen, schon die Sprache in den
Depeschen lässt einen feinen Unterschied erkennen. Besonders gute Informanten werden nur als anonyme Quelle geführt
oder mit dem Zusatz versehen: »Bitte schützen«.

Die Medien, die an der Veröffentlichung der Botschaftsdepeschen beteiligt sind, gehen vorsichtig mit Namen und deli-
katen inhaltlichen Passagen um, besonders geachtet wird
auf Namen und Beschreibungen von Zuträgern der Amerikaner in repressiven Staaten; in allen Redaktionen gibt es Mitarbeiter, die sich speziell dieser Aufgabe widmen. Im Zweifel
wird geschwärzt. Die bearbeiteten Dokumente werden, so ist
es vereinbart, auf eine eigens eingerichtete WikiLeaks-Seite
hochgeladen. Die Organisation übernimmt viele der redaktionellen Änderungen in den Dokumenten. Aber in manchen Fällen geht WikiLeaks weiter als die Medien, und dabei werden
die Unterschiede deutlich.

Anfang Dezember 2010 veröffentlicht WikiLeaks ein Kabel,
das weltweit gefährdete Orte und kritische Infrastruktur auflistet, die aus Sicht der USA besonders schützenswert sind.

Der »Nationale Infrastrukturschutzplan«, Stand Februar 2009, führt Minen in Afrika, Unterseekabel vor Australien, Wasserturbinen in China, Häfen in Japan, Pharmafirmen in Österreich, Niederlassungen von Siemens und BASF in Deutschland und ein atlantisches Unterseekabel bei Sylt auf. Der SPIEGEL hat das Kabel ebenfalls ausgewertet und entschieden, es aufgrund seiner Brisanz nur in Umrissen zu beschreiben. WikiLeaks dokumentiert dagegen alles und erntet viel öffentliche Kritik. Darauf angesprochen, kontert Assange: »Ich sehe das ganz anders. Wenn die Vereinigten Staaten beispielsweise in der Nähe einer schwedischen Jodfabrik besondere Schutzmaßnahmen ergreifen, dann wissen die Leute, die dort leben, nun wenigstens, warum das so ist.«[7]

Die weltweite Reaktion, die WikiLeaks mit der stückweisen Veröffentlichung der Dokumente auslöst, ist enorm. Der scheidende brasilianische Präsident Luiz Lula da Silva spricht von seiner »Solidarität« mit Assange, der weniger Schaden angerichtet habe, als die Autoren der Depeschen. Der venezolanische Staatschef Hugo Chavez nutzt die Veröffentlichung für die eigene Propaganda, fordert Hillary Clinton zum Rücktritt auf und schimpft »auf den schmutzigen Krieg der Yankees in ihren Botschaften rund um die Welt«. Wladimir Putin ist offenbar sauer über seine Darstellung als »Alpha-Rüde« und »Batman« (mit Medwedew als »Robin« an seiner Seite), er schimpft über die »Verleumdung«. Auch in Bolivien sind die Regierenden verschnupft über ihre Darstellung; der Vizepräsident des Landes veröffentlicht die »Beleidigungen« dennoch auf seiner Webseite – alle Kabel, die Bolivien betreffen, im Volltext. Libyens Staatschef Muammar Ghaddafi äußert sich positiv, die Depeschen würden die »Heuchelei« der Vereinigten Staaten entlarven; die süffisanten Berichte, die auf seine besondere Wertschätzung für üppige blonde ukrainische Krankenschwestern als Begleitung abhoben und seine leicht irrationale Angst, über Wasser zu fliegen, hat er entweder überlesen, oder sie haben ihn nicht geschert. Die kenianische Regierung wiederum reagiert »überrascht und schockiert« auf die Depeschen, die ihr Land als »Sumpf an Korruption« bezeichnen. Ein direktes Angebot bekommt Julian Assange aus Ecuador. Das Land will ihm ohne Konditionen Unterschlupf gewähren, falls es hart auf hart komme. Später zieht Präsident Raffael Correa das Angebot seines Vize-Außenministers jedoch wieder zurück. Auch die österreichischen Grünen offerieren »politisches Asyl«.

Assange ahnt, dass er das womöglich brauchen wird, dass die Veröffentlichung der Diplomatenpost ein Schlag ist, wie es ihn womöglich nie wieder geben wird. In einem der Gespräche vor der Veröffentlichung sagt er: »Wir brauchen einen Plan, damit WikiLeaks diese Veröffentlichung überleben kann.« Mit »Collateral Murder« hat er die US-Regierung gereizt, mit den Kriegsberichten aus Afghanistan und dem Irak hat er sie herausgefordert. Mit den Depeschen ist WikiLeaks aus Sicht der amerikanischen Regierung zu weit gegangen.

Es muss eine mächtige Reaktion aus den Vereinigten Staaten geben. Und sie kommt.

Das Imperium schlägt zurück

Kampf um die Meinungsfreiheit

»Der erste ernsthafte Informationskrieg hat begonnen.
Das Schlachtfeld ist WikiLeaks. Ihr seid die Truppen.«

(Der US-Bürgerrechtler und ehemalige »Grateful Dead«-Songtexter
John Perry Barlow)

Der Begriff »Marine-Basis« ist für die Heimat der amerikanischen
Seestreitkräfte in Quantico im US-Bundesstaat Virginia eine
Untertreibung. Der 1917 gegründete Stützpunkt am Ufer des
Potomac gleicht einer Kleinstadt mit 260 Quadratkilometern
Grundfläche. Das Gelände ist mehr als hundertmal so groß wie
das Fürstentum Monaco. Neben den Marines haben in Quantico
auch die Bundespolizei FBI und die amerikanische Anti-Drogen-
behörde DEA Büros und Ausbildungsstätten eingerichtet.

Seit dem Sommer 2010 sitzt Bradley Manning hier in einer
Einzelzelle. Seine Gefängnistage beginnen um fünf Uhr morgens mit einem Weckruf. Weil er unter besonderer Beobachtung steht, verbringt er 23 Stunden täglich in seiner Zelle. Er
darf dort keine persönlichen Gegenstände haben, kein Kis-
sen und jeweils nur ein Buch und ein Magazin – die vor dem
Schlafengehen wieder aus der Zelle entfernt werden. Er darf
nur eine bis drei Stunden in der Woche fernsehen. Jede Form
von Gymnastik ist ihm in der Zelle untersagt und zwischen
fünf Uhr morgens und acht Uhr abends darf er auch nicht
schlafen.

Wer Manning an Wochenenden oder Feiertagen in der Haft besuchen darf und die zeitraubenden Sicherheitschecks passiert hat, kann den Häftling hören, bevor er ihn sieht. Es klirrt und rasselt, wenn er sich der videoüberwachten Glasbox nähert, in der er Besucher empfängt – denn Manning wird in Ketten vorgeführt. Selbst sein Anwalt sieht ihn nur durch eine Glasscheibe.

Der junge Soldat, dem einmal wöchentlich die Haare geschoren werden, vertreibt sich die Zeit hauptsächlich mit Lesen. Sein Anwalt hat ihm das Wissenschaftsmagazin *Scientific American* abonniert. Im November 2010 hat Manning mit der Roman-Trilogie des verstorbenen schwedischen Journalisten Stieg Larsson begonnen. Lisbeth Salander, die weibliche Hauptfigur, ist eine Hackerin, die sich in schlafwandlerischer Sicherheit durch Computernetze bewegt, immer auf der Suche nach interessanten Informationen. Die Abenteuer der Romanheldin dürften dem Häftling in Quantico bekannt vorkommen, mit einem Unterschied: bei Salander hat die Geschichte ein gutes Ende.

In den vorangegangen Monaten ist genau das passiert, was Manning in seinem Chat mit Adrian Lamo befürchtet hatte. Sein Bild ist um die Welt gegangen. Spätestens seit der Veröffentlichung der Botschaftsdepeschen steht der lächelnde Junge mit den rosigen Pausbacken in Uniform und Barrett für den größten Geheimnisverrat in der Geschichte der Vereinigten Staaten. Manning polarisiert die Welt. Im Internet wird er als Held gefeiert, in Amerika schlägt ihm viel Hass entgegen.

Schon nach der Veröffentlichung des »Collateral-Murder«-Videos hatte das US-Militär im Sommer seine Vorwürfe gegen ihn bekannt gemacht: Insgesamt acht Rechtsverstöße sowie vier weitere Verletzungen interner Armeebestimmungen listet das sogenannte »Charge-Sheet« auf.[1] 52 Jahre Gefängnis sind dafür laut einem Armeesprecher die Höchststrafe, doch nach

Meinung vieler Konservativer ist das noch zu wenig. Der ehemalige Gouverneur von Arkansas und republikanische Präsidentschaftskandidat Mike Huckabee und der republikanische Kongressabgeordnete Mike Rogers fordern Mannings Hinrichtung. »Für einen solchen Verrat wäre alles unterhalb einer Exekution eine zu milde Strafe«, schäumt Huckabee.[2] Manning ist zum Präzedenzfall geworden. Es geht um ein Exempel und darum, mögliche Nachahmer abzuschrecken.

Der Mann, der Bradley Manning retten will, hat einem Treffen am Washingtoner Flughafen Dulles zugestimmt. David Coombs trägt die Haare kurz geschoren und einen schwarzen Nadelstreifenanzug mit einer kleinen amerikanischen Flagge am Revers. 14 Jahre war er als Jurist beim Militär, auf seiner Internetseite ist er im Tarnanzug in verschiedenen Einsätzen zu sehen. Im April 2009 ist er ausgeschieden, seither hat er sich als Anwalt und Reservist auf die Vertretung von Soldaten spezialisiert. »Ich bin Militär genau wie ihr«, heißt es auf seiner Webseite.[3] Mannings Tante hat ihn gefunden und beauftragt. Es ist sein bislang größter Fall. In Washington halten es viele für einen Fehler, dass Manning ihm das Mandat übertragen hat; er wäre mit einem bekannten Menschenrechtsanwalt besser beraten gewesen, meinen erfahrene Beobachter. Coombs weiß das. Und er weiß auch, dass es manchmal von Vorteil sein kann, unterschätzt zu werden.

Coombs hat viel über militärische Whistleblower gelesen. Ein Vorgang ist ihm besonders wichtig, er schildert ihn ausführlich. Bei einer Pressekonferenz am 29. November 2005 zum Irakkrieg habe der damalige US-Verteidigungsminister Donald Rumsfeld gesagt, die US-Soldaten hätten nicht die Pflicht, Folter durch irakische Beamte aktiv zu verhindern, aber sie zu melden. Der anwesende General Peter Pace habe Rumsfeld widersprochen. »Es ist absolut die Pflicht jedes amerikanischen Soldaten, der unmenschliches Verhalten beobachtet,

262

einzuschreiten, es zu stoppen.« Der Streit ist viel diskutiert worden, er steht für das Ringen zwischen dem integeren und dem amoralischen Amerika. Coombs findet, die von WikiLeaks veröffentlichten Irak-Protokolle bewiesen, dass die US-Militärs Folter der Iraker ignoriert hätten. Es geht für Coombs auch darum, ob Manning der Pace-Äußerung folgend so etwas wie eine moralische Verpflichtung hatte, die Unterlagen an die Öffentlichkeit zu bringen.

Die amerikanischen Ermittler haben schon früh erkannt, dass es sich um einen Jahrhundertfall handelt. Sie beginnen direkt nach seiner Festnahme mit »aggressiven Ermittlungen«, wie es in Washington heißt. Militärgeheimdienst, Justizministerium, FBI, CIA und NSA sind involviert, und das sind nur die Sicherheitsbehörden, deren Einbindung in den Fall offiziell bestätigt wird.

Anfang Juli klingelt es ohne Vorankündigung an einer Haustür in der Stadt Haverfordwest in Wales. Als die Mutter von Bradley Manning die Tür öffnet, stehen ihr drei Leute in Zivilkleidung gegenüber, die sagen, sie seien wegen ihres Sohnes gekommen. Eine der Besucherinnen ist die Kriminalbeamtin Alison Thomas von der regional zuständigen Dyfed-Powys-Polizei. Die beiden anderen Besucher kommen vom FBI. Sie interessieren sich für das Zimmer von Bradley, wollen wissen, wann er seinen dort stehenden Computer zuletzt benutzt hat. Doch die Ermittler merken schnell, dass die Mutter von ihrem Besuch völlig überfordert ist. Die 56-Jährige hatte vor vier Jahren einen schweren Schlaganfall und hat Mühe, mit den Besuchern zu sprechen. Als die Beamten das Haus betreten haben, klingelt das Telefon. Es ist Bradleys Tante Sharon Staples, die zufällig anruft, und sie erinnert sich, dass ihre Schwester vor Aufregung nur herausgebracht hat: »Sie sind hier, sie sind hier.«[4]

Sharon lässt ihre Schwester den Hörer an die britische Polizistin weiterreichen, die sie kennt; ihr Ex-Mann war ebenfalls

Polizeibeamter. Sie bittet die Ermittler, ihre Schwester bald-möglichst wieder in Ruhe zu lassen, es gehe ihr schlecht. Alison Thomas verspricht, das Haus zu verlassen, sobald sie mit der Spurensuche in Bradleys Zimmer fertig seien. Die Mutter sagt ihnen, der Rechner sei nicht benutzt worden, seit Bradley in die USA gegangen sei.

Überraschend kommt die Visite in Wales nicht. Nur Tage nach Mannings Verhaftung hatten FBI-Beamte bereits seinen Vater und seine Schwester in Oklahoma aufgesucht und befragt. Auch Tyler Watkins und diverse weitere Bekannte aus der Gegend um Boston bekommen Besuch oder erhalten Anfragen, ob sie sich in der Sache mit Vertretern des FBI und des Militärgeheimdienstes treffen würden.

Der Fragenkatalog der Ermittler ist überall ähnlich: Hat Manning über seine Arbeit beim Militär gesprochen? Hat er sich politisch geäußert? Wie steht er zur Hackerbewegung? Hat er über WikiLeaks gesprochen, und über seine Kontakte dort? Hat er gesagt, dass er von WikiLeaks-Leuten Anleitungen, Bitten oder Hilfe bekommen hat? Die Fragen zielen auf mögliche Hintermänner. Auf Assange und WikiLeaks. Wenn sich nachweisen ließe, dass Assange Manning angestiftet hat, dann könnte er als Mitverschwörer angeklagt werden. Eine Verurteilung wäre wahrscheinlich.

Aus den Fragen geht auch hervor, dass sich das FBI besonders für Mannings letzten Heimatbesuch im Januar 2010 interessiert und die Möglichkeit, dass er Teile der Daten dabei physisch übergeben haben könnte. In mindestens einem Fall versuchen Armeeermittler, einen Bostoner Computerexperten aus Mannings Umfeld, der den Soldaten bei seinem letzten Urlaub getroffen hat, als Informanten aus der Szene zu werben. Seine Gesprächspartner hätten ihm Geld dafür geboten, WikiLeaks zu infiltrieren und darüber zu berichten, erzählt er. »Ich habe das abgelehnt, ich will mit derartigem Geheimdienstkram nichts zu tun haben.«[5]

David House ist einer dieser jungen Männer, die vom FBI befragt werden. Wie Manning ist er 1987 geboren und hat ihn im Januar 2010 kennengelernt, während dessen kurzem Heimatbesuch. House arbeitet beim Massachusetts Institute of Technology (MIT), er schreibt Software für die renommierte und weltweit bekannte Hochschule für technologische Forschung. Er setzt sich gegen staatliche Zensur ein und für die Idee, einer offenen und transparenteren Regierungsarbeit (»Open Government«) – und er kennt sich aus in der Hackerszene von Boston und darüber hinaus. Die Welt der politisch motivierten Hacktivisten ist überschaubar.

House kennt beide Protagonisten dieses Dramas, Manning und Adrian Lamo. Er und Lamo haben eine gemeinsame Freundin. Für House ist klar, auf wessen Seite er steht. Er hat Manning schon mehrfach in der Haft in Quantico besucht. Ende des Jahres 2010 berichtet er, dass sich dessen physischer und psychischer Zustand zunehmend verschlechtere, die Isolation und der Mangel an intellektueller und körperlicher Betätigung forderten ihren Tribut. Manning habe Ringe unter den Augen, wirke geschwächt und habe erstmals Mühe gehabt, sich auf das Gespräch zu konzentrieren, sagt House, der die Haftbedingungen »unmenschlich« nennt. House ist einer der treibenden Kräfte der Solidaritätsbewegung. Das Unterstützernetzwerk hat es sich zur Aufgabe gemacht, Geld für die Verteidigung des Soldaten zu sammeln, Motto: »Kriegsverbrechen ans Licht zu bringen, ist kein Verbrechen«. Im Beirat des Netzwerks sitzen unter anderem Daniel Ellsberg und der amerikanische Filmemacher Michael Moore, es gab schon in den Monaten nach der Verhaftung Pro-Manning-Demonstrationen in vielen amerikanischen Städten, die Facebook-Seite der Organisation (»savebradley«) hatte Ende 2010 über 18 000 Unterstützer.

Am Beispiel von David House wird sichtbar, wie stark sich der Druck der amerikanischen Behörden im Laufe des Jahres 2010 erhöht. Als der MIT-Programmierer Anfang November von einem Mexiko-Urlaub auf dem Flughafen Chicago landet, wird er von zwei Männern in einen separaten Verhörraum gebracht, die sich als Mitarbeiter des Heimatschutzministeriums vorstellen. House wird zu seiner Arbeit im Unterstützernetzwerk befragt, nach seinen Kontakten zu weiteren Manning-Sympathisanten, nach seiner Haltung zu WikiLeaks und zu seinen Gefängnisbesuchen. Vor allem aber werden seine elektronischen Geräte beschlagnahmt: Sein Notebook, seine Digitalkamera, sein Mobiltelefon und sein USB-Stick.

Dieses Prinzip hat bei den Ermittlungen Methode. Der Erste, dem es so erging, war Jacob Appelbaum. Im Juli 2010 trat er als Überraschungsgast auf der »Next Hope«-Konferenz in New York auf (Hope steht für »Hackers on Planet Earth«), als Ersatz für den eigentlich angekündigten Julian Assange. Appelbaum hielt einen leidenschaftlichen Vortrag und warb für die Idee hinter WikiLeaks.

In seinem Vortrag bekannte Appelbaum sich dazu, Wiki-Leaks-Aktivist zu sein. Wie tief er involviert ist, darüber sprach er nicht, aber tief genug jedenfalls, um um seine Sicherheit besorgt zu sein. Unmittelbar nach seinem Vortrag lenkte ein ebenfalls in einen schwarzen Kapuzenpulli gekleideter Doppelgänger die Zuschauer ab, während Appelbaum hinter der Bühne verschwand, zum Flughafen fuhr und die USA innerhalb von Stunden verließ – in Richtung Berlin. In einem Interview, das er von dort aus führte, wurde er als »WikiLeaks«-Mitarbeiter vorgestellt und sprach von »unserer Quelle«.[6] Gegenüber Freunden in Berlin sagte Appelbaum in jenen Tagen, er mache sich Sorgen um seine Heimreise. Zu Recht, wie sich am 29. Juli zeigt, vier Tage nach der Veröffentlichung der Afghanistan-Kriegsberichte.

Appelbaum fliegt an diesem Tag nach Newark, er will weiter nach Las Vegas, wo er bei der nächsten Hackerkonferenz auftreten soll, der »DefCon«. Doch dahin gelangt er nur mit

Verzögerung. Nach seiner Landung wird Appelbaum noch im Zollbereich in einen Nebenraum geführt. Er muss sämtliche elektronischen Geräte abgeben, neben seinem Laptop auch seine drei Mobiltelefone. Die Beamten kopieren Quittungen und Belege aus seinem Portemonnaie und fordern ihn auf, seine Passwörter herauszugeben, denn alle Geräte sind verschlüsselt. Appelbaum weigert sich.[7] Nach mehr als drei Stunden Befragung zu WikiLeaks und Manning darf er gehen. Seine Mobiltelefone bekommt er nicht zurück, nur sein Notebook. Die Forensikexperten haben festgestellt, dass es keine Festplatte besitzt. Zur Konferenz in Las Vegas fährt Appelbaum mit Verspätung, in Begleitung eines Anwalts. Nach seinem Vortrag kommen erneut zwei Männer vom FBI auf ihn zu. Appelbaum sagt, er werde sich nicht äußern, aber die Botschaft der Staatsmacht ist klar: Ab sofort stehen alle Aktivisten unter Beobachtung.

Mitte November wiederholt sich das Prozedere erneut, als ein in der Szene unter dem Pseudonym Moxie Marlinspike bekannter Experte für Computersicherheit aus der Dominikanischen Republik zurückkehrt und in New York landet. Er habe mit WikiLeaks nichts zu tun, erklärt er den drei Beamten, die ihn unter anderem nach seinen Verbindungen zu der Organisation befragen, er sehe sie eher kritisch. Allerdings ist Marlinspike mit Appelbaum befreundet, seine Kontaktdaten waren auf dessen Handys. Außerdem hatte Appelbaum ihn in seiner WikiLeaks-Rede auf der »Next Hope«-Konferenz erwähnt. Marlinspike ist überzeugt, dass er deshalb festgehalten und verhört wurde. Auch seine Geräte werden untersucht.[8]

Marlinspike, House und Appelbaum sind äußere Kreise eines Problems, und über sie arbeiten sich die Sicherheitsbehörden immer weiter zum Kern vor: zu Julian Assange.

Zunächst scheint Ende September 2010 nichts ungewöhnlich zu verlaufen auf Direktflug SK 2679 von Stockholm nach Berlin, das Boarding beginnt planmäßig um 17.05 Uhr. Wie meistens, wenn Assange mit dem Flugzeug reist, hat er das Ticket in letzter Minute auf dem Flughafen gekauft und bar bezahlt. So gibt es im Vorfeld keine elektronischen Spuren.

Die Boarding-Karte weist ihn als »Julian Paul Assange« aus, er gibt einen silbernen Aluminiumkoffer auf und besteigt die Maschine, Platz 8b. Eine gute Stunde nach dem Start landet er in Berlin-Tegel. Assange geht zum Gepäckband, er ist der Letzte, der auf seinen Koffer wartet, doch Gepäckstück SK 847 249 kommt nicht.

Die Recherchen ergeben, dass der Koffer Stockholm nie verlassen hat. Merkwürdiger noch: er wird auch nach Tagen der Suche nicht auftauchen. Es gibt eine ordentliche Gepäcknummer, aber es gibt keinen Koffer. Nachfragen am Flughafen ergeben, dass das eigentlich nicht möglich ist. Mehr als 99 Prozent aller Gepäckstücke tauchen spätestens nach einigen Tagen wieder auf. Assanges Koffer aber, der drei verschlüsselte Rechner mit WikiLeaks-Material enthält, bleibt verschwunden.

Befragungen am Flughafen, beschlagnahmte und verschwundene Rechner und Mobiltelefone – Julian Assange fühlt sich durch solche Vorfälle bestätigt, und führt sie gegen jene Kritiker ins Feld, die ihm und seinen Mitstreitern Paranoia unterstellen. Assange erzählt gern von den sinistren Gestalten, die in den Compound eindrangen, in dem er 2007 in Kenia gewohnt hat. Oder von den auffälligen Fahrzeugen, die seine alte Freundin aus Australien bemerkt hat. Es sind Geschichten aus der Welt der Verschwörungstheorien, aber sie haben einen realen Kern.

Seit der Veröffentlichung der Botschaftsdepeschen gibt es keine Zweifel, dass Assange ein Gejagter ist. Die Vereinigten Staaten von Amerika erklären ihn und seine gerade vier Jahre alte Webseite offiziell zum Staatsfeind. Es beginnt eine Schlacht, die mit legalen wie illegalen Mitteln geführt wird und die mehr umfasst, als nur WikiLeaks und die US-Regierung. Längst geht es nicht mehr nur um Manning und den

Verrat von Staatsgeheimnissen. Es geht um die Zukunft von WikiLeaks und der Meinungsfreiheit und um die Frage, wer die Hoheit über das Internet hat. Es ist eine der großen Auseinandersetzungen des 21. Jahrhunderts um eine Infrastruktur, die viele neue Möglichkeiten bietet und die Macht der klassischen Nationalstaaten in Frage stellt.

Anders als bei früheren Veröffentlichungen ist die amerikanische Regierung dieses Mal offenbar entschlossen, WikiLeaks zu zerschlagen. Es ist auch eine Schlacht der analogen gegen die digitale Welt, der realen Politik gegen die Herausforderer aus dem Netz. Sie wird auf mehreren Feldern geschlagen: im Internet, per Strafrecht, in der politischen Arena, mit ökonomischer Marktmacht und unverhohlenen Drohungen für Leib und Leben. Und sie fokussiert sich auf die Person von Julian Assange, gegen den der amerikanische Justizminister Eric Holder mit allen Mitteln vorgehen will.

»Wir haben eine aktive, laufende Ermittlung«, sagt Holder im Dezember 2010. »Das ist kein Säbelrasseln.« Er zielt damit direkt auf Assange: »Wenn es Lücken in unseren Gesetzen gibt, werden wir sie schließen. Niemand kann sich an diesem Punkt wegen seiner Staatsbürgerschaft oder seines Aufenthaltsortes dieser Ermittlung entziehen«, droht Holder zumindest für künftige Veröffentlichungen an.[9] Tatsächlich haben drei US-Senatoren bereits ein »Anti-Leak«-Gesetz vorgeschlagen, das Angebote wie WikiLeaks zu einer »transnationalen Bedrohung« erklären und US-Sicherheitsbehörden damit eine neue Handhabe bieten würde. Auch die australische Regierung prüft Ermittlungen gegen Assange. Man erwäge, Assange den Reisepass zu entziehen, er sei womöglich in Australien nicht mehr willkommen, sagt Generalstaatsanwalt Robert McClelland. Er darf seinen Pass vor allem deshalb behalten, damit er bei möglichen Reisebewegungen besser überwacht werden kann. McClelland kündigt an, »dass wir den amerikanischen

Strafverfolgungsbehörden jede mögliche Unterstützung bieten werden«.

So leicht ist die juristische Verfolgung von WikiLeaks allerdings nicht. In einer Demokratie, in der die Gewalten geteilt sind und die Judikative unabhängig ist, reicht politischer Furor alleine nicht aus, um jemand dauerhaft hinter Gitter zu bringen. Die Prüfung der Rechtslage ergibt, dass Assange gegen keine australischen Gesetze verstoßen hat, die australische Premierministerin Julia Gillard, die von »illegalen Aktivitäten« gesprochen hatte, muss zurückrudern.[10]

Auch für die US-Regierung ist die Rechtslage heikel. Bei einer Anhörung des Kongresses in Washington trägt die Mehrzahl der Rechtsexperten Zweifel vor, ob WikiLeaks wegen Spionageverdachts verfolgt werden dürfe. »Wenn WikiLeaks wegen ihrer Veröffentlichungen nach dem Espionage Act verurteilt werden kann, dann gibt es keinen rechtlichen und logischen Grund, warum nicht auch sämtiche Medien verurteilt werden könnten, die regelmäßig Informationen veröffentlichen, die die nationale Verteidigung betreffen«, resümiert der frühere stellvertretende Generalstaatsanwalt Kenneth Wainstein.[11]

Rechtskonservative in den USA vergleichen Assange dagegen mit Osama Bin Laden und fordern eine globale Treibjagd. Newt Gingrich, möglicher republikanischer Präsidentschaftskandidat, fordert Obama auf, Assange als »feindlichen Kämpfer« einzustufen. »Informationskriege sind Kriege«, wettert Gingrich. »Julian Assange führt Krieg.« Und: »Julian Assange ist ein Terrorist.«[12] Der Publizist Charles Krauthammer zieht in der *Washington Post* einen öffentlichen Vergleich mit Kriegssaboteuren: »Franklin Roosevelt hat deutsche Saboteure vor ein Militärtribunal gestellt und hinrichten lassen. Assange hat mehr Schaden für die Vereinigten Staaten angerichtet, als alle diese sechs deutschen Saboteure zusammen.«[13]

Diese Botschaften fallen in den USA auf fruchtbaren Boden. Selbst viele der eher liberalen Leser der *New York Times* haben sich in emotionalen Leserbriefen gegen die Veröffentlichung der Depeschen gewandt. Weniger Besonnene rufen offen zu Assanges Hinrichtung auf oder philosophieren auf der konservativen Plattform »townhall.com« über die »5 Gründe, warum die CIA Julian Assange längst hätte töten sollen«.[14]

Der Druck auf Assange erreicht damit eine neue Intensität. Doch das sind nur die politische und die juristische Ebene.

Diesmal gerät WikiLeaks auch als technische Plattorm ins Visier. Es gab schon in der Vergangenheit den Versuch, die Webseite wikileaks.org anzugreifen, doch bislang hat die »Geburtsadresse« des Angebots alle Stürme überstanden. Die Veröffentlichung der Depeschen überlebt sie nicht.

Die Attacken beginnen am 29. November 2010, Stunden, bevor die Botschaftsberichte publik werden sollen. Massenhafte parallele Abfragen der Seite, sogenannte »Distributed Denial of Service«-Attacken (DDOS) führen dazu, dass wikileaks.org nicht mehr erreichbar ist.

Per Twitter bekennt sich ein Unbekannter namens »th3j35t3r« zu dem Angriff, was im Szeneslang »The Jester« heißt – der Hofnarr. WikiLeaks gefährde das Leben von Soldaten und die internationalen Beziehungen, schreibt der Angreifer in seinem »Bekenner-Tweet«. Bisher hatte der Hofnarr, hinter dem sich nach eigenen Angaben ein ehemaliger US-Elitesoldat verbirgt, vor allem mit Attacken auf islamistische Seiten auf sich aufmerksam gemacht. Per Twitter brüstet sich »The Jester« im Jargon des Militärs nun mit einem Abschuss: »Tango down für WikiLeaks.«[15]

Die Angriffe lassen nicht nach, im Gegenteil, sie werden intensiver. Man sei gerade einer heftigen Attacke ausgesetzt, die »mehr als 10 Gigabit pro Sekunde« übersteige, twittert die von der Wucht der zweiten Welle beeindruckte WikiLeaks-Mannschaft zwei Tage darauf. Die Netzwerkspezialisten der Organisation vermuten angesichts der zeitweise um ein Fünffaches höheren Intensität als bei der ersten Welle und der ausgefeilten Methode des Sperrfeuers Militärs oder Geheimdienste als Urheber. Amerikanische Cybersicherheitsexperten sprechen dagegen von »patriotischen Hackern«, ein ehemaliger NSA-Mitarbeiter sagt, derartige Angriffe würden für Regierungen keinen Sinn ergeben: »Sie (WikiLeaks, d. A.) würden einfach umziehen«.[16]

Und genau das geschieht. Das WikiLeaks-Team mietet zusätzliche Serverkapazitäten beim amerikanischen Onlinehandelsriesen Amazon. Der verkauft nicht nur Bücher und DVDs, er bietet sein weltumspannendes Servernetz auch Dritten an, mit denen diese beispielsweise Spitzenlasten abwickeln können. Darauf hatte WikiLeaks schon bei der Irak-Veröffentlichung zurückgegriffen.

Doch diesmal hilft der Umzug des Angebots nicht lange. Der unabhängige US-Senator Joe Lieberman wird beweisen, dass es noch weitaus effektivere Methoden gibt, ein Webangebot lahmzulegen, als DDOS-Attacken: politischen Druck.

Als die ersten Meldungen kursieren, dass WikiLeaks bei Amazon Unterschlupf gefunden hat, rufen Mitarbeiter des Senators bei dem Unternehmen an und stellen diverse Fragen. Eine davon lautet: »Gibt es Pläne, die Seite vom Netz zu nehmen?«

Es dauert keine 24 Stunden, dann ist WikiLeaks offline. Amazon hat die Serverkapazitäten zurückgezogen und damit sozusagen den Stecker gezogen. Lieberman ist das nicht genug. Er ruft jetzt auch alle anderen Unternehmen auf, nicht mehr mit der Organisation zusammenzuarbeiten. Amazon habe »die richtige Entscheidung getroffen«, er hätte sich nur gewünscht, sie wäre »früher erfolgt«. »Kein verantwortungsvolles Unternehmen, egal ob amerikanisch oder auswärtig, sollte WikiLeaks bei der Verbreitung dieser gestohlenen Materialien unterstützen«, so der Senator, der dem Heimatschutzausschuss vorsitzt. Die Veröffentlichungen von WikiLeaks bezeichnet er als »illegal, rücksichtslos und ungeheuerlich«.[17]

Die Entscheidung des weltgrößten Onlinehändlers und der öffentliche Aufruf des US-Senators lösen einen Dominoeffekt aus. Der Druck springt von der juristischen, technischen und politischen Ebene auch auf die Wirtschaft über. In einer freien Marktwirtschaft ist die Verweigerung einer Geschäftsbeziehung beinah ebenso zerstörerisch wie technische Sabotage oder juristischer Zwang.

Der ökonomische Boykott, vor allem durch Netzdienstleister, ist ein grundsätzliches Problem des Internets: Die Firmen verletzen damit die Netzneutralität, die vorschreibt, dass Provider Daten transportieren sollten ungeachtet ihres Inhalts oder ihrer Herkunft. Ein solcher Boykott einer Organisation wie WikiLeaks verstoße tendenziell nicht nur gegen diese Netzneutralität, sondern perspektivisch auch gegen die Meinungsfreiheit, kritisiert der deutsche Innenminister Thomas de Maizière. »Wenn das auf Druck der US-Regierung geschehen sein sollte, finde ich es nicht in Ordnung.«[18]

Innerhalb nur weniger Tage kündigen gleich mehrere weitere WikiLeaks-Dienstleister der Gruppe die Zusammenarbeit auf. Den gravierendsten Einschnitt verursacht EveryDNS, das für die Hauptadresse wikileaks.org die »Domain Name Sevices« (DNS) übernommen hat. Im Wesentlichen hat EveryDNS den Internetverkehr von der leicht zu merkenden Adressbuchstabenkombination »wikileaks.org« auf die eigentliche Internetprotokolladresse (»IP-Adresse«) umgeleitet, die nicht ganz so einfach zu erinnern ist: http://213.251.145.96. Per E-Mail kündigt der Anbieter seinen Service; damit ist wikileaks.org unter dieser Buchstabenfolge nicht mehr zu erreichen. Die Organisation verliert ihre angestammte Heimat, ihre einzige Adresse neben ihrem Postfach und ihrem Twitter-Konto. Als Rechtfertigung führt EveryDNS die Cyberangriffe auf die Webseite an. Man habe Verantwortung für rund 500 000 weitere Internetseiten und müsse deshalb die Integrität der eigenen

Infrastruktur sichern.[19] Erst später wird ein anderer DNS-Provider den Service für WikiLeaks übernehmen.

Eine weitere Angriffswelle zielt auf eine besonders anfällige Flanke: die Finanzierung des Non-Profit-Projekts. WikiLeaks ist auf Spenden angewiesen, die hauptsächlich über verschiedene Online-Bezahldienste kommen.

Der britische Finanzdienstleister »Moneybookers« hat den Anfang gemacht und WikiLeaks bereits im August 2010 per E-Mail mitgeteilt, sein Konto sei mit sofortiger Wirkung gesperrt. Die Organisation stehe auf einer »schwarzen Liste der australischen Regierung« und sei »unter Beobachtung« der USA, heißt es zur Begründung. Assange spricht von einem »Finanzkrieg« gegen seine Organisation.[20]

Doch das war allenfalls ein Warnschuss. In den Tagen nach der Veröffentlichung der ersten Botschaftsdepeschen geht es Schlag auf Schlag. Zunächst kündigt der Bezahldienst PayPal, eine Tochterfirma der Auktionsplattform eBay, die Zusammenarbeit auf. Der angebliche Grund: »Verletzung von Nutzungsbedingungen«.[21] Dann teilt die Banktochter der Schweizerischen Post, Postfinance, mit, sie habe das Konto von Julian Assange gekündigt. Er habe bei der Eröffnung eine falsche Genfer Adresse angegeben.[22] WikiLeaks wird erklären, es sei die Adresse eines Anwalts gewesen, und auf dem Konto hätten sich unter anderem 31 000 Euro aus dem Privatvermögen von Assange befunden.

Doch das ist noch nicht alles. Nun verkünden auch die Kreditkartenfirmen Mastercard und Visa, sie würden keine Zahlungen mehr an WikiLeaks weiterleiten. Trotz unserer mehrfachen Nachfragen liefern Mastercard und Visa keine klare inhaltliche Begründung für diesen Schritt. Ein Katalog von sieben Fragen bleibt unbeantwortet. Unter anderem wollen oder können beide Unternehmen keine Auskunft dazu geben, warum für WikiLeaks, das bislang von keinem Gericht verurteilt wurde, nicht die Unschuldsvermutung gilt und ob Hillary Clintons Konten ebenfalls gesperrt werden sollen, da sie mit der Spionageanweisung bei den Vereinten Nationen eindeutig zu rechtswidrigen Handlungen aufgerufen hat.[23] Der deutsche Mastercard-Sprecher Thorsten Klein erklärt immerhin, sein Unternehmen handele öfter auf diese Weise, bevor es ein Gerichtsurteil gebe, etwa bei Kinderpornografie oder Online-Glücksspiel; man werde die Diskussion über WikiLeaks genau verfolgen.[24] Die Firmen betonen, es habe sich um eine »unternehmerische Entscheidung« gehandelt, auf die die US-Regierung keinen Einfluss genommen habe. Überzeugend ist das nicht. Einem Manager von Paypal rutscht bei einer Konferenz in Paris ein Satz heraus, der alle Dementis fragwürdig erscheinen lässt: »Das State Department hat uns gesagt, das seien illegale Aktivitäten«, sagt der PayPal-Mann Osama Bedier dort öffentlich.[25] Ein weiteres Finanzdienstleistungsunternehmen, das ungenannt bleiben möchte, bestätigt intern, es sei von der amerikanischen Administration kontaktiert und unter Druck gesetzt worden.

Damit ist die gemeinnützige Wau Holland Stiftung im nordhessischen Guxhagen die einstweilen letzte verbleibende Finanzquelle. Nach eigenen Angaben sind bei ihr über das Jahr 2010 rund eine Million Euro an Spenden für das Projekt eingegangen.[26] Immerhin kann die Stiftung, die die Spenden von WikiLeaks verwaltet, per Anwalt erreichen, dass PayPal rund 11 000 Euro wieder freigeben muss, die schon eingefroren waren.[27] Auch spricht PayPal nun nicht mehr von »illegalen Aktivitäten« von WikiLeaks, sondern nur von einem Verdacht. Doch der Zugang bleibt gesperrt. Damit ist der populärste Weg, WikiLeaks finanziell zu unterstützen, versperrt.

Und dann gibt es ja noch dieses schwarze Postfach auf dem Campus der Universität Melbourne, Nummer 4080. WikiLeaks' Zugang zur analogen Welt. Am 4. Dezember 2010 erklärt die australische Post, dass sie die Filiale auf dem Campus schließen will, angeblich, weil sie nicht mehr ausreichend genutzt wird. Die Frage, ob es entsprechende Bitten inländischer oder ausländischer Behörden gab, will die Sprecherin der australischen Post nicht beantworten.[28]

Den letzten Beweis, dass die amerikanische Regierung Wiki-Leaks und seine Inhalte unterdrücken möchte, liefert eine Anweisung aus dem Weißen Haus. Mitarbeiter amerikanischer Ministerien und Behörden dürfen seit Anfang Dezember 2010 nicht mehr von ihren Rechnern auf die veröffentlichten Botschaftskabel zugreifen, weder bei WikiLeaks noch auf der Webseite der beteiligten Medien. Begründung: Die Dokumente seien nach amerikanischem Recht immer noch als geheim eingestuft und dürften deshalb nicht heruntergeladen werden. Die altehrwürdige Kongressbibliothek, ein Symbol für den freien Zugang zum Wissen der Welt seit ihrer Gründung im Jahr 1800, sowie mehrere US-Ministerien sperren den Zugang zu WikiLeaks gleich ganz. Und mehrere Universitäten rufen ihre Studenten dazu auf, die Diplomatenpost nicht für wissenschaftliche Arbeiten zu verwenden, wenn sie nicht ihre Karriere gefährden wollten. Die US Air Force geht sogar noch weiter. Ihr Bannstrahl trifft nicht nur WikiLeaks, sondern auch alle an der Veröffentlichung direkt beteiligten Medien. Wer von einem Rechner der amerikanischen Luftwaffe aus beispielsweise die Adresse www.spiegel.de aufrufen will, bekommt nur ein »Access denied« zu sehen: »Zugriff verwehrt«.[29]

Bis dahin waren es autoritäre Staaten wie China, die ihren Bürgern den Zugang zu WikiLeaks verwehrten. Ausgerechnet das liberale Amerika, das »Land of the free«, in dem Nazis und Sekten das Netz ganz legal für ihre Propaganda missbrauchen können, ohne Sanktionen fürchten zu müssen, sperrt den Zugang zu einem Angebot, das redaktionell entschärfte diplomatische Depeschen verbreitet, die von amerikanischen Regierungsmitarbeitern stammen. Etwas Vergleichbares hat es noch nie gegeben.

John Perry Barlow, der ehemalige Songtexter der Hippie-
Band Grateful Dead, Mitbegründer der digitalen Bürgerrechtsbewegung »Electronic Frontier Foundation« und Autor der
»Unabhängigkeitserklärung für den Cyberspace«, bringt die
Situation aus Sicht vieler Netznutzer auf den Punkt: »Der erste
ernsthafte Informationskrieg hat begonnen. Das Schlachtfeld
ist WikiLeaks. Ihr seid die Truppen«, twittert er.[30]

Der Begriff »Krieg« ist eine Zuspitzung. Es stehen sich keine
Staaten gegenüber, es ist eher ein Cyber-Aufstand, ein digitaler
Riot, der im Internet ausbricht, und wie im wirklichen Leben
haben beide Seiten ihre Truppen und Unterstützer. Der Druck
auf WikiLeaks mag auf dem Höhepunkt angelangt sein – die
internationale Solidarisierungswelle mit Assange und Co. ist
es auch. Auf Facebook und Twitter schießen die Unterstützer
und Followerzahlen in die Höhe. Die Wau Holland Stiftung
spricht von einem »riesigen und in dieser Form bisher ein-
maligen Spendenaufkommen«.[31] Und die beteiligten Unternehmen sehen sich scharfen Anfeindungen ausgesetzt. »Ich habe
jeden Monat über einhundert Dollar für neue und gebrauchte
Bücher bei Amazon ausgegeben, das ist jetzt vorbei«, schreibt
etwa Daniel Ellsberg in einem offenen Brief an den Kunden-
service und Amazon-Boss Jeff Bezos, in dem er zum Boykott
des Anbieters aufruft: »Ich bin angewidert von Amazons Feig-
heit und Unterwürfigkeit.«[32] Auch die anderen Unternehmen
haben mit Kündigungen und einer Flut von Boykottaufrufen
zu kämpfen. Fast alle Firmen versuchen wie EveryDNS, ihr Verhalten prominent auf ihrer Homepage zu erklären, auch die
Kongressbibliothek nutzt ihren Blog, um ihre Entscheidung
zu rechtfertigen.[33]

Aus Sicht von Assange ist praktische Hilfe in dieser Zeit
indes wichtiger, als Boykottaufrufe. WikiLeaks hat für den
Krisenfall vorgesorgt und eine Fülle von Domainnamen gesi-
chert. Nun sucht die Organisation nach Freiwilligen: »Wir

brauchen eure Hilfe, damit es unmöglich wird, WikiLeaks jemals aus dem Internet zu entfernen.« Mit der Aktion »Mass-Mirroring WikiLeaks« rufen Assange und Co. jeden Betreiber eines Unix-Servers mit Verbindung zum Internet auf, Wiki-Leaks-Inhalte bei sich aufzunehmen – zu »spiegeln«, wie es in der Fachsprache heißt. Der Aufruf wird von den Piraten-parteien in vielen Ländern unterstützt und erweist sich als phänomenal erfolgreich: Nach wenigen Tagen sind mehr als 1200 solcher »Spiegelserver« online. So weit verbreitet waren WikiLeaks-Archive im Internet nie zuvor. Auch das Interesse an den Inhalten ist immens: Allein der Server wikileaks. ch, den die Schweizer Piratenpartei beiträgt, leitet in jenen Tagen rund 3000 Besucher pro Sekunde weiter zur IP-Adresse von WikiLeaks.

Und dann sind da noch militante Netzaktivisten, Leute, die sich durch die Angriffe auf WikiLeaks zu offensiven Gegen-schlägen herausgeforderdert fühlen. Dieser Teil der Auseinan-dersetzung wird mit Waffen ausgefochten, deren Namen klin-gen, als seien sie aus den »Star Wars«-Filmen entliehen: »Hive Mind« und »Low Orbit Ion Cannon«, Ionenstrahlkanonen. Es sind kleine Programme, die einen normalen Computer in eine Kampfmaschine verwandeln, mit der Attacken auf Inter-net-Server möglich werden. Die Aktivisten der »Anonymous«-Bewegung bringen ihre Ionen-Kanonen in Stellung und feu-ern Denial-of-Service-Wellen gegen jene, die sich zuvor gegen WikiLeaks gestellt haben. Sie nennen es »Operation Payback«, ihr Logo ist das Abbild eines Piratenschiffes. »Anonymous« ist aus dem Internetportal »4Chan« erwachsen, mit WikiLeaks haben die Mitglieder der Bewegung nichts zu tun – außer dass sie mit ihren Schwarmangriffen nun ihre Solidarität beweisen wollen.

Erst trifft es die Seite der Schweizer Postfinanz, kurz darauf ist mastercard.com fällig. Die Kommunikation der Angreifer ist im Netz live mitzuverfolgen. »target: www.visa.com :: fire

fire fire!!!«, schreibt einer der Organisatoren, nur Minuten später ist auch visa.com zeitweise nicht mehr zu erreichen.

Die Seite der schwedischen Anklagebehörde gerät genauso unter digitales Dauerfeuer der WikiLeaks-Sympathisanten wie eine Netzpräsenz von Sarah Palin und ihre Kreditkartenkonten. »Wir wollen nicht eure persönlichen Informationen oder Kreditkartennummern stehlen. Wir werden auch nicht kritische Infrastrukturen von Firmen wie MasterCard, Visa, PayPal oder Amazon angreifen«, heißt es in einer Erklärung von »Anonymous«. »Unser gegenwärtiges Ziel ist es, Aufmerksamkeit für WikiLeaks und die Methoden zu schaffen, die die Firmen anwenden, um WikiLeaks funktionsunfähig zu machen.«[34]

Es ist die digitale Variante der Unruhen und Straßenschlachten der radikalen Linken der siebziger und achtziger Jahre, symbolhafte »Strafaktionen« aufgebrachter Aktivisten im Cyberspace, die keine nachhaltige Wirkung haben. Aber sie sind Ausdruck der neuen digitalen Schlachtordnung. Ende April 2007 wurde die estnische Regierung sowie Server von Banken und Zeitungen mit massenhaften Denial-of-Service-Attacken angegriffen; zwei Wochen lang währte das Dauerfeuer. Weil die Angriffe begannen, nachdem die estnische Regierung ein sowjetisches Kriegerdenkmal aus Tallinn verbannt hatte, gerieten schnell russische Nationalisten in Verdacht. Der Zwischenfall ging als Cyber-Krawall in die Geschichte ein, die Nato erwog sogar, für ihr Mitglied Estland den Verteidigungsfall auszurufen, doch es blieb bei einem national begrenzten Vorgang. Die Angriffe auf WikiLeaks und die Reaktionen seiner Sympathisanten finden dagegen in vielen Ländern statt. Sie sind der bislang größte internationale Aufstand im Netz.

Der Fall WikiLeaks ist damit auch zu einem Kampf um die Publikations- und Informationsfreiheit im Netz geworden. Es ist die Konfrontation zweier Welten: Die etablierten Machtstrukturen von Regierungen, Strafverfolgungsbehörden und Unternehmen treffen auf eine Aktivistengemeinde, die sich selbst als digitale Elite und Avantgarde sieht – und die tradierten Machtansprüche für ihre Netzwelt in Frage stellt. Wenn sie sich wie in diesem Fall herausgefordert fühlt, zieht sie in den Kampf, wenn es sein muss, auch mit illegalen Methoden. Die Schlacht um WikiLeaks ist damit auch eine Schlacht um die Frage, wer im Netz das Sagen, wer die Kontrolle hat. Sie zeigt, dass das Netz nur gefühlt eine öffentliche und freie Infrastruktur ist. Es wird in weiten Teilen von Unternehmen und deren Geschäftsbedingungen beherrscht. Der Konflikt demonstriert auch, wie überfällig es wäre, eine breitere Debatte um das Zukunftsthema »Netzneutralität« zu führen.

Der Kopf hinter alldem befindet sich im Zentrum eines Orkans, den er selbst ausgelöst hat. Wie in einem Shakespeareschen Drama treiben die Dinge auf einen neuen Höhepunkt zu. Julian Assange droht von allen Seiten Unheil, die Frage ist nur, aus welcher Richtung es ihn zuerst erreicht. Es kommt aus Schweden.

Zwei Tage nachdem WikiLeaks damit begonnen hat, die Botschaftsdepeschen öffentlich zu machen, platzt die Nachricht, dass Interpol Julian Paul Assange, geboren am 3. Juli 1971 in Queensland, Australien, in 188 Ländern der Erde zur Fahndung ausgeschrieben hat, sachdienliche Hinweise bitte an die nächste Polizeidienststelle.[35]

Assange trifft das nicht unvorbereitet. Schon im Oktober, als er in London auf einer Pressekonferenz die Irak-Protokolle vorstellte, wurde er den ganzen Tag über von einer auffallend elegant gekleideten jungen Frau begleitet. Jennifer Robinson arbeitet wie der renommierte Medienanwalt Mark Stephens für die Londoner Kanzlei Finers Stephens Innocent, sie ist für Assange so ewas wie eine wandelnde Rechtschutzversicherung. In ihrer Tasche hat sie mehrere Schriftsätze dabei, um gegen eine eventuelle Festnahme ihres Mandanten sofort Widerspruch einlegen zu können.

Als die Interpol-Ausschreibung auf der Webseite der Behörde online geht und Assange nun wie ein Schwerverbrecher per Fahndungsplakat gesucht wird, kann Mark Stephens vor Empörung kaum noch an sich halten. Stephens ist ein stämmiger Lockenkopf mit einem Hang zu extravagant gemusterten Krawatten und einem runden Gesicht, das sich schnell rötet, wenn er sich aufregt. In diesem Fall wird es knallrot. Er sei seit 30 Jahren im Geschäft, er habe Mandanten aus Unrechtsregimen vertreten, sagt er, aber so etwas habe er noch nie erlebt.

Zu den Merkwürdigkeiten des Falls zählt, dass die schwedischen Ermittler Assange zur Festnahme ausschreiben, um ihn befragen zu können; auf was sich der Vorwurf der sexuellen Belästigung und Nötigung stützt, erfahren lange Zeit nicht einmal seine Anwälte. Im September 2010, als Assange sich etwa sechs Wochen in Schweden aufgehalten hat und zu einer Befragung bereitstand, zeigten die Ermittler daran wenig Interesse. Auch das über Stephens vorgetragene Angebot, Assange in der schwedischen Botschaft in London oder bei Scotland Yard zu vernehmen, lehnte die zuständige Staatsanwältin ab.

Während das politische Beben von »Cablegate« die Welt erschüttert, während Washington tobt, WikiLeaks angegriffen wird und Hacker zurückschlagen, hat Assange Unterschlupf in einem Haus nordöstlich von London gefunden: auf Ellingham Hall, dem Landsitz des »Frontline«-Gründers Vaughan Smith in der englischen Grafschaft Norfolk. Smith ist Sohn eines britischen Oberst, war selbst Militär im Rang eines Hauptmanns und wurde später als Kriegsreporter berühmt. Er schätzt die Arbeit von Assange und WikiLeaks.

Das gregorianische Ensemble aus dem 18. Jahrhundert ist mit Abstand das nobelste temporäre Hauptquartier, das Wiki-

Leaks bis dahin hatte. Smith hat aus dem Anwesen mit seinen zehn Schlafzimmern und rund 250 Hektar Land eine Art Biobauernhof gemacht, für seine vier Kinder gibt es im Park ein Riesentrampolin.

Besucher werden standesgemäß im Empfangszimmer empfangen, die britischen Noblen von den Ölporträts an den Wänden blicken nun auf die Kommandozentrale einer virtuellen Organisation, die aus Rechnern, Speicherkarten und Smartphones besteht. Assange schläft in Ellingham Hall kaum, er müsse »die Nacht über gegen die Zerstörung unserer Infrastruktur kämpfen«, schreibt er.[36]

Es ist eine seltsame Situation Anfang Dezember 2010 in London. Täglich erscheinen neue diplomatische Depeschen, es gibt einen internationalen Fahndungsaufruf, die Anwälte haben öffentlich bestätigt, dass Assange sich in Großbritannien aufhält – und tagelang passiert nichts. Die internationale Ausschreibung des Haftbefehls enthält einen Formfehler, eine weitere Peinlichkeit für die schwedische Justiz.[37] Erst am Nachmittag des Nikolaustages trifft der neue Haftbefehl in London ein, es ist damit nur noch eine Frage von Stunden, bis Assange festgenommen werden wird. Mark Stephens und Jennifer Robinson handeln mit der Londoner Metropolitan Police einen Termin für den nächsten Morgen aus. Assange selbst ist an diesem Abend von Freunden und Unterstützern umgeben und bis vier Minuten vor 21 Uhr abends online. Er bekommt Solidaritätsadressen aus aller Welt. »Love and Peace«, lässt ihm ein Mitstreiter aus den Anfangstagen von WikiLeaks ausrichten. Dann verschwindet der WikiLeaks-Gründer aus dem Internet.

Am nächsten Morgen fährt Assange, begleitet von seinen Anwälten und einigen Vertrauten, zur Polizeiwache Kentish Town im Norden der Londoner City. Im Auto arbeitet er noch an seinem Rechner an einer öffentlichen Stellungnahme, aber sie wird nicht fertig. Die Beamten prüfen seine Identität, verlesen die schwedischen Vorwürfe und nehmen ihn fest. Assange weigert sich, Fingerabdrücke und eine DNA-Probe abzugeben oder sich fotografieren zu lassen. Ein bisschen Widerstand muss sein.

Bei einer Gerichtsanhörung soll über eine mögliche Freilassung Assanges gegen eine Kaution entschieden werden. Via Twitter und Facebook rufen Unterstützer zu spontanen Demonstrationen vor dem Westminster Magistrates Court auf.

Weder das Gericht noch der Richter scheinen auf den Andrang und den besonderen Fall sonderlich gut vorbereitet zu sein. Der Gerichtssaal ist viel zu klein, Fotografen und Kamerateams drängen sich um die Stehplätze. Dazu tauchen plötzlich bekannte Gesichter unter den Besuchern auf. Jemima Khan, die britische Society-Berühmtheit und Ex-Frau des Kricketstars Imran Khan betritt den Saal. Mit dem Filmemacher Ken Loach und dem Journalisten-Veteran John Pilger sind zwei weitere Prominente im Raum.

Assange wird in einer schwarzen Limousine zum Hintereingang gefahren, er betritt den Gerichtssaal mit einem leichten Lächeln, winkt und gibt sich cool. Als er nach seiner Adresse gefragt wird, sagt er: »Für Korrespondenz oder andere Zwecke?« Erst will er sein australisches Postfach nennen, dann schreibt er etwas auf ein Blatt Papier. Es ist eine Adresse in Parkville, im Norden Melbournes. Er gibt zu seinen Personalien Auskunft, danach schweigt er. Nur die Frage der möglichen Auslieferung nach Schweden beantwortet er. Er widerspricht ausdrücklich.

Die Anwältin Gemma Lindfield verliest als Vertreterin der schwedischen Anklagebehörde die Vorwürfe: Assange soll Anna demnach am 14. August zum Sex ohne Kondom gezwungen und am 18. August noch einmal körperlichen Zwang gegen sie ausgeübt haben. Sofia wirft ihm vor, er habe sie am 17. August nach konsensualem Sex im Schlaf vergewaltigt, ohne Kondom. Als das Gericht die Anwältin fragt, ob sie Beweise vorlegen könne, sagt diese, dazu sei Schweden im Rahmen eines europäischen Auslieferungsverfahrens nicht verpflichtet.

Eine Überraschung gibt es in der Frage, ob Assange gegen Kaution wieder freikommt. Assanges Anwalt sagt dem Gericht, mehrere Personen, darunter Jemima Khan und Ken Loach, würden mit jeweils 20 000 britischen Pfund für Assange bürgen, insgesamt 180 000 Pfund.

Als Richter Riddle dennoch auf »substanzielle Gründe« erkennt, die gegen eine Freilassung auf Kaution sprechen, unter anderem Assanges »nomadischen Lebensstil«, geht ein vernehmbares Raunen durch den Saal. Assange muss hinter Gitter, zum ersten Mal in seinem Leben. Vor dem Saal rufen mehrere Dutzend Unterstützer »Wir lieben dich, Julian«, einige tragen Assange-Masken, andere Plakate mit Sprüchen wie: »Die USA bellen, Schweden wedelt mit dem Schwanz«.

Assange, der Internet-Freiheitskämpfer, wird als Gefangener aus dem Gericht geführt. Der Richter hatte sich alle Mühe gegeben zu betonen, es handle sich nicht um ein politisches Verfahren: »Es geht hier nicht um Wikipedia«, verhaspelt er sich.

In den meisten europäischen Ländern hätten die bis Ende 2010 vorgelegten Indizien wohl kaum für einen Haftbefehl gereicht. Wie unterschiedlich man diesen Fall sehen kann, zeigt schon die Tatsache, zu welch unterschiedlichen Bewertungen die mit dem Fall nacheinander befassten schwedischen Staatsanwältinnen kamen. Assange kommt in Untersuchungshaft, obwohl keine Anklage gegen ihn vorliegt; der Richter folgt dem Wunsch der schwedischen Staatsanwältinnen, die den Australier zu den Vorwürfen der beiden Frauen vernehmen wollen und dafür seine Auslieferung nach Schweden vorantreiben. Dabei spielt wohl auch eine Rolle, dass

Assange einen für den 14. Oktober angesetzten Befragungstermin verstreichen ließ.

Das merkwürdige Verhalten der Ermittler bringt Assange hinter Gitter, aber es hilft ihm auch. Sogar viele interne Kritiker, die sich in den vergangenen Monaten öffentlich distanziert hatten, melden sich mit Solidaritätsadressen zu Wort. »Zum Thema Assange: Wagt nicht, ihn an die USA auszuliefern«, schreibt Herbert Snorrason, einer der Dissidenten. Und auch Birgitta Jonsdottir twittert: »Es liegt an uns sicherzustellen, dass er nicht in die USA überstellt wird.«[38]

Assange verlässt das Gericht in einem weißen Gefängnisbus mit schmalen Fensterschlitzen. Der Fahrer bringt ihn nach Wandsworth, in das größte Gefängnis Londons. Neun Tage wird Assange dort verbringen. Er bekommt eine Einzelzelle im Keller und trägt graue Anstaltskleidung. Eine seiner ersten Fragen gilt einem Computer. Für einen, der sein Leben praktisch am Rechner und online verbringt, muss sich die Zeit ohne Rechner anfühlen wie ein kalter Entzug.

Nach einer Woche entscheidet das Gericht, Assange gegen Kaution und unter Auflagen freizulassen, doch die britische Staatsanwaltschaft legt dagegen auf Bitten der schwedischen Behörden Berufung ein; nach zweitägiger Bedenkzeit entschließen die Richter sich, ihn gegen Auflagen freizulassen. Seine Unterstützer haben bei Gericht insgesamt rund 285 000 Euro an Sicherheiten hinterlegt. Assange muss eine elektronische Fußfessel tragen, eine Reihe von Bürgen benennen und sich täglich bei der Polizei melden. Unter den Bürgen sind ein Nobelpreisträger, ein Buchautor und ein ehemaliger Labour-Minister. Vaughan Smith hat seinen Landsitz Ellingham Hall offiziell als Refugium angeboten.

Als Assange in die Freiheit entlassen wird, beginnt es in London gerade zu schneien. Assanges Mutter Christine, die aus Australien angereist ist, sagt, sie könne es nicht erwarten, ihren Sohn in die Arme zu schließen. Assange selbst bedankt sich kurz bei seinen Unterstützern: »In meiner Zeit in Einzelhaft im Bauch dieses viktorianischen Gefängnisses hatte ich Zeit, an jene Menschen in der Welt zu denken, die ebenfalls in Einzelhaft sitzen, unter schwierigeren Bedingungen als ich. Diese Menschen brauchen Ihre Aufmerksamkeit und Unterstützung auch.«

Er nennt ihn nicht beim Namen, aber es ist klar, wen Julian Assange damit meint: Bradley Manning, jenen Gefangenen, der das Weihnachtsfest 2010 unter strengsten Haftbedingungen in Quantico, Virginia, verbringen wird.

Voller Spannung

Medien, Politik und WikiLeaks

»Transparenz führt zu Verantwortlichkeit und bietet den Bürgern Informationen über das, was ihre Regierung tut.«
(US-Präsident Barack Obama auf der Webseite des Weißen Hauses)

Mit der Veröffentlichung der diplomatischen Geheimdepeschen hat WikiLeaks aus Sicht der Regierenden eine rote Linie überschritten. Es ist die Demarkationslinie, jenseits derer der Kern des politischen Systems beginnt. Für die amerikanische Regierung ist Geheimdiplomatie ein wichtiges Werkzeug ihrer Machtpolitik. Ihre Offenlegung ist ein Angriff auf das System selbst, so empfindet es nicht nur die Obama-Regierung. Assange hat die Machtfrage gestellt. Das System schlägt zurück.

Diese elementare Konfrontation trifft nicht nur die Administration in Washington, sie ist auch nicht antiamerikanisch, sondern grundsätzlich. Die Politik von WikiLeaks ist potenziell eine Herausforderung für jeden Staat, für repressive Regime mehr noch als für demokratische Regierungen. WikiLeaks ist aus Sicht vieler Regierungen ein Staatsfeind. Folgt man dieser Betrachtung, dann haben Assange und seine Mitstreiter etwas Anarchistisches.

Der Berliner Politikwissenschaftler Herfried Münkler hat diesen grundsätzlichen Konflikt entlang des Begriffs des Geheimnisses diskutiert, dessen Bewahrung er als konstituierend für einen modernen Staat begreift: »Das Geheimnis ist (…) nicht nur ein Mittel, mit dem Politiker die Bürger hinters Licht führen können, sondern auch ein Merkmal politischer Institutionen«, schreibt er.[1] »Die Erfolgsgeschichte des Staates ist ganz entscheidend an die erfolgreiche Monopolisierung des politischen Geheimnisses gebunden.«[2] Dazu gehöre seit der »Verwandlung des Machtstaates in den Rechtsstaat« auch der »verantwortliche, rechtlich geregelte und gerichtlich überprüfbare Umgang mit Geheimnissen, ihrer Offenlegung und Bewahrung«. Münkler bezweifelt, dass dies bei anderen, Wiki-Leaks oder wem auch immer, besser aufgehoben sei. Anders ausgedrückt: Wer antrete, dem Staat sämtliche Geheimnisse zu entreißen, zerstöre damit den Staat an sich und versuche, sich an seiner Statt als Hüter der Geheimnisse zu etablieren.

Wie Münkler argumentieren viele Kommentatoren. Kurt Kister, Chefredakteur der *Süddeutschen Zeitung*, spricht von einem »Weltbild von der totalen, ins Totalitäre schwappenden Öffentlichkeit«.[3] Assange versuche, »seinen Traum einer umgekehrt orwellianischen Welt zu verwirklichen – nicht der Staat hat alle Kontrolle, sondern er verliert sie völlig. In diesem System der totalen Öffentlichkeit wird der, der sich ihm nicht beugt, zum Volksschädling.«

Reduziert auf den argumentativen Kern lassen sich die Reaktionen vieler Journalisten so zusammenfassen: Sie ergreifen Partei für die Exekutive, weil sie um die Stabilität des Systems fürchten. Das Bemerkenswerte daran ist, dass dies nicht der Rolle der Medien in einer demokratischen Gesellschaft entspricht. Die Rolle der Öffentlichkeit ist Teil eines Systems von Checks and Balances: Die Medien überprüfen, ob das Handeln der Regierenden mit den proklamierten Zielen und Maßstäben in Einklang steht. Im Zweifelsfall soll sich das System durch die Publikation von Missständen neu justieren, eine bessere Balance finden. In diesem Sinn sind Medien Moderatoren eines Reinigungsprozesses. Sie machen idealtypisch politisches Handeln nachvollzieh- und diskutierbar, sie decken Fehlverhalten auf und führen so zu einer gesellschaftlichen Selbstheilung. Es ist eine für die Demokratie konstituierende Rolle.

Der journalistische Reflex, sich auf Seiten des Staates zu schlagen und Position gegen die Veröffentlichung seiner Geheimnisse zu ergreifen, hat neben der polarisierenden Person von Julian Assange viel mit der grundlegenden Dimension der WikiLeaks-Veröffentlichungen zu tun. Der Angriff auf den politischen Kern des Systems ist in der Arbeitsbeschreibung der allermeisten Journalisten nicht vorgesehen. Es geht um Reformen, nicht um Revolutionen. Daher stammt das Unbehagen, das viele Journalistinnen und Journalisten mit der Enthüllung der Militärberichte und mehr noch der diplomatischen Papiere haben. Sie haben das Gefühl, Werkzeug eines revolutionären Aktes zu werden, da es ihnen doch um Reformen geht (wenn überhaupt).

Das führt zu einem Dilemma, das in vielen Kommentaren zu WikiLeaks spürbar ist. Jeder politische Reporter muss hoffen, auf Dokumente zu stoßen, wie sie nun publik geworden sind. Unter normalen Umständen würde es jede Redaktion schmücken, über einen Regierungsbericht wie das geheim eingestufte Kabel aus dem Sommer 2009 berichten zu können, das von Hillary Clinton abgezeichnet wurde und belegt, wie systematisch die USA die Vereinten Nationen ausspähen. Seine Veröffentlichung entspricht journalistischen Standards im besten Sinn.

Das Einzigartige an der WikiLeaks-Veröffentlichung ist die Masse an enthüllten Ereignissen, das der Publikation eine ungekannte Wucht verschafft. Es gibt nicht ein Dokument, sondern mehr als 250 000, von denen nach Abzug des Banalen und Belanglosen noch immer einige Tausend bleiben, die brisant, bemerkens- und berichtenswert sind. Teils, weil sie skandalöses Verhalten wie das der US-Diplomaten bei den Vereinten Nationen belegen, teils, weil sie ein Schlaglicht auf Affären in anderen Ländern werfen. Ob Berichte über Korruption oder über Aufrufe arabischer Potentaten zu Angriffen gegen die Atomanlagen in Iran – jedes einzelne dieser Dokumente wäre einer Zeitung Aufmacher und Kommentar wert.

Bei jedem Untersuchungsausschuss, der die Interna einer Regierung examiniert, gibt es einen Wettlauf um die geheimen Akten. Ihre Offenlegung und die anschließende Debatte darum ist Teil des Systems aus Checks and Balances, wenn auch ein oft schmerzhafter Teil, zumindest für die Regierungen. Ihre Veröffentlichung ist im Kern nichts anderes als das, was WikiLeaks derzeit tut, und kein Journalist käme auf die Idee, sich darüber zu beklagen.

Nur entsprechen die Umstände in diesem Fall nicht dem gewohnten journalistischen und medialen Geschäft, und deshalb hat in vielen Redaktionen der gegenteilige Effekt eingesetzt. Es müsse auch Geheimnisse geben dürfen, die nicht bekannt würden, argumentierte der preisgekrönte Rechercheur Hans Leyendecker.[4] Die Dokumente enthielten »nichts Neues«, kommentierte der Herausgeber des *Tagesspiegel*, Gerd Appenzeller, noch bevor auch nur ein einziges Originaldokument veröffentlicht war. Die Publikation nütze niemandem, aber schade vielen.[5] Abgesehen davon, dass es von erstaunlicher Ignoranz zeugt, ein solches Urteil ohne Lektüre der Unterlagen treffen zu wollen, ist es auch falsch. Selbstverständlich ist vieles in diesem Material neu. Neben einzelnen Enthüllungen erwachse aus einer derartigen »Fülle an Quellen, auch wenn einiges in dem Material nur das Alltagsgeschäft schildert, ein qualitativ besonders gutes Verständnis«, schreibt der britische Historiker Timothy Garton Ash; er nennt den WikiLeaks-Coup aus Perspektive des Wissenschaftlers einen »Festschmaus der Zeitgeschichte«.[6]

Die kritischen Kommentare zu den WikiLeaks-Veröffentlichungen sind vor allem Ausdruck eines Gefühls des Unbehagens, etwas möglicherweise Systemrelevantes offengelegt und sich damit an einer Attacke beteiligt zu haben. Am vielleicht ehrlichsten formuliert das Stefan Kornelius, der Außenpolitikchef der *Süddeutschen Zeitung*, wenn er schreibt: Assange spiele »einmal Gott bitte, in Terabyte-Größe«. Es wäre, bilanziert Kornelius, »am Ende das Beste gewesen, die Datenflut wäre nie aus den Computern gequollen«.[7]

WikiLeaks' Kritiker argumentieren, die Veröffentlichungen gefährdeten die Demokratie, aber möglicherweise ist es genau andersherum: Die Solidarisierung von Teilen der medialen Klassen mit der Exekutive ist gefährlich. Wenn der Eindruck überwiegt, dass es zu einem Schulterschluss zweier Eliten kommt, deren eigentliche Rolle die gegenseitige Kontrolle ist, dann formt sich ein Bild, das die Wirksamkeit und Legitimität dieser Konstruktion anzweifelt. Diese Solidarisierung untergräbt das Vertrauen in das System von Checks and Balances, weil Teile der Medien nicht gewillt sind, ihre Kontrollfunktion wahrzunehmen. Ein solches Versagen des Journalismus kann gefährlicher für die Demokratie sein, als die Veröffentlichung von Geheimdokumenten selbst.

»Medien und Regierungen haben unterschiedliche Rollen und sollten sie erfüllen, um damit am Ende die Demokratie zu stärken«, schreibt Dana Priest, die zweifache Pulitzer-Preisträgerin der *Washington Post*.[8] Priest plädiert für einen verantwortungsvollen Umgang, der etwa die Namen von Quellen schützt, wenn deren Leib und Leben durch eine Veröffentlichung gefährdet ist. Aber »die Frage, ob dadurch Politiker bloßgestellt werden, konnte noch nie ein Grund dafür sein, Informationen zurückzuhalten, und sollte es auch diesmal nicht sein«, so Priest.

»Die wirklich beunruhigende Dimension dieses Datenskandals ist doch der Gestus der Unterwerfung, der allerorten sichtbar wird, bei den Medien und bei der Politik«, kritisiert Jakob

Augstein.[9] »Ein Journalist, der die WikiLeaks-Daten zuerst unter dem Gesichtspunkt der nationalen, oder – schlimmer noch – westlichen Sicherheit sieht, hat sich selbst erfolgreich zu Bett gebracht – und die Pressefreiheit gleich mit.« Eine Sicht, die Augstein mit David Samuels teilt, dem Kolumnisten der amerikanischen Zeitschrift *The Atlantic*. Die »skandalöse und schockierende Reaktion vieler Journalisten auf WikiLeaks« lasse sogar die Obama-Regierung wie eine Bürgerrechtsorganisation erscheinen.[10]

Die erste Verantwortung, die ein Journalist hat, ist die der Wahrheit gegenüber. Guter Journalismus muss zeigen, was ist, nicht, was gezeigt werden darf. Rudolf Augstein, der SPIEGEL-Gründer, hat einmal gesagt, eine Zeitung müsse bringen dürfen, was die Organe des Staates zu Unrecht verwahren. Es müsse darum gehen, jenes Wissen zu erschließen, das eine Gesellschaft braucht, um sich über ihre Existenzfragen ein Urteil bilden zu können. In diesem Sinne gibt es »keine gute und keine böse Öffentlichkeit, so wenig wie es ein bisschen Öffentlichkeit gibt«, schreibt unser Kollege Thomas Darnstädt.[11]

Amerika ist ein faszinierendes Land mit einer offenen Gesellschaft, aber die amerikanische Außenpolitik hat in den vergangenen Jahrzehnten viele Anlässe geboten, sie zu hinterfragen. Nur zu gut ist beispielsweise der Auftritt von Colin Powell am 5. Februar 2003 vor dem Uno-Sicherheitsrat in Erinnerung, als der damalige US-Außenminister der Weltöffentlichkeit vermeintliche Beweise für die Existenz von Massenvernichtungswaffen im Irak präsentierte, die sich später als gefälscht herausstellten. Es war eine Rechtfertigung für den wenig später beginnenden Feldzug.[12]

Heute beschäftigt die Öffentlichkeit die Frage, ob es bald einen Krieg gegen Iran geben wird und welche Belege für ein iranisches Atomwaffenprogramm existieren. Ein solcher Krieg hätte nicht nur regionale, sondern globale Auswirkungen, die Erschütterungen wären in Europa ebenso wie in der arabischen Welt zu spüren. Die Öffentlichkeit hat deshalb einen Anspruch darauf zu erfahren, welche Vorbereitungen die amerikanische Regierung hinter den Kulissen für einen möglichen Krieg gegen Iran trifft und wie arabische Potentaten für einen solchen Angriff werben.

Ein ähnliches Beispiel ist der von George W. Bush ausgerufene »Krieg gegen den Terror«, bei dem die US-Regierung Folter, Entführungen und Geheimgefängnisse nutzte und die Öffentlichkeit über den Einsatz dieser Mittel systematisch im Dunkeln ließ. Wenn sich unter den Geheimberichten nun ein Bericht findet, der den Druck der amerikanischen Diplomaten auf die deutsche Bundesregierung dokumentiert, um Ermittlungen gegen jene CIA-Agenten zu stoppen, die den Deutsch-Libanesen Khaled el-Masri verschleppt hatten, ist es ein Akt der Aufklärung, darüber zu berichten. Das gesamte Material zeige, »wie Sicherheitsdenken und Anti-Terror-Überlegungen jede Ebene amerikanischer Außenpolitik durchdrungen haben«, urteilt Timothy Garton Ash.[13]

Für die amerikanische Regierung wie für jede andere Regierung in der Welt gilt das Recht, solche Vorgänge geheim halten zu wollen. Für die globale Öffentlichkeit gilt das gleiche Recht, möglichst viel darüber zu erfahren. Es ist ein natürliches Spannungsverhältnis zwischen dem Anspruch einer Regierung, möglichst viele Teile ihres Regierungshandelns unter Verschluss zu halten, und der Öffentlichkeit, die möglichst viele Teile davon zugänglich sehen möchte. Ein Journalist trägt dabei zuerst eine Verantwortung seinen Lesern und Zuschauern gegenüber, nicht der Regierung, wie es Ines Pohl, die Chefredakteurin der *tageszeitung* treffend formuliert hat: »Diplomatie ist nicht unser Job.«[14] Journalisten handeln für die Regierten, nicht für Regierende. Es ist nicht ihre Aufgabe, sie vor den Peinlichkeiten und den Skandalen zu schützen, die sie selbst produzieren. In diesem Sinn ist es nicht nur eine journalistische, sondern auch demokratische Pflicht, sich mit dem Material aus Washington zu beschäftigen, und es ist ein interessantes Gedankenspiel, ob die Kritiker von WikiLeaks die gleichen Argumente vorbringen würden, wenn die Depeschen aus Moskau oder Peking stammten und die russische oder chinesische Außenpolitik transparent machten. Die Vermutung liegt nahe, dass die Kritik deutlich milder ausgefallen wäre.

Vielleicht schadet die Offenbarung von Staatsgeheimnissen einer Regierung und ihrer aktuellen Arbeit, und vielleicht dauert es eine Weile, diesen Schaden zu reparieren. Aber auf mittlere Sicht führt sie zu Reinigungsprozessen und einer Neujustierung von Politik. Sie macht eine Demokratie stärker, nicht schwächer. Das gilt auch für eine leidenschaftliche, im Zweifel radikale Kritik, wie sie WikiLeaks vorträgt. In seinem wegweisenden *Cicero*-Urteil hat das Bundesverfassungsgericht 2005 alle Versuche abgeschmettert, Journalisten für die Publikation geheimer Regierungsdokumente haftbar machen zu wollen. Das Bundesinnenministerium hatte Journalisten des Magazins *Cicero* vorgeworfen, sie hätten sich der Beihilfe zum Geheimnisverrat schuldig gemacht, indem sie über einen vertraulichen Polizeibericht über den jordanischen Terroristen Abu Mussab al-Sarkawi berichtet hatten. Seitdem ist es auch höchstrichterlich verbrieft: Der Staat kann den Verräter von Staatsgeheimnissen verfolgen, nicht aber den Journalisten, der diese publiziert.

Die Allgemeine Erklärung der Menschenrechte der Vereinten Nationen schreibt in Artikel 19 fest: »Jeder hat das Recht auf Meinungsfreiheit und freie Meinungsäußerung; dieses Recht schließt die Freiheit ein, Meinungen ungehindert anzuhängen sowie über Medien jeder Art und ohne Rücksicht auf Grenzen Informationen und Gedankengut zu suchen, zu empfangen und zu verbreiten.«

1948, in dem Jahr, in dem die Menschenrechtserklärung verabschiedet wurde, war die Welt noch analog und das Internet nicht einmal eine Vision, und doch trifft sie erstaunlich präzise den Kern. In Amerika ist dieses Recht im Ersten Verfassungszusatz, dem First Amendment, verbürgt, in Deutschland in Artikel 5 des Grundgesetzes. Es ist konstituierender Bestandteil jeder Demokratie, und es kann keinen Zweifel daran geben, dass diese Meinungsfreiheit auch für WikiLeaks gilt.[15]

Der entscheidende Unterschied, der WikiLeaks von klassischem Journalismus abhebt, ist der Anspruch, jede Art von Dokumenten zu veröffentlichen, die eingesendet wird. Guter Journalismus versucht, einen gesellschaftlich relevanten Vorgang zu beschreiben, Missständen auf den Grund zu gehen. Er ist kein Voyeurismus um des Voyeurismus willen. Informationen werden veröffentlicht, weil sie eine Bedeutung haben, für etwas stehen, sie werden eingeordnet, hinterfragt, ergänzt, jedenfalls idealtypisch.

WikiLeaks hat dagegen das Versprechen gegeben, alles zu veröffentlichen, was den Weg zu ihnen findet, wenn es nur einen Test auf Authentizität besteht. Um im theoretischen Diskurs um die Hackerethik zu bleiben: die Organisation folgt eher der Philosophie von Steven Levy als den Ergänzungen von Wau Holland, der das Recht auf den Schutz privater Daten betont hat. Diese unterschiedslose, nivellierende Publikationsbereitschaft und die Radikalität, mit der Assange sie durchsetzt, ist einer der zwei schwerwiegenden Kritikpunkte. Auch Transparenzbefürworter wie Steven Aftergood, die eigentlich auf der Seite von WikiLeaks stehen müssten, distanzieren sich deshalb von der Organisation.

Aftergood arbeitet im Herzen des amerikanischen Politikbetriebs. In Washington, D.C., nur ein paar Blocks vom Weißen Haus und dem Kapitol entfernt, residiert er im sechsten

Stock eines der typischen vielstöckigen Bürohäuser, die an den renommierten Innenstadtadressen der Hauptstadt vor allem Behörden, Anwaltsfirmen, Lobbyorganisationen und Denkfabriken beherbergen. Selbst an diesem sonnigen Herbsttag hat er die Rollos seines Fensters heruntergezogen. Auf dem angejahrten Schreibtisch aus Eichenfurnier steht ein schwarzer Dell-Desktop-Computer, die Regalbretter biegen sich unter Hunderten schwerer Bücher, auf deren Rücken meist die Worte »Staatsgeheimnis«, »CIA« oder »NSA« auftauchen.

Aftergood ist ein schlanker Mann mit dunklen welligen Haaren, in die sich erste graue Strähnen mischen. Er ist Angestellter bei der »Federation of American Scientists« (FAS), aber das umschreibt seinen Job nicht präzise. Aftergood betreibt so etwas wie ein auf Regierungsdokumente spezialisiertes WikiLeaks – und das schon seit zwanzig Jahren. Auf seiner Visitenkarte steht »Direktor des Projekts Regierungsgeheimnisse«. Er schreibt die »Secrecy News«, einen E-Mail-Newsletter, und er hat wohl mehr einzelne geheim eingestufte amerikanische Regierungsdokumente veröffentlicht, als irgendwer sonst, bevor WikiLeaks ganze Datenbanken ins Internet stellte. Er lebt für seine Mission. Fragt man ihn nach seinen Hobbys, sagt er: »Ich sammle die Direktiven der amerikanischen Präsidenten.«[16]

Zusammen mit seinem ehemaligen FAS-Kollegen John Pike (globalsecurity.org) und John Young von cryptome.org ist Aftergood Pionier jener Idee, mit der Julian Assange 2010 seinen internationalen Durchbruch feierte. Und wie seine beiden Kollegen beobachtet er von Washington aus den Australier sehr kritisch, sehr aufmerksam und schon sehr lange.

Aftergood ist gelernter Flugzeugingenieur, und über seine Expertise in diesem Bereich fand er auch zu seiner neuen Mission. »Mir wurde 1991 ein geheimes Papier über einen nuklearen Raketenantrieb mit dem Codenamen Timber Wind zugespielt. Ich dachte bis dahin, ich wüsste alles, was in diesem Bereich vor sich geht, aber dieses Papier hat mir die Augen geöffnet«, erinnert er sich. Am 3. April 1991 veröffentlichte die *New York Times* eine Titelgeschichte über das geheime Rüstungsprojekt, das »Leak« führte zu einer offiziellen Untersuchung. Nur ein Jahr später wurde »Timber Wind« offiziell begraben. Seither veröffentlich Aftergood systematisch amerikanische Regierungsgeheimnisse.

Aftergood gehörte zu jenen Leuten, die Julian Assange Ende 2006 um Hilfe bat, er sollte dem Beratergremium von Wiki-Leaks beitreten. Er lehnte ab. Vor allem aus zwei Gründen, sagt er, habe er damals seinen Namen nicht für WikiLeaks hergeben wollen. Er selbst beschäftige sich ausschließlich mit geheimen Regierungsdokumenten. »Es geht mir darum, Regierungen, die der Öffentlichkeit Rechenschaft schuldig sind, auch zur Rechenschaft zu ziehen«, sagt er. »Ich glaube an unautorisierte Veröffentlichungen und an ihr Potenzial, Regierungshandeln zu korrigieren.« Der Ansatz von WikiLeaks sei dagegen viel breiter, und das habe er von Beginn an als falsch, möglicherweise sogar gefährlich betrachtet. »Ich habe die Gefahr gesehen, dass das anonyme Massen-Leaken nach dem Wiki-Ansatz schnell in Beleidigungen, Missbrauch und Betrug ausarten kann«, sagt Aftergood.

Sein zweiter wesentlicher Einwand sei die Frage nach dem Schutz der Privatsphäre gewesen. Eine Enthüllungsplattform, die sich nicht auf offizielle Dokumente beschränke, müsse einen Mechanismus haben, der die Probleme und Kosten im Auge behalte, die durch die Nennung von Namen entstehen, und sie verlässlich, nachvollziehbar und verantwortungsvoll mit dem Nutzen abwägen, der durch ihre Veröffentlichung entstehe. »Das ist für mich der Grundfehler bei WikiLeaks«, sagt Aftergood. »Sie übernehmen keinerlei Verantwortung für das, was sie da tun – aber Worte und Dokumente haben nun einmal Konsequenzen, das ist kein Spiel.«

In den ersten beiden Jahren war Aftergood über den neuen Mitbewerber auf dem kleinen Markt für eingestufte Informationen noch positiv überrascht. »2008 und 2009 hatten sie eine sehr positive und produktive Phase, sie haben eine Menge veröffentlicht, in einer sehr hohen Taktzahl, und es war viel dabei, das wirklich gut und schwer zu bekommen war«, sagt er anerkennend, beispielsweise eine Direktive des amerikanischen Direktors für Gegenspionage zu der Frage, wie mit unautorisierten Enthüllungen umzugehen sei. Auch sie taucht ironischerweise bei WikiLeaks auf. »Das war sehr gute und gewinnbringende Arbeit und schon erstaunlich«, sagt Aftergood, »immerhin sind diese Dokumente nur ein paar Blocks von hier geschrieben worden – aufgetaucht sind sie aber bei WikiLeaks«.

Seine positive Wahrnehmung kippte allerdings, und er begann, sich über Assange, seine Veröffentlichungsentscheidungen und sein »zunehmend bombastisches und selbstglorifizierendes« öffentliches Auftreten zu ärgern. Es reicht nicht, auf anschwellende Kritik mit ein paar Slogans über Twitter zu reagieren, kritisiert er. »Ich glaube, ihm fehlt ein Gefühl dafür, was es braucht, eine Plattform wie diese verantwortungsvoll zu führen.«

Im Sommer 2010 machte Aftergood seinem Ärger Luft. Nach dem Bagdad-Video, aber noch vor der Veröffentlichung der Afghanistan-Dokumente veröffentlichte er in seinem Blog eine Abrechnung mit WikiLeaks. Er bezeichnet Assange und Co. darin als »Informationsvandalen«, ein Begriff, der mittlerweile von anderen Kritikern übernommen wurde. Aftergoods Brandbrief gipfelt in dem Satz, WikiLeaks müsse zu den »Feinden einer offenen Gesellschaft« gerechnet werden.[17] Die Webseite, argumentiert er, verletze immer wieder willkürlich und ohne erkennbaren moralischen Grund die Privatsphäre von Einzelpersonen oder Organisationen – wie die der Mormonen, der Freimaurer oder der Verbindung amerikanischer Studentinnen Alpha Sigma Tau, deren »geheime Rituale« WikiLeaks veröffentlicht hatte. WikiLeaks habe keiner dieser Organisation irgendein Fehlverhalten vorgeworfen. Man habe veröffentlicht, weil man es eben konnte.

In seinem Büro in Washington geht Aftergood in seiner Kritik noch weiter. WikiLeaks habe sich dem Kampf gegen die Zensur, die Korruption und das unmoralische politische Handeln verschrieben, aber »tatsächlich erfüllt nur ein Bruchteil ihrer Veröffentlichungen diese Voraussetzungen«. Darüber hinaus hätten die Betroffenen de facto nicht einmal die Chance, sich auf der in demokratischen Gesellschaften dafür vorgesehenen Weise zu wehren, weil WikiLeaks effektive Wege gefunden habe, sich dem Gesetz zu entziehen. Vor allem deshalb sei er so weit gegangen, das Angebot zu den Feinden einer offenen Gesellschaft zu zählen.

Julian Assange las Aftergoods Abrechnung noch am selben Tag. Er hatte sich schon früher über kritische Bemerkungen des Amerikaners geärgert, aber nie öffentlich zurückgeschossen – bislang. Assange antwortete mit einem Kommentar, der mit dem Satz beginnt: »Diese vergifteten Vorwürfe sind falsch, gefährlich und führen in die Irre.« Seine Erklärung für Aftergoods Ausführungen lieferte er gleich hinterher: »Er sieht sich offenbar als Rivale um die öffentliche Aufmerksamkeit im Feld der Counter-Secrecy-Bewegung, was schade ist. Wir sehen Aftergood nicht als Wettbewerber und haben ihn nie kritisiert.«

Es ist Mitte Juli 2010, ein warmer sonniger Tag in London, Julian Assange sitzt in einem Straßencafe in Pimlico. Er hat die letzte Nacht mal wieder nicht geschlafen, sein Anwalt hat ihm berichtet, dass der amerikanische Militärgeheimdienst mit ihm in Kontakt treten will. Trotzdem nimmt sich Assange viel Zeit. Für den SPIEGEL-Fotografen wühlt er in seiner Reisetasche und zieht nacheinander drei unterschiedliche Outfits an. Zuerst gibt er den Computer-Nerd, im knitterigen T-Shirt einer norwegischen Journalistenorganisation. Dann wirft er sich in eine enge Lederjacke, deren Reißverschluss er sich bis an die Gurgel zuzieht. Und schließlich legt er noch seinen schwarzen Anzug an, sein weißes Hemd und die rote Krawatte. Es ist das Outfit, in dem sein Bild einmal um die Welt ging. Assange wirkt auf den Fotos, die dabei entstanden, wie ein Popstar. Er ist jetzt ein Prominenter, er wird auf der Straße angesprochen, er gibt Autogramme.

Im Londoner Café ordert Assange einen Rote-Bete-Salat mit Ziegenkäse und dazu einen Kaffee, er denkt laut über die Frage nach, wie weit er gehen würde in seiner Veröffentlichungspolitik. Hat Steven Aftergood recht mit seiner Kritik, WikiLeaks gehe rücksichtslos mit der Privatsphäre von Individuen um?

Assange geht zum Gegenangriff über. Aftergood sei zu nah am Zentrum der Macht, sagt er, er sei kein unabhängiger Kämpfer für die Informationsfreiheit. Assange erklärt die Angriffe des Amerikaners so wie die wiederkehrenden Anwürfe des Cryptome-Gründers John Young im wesentlichen mit dem Neid der älteren Platzhirsche, die schwer damit zu kämpfen hätten, dass WikiLeaks nicht nur hochkarätigere Veröffentlichungen nachweisen kann, sondern dass viele mittlerweile glauben, er habe das Konzept eines Enthüllungsportals im Internet erfunden.

Würde Assange die Mitgliederliste der jüdischen Gemeinde in Berlin veröffentlichen, fragen wir.»Wenn sie unseren Kriterien entspricht – ja«, antwortet er. Die Kriterien, das ist der Dreiklang aus politischer, ethischer oder historischer Relevanz, nach denen WikiLeaks im Einsendungsprozess auch seine Lieferanten befragt. Aber ist Religion nicht Privatsache? Und was ist, wenn Rechtsradikale die Adressen missbrauchen?

Es gebe schwierigere Themen und weniger schwierige, räumt Assange ein. Aber es sei wichtig zu bedenken, dass nicht WikiLeaks die Mitgliederliste in die Welt bringen wolle, sondern eine Quelle. Diese Quelle verlasse sich auf das Versprechen der Plattform, die Information zu publizieren. Deshalb müsse das auch geschehen, selbst wenn es ihm persönlich mal mehr, mal weniger gefalle. »Wir sind politisch neutral und werden im Zweifel immer veröffentlichen«, sagt Assange.

Und wer entscheidet letztendlich darüber? In den allermeisten Fällen sei die Lage glasklar, sagt er. Und wenn nicht? »Am Ende bleibt die Entscheidung bei einem hängen, und das bin ich.«

Im Übrigen, sagt Assange, würden die Gefahren bei Weitem überschätzt, es gebe ja noch einen »Schadensbegrenzungsprozess«. Auch diese »Harm Minimization«, die Assange gegenüber Kritikern gern ins Feld führt, ist relativ neu. Dass er diesen Prozess eingeführt hat, zeigt, dass WikiLeaks und Assange anerkennen, dass Publikationen problematische Folgen haben können. Es ist ein Lernschritt für die Organisation und für Assange keine leichte Entscheidung gewesen, weil sie an einem der Grundversprechen rüttelt, das WikiLeaks seinen Quellen gibt: die Originaldokumente unverändert ins Netz zu stellen.

Tatsächlich ist WikiLeaks eine Organisation im Wandel, mit einem dialektischen Verhältnis zu den Massenmedien. WikiLeaks hat den Journalismus verändert, aber der Journalismus hat auch WikiLeaks verändert.

Assange schimpft gerne über Journalisten, WikiLeaks ist nicht zuletzt ein medienkritisches Projekt. Wie es um die Profession bestellt sei, hat er einmal gesagt, sei doch schon daran abzulesen, dass so wenige in Ausübung ihrer Tätigkeit umkämen. Wie viele US-Journalisten seien im letzten Jahr im Job gestorben oder verhaftet worden? Er findet die Zahlen lächerlich gering. »Westliche Journalisten nehmen ihren Job nicht ernst«, behauptet er. An gefährlichen Schauplätzen wie im Irak und in Afghanistan seien es meistens lokale Stringer, also freie Mitarbeiter, die große Risiken eingingen, die westlichen Starreporter würden dafür Beifall und Preise einheimsen.

Nach der Veröffentlichung der Irak-Tagebücher gab Assange der spanischen Zeitung *El País* ein Interview, in dem er sagte:

»Die internationalen Medien sind ein Desaster.« Er empfinde es angesichts des Zustands des Journalismus »eher als beleidigend«, Journalist genannt zu werden – obwohl er journalistisch arbeite, seit er 25 sei. »Mein Fazit ist, dass das Umfeld der internationalen Medien so schlecht und verzerrt ist, dass es uns besser gehen würde, wenn es keine Medien gäbe.« Man kann das ernst nehmen, aber man muss es nicht. Manches an Assanges Medienkritik ist berechtigt, vieles Attitüde und Hybris.

Die andere Seite von Assanges Verhältnis zu den Medien ist ein funktionales. Er inszeniert sich gerne, liebt den großen Auftritt und wechselt für Fotografen klaglos dreimal sein Outfit. Und er weiß, dass er den klassischen Medien einen Großteil seines Erfolgs verdankt.

Assange ist klar, dass WikiLeaks nicht auf die etablierten Medien und ihre Ressourcen verzichten kann. Seine Erfahrungen der ersten Jahre waren eindeutig. Egal, wie viel Zeit und Arbeit er in eine Veröffentlichung gesteckt hatte – viele wurden einer breiteren Öffentlichkeit nie bekannt, die meisten WikiLeaks-Scoops der frühen Jahre, und davon gab es einige, gingen völlig unter. Wenn Medien sie überhaupt entdeckten und aufnahmen, verkauften sie sie oft als eigene Exklusivgeschichten und schrieben allenfalls »im Internet« seien »Unterlagen aufgetaucht«.

Die jüngsten Enthüllungen zeigen mustergültig, wo die Grenzen von WikiLeaks liegen, aber auch, welche Chance das Modell beinhaltet. Einen isolierten Skandal wie die tödlichen Schüsse aus dem Apache-Helikopter in Bagdad kann WikiLeaks neben der Dokumentation des Rohmaterials auch aufarbeiten. »Collateral Murder« ist klassische journalistische Arbeit, bei der zwei Reporter nach Bagdad geflogen sind und die Hintergründe recherchiert haben. Bei den Afghanistan-Berichten hätte Assange die Dokumente ohne den Einspruch der traditionellen Medien wohl weitgehend unbearbeitet veröffentlicht.

Und bei den diplomatischen Depeschen hat WikiLeaks die inhaltliche Aufbereitung fast vollständig Journalisten und Journalistinnen großer internationaler Medien überlassen, die über eine lange handwerkliche und inhaltliche Erfahrung verfügen. Ohne Journalisten, das ist die implizite Botschaft dieser Entscheidung, wäre eine solche Enthüllung nicht machbar gewesen. Deshalb war die Veröffentlichung, vor allem aber die Auswertung der amerikanischen Militär- und Diplomatiedokumente auch eine Renaissance des investigativen Journalismus – jenes Journalismus', den Assange angeblich so gerne abschaffen würde.

Diese enge Verschränkung mit etablierten journalistischen Institutionen war nicht WikiLeaks' ursprüngliches Ziel. Am Anfang setzte Assange auf das Internet, auf das Prinzip des »Crowdsourcing«. Das Wissen und die Macht der vielen Netznutzer, die sich mit dem Material befassen, es auswerten und analysieren würden. Es hat nicht funktioniert. In einem ausführlichen Brief an die WikiLeaks Freiwilligen-Mailingliste begründete Assange schon 2008, warum es für ihn leichter sei, mit großen Medien zusammenzuarbeiten, als beispielsweise mit der viel gerühmten Bloggerwelt. Er zitiert einen Geheimbericht über die Schlacht von Falludscha, den WikiLeaks »an Tausende« weitergegeben hat – aber nur WikiLeaks selbst und professionelle Journalisten traditioneller Medien hätten darüber geschrieben. »Alle anderen haben sich mit ›cut and paste‹ begnügt.«[18]

Das Problem der Blogger sei nicht, dass sie keine Quellen hätten, so ein spürbar enttäuschter Assange. Sie hätten schlicht kein Interesse daran, neue Wahrheiten zu enthüllen; es gehe ihnen darum, zum gerade aktuellen Thema des Tages eine Position zu beziehen. Ursprünglich hat Assange den seit Jahrhunderten geltenden Zweischritt eines Informanten, der einem Medium Informationen zur Weiterverarbeitung überlässt, revolutionieren wollen. An Stelle der Medien sollte WikiLeaks treten, unterstützt von der Schwarmintelligenz des Netzes. Daraus ist ein Dreischritt geworden: vom Informanten zu WikiLeaks zu Medien. Bei fast allen relevanten Enthüllungen folgt der Schritt drei, die Auswertung und Aufbereitung durch Journalisten. Neu daran ist nicht die Weitergabe von Informationen, sondern die technischen Möglichkeiten, die WikiLeaks anbietet, um vertrauliche Dokumente einzusenden und zu publizieren.

Das WikiLeaks von heute ist ein Zwitter aus einem klassischen Medium und einer nur schwer zu zensierenden Plattform im Internet, die es ohne die digitale Revolution nicht geben könnte. Das in vielen Teilen der Welt fast überall verbreitete und verfügbare Netz hat die Produktionsmittel der Medien radikal verbilligt und demokratisiert. Ein Internet-Aktivist mit einem 300-Dollar-Notebook hat inzwischen mehr publizistischen Einfluss, als mancher Verleger. Konsequent weitergedacht, könnte sich die Idee von unzensierbaren Plattformen für vertrauliche Dokumente, in Ergänzung der politischen Gewaltenteilung, zu einer von den Grenzen des Nationalstaates entkoppelten fünften Macht entwickeln, wenn es viele WikiLeaks gäbe. Ansätze davon, etwa die transnationale Ausrichtung der Organisation, die geringe Rücksicht auf nationale Kompromisse und die weitgehende Immunität gegen nationale Gesetze lassen sich jetzt schon beobachten. Wir stehen erst am Anfang einer medientheoretischen Debatte, die den Journalismus verändern wird.

In autoritären Regimen könnten solche Plattformen die Rolle übernehmen, die eine freie Presse in Demokratien spielt. Davon ist WikiLeaks allerdings noch weit entfernt. Seit WikiLeaks weltweit zu einem »Markennamen« und Hafen für vormals zurückgehaltene Informationen geworden ist, hat es zumindest die Chance, einen Schritt in diese Richtung zu gehen und zu einer der ersten wirklich internationalen

Informationsplattformen zu werden. Im Herbst 2010, als die Internetseite und ihr Archiv noch voll funktionsfähig waren, beherbergte sie Dokumente aus mehr als hundert Ländern. Selbst Medien mit internationalem Anspruch haben Mühe, eine ähnliche Sammlung anzubieten; sie scheitern oft schon an den Grenzen ihrer Sprachräume.

Eine internationale Adresse für Originaldokumente, möglicherweise auch noch in den jeweiligen Landessprachen – das würde voraussetzen, dass WikiLeaks über die personellen und finanziellen Ressourcen verfügen müsste, Dokumente in Mandarin ebenso auf ihre Authentizität zu prüfen und mit analytischen Zusammenfassungen zu versehen wie Materialen in Farsi oder Arabisch. Auch davon ist die Organisation weit entfernt.

Ein Medium im klassischen Sinn wäre WikiLeaks allerdings auch dann nicht. Es ist eher ein öffentliches Archiv des vormals Nicht-Öffentlichen. Es ist kein Zufall, dass Assange seine Organisation im heimatlichen Australien als Bibliothek zugelassen hat. WikiLeaks liefert eine Menge Primärquellen und setzt bei seinen Nutzern viel Interesse, Enthusiasmus und Zeit voraus. Um in dem Beispiel des wissenschaftlichen Journalismus zu bleiben, den Assange gern einfordert, und der in seiner Idealvorstellung den Lesern alle Quellendokumente für einen Artikel mitliefert, könnte man auch sagen: WikiLeaks liefert vor allem Fundstellen. Die wesentlichen Inhalte, den Kontext und weitere Hintergründe müssen sich die Nutzer selbst erschließen – also all das, was ihnen bei etablierten Medien die Journalisten abnehmen. Für ihn sei WikiLeaks eher eine Art Interessenvertretung, eine Lobbygruppe, argumentiert Bill Keller, der Chefredakteur der *New York Times*.[19]

Eine der offenen Fragen ist, ob WikiLeaks den bisherigen Anspruch aufgibt und künftig selbst stärker klassisch journalistisch agiert, also das Material bearbeitet. Die Organisation habe sich »erkennbar gewandelt«, sagt Keller, »von einem fast anarchistischen Blick auf Transparenz als absoluten Wert«

hin zu einer Gruppe, »die sich selbst als Medienorganisation definiert«.[20]

Die Zusammenarbeit mit etablierten Medien sei eine weise Entscheidung von WikiLeaks gewesen, die ihn positiv überrascht habe, sagt Steven Aftergood. »WikiLeaks, die *New York Times,* der SPIEGEL und der britische *Guardian* haben mit ihrer gemeinsamen Veröffentlichung der Afghanistan-Dokumente den Weg für den Journalismus der kommenden Jahrzehnte aufgezeigt«, schrieb die Wochenzeitung *Die Zeit.*[21] »Im Zeitalter der entgrenzten und verflochtenen Krisen reicht es nicht mehr, nur mit den Mitteln einer einzigen Zeitung, eines einzigen Senders für das nationale Publikum zu recherchieren und zu publizieren.«

Welche Rolle WikiLeaks darin in Zukunft spielen kann, will und wird, kann niemand mit Sicherheit vorhersagen. Die Ironie sei, »dass WikiLeaks in der Anfangszeit häufig Vergehen von repressiven Regierungen enthüllt hat«, sagt der *Guardian*-Chefredakteur Alan Rusbridger, also genau das gemacht hat, was ihnen nun als Versäumnis vorgeworfen wird. »Ich glaube, damals hat niemand besondere Notiz genommen, weil es sich oft um Entwicklungsländer gehandelt hat und weil solche Lecks gebilligt wurden. Jetzt haben sie es mit dem mächtigsten Staat der Welt aufgenommen. Aber die Macher von WikiLeaks haben bewiesen, dass sie sehr erfinderisch mit einer dezentralen Technologie umgehen und Versuche abwehren können, Informationen zu kontrollieren. Es ist einfach zu früh zu sagen, wie das ausgeht.«[22] Eine der Fragen wird sein, wie schnell es der Organisation gelingt, die 2010 brach liegende Einsendemöglichkeit dauerhaft zu reaktivieren. Erst dann wird sich zeigen, ob die Qualität neuer Dokumente an das bisherige Material anknüpfen kann. Dass WikiLeaks noch über viel unveröffentlichtes Material verfügt, wie Assange gern durchblicken lässt, ist unstrittig. In ein Konvolut von Guantanamo-Akten konnten wir im Zuge unserer Recherchen auszugsweise einen Blick werfen. Nach glaubhaften Angaben von WikiLeaks verfügt die

Organisation zudem über umfangreiche afghanische Regierungsdokumente aus den Jahren 2003 bis 2006.

Die Organisation hat ein gewaltiges Potenzial und ein großes Problem. Beides trägt denselben Namen: Julian Assange. Ohne die manische Energie des Australiers, seine intellektuelle Neugier, sein Charisma und seine Bereitschaft, als öffentlicher Blitzableiter zu fungieren, gäbe es WikiLeaks nicht. Aber Assange hat es versäumt, vielleicht auch nicht gewollt, WikiLeaks eine demokratische Struktur zu geben. Er führt, wie die Niederländer Geert Lovink und Patrice Riemens in ihren Thesen zu WikiLeaks formuliert haben, die Organisation »wie ein mittelständisches Unternehmen«, dessen Gründer die Führung nicht aus der Hand gebe. Die Gruppe sei eine »typische Ein-Personen-Organisation«.[23] Assange ist seinem teils exzentrischen, teils autoritärem Sozialverhalten weitgehend treu geblieben, doch was früher viele Beobachter unkonventionell und erfrischend fanden, wendet sich nun gegen ihn und macht ihn angreifbar. Dazu gehört nicht nur sein Umgang mit ehemaligen Mitstreitern, sondern auch sein wildes Privatleben. In dem Sommer, in dem in Schweden die Vergewaltigungsvorwürfe gegen ihn erhoben werden, wird er ein weiteres Mal Vater, wie schon 2006. »Ich bin nicht promiskuitiv, ich mag Frauen nur wirklich sehr«, sagt er noch im Dezember 2010, als er in England auf Kaution entlassen wird.

WikiLeaks ist heute die einflussreichste Bürgerinitiative der Welt – aber noch immer organisiert wie eine Stadtteilgruppe, die ihre Proteste gegen den Ausbau der Autobahn plant und einen besonders eloquenten Vordenker an der Spitze hat. Jede Schrebergartenkolonie ist demokratischer. Die Fixierung auf Assange und die informellen Strukturen nähren die Zweifel, ob alle Entscheidungen nach nachvollziehbaren, rationalen Kriterien getroffen werden. Institutionen wie das Beraterboard haben eher propagandistische Bedeutung, es gibt keine

Rechenschafts- oder Jahresberichte, keine Finanzaufstellung und keine Abstimmungen. Der Umgang mit den Finanzen hat immer wieder zu Vorwürfen gegen Assange geführt, auch intern. Mannings Unterstützer nehmen ihm übel, dass er trotz eines öffentlichen Versprechens lange Zeit kein Geld für die Solidaritätskampagne freigab. Seit Ende 2010 ist zumindest bekannt, wie WikiLeaks seine Mitarbeiter bezahlt: Ein halbes Dutzend Aktivisten werden mit Spendengeldern, die die Wau Holland Stiftung verwaltet, entlohnt, wobei sich die Einkommen an der Vergütung bei Greenpeace orientieren. Assange kommt auf ein Jahresgehalt von 66 000 Euro. 2010 zahlte die Stiftung insgesamt 380 000 Euro an WikiLeaks aus.

Für die Organisation wäre es besser, sich einen klaren, transparenten Aufbau zu geben, und sei es, mit Assange als ihrem Präsidenten oder Vorsitzenden. Das ist eine der großen Aufgaben jenseits neuer spektakulärer Veröffentlichungen. Ob Assange dazu bereit ist und ob seine Mitstreiter die Kraft haben, ihn davon zu überzeugen, ist fraglich.

Julian Assange hätte sich ein bequemeres Leben aussuchen können. Andere in seinem Alter und mit weniger Fähigkeiten haben kommerzielle Internet Start-ups gegründet und sind damit reich geworden. Denkt er zuweilen darüber nach, wenn er deren Häuser sieht, ihre Autos, ihre Pools? Warum hat er sich für dieses Leben entschieden und woher kommt diese gnadenlose Konsequenz gegenüber anderen, aber vor allem auch gegen sich selbst?

»Es gibt auch schöne öffentliche Schwimmbäder«, er vermisse keinen Pool, sagt Assange, als wir in London zusammensitzen, er lächelt dabei kurz – was er selten tut. »Wir alle leben nur einmal, deshalb sollten wir in unserer Zeit etwas Sinnvolles und Befriedigendes anstellen. WikiLeaks ist so etwas für mich.«

Epilog

»Ich stelle mir das wie eine Gipfelbesteigung vor.
Wir sind gerade mal im Basiscamp.«

(Julian Assange)

In dem Spionageklassiker »Die drei Tage des Condor« spielt
Robert Redford den CIA-Mann Joseph Turner, Deckname »Condor«, der eigentlich einen beschaulichen Bürojob hat und für
den Geheimdienst Bücher analysiert. Als »Condor« eines Tages
nach der Mittagspause wieder ins Büro kommt, sind alle seine
sechs Kollegen tot, ermordet. »Condor« flüchtet, nimmt eine
junge Frau als Geisel – und wird den Fall dann mit ihr auf-
klären: Es handelt sich um einen Inside-Job der CIA; »Condor«
selbst ist mit einer seiner Analysen der dunklen Wahrheit zu
nahe gekommen, dass der Geheimdienst die Ölmärkte manipuliert – deshalb hat sein ruchloser Arbeitgeber beschlossen,
ihn und seine gesamte Abteilung zu eliminieren.

In der Schlussszene des Agentenfilms laufen Turner und
Higgins, der Vizedirektor der CIA, durch New York. Sie blei-
ben vor einem Gebäude stehen. Es ist der Sitz der *New York
Times*.

»Sie haben die ganze Geschichte, alles«, sagt Turner und
schaut auf die Fassade mit dem berühmten Schriftzug.

»Was? Was hast du getan?«, fragt Higgins schockiert.

Turner: »Ich habe ihnen eine Geschichte erzählt. Ihr spielt
eure Spiele. Und ich habe ihnen eine Geschichte erzählt.« (…)

Higgins: »Hey Turner, woher willst du wissen, dass sie es
drucken werden?«

Turner: »Sie werden es drucken«

Higgins: »Woher willst du das wissen?«

Die Frage ist, was ein Whistleblower wie Turner heute tun würde. Daniel Ellsberg, der einst die »Pentagon Papers« erst an die *New York Times* und später dann an die *Washington Post* weitergab, musste damals monatelang warten, bis die Blätter die schonungslose Analyse über den Vietnamkrieg druckten. Die Zeitungen hielten sich an die Regeln: Sie konfrontierten die Regierung, und die antwortete mit allem, was sie gegen die Publikation juristisch aufbieten konnte. Ellsberg würde die Dokumente heute ins Internet stellen. Allerdings zeigt die Geschichte von WikiLeaks, dass es so einfach nicht ist. Ein einfacher anonymer »Dump« von Dokumenten kann leicht wirkungslos verpuffen – wie so viele WikiLeaks-Veröffentlichungen vor dem Frühjahr 2010.

Julian Assange selbst ist kein Whistleblower, auch wenn unzählige Schlagzeilen in den letzten Jahren genau das behauptet haben. Er publiziert das Material von anderen. Das ist ein großer Unterschied. Früher hat er selbst gehackt, heute werden ihm die entwendeten Informationen frei Haus geliefert.

Für seinen kometenhaften Aufstieg mit WikiLeaks sind indirekt auch jene mit verantwortlich, die daran am wenigsten Interesse haben können: westliche Regierungen, allen voran die US-Administration in Washington. Sie haben den Schutz der Privatsphäre in den Jahren nach dem 11. September 2001 sukzessive ausgehöhlt und die Überwachungsmöglichkeiten ausgeweitet. Die Sicherheitspolitik hat viele Bereiche des Regierungshandelns durchzogen, über dem ein Schleier der Undurchsichtigkeit liegt. Die Regierungen von heute sind konspirativer als ehedem, sie produzieren mehr Staatsgeheimnisse und betreiben einen immensen Aufwand, sie zu schützen.

Für die Demokratie ist diese Entwicklung nicht gut. Im Zweifel sollte eine Regierung so wenige Vorgänge wie nötig als Geheimnis bewahren und so viel politisches Handeln wie möglich offenlegen. Mit der Zunahme staatlicher Geheimnisse ist das Bedürfnis nach Transparenz gewachsen. Die Zeit scheint reif zu sein für eine Idee wie WikiLeaks.

In seinem Kampf um das Weiße Haus fanden Barack Obama und sein Wahlkampfteam für Whistleblower noch warme Worte. »Die beste Informationsquelle für Verschwendung, Betrug und Missbrauch durch eine Regierung ist oft ein Regierungsmitarbeiter, der gewillt ist, seine Stimme zu erheben«, lobte Obama damals auf seiner Website change.gov. »Solche Akte der Courage und des Patriotismus, die manchmal Leben retten können und oft helfen, Geld der Steuerzahler einzusparen, sollten ermutigt werden, nicht unterdrückt.« Als Senator hatte er Gesetze unterstützt, die Tippgeber besser schützen sollten, als Rechtsanwalt in Chicago einst selbst eine Whistleblowerin vertreten. »Whistleblower könnten einen Freund im Oval Office haben«, titelte die *Washington Post* hoffnungsfroh.[1] Was für ein Irrtum.

Seit Obama ins Weiße Haus eingezogen ist, hat er, wie so viele Regierende vor ihm, seine Sicht geändert. Für seine neue, harte Linie gegen Whistleblower gibt es eine ganze Reihe an Beispielen. »Die Obama-Regierung verfolgt nicht autorisierte Informationsweitergaben an die Presse aggressiver als die Bush-Regierung«, staunte die *New York Times*.[2]

In dieses Bild passen die Reaktionen auf die Enthüllungen des Jahres 2010. Der mutmaßliche Informant sitzt im Gefängnis, die Organisation, die die Informationen zugänglich gemacht hat, wird verfolgt. Und die Administration in Washington versucht, weitere mögliche Lücken zu schließen: Im Dezember 2010 verbot das Pentagon alle Wechselmedien an Computern, USB-Sticks etwa oder CD-Laufwerke, über die der Zugang zu besonders geschützten Netzwerken wie dem SiPRNet möglich ist; Daten sollen nicht mehr vervielfältigt werden dürfen. Präsident Obama ernannte einen Sonderbeauftragten, der weitere Datenlecks verhindern und »notwendige Strukturreformen« einleiten soll.

Die politischen Reaktionen aus den Vereinigten Staaten lassen nicht vermuten, dass die amtierende Regierung die Veröffentlichungen von WikiLeaks auch als Chance erkennt. Man kann sich mit einigem Recht fragen, was dem öffentlichen Ansehen der USA weltweit mehr geschadet hat: die Publikation der Depeschen, deren Analysen oft treffend und gut geschrieben sind – oder die offiziellen Reaktionen der amerikanischen Regierung und die Anti-WikiLeaks-Kampagne großer Unternehmen.

Auf politischer und juristischer Ebene wird die Regierung wohl als Konsequenz aus der Affäre die Definitionen von Verrat und Spionage drastisch ausweiten, um potenzielle Nachahmer einzuschüchtern. Eine Fortsetzung für WikiLeaks soll es nicht geben. Die US-Regierung strebt eine stärkere Regulierung des Internets an, die eine Beschränkung der Freiheit im Netz zur Folge hätte.

In Deutschland haben Whistleblower ohnehin nur eine schwache Lobby. Es gibt nicht einmal einen treffenden deutschen Begriff für sie. In der Diskussion wird mit Bezeichnungen wie »Verräter«, »Denunziant« oder »Nestbeschmutzer« hantiert, die allesamt negativ besetzt sind. Schlimmer noch ist, dass Whistleblower, die auf Fehlentwicklungen in Behörden, Unternehmen oder der Gesellschaft hinweisen, in Deutschland gefährlich leben. Bis auf eine kleine Ausnahme im Beamtenrecht sind sie rechtlich kaum geschützt.

WikiLeaks oder ähnliche Angebote wird es weiter geben. Dafür werden schon zahlreiche Neugründungen sorgen, teils von neuen Aktivisten, teils von ehemaligen WikiLeaks-Mitarbeitern. Chinesische Menschenrechtsaktivisten wollen eine Seite mit dem Namen »Government Leaks« aufbauen und rufen über Twitter dazu auf, dort Dokumente aus chinesischen Behörden zu publizieren. Daniel Domscheit-Berg versucht sich mit weiteren WikiLeaks-Dissidenten an einer dezentralen Alternative namens openleaks.org.»Am Ende muss es tausend WikiLeaks geben«, hat er im SPIEGEL angekündigt. Eine Vielzahl regionaler oder inhaltlich spezialisierter Alternativen sind schon vor ihm gestartet: BalkanLeaks, IndoLeaks, BrusselsLeaks, TradeLeaks. Es ist ein typischer Hype, dem bald Ernüchterung folgen wird; die Arbeit mit aufzudeckenden Geheimnissen ist eine mühselige, kein Massengeschäft. Übrig bleiben wird vielleicht eine neue, funktionierende, zusätzliche Form der Informationsverbreitung. WikiLeaks gebührt hierbei das Verdienst, eine Idee, die es schon seit über einem Jahrzehnt gibt, weltweit bekannt gemacht und technisch professionalisiert zu haben.

Apodiktische Abgesänge auf WikiLeaks sind ebenso unangebracht wie euphorische Jubelgesänge über die vermeintliche Überlegenheit der neuen Kommunikationskanäle. Denn das Problem sind nicht die Anlaufstellen für Informationen; davon gibt es unzählige in Form der etablierten Medien. Im Vergleich zu den Plattformen beweisen Medien seit Jahrzehnten, dass sie vieles zu leisten im Stande sind: Sie klären auf, ordnen ein, sorgen dafür, dass verschiedene Stimmen gehört werden – und können Themen setzen. Darüber hinaus hat niemand mehr Erfahrung im Umgang mit Quellen. Das, was WikiLeaks als Alleinstellungsmerkmal für sich reklamiert, den sicheren Quellenschutz, garantiert beispielsweise der SPIEGEL seit seiner Gründung im Jahr 1947. Ironischerweise räumt selbst Julian Assange ein, einer der sichersten Wege, Informationen weiterzugeben, sei es, eine CD oder einen USB-Stick anonym mit der Post zu schicken. Ein vertrauliches Gespräch in einem Café ist auch nicht schlecht, würden wir noch hinzufügen. Am Ende geht es nicht um einen Gegensatz zwischen dem Internet und den»Massenmedien«, sondern um die Frage des inhaltlichen Umgangs mit Informationen. WikiLeaks gewinnt seine Existenzberechtigung als Nachrichtenmittler auch daher, dass

Informanten sich mitunter bei klassischen Medien nicht mehr gut aufgehoben fühlen.

Der von WikiLeaks proklamierte Anspruch der radikalen Transparenz wird sich allerdings nicht durchsetzen. Es gibt gute Gründe, warum es Grenzen des öffentlichen Interesses gibt, etwa bei Persönlichkeitsrechten. Das zeigt sich nirgends so deutlich wie am Beispiel von Julian Assange selbst. WikiLeaks hatte keine Probleme damit, Gerichtsakten aus einem belgischen Kinderschänderprozess zu veröffentlichen. Als Gerichtsakten aus Assanges schwedischem Fall in der Presse auftauchen, kritisierte er das vehement. Wenn sich am Ende der WikiLeaks-Geschichte ein klareres Verständnis herauskristallisiert, welche Informationen von öffentlichem Interesse sind und wo der schützenswerte Kern des Privaten beginnt, dann wäre das eine gute Entwicklung.

Und wie geht es weiter mit Julian Assange und mit WikiLeaks? Nach der Veröffentlichung der Botschaftsberichte hat für WikiLeaks eine Phase der Historisierung begonnen. Assange schreibt ein Buch über sich und seine Idee, Domscheit-Berg eine Abrechnung mit Assange.

Die Zukunft der Organisation ist eng mit der Zukunft von Julian Assange verbunden. Eine Verurteilung in Schweden wegen der Vergewaltigungsvorwürfe würde WikiLeaks wohl nicht zerschlagen, aber hart treffen. Seine Auslieferung in die USA würde die ohnehin schon beachtliche Solidaritätswelle noch einmal anschwellen lassen. Gut möglich, dass er zu einer globalen Figur wird, die die Weltöffentlichkeit auf Jahre spaltet, die polarisiert in solche, die für ihn und solche, die gegen ihn sind. Er mag diesen Ruf. Eine der ersten Anekdoten, die er nach seiner Haftentlassung in England erzählte, handelte von einem schwarzen Gefängniswärter, der ihm ein Schild hinhielt, auf dem gestanden habe: »In meiner Welt gibt es nur zwei Helden: Martin Luther King und Sie.« Assange sagt, die Hälfte der Welt denke so über ihn. Weniger Größenwahn in Bezug auf die eigene Person würde ihm und dem Projekt guttun, zumal er noch viel vorhat: »Ich stelle mir das wie eine Gipfelbesteigung vor«, sagt er. »Wir sind gerade mal im Basiscamp.«

Wir sitzen im Frontline-Club, ein Abend Ende 2010, über London liegt dichter Nebel, der Flughafen von Heathrow muss zeitweise schließen. Eben ist Kristinn Hrafnsson aus Island eingetroffen, verspätet. Ein französischer Internet-Aktivist von »La Quadratur du Net« sitzt mit am Tisch, und Sarah Harrison, die Sprecherin von WikiLeaks. Sie lachen, die Stimmung ist gelöst.

Die Barkeeper rücken die Stühle zurecht, es ist ein Uhr morgens und die meisten Gäste sind bereits gegangen, aber Assange ist hellwach, wie meist um diese Zeit. Er blickt in die Zukunft, und in diesem Moment durchzieht den Raum ein Hauch von Melancholie. Er hat über Kuba nachgedacht, als letztes Refugium, falls der politische Druck auf ihn zu stark wird. Ihm ist bewusst, dass das eine Ironie der Geschichte wäre: Der Gründer jener Gruppe, die angetreten ist, der Welt Transparenz und Freiheit der Information zu schenken, versteckt sich ausgerechnet in einem Land, in dem Presse- und Meinungsfreiheit mit Füßen getreten werden. Ihm würde, wie so oft, sicher etwas einfallen, das anders zu verkaufen, und sei es von Havanna aus über einen heimlichen Internetzugang via Twitter. Aber es wäre auch ein Akt der Verzweiflung.

»WikiLeaks als Organisation ist sehr stabil, wir sind nicht so leicht aus dem Spiel zu nehmen«, sagt Assange nachdenklich und nippt an einem Scotch. »Aber ich als Person bin leicht auszuschalten. Das ist unser größtes Problem.«

Danksagung

Über Monate hat im SPIEGEL ein großes Team an dem Wiki-Leaks-Material gearbeitet. Hans Hoyng, der Auslandschef des SPIEGEL, hat mit der ihm eigenen bewundernswerten Souveränität selbst in größten Stressphasen Ruhe bewahrt; mit Bernhard Zand, Clemens Höges, Britta Sandberg, Susanne Koelbl, Juliane von Mittelstaedt, Matthias Gebauer, Ralf Neukirch, Jan Friedman, Gregor Peter Schmitz und Mathieu von Rohr seien nur einige der SPIEGEL-Leute genannt, die mit dem Material gearbeitet und exzellente Geschichten geschrieben haben. Besonders sind wir John Goetz verpflichtet, der unter anderem die Gespräche mit Bradley Mannings Anwalt David Coombs und Mannings Unterstützer David House in Washington führte.

Mit Hauke Janssen, Bertolt Hunger, Stefan Storz, Rainer Simm, Eckart Teichert, Henning Windelbandt und anderen hatten wir über Monate Unterstützung von großartigen Dokumentaren, wie sie nur im SPIEGEL arbeiten. Ihre Arbeit kann gar nicht hoch genug eingeschätzt werden. In den Abschnitten zu den Kriegstagebüchern und den diplomatischen Depeschen haben wir von den Titelgeschichten und der Arbeit des gesamten SPIEGEL-Teams profitiert, wofür wir uns herzlich bedanken möchten.

Dieses Buch hätten wir ohne Georg Mascolo und Mathias Müller von Blumencron, unsere Chefredakteure, nicht schreiben können. Sie haben uns nicht nur zahlreiche Reisen zu den Schauplätzen dieser Geschichte ermöglicht, sondern voller Leidenschaft die internationale Kooperation mit WikiLeaks und mehreren Zeitungen vorangetrieben. Mit Georg Mascolo, der dieses Projekt koordiniert hat, haben wir in manchen Wochen mehr Zeit verbracht als mit unseren Familien. Es waren für uns alle intensive Zeiten, wie sie selten vorkommen. Die Rückendeckung aus dem elften Stock des SPIEGEL in Hamburg war von unschätzbarem Wert.

Unser SPIEGEL-Kollege Michael Sontheimer hat uns in der Anfangsphase unterstützt, Martin Knobbe vom *Stern* dank seiner eigenen Arbeit am Thema kluge Gedanken beigetragen, Agnes Sonntag hat uns mit ihren Schwedischkenntnissen geholfen, Agnieszka Debska übersetzt, Ina Wellhausen und Barbara Naumann weite Strecken Korrektur gelesen. Unsere SpOn-Netzwelt-Kollegen Frank Patalong, Christian Stöcker und Konrad Lischka haben den Online-Nachrichtenfluss zum Thema am Laufen gehalten, Heiner Ulrich, Jens Radü, Sebastian Raulf, Jens Kuppi und ihre Kollegen haben sich um die elektronische Aufbereitung des E-Books verdient gemacht, Angelika Mette und Antje Wallasch den Kontakt zum Verlag gehalten und gemanagt, und Frank Hornig hat uns mehr als einmal den Rücken freigehalten. Es war eine großartige Mannschaftsleistung, vielen Dank. Es fällt schwer, sich ein besseres Team als dieses und einen besseren Arbeitsplatz als unseren vorzustellen.

Besonders bereichernd für uns war die Zusammenarbeit mit den internationalen Kollegen, die uns bei unseren Besuchen beim *Guardian* und der *New York Times* offen empfangen und über Monate kollegial begleitet und unterstützt haben. Es war eine einzigartige Kooperation, bei der wir viel gelernt haben – vor allem, dass es um unseren oft so verschrienen Berufstand voller egoistischer Alphatierchen nicht so schlecht steht, wie es oft angenommen wird. Für den *Guardian* seien hier neben Alan Rusbridger vor allem David Leigh, Nick Davies und Ian Katz genannt – der bestens geeignet wäre als Vermittler für Uno-Friedensverhandlungen, sollten die Vereinten Nationen mal wieder einen guten Mediator brauchen. Bei der *New York Times* danken wir neben Bill Keller, Eric Schmitt und Ian Fisher auch Andy Lehren, der mit seinen phänomenalen Materialauswertungen von seinem kleinen Büro an der Eighth Street in New York aus Maßstäbe gesetzt hat. Unseren Dank auch an Remy Ourdan von *Le Monde* und Javier Moreno und Vicente Jimenez von *El País,* die bei den Botschaftsdepeschen dazustießen und bewiesen, dass sogar fünf internationale Medien sich erfolgreich abstimmen können. Sie alle nahmen es souverän und gelassen, dass ein Bahnhofskiosk bei Basel den globalen Zeitplan über den Haufen warf, zumindest für ein paar Stunden.

Wer sich auf die Spuren einer Organisation begibt, die große Energie darauf verwendet, möglichst wenig über sich preiszugeben, hat es nicht leicht, gesprächswillige Insider zu finden. Noch schwieriger wird es, wenn die Beteiligten sich überwacht wähnen oder überwacht werden. Wir haben Gesprächspartner gehabt, die darauf bestanden, dass wir ohne Handy kommen, wegen der Ortung, andere begnügten sich damit, dass wir die Akkus entfernten. Einer blickte sich ständig um und wechselte mehrfach die Cafés als Menschen mit Kameras sich an Nebentische setzten. Wir lernten sogar, dass es WikiLeaks-Leute gibt, die sich bei der Arbeit am Notebook Jacken und Pullover als Sichtschutz über Kopf und Monitor ziehen. Die meisten von ihnen bestanden darauf, nicht namentlich erwähnt zu werden. Bei ihnen allen, seien sie aus Australien, Island, Schweden, den USA oder Frankreich, wollen wir uns besonders bedanken. Besonders haben uns Daniel Mathews und Suelette Dreyfus geholfen, die Gründungsjahre von WikiLeaks besser zu verstehen.

Unser Dank geht auch an Daniel Domscheit-Berg, der seit einem Essen im Frühjahr 2010 ein zuverlässiger Gesprächspartner war. Wir wünschen ihm viel Erfolg für sein neues Projekt openleaks.org. Tief in der Schuld stehen wir bei Andy Müller-Maguhn, der mit Langmut alle unsere technisch unfertigen

Fragen beantwortet hat. Andy hat in den vergangenen 20 Jahren wie wohl kein Zweiter in Deutschland durch seine Arbeit im CCC und darüber hinaus die Debatte an der Schnittstelle zwischen digitalen Aktivitäten und den Bürgerrechten geprägt. Dafür verdient er unsere Bewunderung. Zu einem besseren Verständnis des Phänomens WikiLeaks hat auch Stefan Grundmann beigetragen.

Unsere Lektorin Karen Guddas hat in Rekordzeit Spitzenarbeit abgeliefert und sich vom WikiLeaks-Virus anstecken lassen, herzlichen Dank für die Wochenend- und Nachtdienste! Unser Dank geht auch an Thomas Rathnow und Julia Hoffmann von DVA, die sich schon zu einem Zeitpunkt für das Projekt gewinnen ließen, als WikiLeaks noch ein Spartenthema zu sein schien und Julian Assange nur in Netzkreisen ein Begriff war. Für die Sicht auf WikiLeaks und für alle eventuellen Fehler, die wir bei der Recherche gemacht haben, sind allerdings nur wir verantwortlich.

Ohne unsere Familien würde es das Buch nicht geben. WikiLeaks ist nicht nur für seine Macher ein Zeitkiller und Energieabsorber, sondern auch für alle, die sich intensiv damit befassen. Wir haben unseren Frauen und Kindern in den vergangenen Monaten einiges zugemutet, das wissen wir. Ohne ihre Liebe und Unterstützung hätte es dieses Manuskript nicht gegeben. Ihr seid großartig.

Anmerkungen

1 Staatsfeind WikiLeaks

1 www.wikileaks.org
2 Selbstdarstellung von WikiLeaks, 5. Januar 2007
3 Münkler, Herfried: Die Macht und ihr Geheimnis, *Süddeutsche Zeitung*, 27. August 2010
4 Priest, Dana: Top Secret America, *Tagesspiegel*, 10. September 2010
5 Hayden, Michael: WikiLeaks disclosures are a »tragedy«, CNN, 30. Juli 2010
6 Thiessen, Marc: WikiLeaks must be stopped, *Washington Post*, 3. August 2010
7 Schmitz, Gregor Peter: Washington macht gegen WikiLeaks mobil, SPIEGEL Online, 30. Juli 2010
8 Horvath, Michael D.: WikiLeaks.org – An Online Reference to Foreign Intelligence Services, Insurgents, or Terrorist Groups?, Army Counterintelligence Center, 18. März 2008, einsehbar unter wikileaks.org
9 WikiLeaks: U.S. Intelligence planned to destroy WikiLeaks, wikileaks.org, 15. März 2010
10 Rove, Karl: Interview auf Fox News, 7. August 2010
11 Hayden, Michael: WikiLeaks disclosures are a »tragedy«, CNN, 30. Juli 2010
12 Barrowclough, Nikki: Keeper of Secrets, theage.com, 22. Mai 2010
13 Bennett, Paul, Shamir, Israel: Assange Besieged, counterpunch,org, 14. September 2010
14 *The New Statesman*: The 50 people who matter 2010, 27. September 2010
15 Am Ende entschied sich die *Time*-Redaktion entgegen ihrem Leservotum, Zuckerberg zum Mann des Jahres 2010 zu küren.
16 Petzold, Andreas: Datenpirat mit kaltem Intellekt, *Stern*, 9. Dezember 2010
17 Ankenbrand, Hendrik: Der Getriebene, *Frankfurter Allgemeine Sonntagszeitung*, 12. Dezember 2010
18 Kister, Kurt: Totale Öffentlichkeit, *Süddeutsche Zeitung*, 4. Dezember 2010
19 Rieger, Frank: Das Zeitalter der Geheimnisse ist vorbei, *Frankfurter Allgemeine Zeitung*, 15. Dezember 2010
20 Assange, Julian: »Wir müssen sie stoppen«, DER SPIEGEL, 26. Juli 2010

2 Der Zauberer von Oz: Julian Assange

1 Barrowclough, Nikki: Keeper of Secrets, *The Age*, 22. Mai 2010
2 N.N., Julian Assanges Mother recalls Magnetic, www.magnetictimes.com.au, 7. August 2010

3 Khatchadourian, Raffi: No Secrets. Julian Assange's Mission for total Transparency, *New Yorker*, 7. Juni 2010
4 Strutton, Andrew, Rogue website author local lad, *Townsville Bulletin*, 29. Juli 2010
5 Gespräch mit Julian Assange am 16. November 2010
6 Davis, Mark: The Whistleblower, SBS-Dateline (TV-Magazinbeitrag), Transkript unter http://www.sbs.com.au
7 Gespräch mit Julian Assange am 16. November 2010
8 Khatchadourian, Raffi: a.a.O.
9 Dreyfus, Suelette: Underground, 1997
10 Gespräch mit Julian Assange am 16. November 2010
11 Gespräch mit Julian Assange am 5. Dezember 2010. Den Autoren war es nicht möglich, die Angaben zu überprüfen.
12 Ebd.
13 Dreyfus, Suelette: Underground, 1997
14 Ebd.
15 SPIEGEL-Interview mit Julian Assange, London, 14. Juli 2010
16 Davis, Mark, a.a.O.
17 Fowler, Andrew: Truth or Dare, ABC.net.au, TV-Beitrag, ausgestrahlt am 22.6.2010
18 Dreyfus, Suelette a.a.O.
19 Davis, Mark a.a.O.
20 Dreyfus, Suelette a.a.O.
21 Fowler, Andrew a.a.O.
22 N.N., Two facing 57 computer charges Telecom security breached, *The Advertiser*, 6. Mai 1995
23 Fowler, Andrew a.a.O.
24 Richard Guilliatt, Searching for Assange, *The Australian Magazine*, 30. Mai 2009
25 Fowler, Andrew, a.a.O.
26 Davis, Mark , a.a.O.
27 Lobez, Susanna, Children and the Law, Part 2, *ABC* (Interview-Transkript), unter: www.abc.net.au/
28 Gespräch mit Julian Assange am 16. November 2010
29 Khatchadourian, Raffi, a.a.O.
30 Gespräch mit Julian Assange am 16. November 2010
31 SPIEGEL-Gespräch mit Julian Assange am 6. Juli 2010
32 Besuch der Autoren bei Zimmermann in Boulder im April 1995
33 Assange, Julian, Mail vom 27. März 1998
34 Assange, Julian, Mail vom 26. November 1996
35 Gespräch mit Julian Assange am 16. November 2010
36 Assange, Julian, Mail vom 24. Dezember 1995
37 Assange, Julian, Mail vom 14. Januar 1996
38 Assange, Julian, Mail vom 18. September 1996
39 Assange, Julian, Mail vom 22. Oktober 2001
40 Assange, Julian, Mail vom 30. Dezember 1995
41 Gespräch mit Julian Assange am 16. November 2010

42 AFP: Australia suports Malaysias preventive law to combat terrorism, 30. Mai 2002

3 Fünf Freunde: Die Anfänge von WikiLeaks

1 Assange, Julian, E-Mail vom 9. Dezember 2006 an Daniel Ellsberg
2 Assange, Julian: E-Mail vom 3.10.2006
3 WikiLeaks, E-Mail vom 4. Januar 2007
4 WikiLeaks, E-Mail vom 16. Dezember 2006
5 Mathews, Daniel: Guantanamo Rally Remarks, 6. März 2008
6 Mathews, Daniel: Guantanamo Rally Remarks, 6. März 2008
7 Gespräch mit Julian Assange am 16. November 2010
8 Gespräch mit Julian Assange am 16. November 2010
9 Assange, Julian, E-Mail vom 9. Dezember 2006
10 WikiLeaks, E-Mail vom 13. Dezember 2006
11 Gespräch mit Julian Assange am 28. November 2010
12 Ng, Eileen: Wikipedia Co-Founder: WikiLeaks Was Irresponsible, Abc vom 28. September 2010
13 Ng, Eileen: Wikipedia Co-Founder: WikiLeaks Was Irresponsible, Abc vom 28. September 2010
14 Ellsberg, Daniel, E-Mail vom 8. Januar 2007
15 Gilmore, John, E-Mail vom 7. Januar 2007
16 Eine ausführliche Begründung von Aftergood findet sich in Kapitel 6
17 WikiLeaks, E-Mail vom 7. Januar 2007 an John Young
18 WikiLeaks, E-Mail vom 7. Januar 2007 an John Young
19 Rosenbach, Marcel, Stark, Holger et al: Prinzip Sandkorn, DER SPIEGEL 35/2007
20 Khatchadourian, Raffi: No Secrets, The New Yorker, 7. Juni 2010
21 WikiLeaks, E-Mail vom 20. Oktober 2006
22 WikiLeaks, E-Mail vom 22. Dezember 2006
23 Gespräch mit Ben Laurie am 8. November 2010
24 Ebd.
25 E-Mail an Konrad Lischka von SPIEGEL Online vom 26. August 2010
26 Ebd.
27 Ebd.
28 WikiLeaks, E-Mail vom 7. Januar 2007
29 Young, John, E-Mail vom 7. Januar 2007
30 Ebd.
31 Unter www.cryptome.org finden sich bis heute ein Teil der hier zitierten E-Mails
32 Assange, Julian, E-Mail vom 9. Dezember 2006
33 SPIEGEL-Gespräch mit Julian Assange in London am 6. Juli 2010
34 Ebd.
35 Ebd.
36 Rice, Xan: Two Kenyan rights activists shot dead, The Guardian, 6. März 2009
37 Süddeutsche Zeitung, 19. Juli 2010

38 SPIEGEL-Gespräch mit Julian Assange in London am 6. Juli 2010
39 Anfang August 2010 gewährte PRQ einem Reporter von *The Associated Press* Zugang zu dem Serverpark. Ende November 2010 wechselte Wiki-Leaks zu einem anderen schwedischen Provider
40 FoxNews: WikiLeaks Website Not Protected by Swedish Law, Legal Analysts Say, 6. August 20120
41 Gespräch mit Gavin McFadyen am 2. September 2010 in London
42 Netzpolitik-Podcast (102): »Inside WikiLeaks« mit Daniel Domscheit-Berg, netzpolitik.org, 30. September 2010
43 SPIEGEL-Interview mit Julian Assange in London, 6. Juli 2010
44 WikiLeaks.org, 19. April 2009
45 Gespräch mit Julian Assange am 16. November 2010
46 Balzli, Beat, Stark, Holger: Karibisches Leck, DER SPIEGEL vom 3.3.2008
47 United States District Court Northern District of California San Francisco Division: Order Granting Permanent Injunction, 15. Februar 2008
48 Pressemitteilung von Julius Bär vom 28. Februar 2008
49 Koltun, Joshua: Statement für Daniel Mathews für das Gericht, 29. Februar 2008
50 United States District Court Northern District of California San Francisco Division: Order Denying Motion for Preliminary Injunction; Dossolving permanent Injunction: and setting Briefing and hearing Schedule, 29. Februar 2008
51 Julius Bär: Note of dismissal, 5. März 2008
52 Der Name geht auf eine Klage der Schauspielerin Barbara Streisand zurück, die einen Fotografen und eine Webseite 2003 verklagt hatte, weil ein Foto ihres Anwesens darauf abgebildet war. Erst durch ihre Klage wurde bekannt, dass es sich um ihr Haus handelte, worauf sich das Bild in Windeseile im Netz verbreitete.
53 SPIEGEL-Interview mit Julian Assange in London am 6. Juli 2010
54 Netzpolitik Podcast (102): »Inside WikiLeaks« mit Daniel Domscheit-Berg, netzpolitik.org, 30. September 2010
55 Ebd.
56 Ebd.
57 Mey, Stefan: Leak-o-nomy: Die Ökonomie hinter WikiLeaks, http://stefanmey.wordpress.com, 1. Januar 2010
58 Zetter, Kim: Cash flows in, drops out, *Wired*, 14. Juli 2010
59 SPIEGEL-Interview mit Julian Assange in London am 6. Juli 2010
60 Morell, Geoff: Pressekonferenz am 5. August 2010 im Pentagon
61 Gespräch mit Julian Assange am 28. September 2010 in Berlin
62 Ebd.
63 Assange, Julian: E-Mails vom 5. und 6. Juni 2007, dokumentiert auf www.cryptome.org
64 Domscheit-Berg, Daniel: Der gute Verrat, *Freitag*, 14. Oktober 2010
65 Mick, Jason: WikiLeaks' Anti-US-Crusade, *Daily Tech*, 26. Juli 2010
66 WikiLeaks, E-Mail vom 13. Dezember 2006
67 Ebd.
68 WikiLeaks, E-Mail vom 29. Dezember 2006

4 Der Showdown beginnt: Das Jahr der Eskalation 2010

1 WikiLeaks-Twitterfeed, 8. Januar 2010
2 Mey, Stefan: Leak-o-nomy: Die Ökonomie hinter WikiLeaks, stefanmey. wordpress.com, 1. Januar 2010
3 Interview mit Birgitta Jonsdottir, TheAlexJonesChannel via youtube. com, 13. Januar 2010
4 Interview mit Birgitta Jonsdottir, DemocracyNow.org, 17. Juni 2010
5 Army Counterintelligence Center: WikiLeaks.org - An Online Reference to Foreign Intelligence Services, Insurgents, or Terrorist Groups?, 2008, abrufbar unter WikiLeaks.org
6 WikiLeaks-Twitterfeed, 21. Februar 2010
7 Interview mit DemocracyNow.org, a.a.O.
8 Interview mit TheAlexJonesChannel, a.a.O.
9 Partlow, Joshua; Finkel, David: U.S., Shiite Fighters Clash in Baghdad, The Washington Post, 13. Juli 2007
10 Das Videomaterial findet sich in einer geschnittenen und einer ungeschnittenen Originalfassung unter collateralmurder.org sowie u.a. auch auf youtube.com.
11 Interview mit DemocracyNow.org, a.a.O.
12 Khatchadourian, Raffi: No Secrets, The New Yorker, 7. Juni 2010
13 WikiLeaks-Twitterfeed, 24. März 2010
14 Mail von Julian Assange, 26. März 2010
15 Hendler, Clint: Thin Ice. The man behind WikiLeaks has some allegations, Columbia Journalism Review, cjr.org, 1. April 2010
16 WikiLeaks-Twitterfeed, 28. März 2010
17 Das Material der beiden Isländer findet sich in Beitragsform u.a. unter DemocracyNow.org: Families of Victims of 2007 US Helicopter Killing React to Leaked Video und unter collateralmurder.org
18 Interview mit Julian Assange, TheAlyonaShow via youtube.com, 5. April 2010
19 Blog-Eintrag, abrufbar unter http://rop.gonggri.jp
20 ABCNews: Gates on WikiLeaks Video: »Not Helpful« but »Should not Have Lasting Consequences«, abcnews.com, 11. April 2010
21 Fox News-Interview mit Julian Assange, 6. April 2010
22 Interview mit Julian Assange, colbertnation.com, 12. April 2010
23 SPIEGEL-Interview mit Julian Assange in London, 6. Juli 2010
24 Der Brief ist im Internet unter lettertoiraq.com abzurufen
25 Whelan, Andy/Churcher, Sharon: FBI question WikiLeaks mother at Welsh home: Agents interrogate »distressed« woman, then search her son's bedroom«, Mail on Sunday, 1. August 2010
26 Gespräch unseres Kollegen John Goetz mit Mannings Anwalt David Coombs am 19. November 2010 in Washington
27 Ebd.
28 Thomson, Ginger: Early Struggles of Soldier Charged in Leak Case, New York Times, 8. August 2010
29 Nicks, Denver: Private Manning And The Making Of WikiLeaks, Thislandpress.com, 23. September 2010

30 Fantz, Ashley: Soldier suspected of Wiki leak: »I've been isolated«, Cnn. com, 14. August 2010
31 Gespräch unseres Kollegen John Goetz mit Mannings Anwalt David Coombs am 19. November 2010 in Washington
32 Knobbe, Martin: Dieses Milchgesicht blamiert Amerika, *Stern*, 2. Dezember 2010
33 Ebd.
34 Thomson, Ginger, a.a.O.
35 Nakashima, Ellen: Messages from alleged leaker Bradley Manning portray him as despondent soldier, *Washington Post*, 10. Juni 2010
36 Poulsen, Kevin/Zetter, Kim: WikiLeaks Suspect's YouTube Videos Raised »Red Flag« in 2008«, *Wired*, 29. Juli 2010
37 Hier zitiert nach: Nicks, Denver, a.a.O.
38 Hier zitiert nach: Blake, Heidi et. al.: Bradley Manning, suspected source of WikiLeaks documents, raged on his Facebook page, *Daily Telegraph*, 30. Juli 2010
39 Die (jeweils von den Redaktionen bearbeiteten und gekürzten) Chatlogs sind unter www.wired.com sowie unter boingboing.net abrufbar.
40 Die folgenden Schilderungen und Zitate Mannings stammen aus den oben erwähnten Chatlogs.
41 Manning meint hier offenbar den *New York Times*-Beitrag »2 Iraqi Journalists Killed as U.S. Forces Clash With Militias« vom 13. Juli 2007
42 Kahn, Jennifer: The Homeless Hacker v. The New York Times, *Wired*, 12. April 2004
43 Singel, Ryan: WikiLeaks Forced to Leaks its own Secret Info«, *Wired*, 18. Februar 2009
44 Interview mit Adrian Lamo, 24. Juli 2010
45 Ebd.
46 Poulsen, Kevin/Zetter, Kim: Suspected WikiLeaks Source Describes Crisis of Conscience Leading to Leaks, *Wired*, 10. Juni 2010
47 Interview mit Adrian Lamo, 24. Juli 2010
48 Greenberg, Andy: Stealthy Government Contractor Monitors U.S. Internet Providers, Worked With WikiLeaks Informant, www.forbes.com, 1. August 2010
49 Ebd.
50 Dishneau, David: Former Agent Alerted Authorities in WikiLeaks Case, *Associated Press*, 4. August 2010
51 Lamos Auftritt bei der Next Hope 2010 ist unter anderem bei youtube. com abrufbar.
52 Stanton, Sam: Famous hacker suddenly finds himself infamous, in some quarters, *The Sacramento Bee*, 13. Juni 2010
53 Poulsen, Kevin/Zetter, Kim: U.S. Intelligence Analyst Arrested in WikiLeaks Video Probe, *Wired*, 6. Juni 2010

5 Krieg an mehreren Fronten

1 Der Auftritt in Oslo ist unter youtube.com abrufbar
2 Barrowclough, Nikki: The secret life of WikiLeaks founder Julian Assange, *The Age*, 22. Mai 2010
3 Ein Video über die Veranstaltung ist unter boingboing.net abrufbar, 13. Juni 2010
4 Treffen zwischen den Autoren und Domscheit-Berg Ende Juni 2010 im Berliner SPIEGEL-Büro am Pariser Platz
5 Gemeinsames Abendessen am 6. Juli 2010 in London
6 Vgl. Protokoll eines Krieges, DER SPIEGEL, 26. Juli 2010
7 N.N.: Coalition, Afghan forces return fire in Nangarhar, 12. Juni 2007, abrufbar unter: www.news.soc.mil
8 White House Press Briefing, 26. Juli 2010, Transkript abrufbar unter www.whitehouse.gov
9 Motopoli, Brian: Obama: Nothing New in WikiLeaks Documents, cbsnews.com, 27. Juli 2010
10 Die wesentlichen Inhalte und Zitate der Pressekonferenz am 29. Juli 2010 sind unter www.defense.gov abrufbar
11 Shenon, Philip: The General Gunning for WikiLeaks, thedailybeast.com, 12. September 2010
12 Thiessen, Marc: WikiLeaks must be stopped, *Washington Post*, 3. August 2010
13 N.N.: Liz Cheney calls on Obama to shut down WikiLeaks, Fox News, 1. August 2010
14 Goldberg, Jonah: All Quiet on the Black-Ops front, National Review.com, 29. Oktober 2010
15 N.N.: Opposition fordert die Wahrheit über Afghanistan-Krieg, zeit.de, 28. Juli 2010
16 N.N.: Man named by WikiLeaks »war logs« already dead, *The Times*, 29. Juli 2010
17 Ebd.
18 Hier zitiert nach Winnett, Robert: WikiLeaks Afghanistan: Taliban »hunting down informants«, *Daily Telegraph*, 30. Juli 2010
19 Hier zitiert nach: Partlow, Joshua/Jaffe, Greg: Karzai calls WikiLeaks disclosures »shocking« and dangerous to Afghan informants, *Washington Post*, 29. Juli 2010
20 Julian Assange im Interview mit DemocracyNow.org, 3. August 2010; die Angaben von Assange sind hier nicht ganz korrekt: Mullen diente zunächst als Kommandeur der Seestreitkräfte, bis er im Oktober 2007 Vorsitzender der Joint Chiefs of Staff wurde.
21 Whitlock, Craig/Miller, Greg: U.S. covert paramilitary presence in Afghanistan much larger than thought, *Washington Post*, 22. September 2010
22 Vgl. Jurkowitz, Mark: WikiLeaks Puts Afghanistan Back on Media Agenda, pewresearch.org, 3. August 2010
23 Poulsen, Kevin: Pentagon Demands WikiLeaks »Return« All Classified Documents, Wired.com, 5. August 2010

24 Brief von Robert Gates an Carl Levin, 16. August 2010
25 WikiLeaks-Twitterfeed, 14. August 2010

6 Die Zerreißprobe

1 Davies, Nick: Ten Days in Sweden: The full allegations against Julian Assange, *The Guardian*, 18. Dezember 2010
2 Ebd.
3 Ebd.
4 WikiLeaks-Twitterfeed, 21. August 2010
5 Brännström, Leif/Ölander, Micke: Därför dröjer Julian Assange-utredningen, *Expressen*, 3. September 2010
6 Aufgrund der zahlreichen Nachfragen internationaler Medien zum Fall Assange stellt die schwedische Staatanwaltschaft ihre Mitteilungen unter www.aklagare.se/In-English/ auch englisch online
7 Hier zitiert nach Burns, John F.: Sweden to question Founder of Wiki-Leaks, *The New York Times*, 25. August 2010
8 wikileaks.org, 21. August 2010
9 Al-Dschasira Telefon-Interview mit Julian Assange, 22. August 2010
10 N.N., Mail von Mitte August 2010
11 Murray, Craig: Julian Assange Gets The Bog Standard Smear Technique, www.craigmurray.org.uk, 25. August 2010
12 Whalen, Jeanne: Rights Groups Join Criticism of WikiLeaks, *Wall Street Journal*, 9. August 2010
13 WikiLeaks-Twitterfeed, 9. August 2010
14 Netzpolitik-Podcast (102): »InsideWikiLeaks« mit Daniel Domscheit-Berg
15 Hosenball, Mark: The War within WikiLeaks, Newsweek.com, 4. September 2010
16 Gespräch mit Julian Assange vom 26. August 2010
17 Poulsen, Kevin/Zetter, Kim: Unpublished Iraq War Logs Trigger Internal WikiLeaks Revolt, Wired.com, 27. September 2010
18 Shenon, Philip: Civil War at WikiLeaks, thedailybeast.com, 3. September 2010
19 Ebd.
20 Miller, Luke: Iceland-Australia relations freeze over WikiLeaks sex case, crikey.com.au, 8. September 2010
21 SPIEGEL-Interview mit Daniel Domscheit-Berg, »Mir bleibt nur der Rückzug«, 27. September 2010
22 Klopp, Tina: WikiLeaks sollte das Rampenlicht meiden, www.zeit.de, 25. Oktober 2010
23 Zitiert nach Poulsen, Kevin/Zetter, Kim: Unpublished Iraq War Logs Trigger Internal WikiLeaks Revolt, Wired.com, 27. September 2010
24 @Anarchodin-Twitterfeed (Herbert Snorrason), 25. September 2010
25 Julian Assange aus London zugeschaltet bei »Larry King Live«, CNN, 26. Oktober 2010
26 Interview mit Hamit Dardagan, 4. Oktober 2010

27 Vgl. Die Irak-Protokolle, DER SPIEGEL, 25. Oktober 2010
28 Vgl. Rosenbach, Marcel: Höllenfeuer aus dem Himmel, SPIEGEL Online, 24. Oktober 2010
29 E-Mail von Geoff Morell an den SPIEGEL vom 22. Oktober 2010
30 Amnesty International: USA must investigate detainee abuse claims in WikiLeaks files, Erklärung vom 21. Oktober 2010
31 Tägliches Pressebriefing der Vereinten Nationen, 27. Oktober 2010

7 Codename »Projekt 8«

1 Murphy, Philip: Ich entschuldige mich nicht, DER SPIEGEL, 29. November 2010
2 Gespräch mit Julian Assange am 29. Oktober 2010
3 Burns, John: WikiLeaks-Founder on the Run, Trailed by Notoriety, New York Times, 24. Oktober 2010
4 Calderone, Michael: The Guardian gave State Dept. cables to the NY Times, The Cutline, 28. November 2010
5 Hoffmann, Christiane: »Diese Dokumente sind nicht authentisch«, Interview mit Esfandiar Rabim-Masbai, Frankfurter Allgemeine Sonntagszeitung, 5. Dezember 2010
6 Press Briefing des State Departement, 30. November 2010
7 Gespräch mit Julian Assange am 6. Dezember 2010

8 Das Imperium schlägt zurück

1 Das Originaldokument ist unter anderem unter fas.org abrufbar.
2 Zitiert nach thedailybeast.com, 1. Dezember 2010
3 Zu finden unter: armycourtmartialdefense.com
4 Whelan, Andy/Churcher, Susan: FBI question WikiLeaks mother at Welsh home: Agents interrogate »distressed« woman, then search her son's bedroom, Mail on Sunday, 1. August 2010
5 Nakashima, Ellen: Witness says WikiLeaks investigators sought to limit disclosure, Washington Post, 31. Juli 2010
6 Jardin, Xeni: WikiLeaks: Q&A with Jacob Appelbaum on »The Afghan War Diaries«, boingboing.net, 26. Juli 2010
7 Rosenbach, Marcel: US-Behörden setzen WikiLeaks-Aktivisten unter Druck, SPIEGEL online, 1. August 2010
8 Mills, Elinor: Security researcher: I keep getting detained by feds, news. cnet.com, 18. November 2010
9 Agence France Press, hier zitiert nach rawstory.com, 29. November 2010
10 Grattan, Michelle: No laws broken, police tell PM, Syndey Morning Herald, 18. Dezember 2010
11 Schafer, Matthew: Witnesses Tell House Judiciary Committee: »Don't Overreact to Wikileaks«, Lippmann Would Roll, 17. Dezember 2010
12 Abrufbar unter video.foxbusiness.com, 5. Dezember 2010
13 Krauthammer, Charles: Throw the WikiBook on them, Washington Post, 3. Dezember 2010

14 Hawkins, John: 5 Reasons The CIA Should Have Already Killed Julian Assange, townhall.com

15 @th3j35t3r (The Jester) Twitterfeed, 28. November 2010

16 Nakashima, Ellen: Experts suspect »patriotic« hacker behind attacks on WikiLeaks site, *Washington Post*, 30. November 2010

17 Abrufbar unter lieberman.senate.gov, 2. Dezember 2010

18 Rosenbach, Marcel, Stark, Holger: Ich stehe für den starken Staat, SPIE-GEL-Gespräch mit Thomas de Maizière, DER SPIEGEL, 20. Dezember 2010

19 Presseerklärung abrufbar unter www.everydns.com/news, 2. Dezember 2010

20 Interview mit Julian Assange am 28. September in Berlin

21 thepaypalblog, 3. Dezember 2010

22 postfinance.ch, 6. Dezember 2010

23 E-Mail der Autoren an MasterCard und Visa vom 9. Dezember, Antworten vom 10. Dezember 2010

24 Gespräch mit Thorsten Klein am 10. Dezember 2010

25 Hier zitiert nach: Bosker, Bianca: PayPal admits State Department Pressure Caused it to block WikiLeaks, huffingtonpost.com, 8. Dezember 2010

26 Gespräch mit Wau-Holland-Vorstandsmitglied Hendrik Fulda am 10. Dezember 2010

27 Briefwechsel zwischen dem Stiftungsanwalt Johannes Eisenberg und PayPal Deutschland am 1., 8. und 9. Dezember 2010

28 Flitton, Daniel: World leaders would love the key to this Melbourne PO box ... but WikiLeaks won't have it for much longer, theage.com.au, 7. Dezember 2010

29 Ante, Spencer E./Barnes, Julian E.: Air Force blocks Media Sites, *The Wall Street Journal*, 14. Dezember 2010

30 jpbarlow-Twitterfeed, 3. Dezember 2010

31 wauland.de, 7. Dezember 2010

32 Ellsberg, Daniel: Open Letter to Amazon.com, ellsberg.net, 3. Dezember 2010

33 Raymond, Matt: Why the Library of Congress Is Blocking WikiLeaks, blogs.loc.gov, 3. Dezember 2010

34 Miller, Judith: Assange distances WikiLeaks from Cyber attacks, *Fox News*, 10. Dezember 2010

35 Aufgerufen unter http://www.interpol.int, 8. Dezember 2010

36 Chat mit Julian Assange am 3. Dezember 2010

37 N.N.: WikiLeaksFounder Assange faces new Warrant, bbc.co.uk, 2. Dezember 2010

38 Twitterfeeds von @anarchodin (Snorrason) und @Brigittaj (Jonsdottir), 7. Dezember 2010

9 Voller Spannung

1 Münkler, Herfried: Die Macht und ihr Geheimnis, *Süddeutsche Zeitung*, 27. August 2010

2 Münkler, Herfried: Vom Nutzen des Geheimnisses, DER SPIEGEL, 6. Dezember 2010

3 Kister, Kurt: Totale Öffentlichkeit, *Süddeutsche Zeitung*, 5. Dezember 2010
4 Deutschlandfunk, 1. Dezember 2010
5 Appenzeller, Gerd: Nützt nichts, schadet vielen, *Tagesspiegel*, 29. November 2010
6 Garton Ash, Timothy: Im öffentlichen Interesse, DER SPIEGEL, 6. Dezember 2010
7 Kornelius, Stefan: Zuviel Wahrheit, *Süddeutsche Zeitung*, 30. November 2010
8 Priest, Dana: E-Mail an die Autoren vom 1. Dezember 2010
9 Augstein, Jakob: Wir Untertanen, *Freitag*, 2. Dezember 2010
10 Samuels, David: The shameful attacks on Julian Assange, *The Atlantic* (online), 3. Dezember 2010
11 Darnstädt, Thomas: Verrat als Bürgerpflicht, DER SPIEGEL, 13. Dezember 2010
12 Follath, Erich et. al: Ihr tragt eine Mitschuld, DER SPIEGEL, 22. März 2008
13 Garton Ash, Timothy: Im öffentlichen Interesse, DER SPIEGEL, 6. Dezember 2010
14 Pohl, Ines: Diplomatie ist nicht unser Job, *die tageszeitung*, 30. November 2010
15 Mitte Dezember 2010 veröffentlichten mehrere große deutsche Medien und der Deutsche Journalistenverband einen entsprechenden Appell, den inzwischen weit mehr als 10 000 Menschen unterzeichnet haben.
16 Besuch der Autoren bei Aftergood in seinem Büro in Washington, D.C., 23. Oktober 2010
17 Aftergood, Steven: Wikileaks Fails »Due Diligence« Review, fas.org, 28. Juni 2010
18 E-Mail von Julian Assange an WikiLeaks-Unterstützer, 12. März 2008
19 E-Mail an die Autoren vom 13. Dezember 2010
20 Ebd.
21 Böhm, Andrea: Ans Licht gebracht, *Die Zeit*, 29. Juli 2010
22 Rusbridger, Alan: E-Mail an die Autoren vom 6. Dezember 2010
23 Lovink, Geert/Riemens, Patrice: Ten Theses on WikiLeaks, 30. August 2010

Epilog

1 Davidson, Joe: Whistleblowers may have a friend in the Oval Office, *The Washington Post*, 11. Dezember 2008
2 Shane, Scott: Obama takes a hard line against Leaks to press, *The New York Times*, 11. Juni 2010

Personenregister

Julian Assange wird im gesamten Text genannt und wurde nicht ins Register aufgenommen.

A

Abdelhussain, Ahlam 123 f.
Abdelhussain, Doaha 124
Abdelhussain, Saleh 124
Abdelhussain, Sayad 124
Adams, Phillip 74
Aftergood, Steven 65, 67, 295–300, 306
Ahmadinedschad, Mahmud 240
Alliot-Marie, Michèle 226
Ames, Aldrich 22 f.
Andrew, Herzog von York 237
Anna 186–195, 283
Annan, Kofi 244
Appelbaum, Jacob 70, 116, 152, 266 f.
Appenzeller, Gerd 290
Arkin, William 17
Assange, Christine 26, 29–34, 36, 42, 44–48, 285
Augstein, Jakob 291 f.
Augstein, Rudolf 292
Aweys, Scheich Hassan Dahir 70

B

Bakunin, Michail 62
Barlow, John Perry 260, 277

Beatty, Warren 143
Bedier, Osama 275
Berlusconi, Silvio 237
Bezos, Jeff 277
Biesel, Martin 249
Bin Laden, Osama 19, 270
Boutrous-Ghali, Boutrous 243
Brooke, Heather 230, 232, 234
Brüderle, Rainer 250
Burns, John 229 f., 233
Bush, George W. 19 f., 25, 63, 173 f., 177, 225, 253 f., 293, 311

C

Cannon, Lawrence 226
Carr, Robert A. 175 f.
Carter, James Joseph 45
Chapman, Anna 23
Chavez, Hugo 97, 258
Cheney, Liz 178
Chettle, Geoff 44 f.
Chmagh, Saeed 119 f.
Chomsky, Noam 63
Clapper, James 227
Clinton, Bill 50, 226
Clinton, Hillary 26, 131, 148, 167, 225–228 f., 241–245, 251, 255, 258, 274, 289
Colbert, Stephen 128

Coombs, David 10, 262 f.
Cook, James 28
Correa, Raffael 259
Coughlin, Charles 21
Crowley, Philip 227, 229, 245

D

Dan, Wang 73
Dardagan, Hamid 219
Darnstädt, Thomas 292
Darwin, Charles 132
Davis, Jordan 134
Davies, Nick 159
Day, Ken 42–46
Debs, Eugene 21
Dienst, Christian 181
Domscheit-Berg, Daniel 10, 83, 94–99, 103, 112, 114–116, 121, 160, 166, 198–208, 313 f.
Dreyfus, Suelette 37, 51 f.
Dyer, Tom 134

E

Ellsberg, Daniel 65–67, 157 f., 224, 265, 277, 310
Elmer, Rudolf 89 f.
Erdogan, Tayyip 240

F

al-Faisal, Saud 226
Feinstein, Dianne 20
Felt, Mark 65, 142
Finné, Eva 192
Fischer, Joschka 105
Frattini, Franco 13
Friedman, Milton 109

G

Garrett, Peter 41
Garton Ash, Timothy 290, 293
Gates, Robert 14, 20, 126, 128, 174 f., 183–185
Genscher, Hans-Dietrich 251
Ghaddafi, Muammar 258
Gibbs, Robert 126, 173 f.
Gillard, Julia 270
Gilmore, John 65, 67
Gingrich, Newt 270
Goldberg, Jonah 172, 178
Goldmann, Emma 21
Gonggrijp, Rob 118, 121, 124 f.
Guerin, Daniel 63
Guevara, Ernesto »Che« 26
Guttenberg, Karl-Theodor zu 228, 250, 254–256

H

Hague, William 226
Hamad, König von Bahrain 238
Hamilton-Byrne, Anne 31 f.
Haq, Farhan 244
Harrison, Sarah 208, 315
Hassoun, Assad A. 87

Hayden, Michael 18, 25
Heeb, Christian 236
Hill, Robert 58 f.
Hinke, CJ 74
Hoff, Elke 255
Holder, Eric 175, 269
Holland-Moritz, Herwart »Wau« 97, 107, 295
Horvarth, Michael 25
House, David 265–267
Hrafnsson, Kristinn 105, 121, 123, 196 f., 210 f., 231, 315
Huckabee, Mike 19, 262
Hughes, Eric 108
Hussein, Saddam 231, 244

I

Ibrahim, Anwar 154 f.
Ingason, Ingi Ragnar 121, 123, 196 f.

J

Jackson, George 43
Jiechi, Yang 226
Jobs, Steve 26, 86–89
Johnson-Sirleaf, Ellen 226
Jonsdottir, Birgitta 115, 117, 121, 196, 198, 203 f., 206 f., 285

K

Kant, Immanuel 15
Karzai, Hamid 167, 183, 226, 237
Kasparow, Garri 154
Katz, Ian 231, 318
Keller, Bill 233 f., 285, 305
Keqiang, Li 245
Kerry, John 245
Khan, Imran 283

Khan, Jemima 283 f.
Kibaki, Mwai 79 f.
King, Larry 212
King, Martin Luther 312
Kingara, Oscar 80 f.
Kirchner, Cristina Fernández de 226
Kister, Kurt 288
Kjellstrand, Maria Häljebo 191 f.
Klein, Thorsten 275
Koenig, John 253
Kornelius, Stefan 291
Krauthammer, Charles 270

L

Lamo, Adrian 10, 143–153, 226, 261, 265
Larsson, Stieg 261
Laurie, Ben 73
Leigh, David 161, 231, 234
Levin, Carl 185
Levy, Steven 106 f., 295
Lewis, C.S. 54
Leyendecker, Hans 290
al-Libi, Abu Laith 171
Lieberman, Joe 272
Lindfield, Gemma 283
Loach, Ken 283 f.
Lovink, Geert 307

M

Maizière, Thomas de 273
al-Maliki, Nuri 140
Manning, Bradley 10, 23, 131–153, 156 f., 159, 224, 226 f., 230, 260–268, 286, 308
Marlinspike, Moxie 267
Mascolo, Georg 232, 234

333

el-Masri, Khaled 293
Mathews, Daniel
  61–63, 71 f., 81, 85,
  90–92, 108
May, Tim 107 f.
McCain, John 131, 185
McClelland, Robert
  269
McConnell, Mitch 19
McCord, Ethan 129
McFadyen, Gavin 84,
  100, 109, 168
Medwedew, Dimitri
  237, 258
Merkel, Angela
  26, 247, 250, 252–254
Mills, Cheryl 227
Moi, Daniel arap 79 f.
Moon, Ban Ki 167, 242,
  244
Moore, Michael 26,
  265
Morell, Geoff 101 f.,
  185, 223
Mubarak, Husni
  238
Mullen, Michael G.
  20, 175, 183
Murphy, Philip 228,
  247 f., 250 f., 255
Murphy, Tammy 228
Münkler, Herfried
  16, 288
Murdoch, Rupert
  127, 178, 182, 197
Murray, Craig 195
Mützenich, Rolf 181

N
Nahles, Andrea 250
Namgyal, Tashi 73
Niebel, Dirk 249 f.
Nixon, Richard 56, 65,
  258
Noor-Eldeen, Namir
  119
Nouripour, Omid 181

O
Obama, Barack 20, 26,
  126, 131, 173 f., 177,
  179 f., 182, 225, 228,
  246, 252 f., 270, 287,
  292, 311
Odinga, Raila 80
Orwell, George 61, 121
Oulu, Paul 80 f.
Overton, Iain 211
Owen, William F. Jr. 87

P
Pace, Peter 262 f.
Palin, Sarah 19, 165,
  279
Perklev, Anders 192
Pershing, Jonathan
  246
Pilger, John 283
Pike, John 296
Pohl, Ines 293
Poulsen, Kevin
  144, 151
Powell, Colin 292
Priest, Dana 17, 291
Putin, Wladimir
  237, 258

Q
Qiang, Xiao 73 f.

R
Rahim-Masbai,
  Esfandiar 240
Redford, Robert 309
Rice, Condoleezza
  240
Riddle, Howard 284
Rieger, Frank 27
Riekstins, Maris 240
Riemens, Patrice 307
Robinson, Jennifer
  214, 231, 280, 282
Rogers, Mike 262
Roosevelt, Franklin
  D. 270

Ross, Leslie 45
Rove, Karl 25
Rumsfeld, Donald
  177, 262
Rusbridger, Alan
  231–234, 306

S
al-Sadr, Muktada 216
Salihu, Diamant 191
Samuels, David 292
al-Sarkawi, Abu Mussab
  218, 294
Sarkozy, Nicolas 237
Schäuble, Wolfgang
  247 f., 256 f.
Schlesinger, David 126
Schmitt, Daniel siehe
  Domscheit-Berg,
  Daniel
Seehofer, Horst 250
Shipton, John 78, 89,
  91 f.
Short, Clare 244
Silkwood, Karen 131 f.
da Silva, Luis Lula
  26, 258
Sloboda, John 218 f.
Smith, Vaughan
  168, 281 f., 285
Snorrason, Herbert
  205–207, 285
Sofia 187–190, 196,
  283
Solón, Pablo 246
Soros, George 65
Staples, Sharon 263
Steinmeier, Frank-
  Walter 250, 254
Stephens, Mark 231,
  233 f., 280–282
Stieber, Josh 129
Streep, Meryl 132
Streisand, Barbara
  92
Stuart, Malcolm 223
Svensson, Niklas 191

334

T

Taylor, Jim 99
Thiessen, Marc
  19f., 177f.
Thomas, Alison
  263f.
Timken, William Jr.
  254, 256

U

Uber, Chet 150f.
Uhrlau, Ernst 9, 93f.

V

Viborg, Mikael 84

W

Wainstein, Kenneth
  270
Wales, Jimmy 65f.
Walesa, Lech 154
Watkins, Tyler 146,
  264
Watson, Sam 147
Webster, Timothy
  150f.
Weinmann, Ralf P. 51
Westerwelle, Guido
  167, 226, 247–252,
  254f.
Whitaker, Chico 74

White, Jeffrey 91
Wilkie, Andrew 63–65
Wilson, Woodrow 21

Y

Young, John 55, 60f.,
  71, 74, 78, 296, 300

Z

Zardari, Asif Ali 226
Bin Zayed, Mohammed
  239
Zimmermann, Phil
  49–51
Zuckerberg, Mark 26

Mehr zu Buch und Thema unter
http://www.spiegel.de/thema/staatsfeind_wikileaks
und via Twitter unter @Staatsfeind_WL